蜷川式胤

椎の落葉

米崎清実 編著

中央公論美術出版

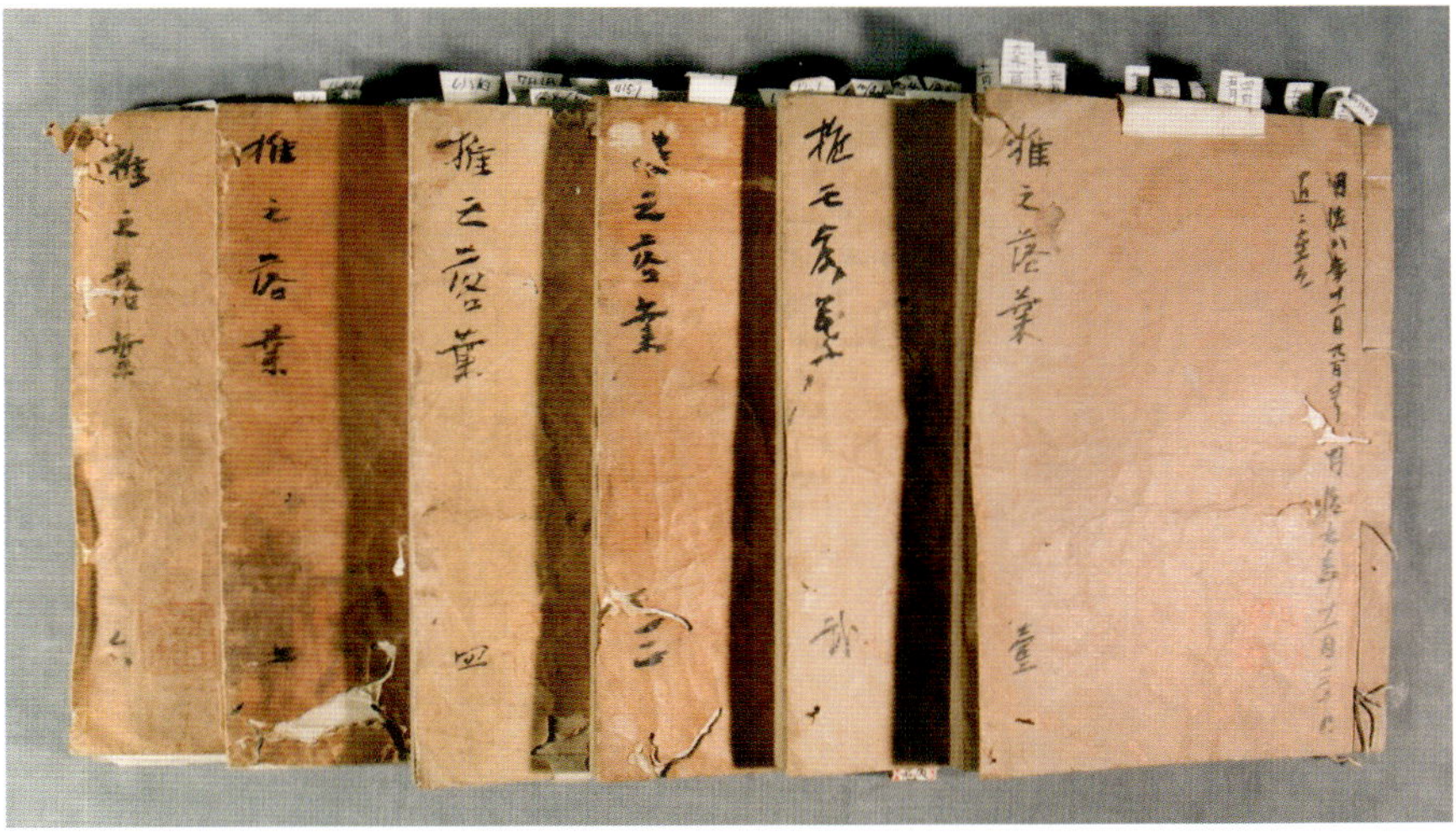

『椎之落葉』全巻

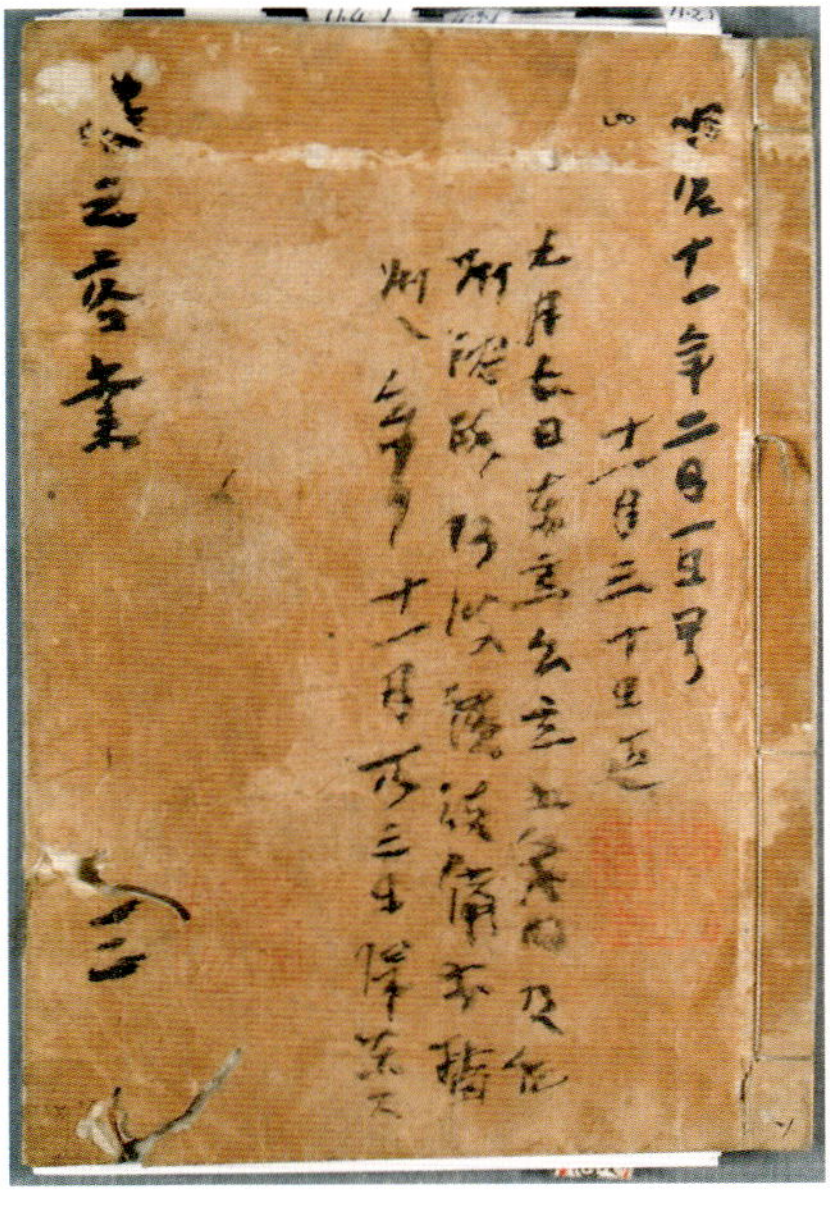

第三巻表紙

廣告

知識ヲ廣ムルニハ古今和漢ヲ探索スルニシカズ然ニ元ノガ性亡
代和蘭ヲ兼覧スルヲ好ミ難事ト謂スル者ナシ上世
ヲ從ニ今回諸友ト謀リ上木ノ挙ヲ企ツ元ナリ今ヤ方ニ
ヲ除ク別冊是ヲ日々ニ誦シ君ニ贈リ以テ其ノ意ヲ伝ヘ
ニ写キ行編ニ甚ダ書ノ一冊トセントス其ノ旨ヲ生ノ和
七丈江戸儒ニ写シ之ヲ上梓シ且白ヲ載キ呂門中ニハ
小春ノ節日和ニ浸スル者モ年々ニ之ヲ如ク眺ム是モ
本一巻ナレハ各君ノ一部ヲ求メ給ヘ且ツ後進ノ為ニナリ候ハ尚幸
時斉ヒ不日ヲ以テ稟ス内ニ記シ詳ニアランコトヲ希望ス

寸七丈區五十三區上大塚村四十七番地

丸松年主及題其ニ

斯妙　全集刊記

ヘンリノホンニイボルト

左の家の仲　西村義偃

一、夜宮台江罷越候所右ハ先之何ヤまり庫おを弐
尺下ノ直ト弐匁上也江ナ買取候一条也
番山米一石ニ付田ノ石服作致ス
百十三匁余り也大方五三百十三匁余也

一、廿七日小雪夜前小雨夕大雪出来本ノ足ニ条也然ヤホヒヘ二示
未明出立天気夕方帰ル石橋氏来ル少々伝之石ハ二法案ノ法来ル

一、廿八日ヘンチー一条也朱書ニ三ニスト之一条也観右衛門ノ備之ノ表致
得也ナリ

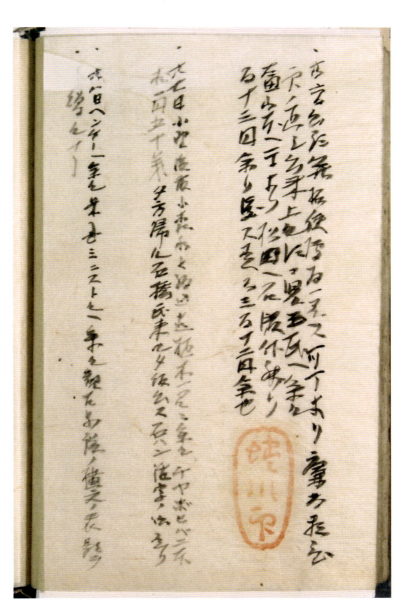

京都西本願寺ノ書院也大く
しテ建築も見事也

西本願寺書院も
広間ニテ大
き建物之
是ハ木彫之
ノ若[illegible]
ヒ写[illegible]ハ人
も立派らし

横山松三郎
写真乃令
ノ細エヲ
年ヨリヘテ
色ノ磨
ウスヌ田
銀エヤノ
日ヒセン

遊歴セシ新聞紙ハ廿年ニ届クコフトエ

横山松三郎発明ニ係
横山の肖像 明治拾十
ノ頃

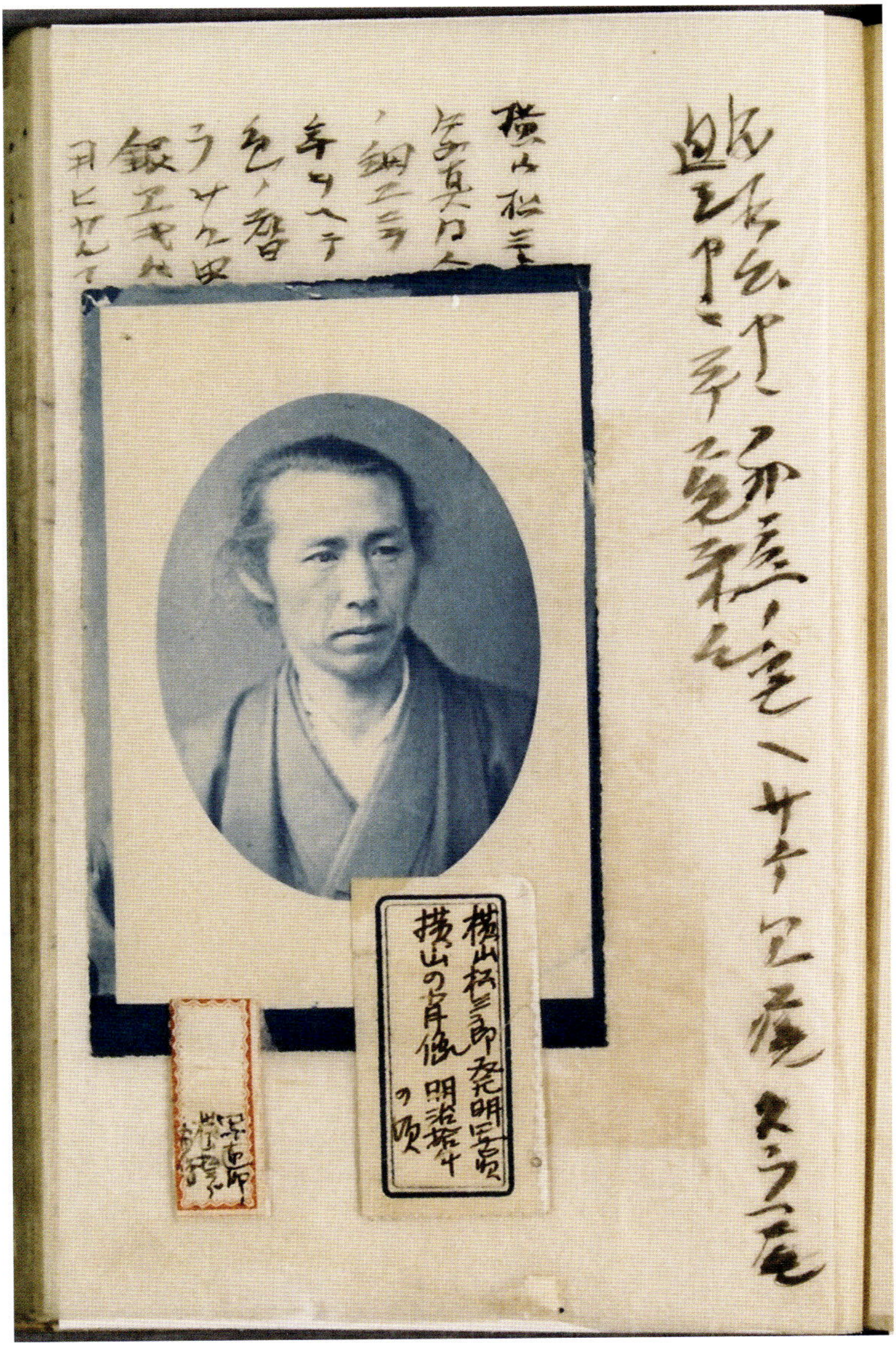

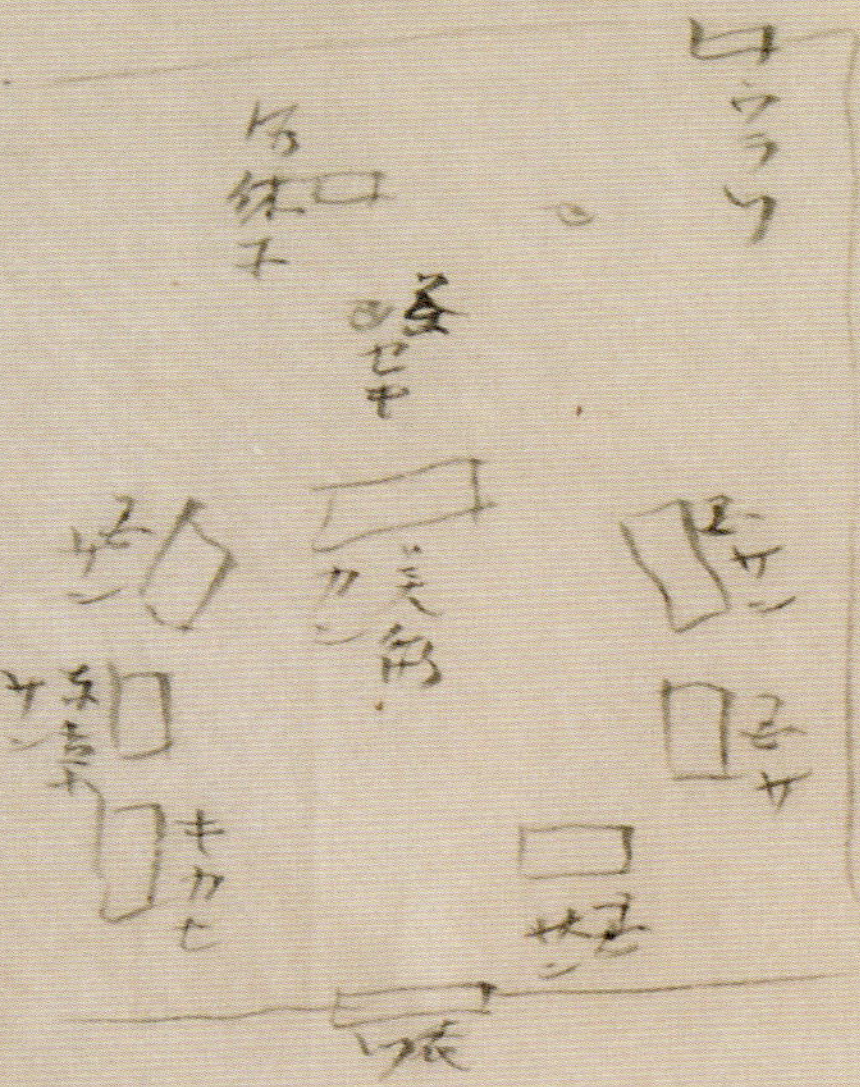

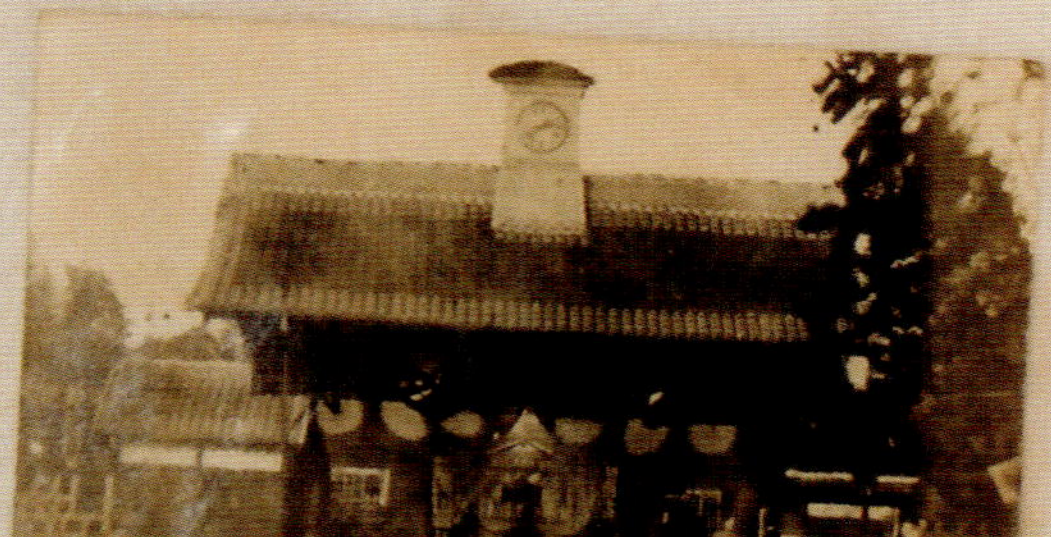

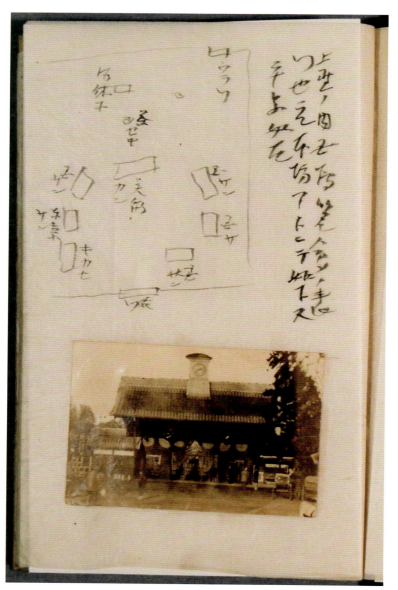

第弐巻　第86丁表

亭ニテア商カンカツノ
青嵐白髪ハ山行
左如此傳寄ヲ建ル当ト
在全港ニ注記ニ至ヘ老並
ナカニ給ヒ険ク谷来
可ナリノ谷立し

此賀ニハ格別ノ考元文
ラ各ノ人モ全中ニ紋
人々ノ向ニ不争ニ了

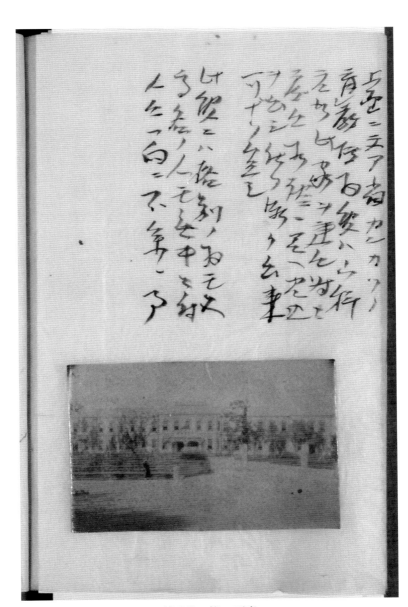

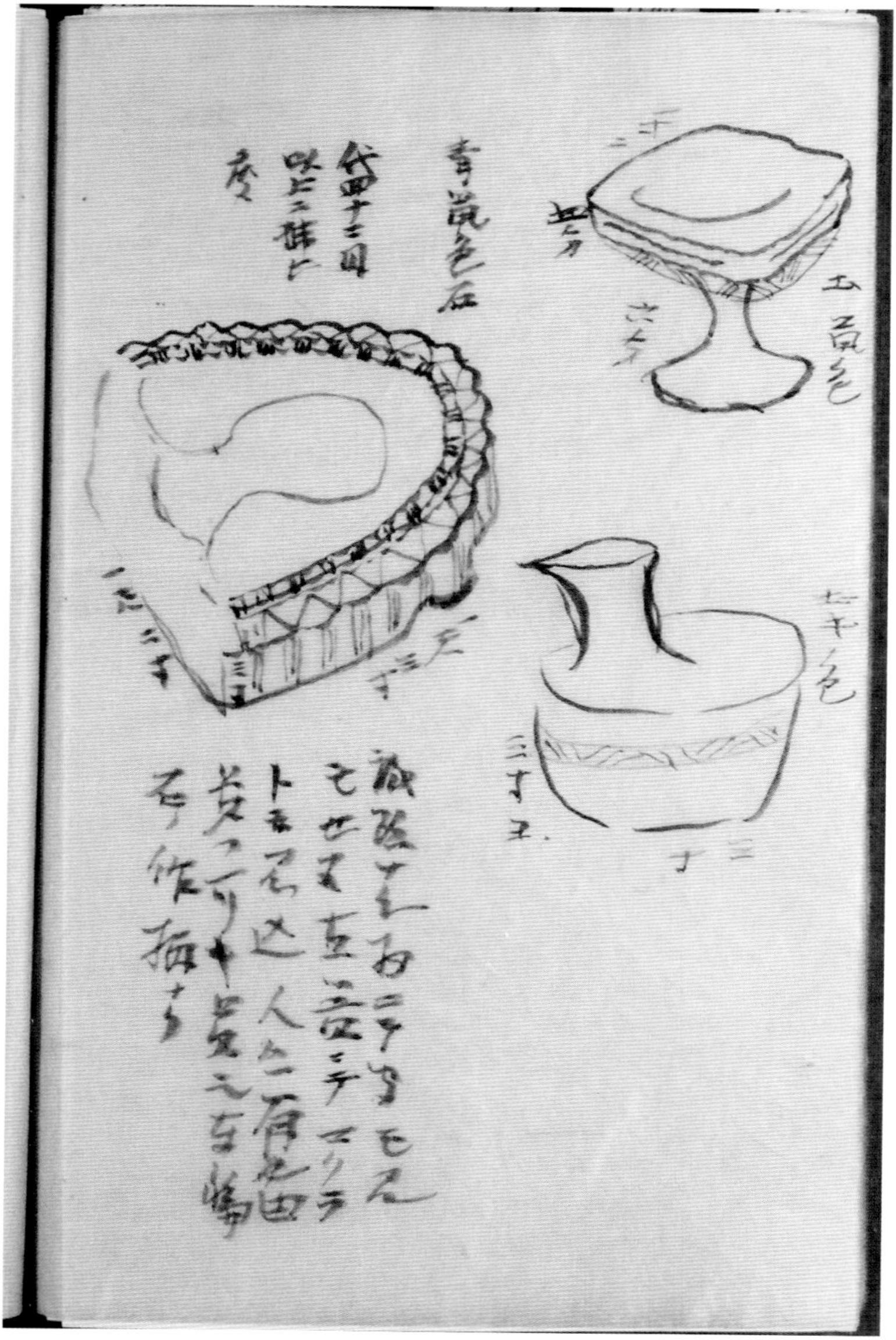

第三巻　第66丁裏

第三巻　第86丁表

證誠寺ハ山元派
ノ本堂
[illegible]
[illegible]
[illegible]

会津天守

上ノ天守ハ如ヽ毛
屋ワニノ作レ和
ナリ下ハ泥レ石階
ニノ作リレ白之
上ノ方ハ新含
遠見ニシテ玉新
不甲ノ人ナレ條
思ヤラルヽナリ

名古屋天守

西蔵暦文久三年陸震ノ
時ニ出土セル高サ十余尺ノ宅阿院
元ハ紅ク胴ハ山ノ色アル石條
了上ノ様ニ無ミテノ上ニテ色成ノ
色ナリト優ヨリ多ク
手ワリ子ニシテ毛口ク色黒
シテ佃ナリ

第四巻　第84丁裏

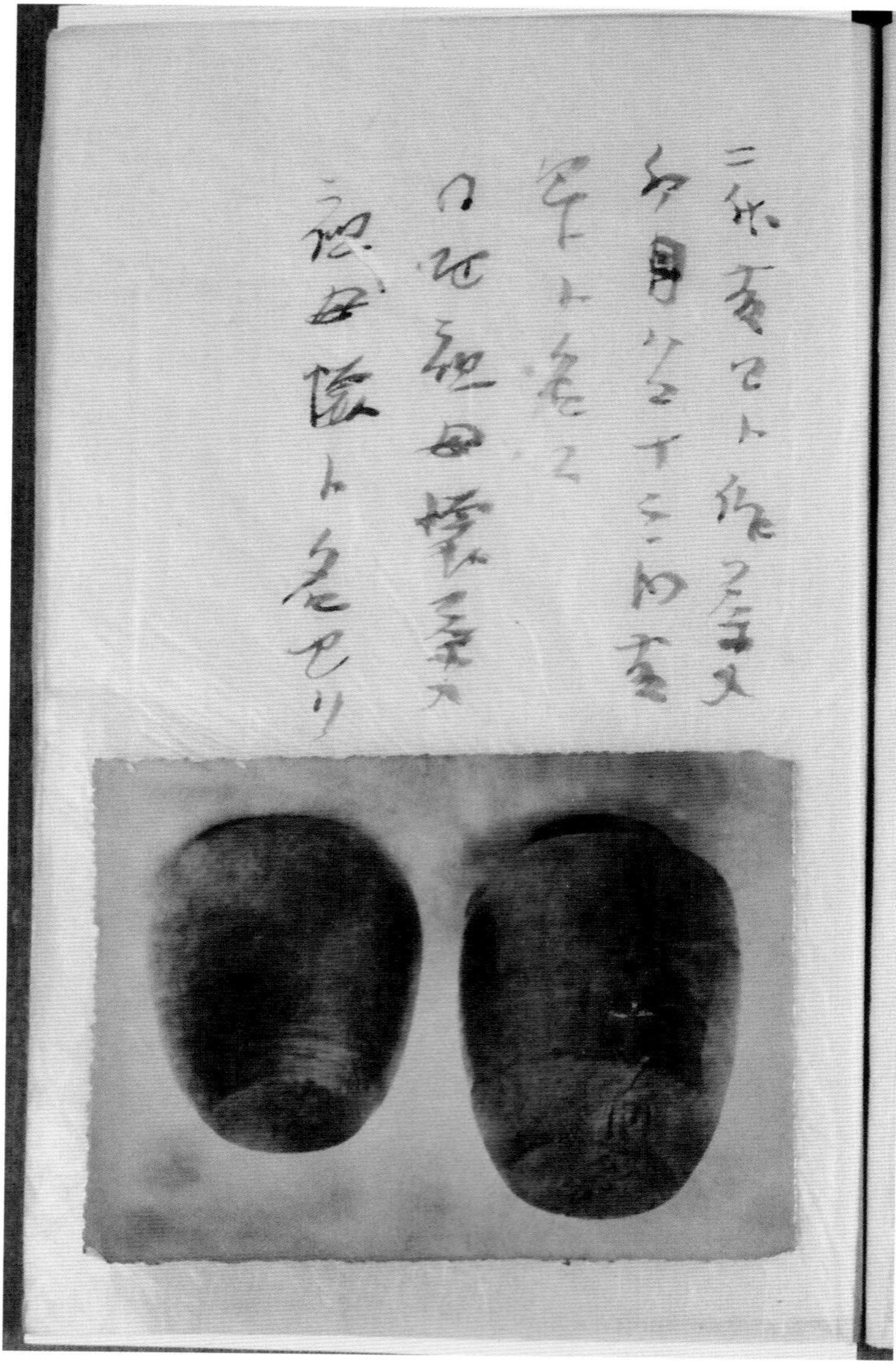

第四巻　第85丁表

第五巻　第74丁表

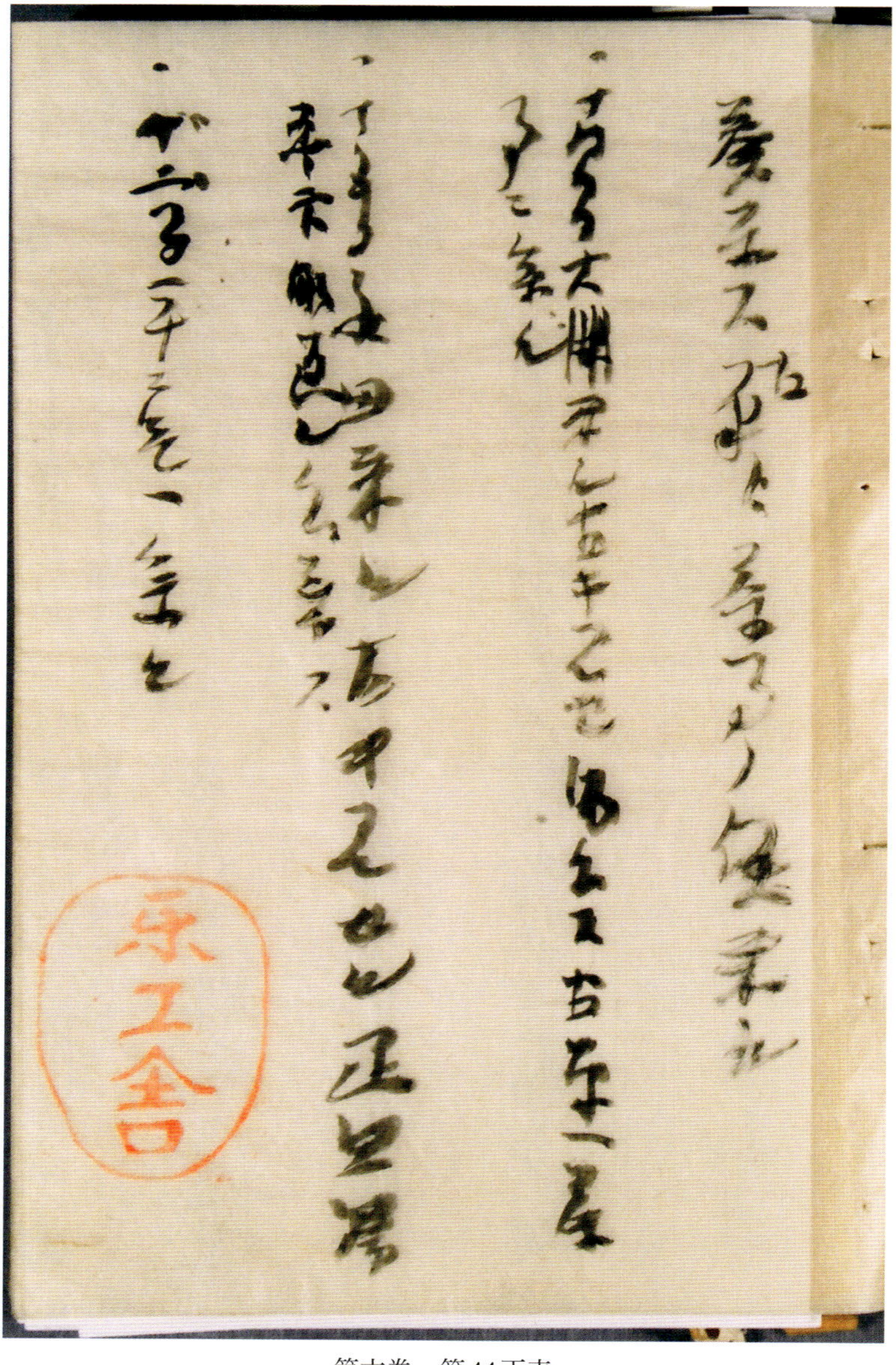

第六巻　第44丁表

目次

椎之落葉

解題

椎の落葉

凡例

一、本書は、蜷川式胤が明治八年十一月二十一日から明治十五年八月十六日まで記した日記「椎之落葉」（全六冊）を翻刻したものである。

一、翻刻は、所蔵者の許可を得て編著者が35ミリフィルムにて撮影した原本データに基づいた。

一、翻刻はできるだけ原本の体裁を尊重したが、適宜読点を付して、読者の便宜に配慮した。

一、翻刻にあたり原則として新字体に改めた。地名や人名などの固有名詞や旧字体で表記した方がふさわしいと考えるもの、新字体に改めると字体が変わるものについては旧字体とした。

一、異体字や合字などは、ゟを除いて現在通用している文字に改めた。また、変体仮名は平仮名に改めた。

一、抹消されて判読不能な文字については〓で示し、抹消された文字が判読できる場合は、打消し線を付して、該当箇所の右側（頁数表記などの表記がある場合は左側）に訂正された文字を記した。

一、判読不能な文字ならびに破損、虫損は□で示し、文字数がわからない場合は［　　］で示した。

一、丁数や原本で一頁分記載のない場合、註記すべきと判断した箇所など、編者が加えた傍註は（　）で囲んで表記した。誤字または現在通用している表記とは異なった表記がある場合は、適宜、（　）に正字を各巻初出の箇所に付し、原則として以下は省略した。疑わしい場合は（―カ）を、衍字には（衍字）という傍註を付した。また、誤字と見られる文字をそのまま残した場合は（ママ）、脱字を補った場合は（―脱）、疑わしい場合は（―脱ヵ）などの傍註を付した。

一、おどり字について、漢字は「々」、片仮名は「ヽ」、平仮名は「ゝ」、二字連結の場合は「〱」と記した。

一、本文中に挿入されている図やスケッチ、貼付されている写真等は、できるだけ原本の体裁を尊重して、翻刻文の近くに掲出した。

一、本文中には、差別的表現や偏見と思われる内容が記されていることがあるが、そのまま表記した。もとより差別や偏見を助長させることを容認するものではない。

本書は、独立行政法人日本学術振興会令和六年度科学研究費補助金（研究成果公開促進費）の交付を受けた出版である。

椎之落葉　壱

（表紙）

明治八年十一月廿一日ヨリ明治九年十一月三十日

迄ニ至ル

（朱方印）「蜷川蔵印」

椎之落葉

（朱方印）「宮道式胤」

壱

（1表）・明治八年十一月廿一日　朝、虎門内イタリア公使へ参ル、在宿ニテ、同国博物館ノ為メニ金銀赤銅造りノ三道具後藤程乗作是レヲ贈り方頼ミ置く　〇次ニ西久保ワク子ル《ワグネル》方へ参り、茶杓楽庵作、芝ノシセーモへ贈り方頼ミ置ク、次ニ目黒ノ手前行人坂主殿邸跡ニシーホルト《シーボルト》方へ参ル、在宿ニテ、同人十二月一日古物会致し候ニ付、色々相談有ル也、古焼物ノ説此間廻し置候付而ハ内品ノ図様ニ致し方談シ置也、両人仲間ニテ出板候而、外国へ廻し方見込、昼飯被出申候、古物会ノ為メ馬上沓ト親当肖像二品預ケ置ク也

・廿二日　出頭ス、兄シーボルトゟ局へ先年かり置候模様芝色紙見本類ノ本、私以テ返シニ参ル処、如何事ニテ直く（1裏）私ニ被贈申候、レンレイモ来レリ

・廿三日　新嘗祭ニテ休日也、朝、川上来ル、次ニ四谷観智院へ参ル、在宿也、次ニ山伏井戸松浦辰男へ参ル、在宿也、蠟打紙ノ法ヲ問合セ申候事

　蠟三分、皮二分、アク水一合、あつき中ニ紙ニ引ク

小河丁ニテ宗哲作菊蒔画、ヲシロヒトキ《白粉解》茶入求、二分、かサ折帽子求、一朱

中通りニテ根来ノ黒盆求ム、一分三朱

夕方、甲谷氏来ル、時世ノ咄シ色々被致申候、長ク居ラル、全ク嵯峨殿ゟ内命ニテ、世ノ中ノ咄し聞きニ参られ候事と思わル、冨三郎来ル、菓子、洋酒出シ申候也

・（2表）廿四日　文庫へ参ル、夕方、小河来ル、ボイントン氏来月帰国ニ付、妾お勝私邸へ来り度段申来ル、
岡本母来ル、繍代貸し申候、桜木薬師ニテ求ム、二十才《（ママ）》

・廿五日　文庫へ参ル、餝虎へ同人細工物売レ候ニ付、此代ヲ以テ分割コンパス求テ、此間遣シ候由
通達ス

・高田茂へゼイキンノ切り有り候哉、問合ニ京へ状遣ス

・奈良植村へ状出ス、摺物礼申遣シ、東大寺へ又用度課へ写シ物ノ代受取、廻し候様申遣ス、此受取
昨日小河へ廻し申候事、稲生氏へ同所博覧会物品損シノ義、代ニテ上納相済候様取計申候由申遣ス

・（2裏）廿六日　亀井へ参り、次、五生田《（五姓田）》へ参り、次ニ古筆へより、次ニ鈴木へよる、何れも留守也、昼後、
道八宿へ参し餝虎へ品物玉二ツ返却ヲ頼む、次、シブスケ《（ジブスケ）》氏へ参り、仏国東洋学校中人種風俗ニ関
スル物ヲ集ムル、館へ上下ニ考証ヲ添而贈り方ヲ頼ミ置ク

・廿七日　出頭ス、退出ノ時ニ藤四郎作茶壺一分二朱ニテ京はしきわ和田ニテ求む

・廿八日　文庫へ参ル、和田へ参り、鳥羽僧正ノ画巻ノ切れ物巾九円ニテ求ム、今日、局ノ雇人減少
ノ義ニ付、多田文庫へ相談ニ来ル

（3表）
・廿九日　出頭、星野、岸も来り、雇人減少ノ義、此両人ト談シテ求ム、五人見張人免シ、桜井ハ雇料少々減、文庫ハ小遣両人減シ、狩野、うつみ、佐藤も写者セしか、是も減スルナリ

・岡氏、大養寺、五生田氏来ル、酒出シ、次ニ古物色々見せ申候事

・三十日　出頭、次ニワク子ル方へ参ル、楽ノ始りシヲ弁解ス、夕方過ニ帰ル、同弁慶《ヘンケー》氏ゟ墺国百十年前ノ通貨金一贈ラル

（3裏）

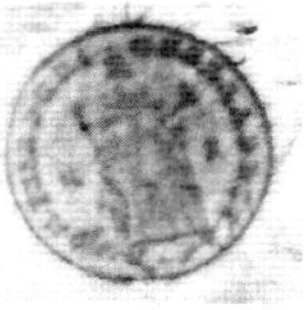

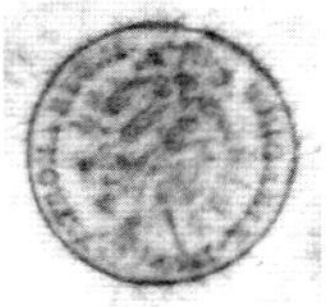

・十二月一日　シーボルト氏へ色画鍔一枚贈ル、次ニ田町ノ古賀氏へ参ル、兼而頼ミノ斎衣布ニテ造り、以テ行く、大慶ひ也、先年贈りシ人丸ヲ置物ニシテ、守屋ノ像ヲ額ニ上テ見セラル、昼飯出さる、次ニ中通りニテ壺ヲ求ム、三分、東寺中門台ニ於テ稲荷ノ神輿ニ献供ノ時ノ御酒壺ニ思ワル、よくにたり

色瀬戸ニ見ラル

・山梨縣下甲府城ニ於テ博覧ヲ開キ、一日ニ二千百人カ人高也、金ハ千五六円上り候由、兼而私ゟ借シ候品物返却ニ相成

（4表）
古代太鼓　一　　春日燈籠　一

印度細工物一　外国建築本一
魯国太子画一　外国石版画一
焼物透画額一　テンシン器一具
地球運転器一具　朝鮮箒　一

右ハ会社結城無二三ゟ受取ル、此社中七人有ルニ付、メリヤス織り方ノ本七冊贈ル

・二日　出頭、宅へ状出ス、金剛珠院ノ代金ハ急ニ不渡候、付而ハ私ニ答へ無く段不都合を申遣ス、
榎大輔此間死去之由ノコトと冨永へ状、其内ニ廻スコトとおてる此間来ル由との（4裏）義返事出し申候事

・金剛珠院ノ買上、局ゟ一向ニ渡らす候処、漸く冬中ニハ渡る事ニ仕り申候

・三日　文庫へ参ル、四日、廿四日と古へ事ヲ議シ、又、古物ノかん定ヲ仕ル会、本願寺内嶌地黙雷
ゟ申来り、私ニも出席仕り呉れ候様申来ル、此会寺ゟ企候由

・金剛珠院代金冬ニ渡り候由、宅へ状出ス、又、冨永悴へかし候金子ノさゐそく状入れ置、榎死去ニ
付哥贈ル　　かく頼む　老ノ榎も　かれはてゝ
　　　　嵐も清き　冬のさむけさ

・（5表）四日　出頭、鳥羽僧正ノ画、大養寺へかし申候、白安次ト白山静蔵来ル　○ヘンレイゟ六日古物会
ノ摺物被遣、四字ゟ今少路三丁目小倉衛門斎方へ参ル、嶌地黙雷も参られ、□□仕り、外ニ人来ル、

神代巻始今夕五大州へ物出せる咄し仕ル、小員、澄川、堀

・五日　出頭ス、町田ゟ奈良ニテ出来《川勝亀蔵》候筆代小十八銭七厘、大三十七銭五厘受取申候　〇ヘンケイ来ル　〇山科来、文部省ノ博物館ノ相談有り、今ハ此省へ出仕也

・六日　出頭ス、二字半ゟシーボルト氏ノ古物会ニ付、行人坂ノ宅へ参ル、狗川《（柏木）》、玉川、古筆、鉢木、松浦、樋口、福田、西村、上田《大養寺》、乾也、アレキサントル氏居ラレ申候、今日ノ会ノ広告書左ノ如シ

（5裏）

広告

知識ヲ曠ムルニハ古今ノ物品ヲ探スルニシカズ、茲ニ予ガ往古代物品ヲ愛翫スルヲ好ミ、数年輯蔵スル品少シトセズ、故ニ今回諸友ト謀り、一筵ヲ弊屋ニ開キ、古今物品ヲ陳列シ、是ヲ同好諸君ニ質シ、各其意見説語ヲ聞キ、相倶ニ知学ノ一助トセントス、幸ヒ庭中ノ樹々モ紅ヲ備シ、富士ノ嶺モ白ヲ戴キ、品川沖ニハ小春ノ泙日和ニ湊スル舟モ手ニトル如見エ、眺望モ亦一興ナレハ、各君一物ヲ御携へ、且御遠慮ナク御知己御誘ヒ、本日御来臨御衆評アランコトヲ希望ス

第七大区五小区上大嵜村四十七番地

右松平主殿頭邸ニテ

会主　ヘンリー・ホン・シイボルト

（6表）

補助　蜷川式胤　古筆了仲　西村喆叟
松浦馬雨斎（馬角斎）　樋口麹古　横山月舎
玉川　斎　狗川探古　愛古堂磐翁
栗本鋤雲　金沢蒼夫

十二月六日暁天ヨリ開筵、午後四字限閉筵、但晴雨不論
本日ハ残ノ外（ママ）多分集り、中ニも見事なるハ
古筆蔵　貫之色紙　後醍醐天皇ノ震翰
　唐物茶壺　袋有　柄川　何レモ見事也
鈴本蔵　大丸山　四方金ノ古兜　古代ニテ見事也
福田蔵　青品カンノ大曲丸六　中ニハ三光ノ彫
　り有ル有り、又、青玉ノ長三寸位、六
　角青色ニ朱色ノ筋有り、何レモ見事

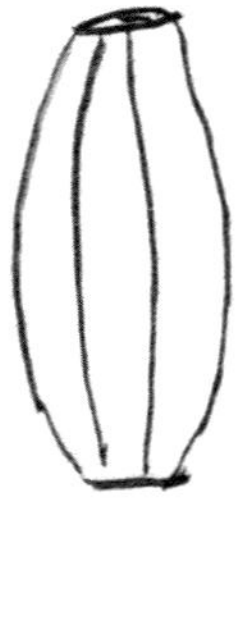

樋口蔵　切子ノ吹玉三ツ　二、三分位、甚見事

乾也蔵　凡八百年前蒔画　硯箱　甚古シ

（6裏）

会主蔵　漢ノ銅鉾ノ切れ　一尺計り巾二寸位ヒ　珠光青磁ノ花碗　是も見事
同国人ローレツ氏蔵　ボル子ヲ主嶌ニ所持石剱
　頭ノ柄付長四尺計り　四品実珍敷シ

糸ハ五色ニ色取ル
横山蔵　石笛　石劔キン
ニテ間ヘ入ル、甚古シ、又、
金色ノ拝劔ノ頭
ノ環、是又面白シ

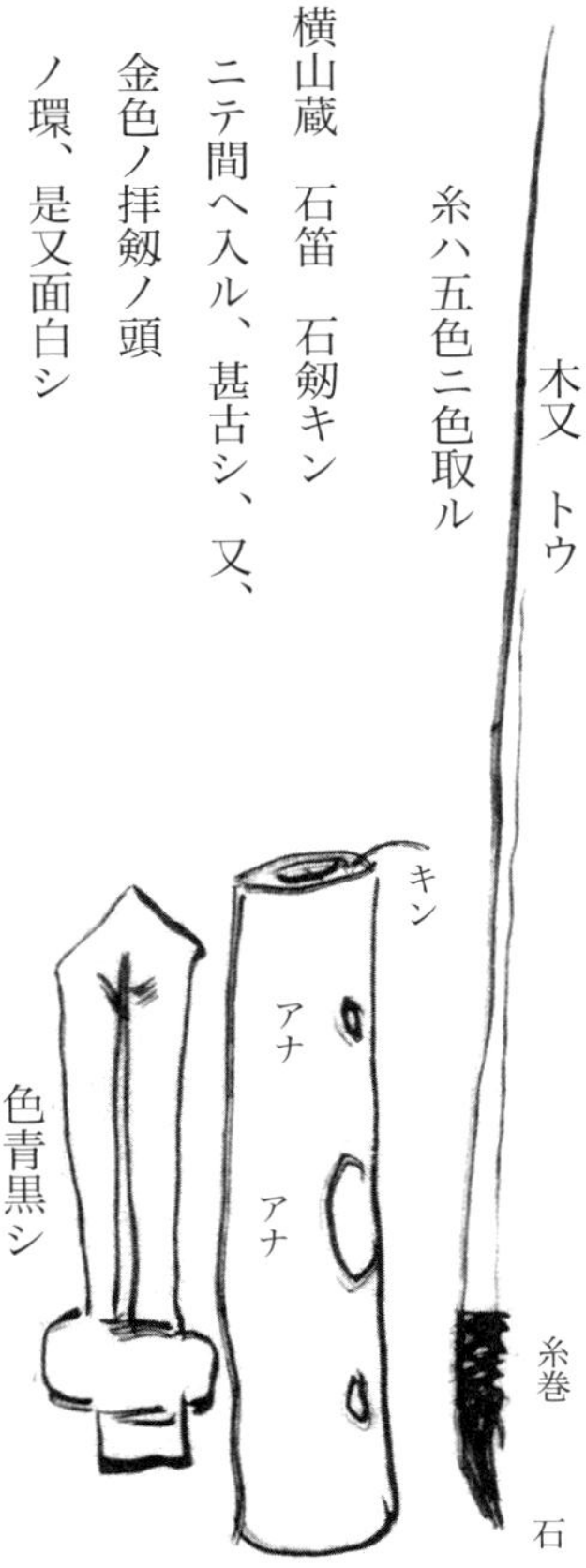

（7表）世話仕ル人々ニハ朝夕共弁当酒出され申候、四字前ニハ白張ノ屏風ニ思ヒ〳〵書画ヲ認ラれ、実ニ外国人ト云ヘ共、風流ノ至り也、四字ニ仕舞ヒテ、夫レ〳〵引取ル也、四字過キト云ヘ共、疋田、亀井、其外ノ人モ来ル

・ローレツ氏ノ所持雷斧ノ柄ホメ候ハ、、　一本贈ラレ申候也

暮過キニ帰宅ス

・七日　朝、筑摩縣下博覧会社ノ小原芳次、河野氏ノ状ヲ以テ来ル、局ヘ会社ゟ返却物ノ相談見ヘ申候事

・聖堂ヘ参り、山科氏尋処、不参、次ニ古筆ヘ参ル、藤四郎初代大海茶入、四代目波フ釜（破風窯）ノ茶入、本手青磁香合、三嶌茶碗、古笈　等ヲ

（7裏）ヲ見セラル、何れ見事、
次ニ（衍字）川上へ参ル、ジヨウヲ（紹鷗）、棚及香棚
等ヲ見ル、次ニコヲシ町ニテ
唐物茶入求ル　〇ヘ

初代藤四郎前ノ物也、
次ニ　　方へ参り色々古物ヲ　帰ル
・ボイントン氏来ル、十日比ニ帰国ノ由、仏国ノガラス取シャシン六枚贈ラル、妾おかち下女今日邸
内へ移ラレ申候　〇冨三郎来ル
・小河氏来ル、此比ハ病気つのり候よし申さる
・八日　出頭ス、今日ホイントン氏来ルノ処、参ラス
・九日（8表）　所労ニ而不参ス、何と無くくたふれ一日ふせる
・十日　前同様、小川丁三十九番地中村祐典ゟ経巻物二本以テ参ル預り置
・十一日　福田鳴鵞へ参ル、留守、昼後、疋田へ参る、次ニ岡本へより、次ニ小河へ行き、次、五辻
殿ノ迯（ママ）氏へ尋ね帰ル、朝今小川路（ママ）二丁目九番地田中芳男状以テ、信州飯田善勝寺尾高松了慧と申人

見へ、昔ノコトシキリニ聞カレ、其実考ルニ、先日外ニ尼ノ人ゟ新良（新羅）ノ画伝ニ付問ひ有シカ、其答
へ六ケ敷ニ付、夫れと無ク見へ申云也
・（8裏）松田ゟカメラ帰ル、此間頼置候陶器図二枚見本出来、見事、依不残百枚分頼ミ置申候事
・宅ゟ状来ル
・尾張丁二丁目山口倉次郎入来ノ処、私留守、へーレン氏ゟたより有ルニ付、明日、私参り呉れ候様
申来ル也
・十三日　陶器石板図及見込、シーボルト氏へ状出ス也
・山科氏来ル　○今日宿直也　○岡部氏ゟ状来る　○平井氏来ル
・十四日　ヘンレー氏ゟ三字過ニ参ル様申来ル、定而明日ノ事也
・錺虎ノ為メニ子シ形求む、四両二分、男形六本、め形三ツ有り申候　○間嶌氏来ル　○教部省へ参
り、小中村（9表）ニ面会ス、大沢氏も出ラル
・十五日　出頭、大養寺ゟ鳥羽僧正巾物受取るなり
・式部寮へ参り、坊城、五辻ニ面会スる、局出品ノ車ノ畳等、鼠少々かじり候ニ付、断り候処、相□
申候
・夜分、山本氏来ル、外国人　ゟ後藤氏の政府の名前ニ而金ヲかり入れ候咄し有り、此間合セ被頼

申候、依テ十七日はまへ参ル都合ニする　○服部氏万古焼求ム、二両、青銅ニテ、
甚古シ

弘化元辰歳得之
濃州下有知村
糖塚山土中

・十六日　出頭ス、管ゟ奈良ゟ持帰りの春日ノ四足机八円ニテ求ム、凡八百年位ひの物也、管氏金子
（9裏）二十円借用ヲ被申、勘考仕り置と申候事

・竹川丁池川ゟ両三日中ニ印以テ扱所へ可参様申来ル、煉瓦家ノ一条也也（衍字）、此家ニ付、上納金ハ、
金五百一円六十五銭六厘、当八年ゟ年賦高金
此六分ノ利子、金三十円〇〇九銭九厘
一ケ年分七十一円六十六銭五厘
合金百一円七十六銭四厘　今年ノ上納

・斎藤氏へ近藤ゟ借石油製ノ本かし申候事

・十七日　早朝、山本母来ル、後藤氏ニ大金かし候外国人ノ名前以テ来ル也、私八字ノ蒸気車ニ乗り
而はまへ参り、ボイントン氏ヲ問フ、今日、私尋ルコト承知乍ラ他出（10表）せらる、次ニ和蘭公使へ参ル、
在宿ニテ、同国ノ博物館へ東京芝ノ霊屋写真五十枚廻し方ヲ頼ミ、同人へ渡ス、同人咄シニ、長崎
高嶌ノ石炭鉱ニテ大金かり入度、後藤被申処、同国人鉱山ニテ金ヲ外国ゟ借ル矩則無きニ付、借人

なシ　○同人ゟ同国ノ二百年前ノ酒つき贈らる、次ニ又、ボイントン氏へ尋ル、在宿、ルイス氏も同シ、昼飯被出申候、同人咄シニ、英ノ一番ホヘイ…氏ゟ右鉱書入れニテ、十万円カシ、此英人此比ハ右鉱山へ出張ノ由被申候、次、九十二番ローレッツニ行、あひ、一寸宿へより申候、次ニ百六十三番ムロン氏ヘヨリ、ヘーレン氏ゟ私方へ参ル車、三月ゟ同人手元ニ置テ、今ニ不渡候由尋、九十一番ノ　ヨウロハーへ帰り、其方ゟヘーレン氏ゟ私ニ渡し呉レ候様、手紙参ル迄とめ置呉れ候様申来ルニ付、(10裏)今不廻と答、夫テハヘーレン氏ノ望ノ本、私ハ不出来申候、今日、山口も集ルノ処、ムロン用多きニ付、延引致し呉れ候様山口へ電報有ル由、後日日ヲ定メテ相談仕ルトノ事也、次ニ退出シ帰宅ス

・右後藤氏ノ聞合セ、山本氏へ参り咄シ仕ル処、宅ゟ使来ルニ付帰ル、シーボルト氏来ル、陶器ノ本相談仕ル也、凡百部ハ同人望ミ、此代物ハ同人払フ由被申候事　○ポルトガル人ローザハ後藤氏ノ用向ニテ外国へ参ル由ニ被申、全くハ金策とも思わる

・十八日　昨日、金剛珠院ノ建物代金、局ゟ廻り候間、今朝、ゆうびんへ出し申候、きり代五十七銭也　○小矢ノ状ニ皆金宅ゟ受取無くハ受取テ証書廻し呉れ候様　(11表)○宅へハ百五円廻し候間、早々大工へも渡し、又、大坂よりかり候ハヽ、先方へ返し候様申遣ス　○冨永へかし候百二十五円ノ月日書テ廻し申候事、菅ゟ金三円、岡本ゟ金五円かし呉れ候様ノ処、承知ノ答申、今日□□□参ル　○松田へより、石板凡一枚三日トシテ二月始メニ無クハ出来致し兼候由被申

・十九日　出頭ス、岡本桃里蔵品譲り呉れ候様聞合セノ状出ス、又、古賀へ古鏡ノ合方及正倉院鏡図並京柳馬場五条上ル金森弥介等ノ事申遣ス

・ホイントンニ贈紙入レ、表繍取裏紫仕立代三歩、金物銀代ニシテ二両二歩位ヒノ物也

・竹川町煉瓦家ノ事ニ付、府ゟ達シヲ扱丁へ参り候（11裏）印形仕り、其達ハ八月也、立出シ麁末ニテハ火事ノ患有ルニ付、麁末ニ無き様ノ達シ方也

・築地嶌地へ参ル、此間ノ通り人数集りテ古談ヲ仕ル、十一字ニ帰ル

・廿日　岡本へ金五円かし申候、出頭ス、奈良縣ニテ此春東大寺物取扱不都合ノかと〳〵書取ル也

・管来ル、奈良ゟ持帰り春日机八円ニテゆつり受ク、同人へ金二十円かし申候、酒出し申候、平井民也氏来ル、奈良植村氏ゟ状来ル

・廿一日　塙氏へ参り、次ニ市ケや川田丁飯塚氏へ参り、在宿、三□（12表）長談ス、酒出さる、次ニ小河へより、かへる、代二円二分受取、夕飯出さる、今日、平井氏私宅へ引移ラル　○ジブスケ○ワク子ル氏二度ツ、来ル由　○平井氏私宅へ移ラル

・二十二日　文庫へ出頭ス、東大寺品物奈良縣博覧会不宜候義談シテ書取ル

・山口金次郎従来（入来）、ヘーレン氏申合セノ本ノ談ヲ仕ル

・二十三日　出頭ス、山口見せられ候菊地千本槍、一円二分、元若州所持私求め度由申置く

(12裏)・二十四日　出頭ス、私所持之物、局へ買上けニ相成り申候

鉄春日燈籠四円弐分　昨年京ニテ求

春日ノ中盆一円一分　明治五年奈良ニテ求

根来チヤツ（楪子）　五　二分三朱　笙　三品　当夏奈良ニテ求

同　椿皿　五　五十銭

同　杓子　一　二十五銭　〆七円十八銭八厘

・今早朝、田中芳男方へ参り、地層ノ図本かり申候、次ニ局ノ見込互ニ咄し仕り申候事

・小河氏ノ手紙ヲ以テ同縣ノ人千寿万寿蔵来ル、二人つれ、石版ノ備ヲ受け度由被申、織田氏来ル、鳥類細工売捌き方頼ミニ見へ申候、此三人ニ酒出ス

・川上氏来ル、茶器二品被返、又二品かし申候

・廿五日　出頭ス、昨日田中氏ニ咄し仕り候ハヽ、田中ハ町田氏(13表)ニ咄しニ付、局ニテ徴古一覧仕ル様昨日咄シ、今日、文庫へ廻し申候事　○夕方、山本、片岡へ参ル、留守

・廿六日　出頭、千寿二人つれニテ来ル、石版ノ咄シ仕ル也、平井氏昨日図書寮ゟよひ状来ル　○お勝へホイントン氏ニ贈ル紙入渡ス、繡取大和錦也

・惕斎来ル

・廿七日　惕斎方へ参り、斑竹及絹類一見ス、次ニヘンケー方へ参ル、在宿ニテ、昼飯出サル、人形造り方頼マル、次ニ東京府へ煉瓦家年賦及利金納ル

年賦金七十一円

利金二十七円五十九銭一厘　二月ゟ十二月迄利子

（13裏）□右九十九円ニテ三十一銭過ニ相成ル

・横山松三郎へ参り、石版ノ文字写シ方聞合す処、シケールラアク一匁ニアルコール十匁分料也、写シ紙ハ始メニ薄キカンテン引キ、此へコケ引ク、是レヲ石ニノセシメル、尤石ハあたゝめて也、次ニ水ヲ引キ、又シメテ、次ニ水シテ紙ヲアゲル也

・松田へ写真十枚文字入レテ返ス　○織田氏鳥細工物以テ五十五、是レニテ二十円借用ヲ申サル

・川上氏頼ミ置茶入求テ来ル、一分一朱ノ代

彫り銘　卯月八日十ノ内藤四郎

・日野資計来ル　○平井図書寮写字生被申付候事

（14表）・廿八日　出頭、此着出し申候品物五品代受取申候

七円十八銭八厘

・織田氏ニ金子明二月迄かし申候
　金十五円
・局ニテ求紙三品
　土州五色奉書
　土州ノ　　紙二百枚
　皮引かん皮三帖代三十銭

・廿九日　信楽へ参ル、岩倉殿へ一寸行、山科へ一寸参ル、ワク子ル来四日午刻ニ参ル約束仕ル

・三十日　小河へ行、片岡、岡部へさけ一尾つゝ遣ス、杜園へ状出ス、鎧師ノ聞合と清水当地へ参ら
さるや問合ニ状出ス

（14裏）・シーボルト氏来ル、古代ノ咄し仕ル　○松浦へ状出ス、山口へ菊地千本槍代一両二分遣ス、岡本へ
参ル、又来ル

・卅一日　東中通りニ而人形手鉢求ム
　人形手鉢八形有り二円（ママ）

・時計や尓ル尋、又、左アンコセ両面カラスシマリ候（ママ）物ニテ中石プラチノ等、色代十八円也

（15丁表は空白）

（15裏）◯明治九年一月一日　私不参ス

・二日　昼飯後、田中芳男へ参ル、兼咄ニ武田支那ゟ帰朝ニ付、咄聞ニ集ル、武田昌次、岡　　両ゟ持参候事、万里長城ゟ北九里ニ行、西ハ金国ノ四分、南も同シ、其辺日本始参ル由、依テ土人多分見物ニ来ル、道細く草木少シ、何レも不けつ、外国品ハ一向ニ不用、他国ノ出ス物已ニテ富人有ル由、家ハ石煉瓦造り多シ、木作り少シ　◯馬ヲ求メニ参り候義ニテ巡回セシコト也、茶ノ外国ニ出コト実ニ多シ由

（16表）伊藤圭介、小野苓庵、田中仙エス

聞き行く、栗本氏ハ琉球へ参られ、又、此国ノ咄シ承ル、糸ハ支那ゟ行き、漆ハ日本、支那ゟ参ル

田中氏へ私赤ハタ《（赤膚）》植木鉢三ツ重贈ル、十字過ニ帰ル

・三日　横ハマボイントンへ参ル、留守、お勝ニあひ、次ニ和蘭公使ヲ尋ル、留守也、次ニ英一番ヲートル氏へ尋ル、内ニテ面会ス、ガラス水入英国製贈ラル、次ニワク子ル氏へ参ル、山ノ百二番

也、油画具造ル、油ハ
(16裏)次ニホイントン氏へ参ル、在宿ニテ、石版ノインキ墨並ニバンシ油、平野氏へ譲ラレ候ニ付、私ニ少々ワズル《ユカ》方ヲ頼ム、明日、米国へ帰国ニ付、直ク平野氏へ参ル様ニ被申、次ニ七字ノ車ニテ帰宅ス、今日ステーションニテ土方ニ久々面会ス、私方へ五日ニ参ル約スル、平井氏、小河丁土屋邸十二番地へウツル
・四日　局へ不参ス、十一字ニ兼テ約ノワク子ル方へ尋ル、留守也、次ニジブスケへ参ル、在宿ニテ、仏国ノ学校ノコト頼ムト申サス、次ニ平野氏へ参ル、留守也　○昼後、松田へ赤ハタ角鉢二ツ重贈ル
・次ニ横山松三郎へ同大一ツ贈ル、留守ニ付、小河娘油画習度義申入レ置、次ニ亀井氏へ参り、同シク小一ツ贈ル、次ニ湯嶌川通シ澄川氏へ(17表)夕方参ル、例ノ半々社中六人揃テ、神武天皇前ハ人カ神カノ談ヲ仕ル、私ハ只先代ニ見ナシ申方、色々咄シテ、十一字ニ帰ル　○町田ら大三合刀子代一円　三十銭受ル、過六銭余リ返ス
・五日　不参、朝、土方氏来ル、酒出ス、昼後迄居ラル、昼後、シーボルト氏来ル約ノ処、不来、朝、山科来ル、酒出ス
・六日　出頭ス、平野へ参ル、留守ニテ、譲受ル物不知、松田氏へ参ル、留守也

・七日　小河へ行ク、留守、次ニ横山へ参ル、在宿也、小河娘来ル（17裏）十二日朝参り呉れ候様、ケイコハ
十六日後ト申事ニ御座候、次ニ嶌屋へ参り、石版ノ具、針一本求ム、三分　○ポートル墨三分
昼後、松田へ参り、石版機取り帰ス、ちン十五銭、洋食出サル、朝セン画図十枚預り帰ル、次ニ平
野氏へ参ル、面会ス、譲り受ケシ物如左

石版インキ　二ケ
同　　一ケ
ドラ　　一本

・お勝ゟ同墨二包求ム　二円二分
・古矢野ゟ状来ル
・小河ゟ状来ル、筵ノ仕入ノ談ノ状也
・（18表）八日　出頭、横山松三郎来ル、酒出シ申候、菓子贈ラル、赤鉢二ツ移（替）りニ贈ル　◯ヘンケー来ル、
松浦ゟ状来ル
・九日　出頭ス、ヘンケへ寄、留守、次ニ入船丁四十一番地太田義三郎ニテ金物求ム

チヨツガヒ　　四
ヲトシ上下　　二クミ
代一円一分

・夕方、嶌屋へ石版具求ニ行ク

インキ上　一ホント　五円

下同　二円

水インキ　一ボン　一円

（18裏）クロイモ　二　中下　二品　一円五十銭

ヘン　六　二円

ベニ　三　九円

右何レモ鹿嶌入用為メ也　〆二十円

・十日　出頭ス、宅へ状出ス、松浦、安井へも出スナリ、冬出シ候金子、代人ニテユウヒン（郵便）局不渡候間、本人参ル様申遣シ申候事

・此三日、鹿嶌娘メ石版心見ニ細工ニ来ル

・戸や昨日、今日二人ツヽ来ル

（19表）・十一日　早朝、鹿嶌来ル、右品二十円と私方ゟ廻候

機械石五十円　同張皮十五円

石三面五十一円　墨二両二分

合二百三十九円三分　此処へ二百五十円受取

右品々渡シ申候而持帰ラル、鹿シ氏

・出頭ス、昨今ハ大雪也、清水善之進と奈良中新屋丁森川ゟ状来ル

・ヘンケーゟ獨乙国ノ林ゴ一箱贈ラル

・膳所柴田、堀江両家へ年頭状出ス也

・十二日　早、千寿、鹿嶌二人小河氏ノ状以テ来ル、石版ノコトニ付、段々尽力ノ礼ニテ千疋酒代として贈ラルト云、研石、嶌屋買同人へ渡ス

トラ　六円　　研　五円

(19裏)算用残三歩受取申候

嶌やへ二十円金口(ママ)申候事

松浦ゟ状来ル

・十三日　山科来ル、シーボルト来ル、私ゟデ子マルカ国ノ博物館へ日本古銭不残揃テ贈ル処、着礼ヲ先方ゟ被申、付テハ日本ノ銅器ハ何世ニ始りテ、外ニ何々有之やの義被問、同人咄シ也、墺国ノ医者　　氏来ル

・出頭ノ宿直也

・岡部、片岡年始状出ス、次ニ清水善之進へ状出ス、当地へ参り候ハ、宜也ノ状也

・（20表）十四日　建具や二二十一円払フ、石橋来ル、朝せん国風ノ事、二人中間ニテ著述仕り、出版仕ル約致ス
日野氏来ル、つれ有り、此三人共飯餅出ス也、夕方、金森来ル、年中行事画巻十五本カス
・十五日　朝、エンリヨウ館へ参り、米国へ出品ノ品一見仕ル、次ニ出頭シ、今日も家（宿）直也
・十六日　河原氏へ参り、陶器類一見シ、嶌やへより、石ハン道具類残り十円払フ事
へーケー来ル、私陶器ノ本五百丁、色々私ノ世話ニ相成り候間、買取ルと被申候、石はし来、朝せんノ談仕ル
・（20裏）十七日　朝尚、延寮館へ参り、米国廻シノ品々一見仕ル処、蒔画ハ一向ニ是迄宜敷故ニ進ます、又織物とても同シ、焼物及七宝、銅器等ハ進テ見事なりけり、今日出頭ス
・松田へより、石版六百枚ツ、ノ様ニ頼ミ置く
・十八日　文庫へ参ル、昨日ハ岸ゟ被出候奈良正倉開封仕ル見込ノ案見ル、凡三人参ル由ノコト
・ヲ、トルへ陶器取り寄候義申遣ス、明日来ル由申来ル
・鳩居堂、竹角へ蔵六作古銅器写し有無問合申遣ス

（21表）
・十九日　出頭、安井へ羅城門瓦、東寺瓦求方頼ミ遣ス
岡本及かす両人ノ書ノ見本、文部省へ出ス、日比氏ノ昨日ノ返書、図書寮へ為持遣シ申候、宅へ村上トへ状出ス
・柏木ハ根岸と同意ニテ、甲山近辺ノ古陵ノ土偶届無く掘れるニ付、町田へ咄シ仕り置申候事
・山科植木鉢丸形三ツ贈、角中、多田、服部三ツ贈
　大六銭　中三銭　小二銭　運賃凡倍なり
・ヲートル来ル、河原ゟノ陶器見セ申候、シーボルト氏外三人同道ニテ来ル
・廿日　出頭ス、シトース直シニ来ル、山本、樫原来ル、岡部ゟ状来ル
（21裏）
・廿一日　休日ス、信楽ニテ珠光青磁耳求ム、二分、内ニ唐草ノ紋有り、土ハ鼠色也、又、六朝の鐘求ム、七円
町田へ参ル、赤ハタ植木鉢角ノ

高き分贈ル、大十四銭　小九銭　元価
・額やへより、小河へ参ル、春日一鳥居写真ノ額ヲ贈ル、写真三分、額縁二歩也
・廿二日　出頭ス、英国ゟ佐野氏被頼候陶器、同道ニテ一見ニ行、若（ママ）井方ニ多ク集り候へ共、骨シキ（ママ）物四十位ヒハ無シ、黒田氏も被参申候、岡部、ヲートルゟ状来ル、柴田ゟも来れり

・（22表）廿三日　雪ふり申候、山科、小杉氏来ル、出頭ス

・廿四日　出頭ス、シーボルトへ寄り、次ニワク子ル方へ参り、種銭十一枚贈、多葉粉入一ツ贈ル、同国細工銅ノカンテーラ被贈

・廿五日　出頭ス、次ニシーボルト、ヘンケーへ参、留守也

・廿六日　休日、鈴木へ参ル、色々古器一見シ、次ニ古筆へ参ル、茶器色々一見ス　○松浦重教ゟようかん来、京都府ノ横井忠直ゟ正倉院古器拝し申願候処、御許可ニ不成、（22裏）依テ私へ如何仕り而宜敷や問合ニ来ル

・廿七日　出頭、今日大雪ニテ、一尺吹寄セノ処、尺八、九寸実見事ニテ、砂ノ如クシテ風ニちる事、朝きりノ如シ、戸障ノすきゟ吹き入り、是迄ニ覚江ぬ景色なり

・扱所へ税帳為持遣し、半年分為持申候事

・シーボルト、ヘンレイ来りテ古談ス、古物、サキソン国ノ博物館へ集ル為ノ摺物被遣申候

・廿八日　出頭、真鍮ノ挟尺求ム、二円二分、厚目ニテ通、洋尺もモレリ、長サ五寸、穴ノ経の見ルコトモ出来候

(23表)・片岡ゟ状、両人ゟ来ル、サケ受取テ、礼申来ル也

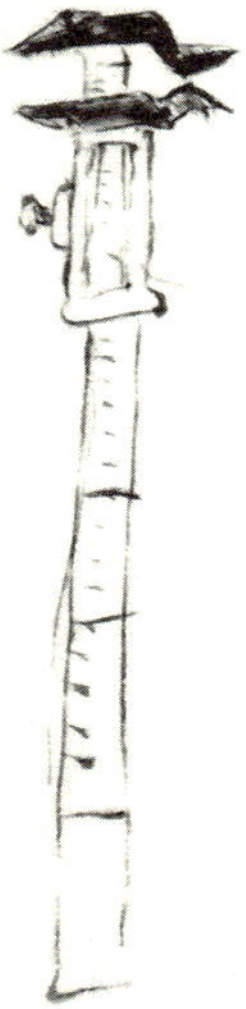

日本細工ノ事

・山口へ寄り候処、ムロンノ咄シニ、ヘーレン氏へ申遣シテ、答ヘノ趣ナリ、是レハヘーレン氏ノ私と本ヲ作ル一条ノコト

・廿九日　出頭、又雪ふる

・~~廿九日~~卅　出頭、光明天皇ノ祭日ニ付休日、浅草通りへ小道具見ニ参ル、柏木へより、三輪山ゟ出ル土器ノ図かり申候、シーボルトゟ古器サキソン国へ集ル布告大枚《（ママ）》来ル、谷森ゟかし候画巻返ル、玉子贈られ申候事

・三十一日　出頭ス、日陰丁万蔵へ帽注文ス

(23裏)・二月一日　出頭ス、シーボルトへ参ル、留守也、今日、館へ朝せん人来ル、始テ一見シ、付テハ館ノ朝鮮物ノ弁解ス

・二日　休日、東中通へ参り、シドロ《（志戸呂）》壺求ム、二分、松田へ参り、仏国ゟ贈ル画一枚贈ル也

・七字ゟ夕食ヨバレニハーレス氏へ参ル
・三日　出頭ス、次ニコヲジ町沓やへ参ル、道ニテ大坂の渡辺ニあひ申候
・四日　出頭ス、此夜宿直也、蔵六ゟ状来ル、陶器ノ考へ色々申来ル
・（24表）五日　教部省□医局へ参ル也、茶器七ツ求ムルコト
　金海茶碗　渋紙手　大狼手　茶壺
　黄瀬戸茶壺　画高麗水指　古織部ノ
　香合　萩茶碗等ニテ一円二也
渡辺昇へ参り、博覧会ノ咄シニ参ル也
・六日　出頭ス、白銅網ノ入り玉器、西洋品求ム、一円三分、善之進ゟ状来ル
・七日　休日、文庫へ参り、是真へより申候事、道八ゟ状来ル也
・（24裏）八日　出頭候事　○清水へ東上ノ物成ル返事出ス、宅へ此春奈良出張有り処ニ、私ニテハ無キカニ
存スト申遣ス　○乾山ノ向付十枚一円二分ニテ求ム　○祥瑞ノ染付香芦（香炉）一円ニテ求ム、金海茶碗一

円二分求

・九日　出頭、黒田長博《(長溥)》侯へ参、留守、次、福田鳴我《(鳴鵞)》へ参ル、黄、王笛、白陶銅簫、斉化、五鈴鏡一
見ス

・十日　出頭ス、ヘンケーへ参ル、上京咄し承ル也、清水東行ノ咄シ申けハ、路費ヲ私方迄十円可廻
様被申

(25表)
・十一日　出頭ス、次ニ黒田長博へ参ル、内ニテ
委奴国王印一見シ、寸法取り申候、
内ハ西洋造ニテ見事、イタリア人認ル、
徳川ノ画アリ、キヨソ子ー《(キヨッソーネ)》ノ画有り

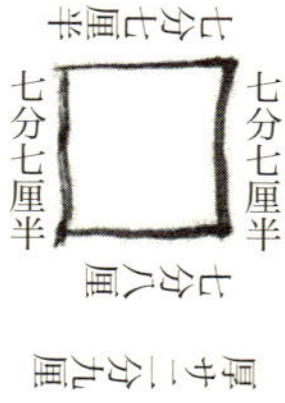

・十二日　休日、高橋、新井へ参ル、昼後、有栖川宮へ参り、蔵品一見ス、宮ハ和洋取交テ、新建甚
見事也

貫之哥書切　　西行哥書切レ
行尹卿ノ詩哥大シ　定家文切れ
空海ノ文　　尊円

（25裏）
古書手鑑　聖武天皇　光明子　菅公　空海等一帖
　中古書手鑑　誠ニ当座ノ哥已也
宮御帰館ニテ、御面会有り、色々御咄シ有り申候
・片岡弥吉ニ遣ス銀印出来ル、太田へ三分払ス、私好ミ

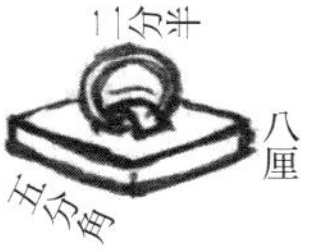

・十三日　風邪ニテ休日ス、終日シトウズニテ書見ス
・鮭五疋、タラ半分宅へ廻ス、賃一分ナリ　〇今日又雪フル
・十四日　大坂知事渡辺昇へ同所博物館へ出品物為持遣ス
　佐土原斑竹　大小　五本
　獨乙国製　玉模造　ギブス細工人形二ツ
　空海像ノ土形　一ツ
　田安氏所持多葉粉入　古書佐羅左　一
　ローマ王室敷石ノ欠　一ツ
（26表）
　術術《（ママ）》工術　一冊
　京都舞子石版ノ画　一枚
　箸二ツ　神路山　下　大台原ノ木
　獨乙国ノ国王及切臣《（ママ）》写真一枚

水瓶和蘭ノ古製　一器

右物持遣候処、早出立ニテ間ニあわす申候

今日出頭ス、可亭へ参り、片岡ノ印頼ミ置、次ニ知恩院へ参ル、留守也

・十五日　出頭ス、次ニ山口へ参り、ヘーレンノ画ノコト問ひ候ハヽ、ムロンゟ本人へ申遣シテ有ル由、次ニ松田へ参ル処、陶器ノ出版皆出来ス、残り遣シ可申様申置

（26裏）・十六日　出頭ス、今日宿直也、松田来ル、亀井も同シ

・十七日　ヘンレイへ参ル、デ子マルカへ和銅説書ヲ贈ル、人身養生及其外色々談ヲ仕ル、次ニ古賀へ冠出来ニ付廻ス

・十八日　出頭ス、五世田来ル、信長公像写シヲ頼ム

・十九日　出頭ス、松田へ参り、板ノコトノ談仕ル、次ニ小河へ参ル、大坂渡辺昇、岡部、片岡へ状出ス、ハーレンス、遠藤へ状出ス

（27表）・廿日　出頭ス、古賀へ状出ス

片岡徹印

（朱印）

可亭刀
廿十八才

・廿一日　休日、香川氏へ参ル、留守、次ニ
シーボルト氏へ参、是又同シ、次ニ大養へ参ル、在宿ニニ（衍字）テ古画物一見ス、如左ニ
　聖徳子書　紺紙ニ金字、字毎ニ銀泥ニテ五輪ヲ画、太秦法隆寺（広隆寺）ニ有ル通り、一ハ百四
　　十行計り、一ハ十行
　嵯峨天皇ノ書　白ノ点アル物　一巻
　菅公書　一巻　大安寺縁起ノ通り
　　何レモ見事也
（27裏）次ニ羽倉可亭へ参ル、印出来上り申候、代一円如左
次ニ知恩院へ参ル、出懸ニテ咄シ不仕申候、次ニ香藤（ママ）へ参ル　○サツマ　○琉球　○大嶌　○信州
○奥州等ノ雷斧、又ハ矢根石一見ス、次、日蔭町ニテ古代ノ陶器ヲ求ム、一円二分、如図、又ハ矢
ノ根四ツ求、一円也
次ニヘンケイへ参ル、留守也、
次、本丁天満丁ニテ画高
麗壺求ム、三円、次ニ
中通りニテ青井戸薩

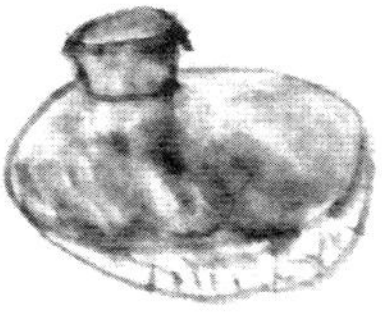

摩茶入レ求ム、七十銭也
・三浦乾也来ル、古人形ノ模
造売り度候間、外国人ニ
世話致し呉れ候様被申ニ付、
(28表)風俗ノ沿革ヲ見ラル様ニ造り候様申置ク、次ニ漆器ノ咄シ仕ル、随分明シ、又、古陶器ノ咄シ明シ、
此咄シニ面白シテ長クアカス、長談ス、〇十万弓ニ天平ノ文字有ル瓦売り度由被申　〇片岡徹印明
治九年造ト右ノ印ニ自ラ彫りテ片岡ニ贈ル、紐ハ白紫ノ談打、本人大慶ノ由也

・廿二日　出頭、今日宿ハン也　〇宅ゟ状来ル

・二十三日　古賀ゟ状来ル、今日終日雪ふり、山科氏来、田中氏ヨリ借用ノ図物返却セラル
(28裏)・二十四日　文庫ヲ参ル、取調コト仕ル、町田、田中、小西、本官ニ相成申候
・二十五日　出頭ス、ジブスケへ参ル、留守、同国学校へ品　点廻シ申候
・二十六日　出頭ス、四字ゟ小河氏来ル、酒飯出ス

・廿七日　休日、古筆了仲来ル、焼物色々見セ候処、七分ハ目利当レリ、白山静蔵来ル、中通ニテ雲堂ノ古染付求ム

雲堂古染付　一両　松城屋ニテ

祥瑞ノヒヨタン染付　二分二朱

(29表)
建山天目　二分　此二口草レ浅見付外ニテ求ム

乾山茶碗　一分　六清（清水六兵衛カ）ノ御本模シ茶碗

高麗ノ暦書手　四十銭　金手（ママ）藤四郎茶入　二十銭

此四口浅草寺ノ内ニテ求ム

雷斧五　矢根五ツ　三円　高徳寺前ニテ求ム

川上帰一へ参ル、茶会ノ日ニテ一服仕ルナリ

・清水屋へ参り、古ノ奥州弓一覧仕ル也

・廿八日　出頭ス、扱所ゟ私邸中ノ間数相違ニ付、尚書出ス様申来ルニ付、朝、実地間ヲ取り而、差シ出シ申候、如左　◯ヘンケーへ参ル、清水上京ノ義、一寸見合シ呉れ候様申さる

◯松田へ石陶器ノ図物出板料ノ内口入百円渡シ申候事

(29裏)

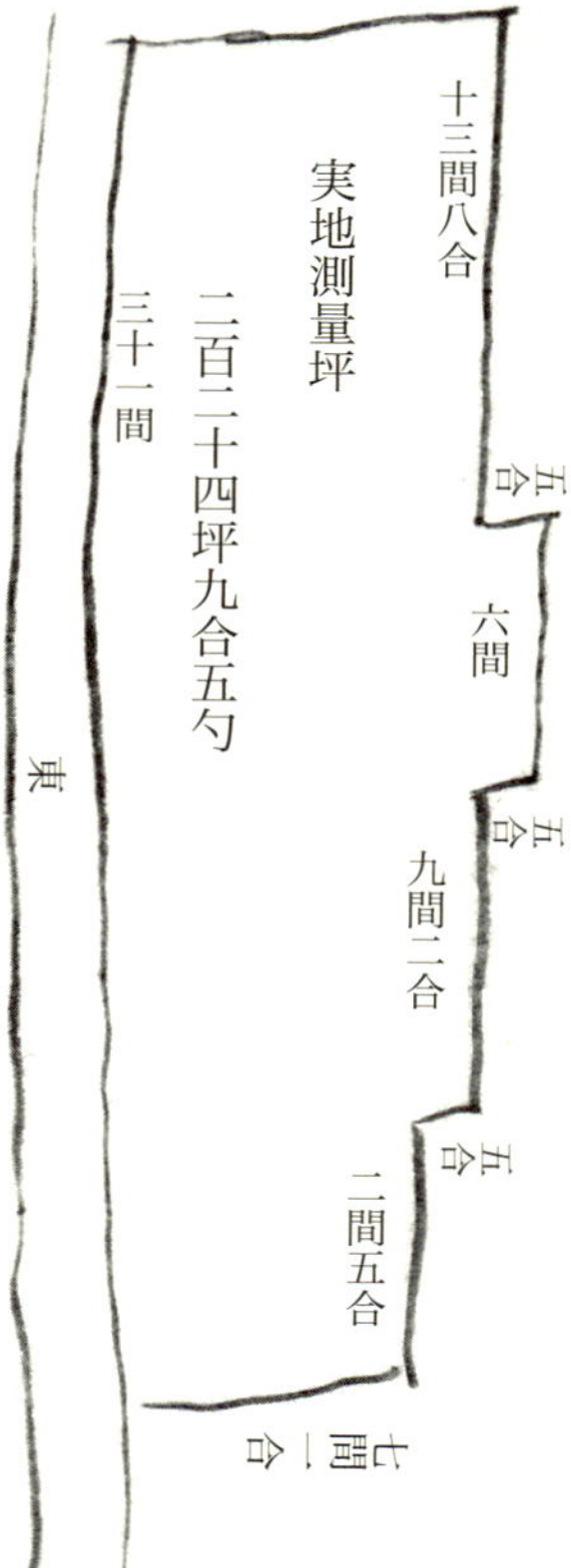

右之通実地坪数ニ相違無御座候也

第一大区二小区―― 蜷川―― 印

明治九年二月

・兼而預り置候焼物、河原氏へ返シ申候事

(30表)
・廿九日　教部省へ参リ、三嶋明神ノ宝物問合セ候、内ニ名品
蒔画ノ手箱　政子ノ手箱外ゟ珍(ママ)ル
象牙笛　等珍物也　次ニ
○司法省へ参り、青木ヲ尋ル処、不参、次ニ○陸軍省へ参り、局へ参ル、大炮ノ何人使位懸り候や
問合候処、造兵司へ参り呉れ候様申事、次ニ出局ス　○今日、奈良出張ヲ岸氏被申付候事　○通り

ノ西村ニ而古蒔画の小筥求ム、六十銭也　〇河内船はし村ノ来ル

・三月一日　上六番大音氏へ古銅器一覧ニ参ル、
周ノ時代ニテ、純銅ノ上ニ紺青六生朱サビ下ル
（30裏）竹根ノ花生ニ木彫りノブシウカン二枝有り、何れも見事
・帰路ニ五尺計りのカラス障子戸棚四ツ求ム、十七円也
・昼後、浅草ニテ茶ノ布ヲ求ム
・天満丁ニテ唐物茶入求ム、一円、六百年前ノ物
・小林半吉ゟ状来ル
・谷森ゟシトース代拾円受取り、西ローソク十二本贈ラル
・山高一条植木鉢二ツ贈ル

・二日　出頭、弥吉夕方来ル

・三日　出頭、私邸中人衆並ニ建家借用人ノ書付、扱所へ出ス、如左
第一大区二小区　辰ノ口道三丁二番地　地主蜷川式胤
借□借地等　寄留人　何之某
（31表）煉化家屋　但二階　何坪　　瓦葺二階家　何坪

分私

板家平家　何坪　土蔵　但二階　何坪
物置　何坪
　右之通相違無御座候間、向後住居坪数増減有之候節ハ、早速御届可申上候也
明治九年二月　右　何ノ某印

石造平家　八坪　瓦葺平家　廿七坪
土蔵　但二階　十八坪半　第二号長や　但二階　三坪半
　平家二坪　第三号長や二階三坪半　□家八坪　瓦葺
瓦家平葺　十坪半　西村かつ
同　五坪半　桜井源次郎
同　七坪　白井幸儀

（31裏）

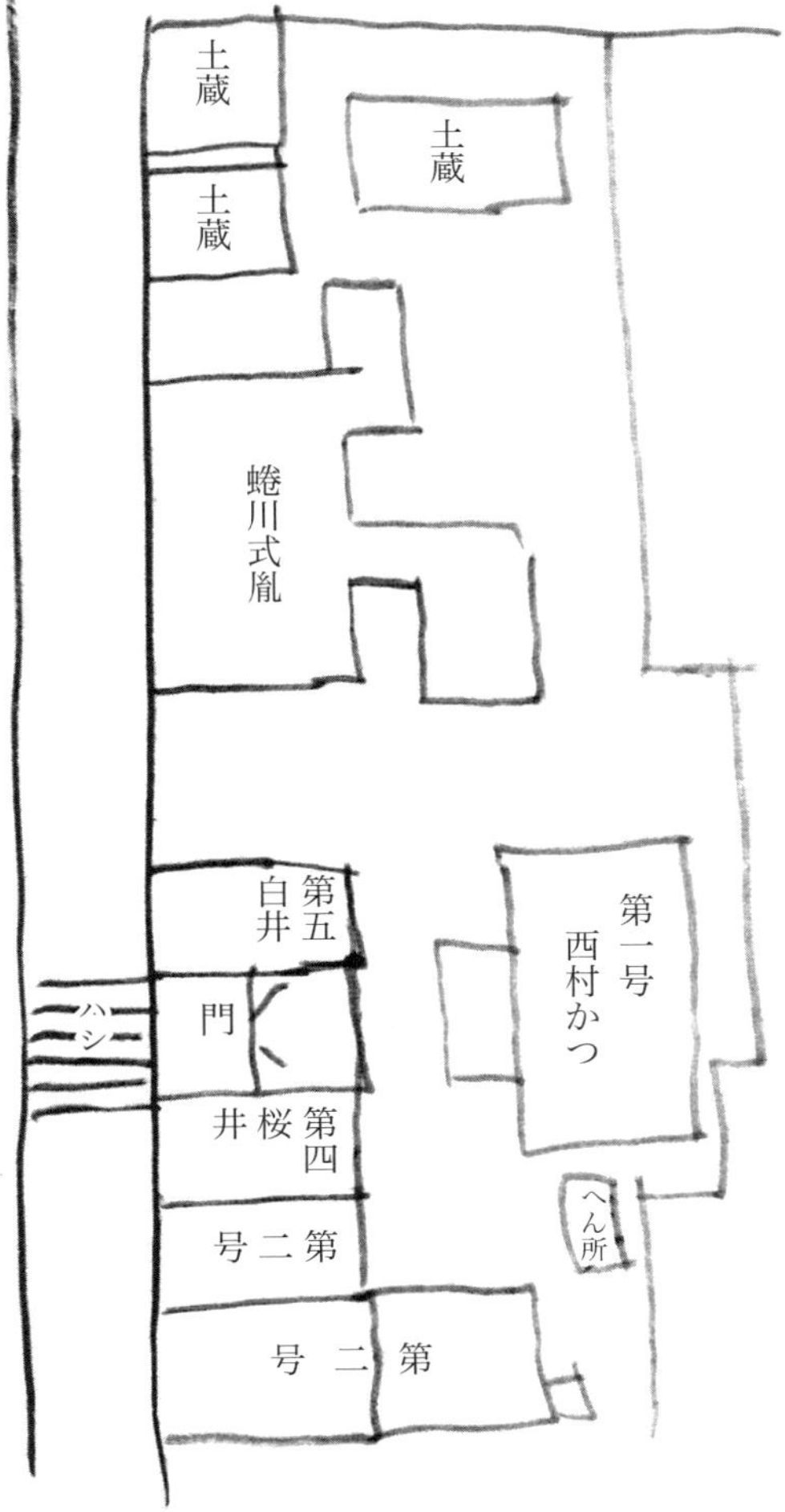

右之通り扱所へ出シ置ク也

・朝鮮と戦争ニ不相成候由布告也

（32表）・四日　出頭、大坂内本丁橋詰町博物場ゟ書状来ル、私蔵長曾加部酒壺、同桶、蜷川少介慶長年間薩摩ニ於テ造ル鎌、十文字槍、出品仕ル様権知事へ申置候処、近々受取ニ人ヲ差し立候而、落手書ハ宅へ渡シ置候様申来ル

・村上虎次郎ゟ状来ル、兼而取寄セ候細工物〆廿両三分一朱一貫文、此方ゟ返ス物ト引残四両一朱ト

二百五十文過ノ由、千カン目方六十目代廿五銭、華族開館（会館）へ一寸朝参ル
・五日　風気ニ付不参、川上、大養、浅見来ル、何レモ陶器類見セ申候事
・朝鮮ゟ黒田帰朝ニテ和義ノ由
（32裏）・六日　出頭、宿直也、ヒル来ル由、岡本老母来ル、用立候金子二円二分返ル
・七日　冨田来ル、酒出ス、大和舞調ル、次ニ染川（深川）八幡宮へ参り、三浦乾也へ行き、次ニ古川へより、大和舞一見ス、次ニ松田へ参り、兼而頼置陶器ノ本二冊出来ル、今朝、此本ノ願ニ付、内務省へ一寸参ル
・橋本翁（ママ）一ゟ正行ノ起証（起請）二枚、冨預り来ル
・八日　出頭、東京府へ出版ノ願出ス、美濃ニテ三枚也

　　出版御届

一観古図説　陶器之部　壱冊大画図入り

　明治九年三月　出版

右ハ私著、歴史ニ見ユル上代ノ陶器ノコトヲ述へ、此説ヲ（33表）獨乙文ニ墺国人ヘンレー・シーボルト氏ノ翻訳ヲ添へ、一切条例ニ背キ候義無之候間、今度出版致し度、此段御届申上候也

明治九年三月八日　　　　京都府下平民　蜷川式胤　印
内務卿大久保利通殿　　　東京辰ノ口道三丁二番地寄留

・小河町ニテ古備部（前カ）水指三十銭ニテ求ム、次、岡本十郎方へ参り、老母帰京仕り度義、私方ニ差支無き由申置き、繍の代一円二分贈ル　〇山本へ一寸参ル

・九日　出頭ス、小河ゟ先代朝鮮分とり冑一頭献納セラル、岡本へ用立置候金二円二分返却有り中候

（33裏）・十日　出頭ス、二字ゟ小西、蜷川、加藤、山中同道ニテ樺田（蒲田）ノ梅ヲ見テ一勺ス、加藤ハ此処ゟ帰ル、小西、私ハ金川（神奈川）宿玉川やニテ宿ス、山中モ十一日此宿ニテ行あひ、此宿高見ナル故ニ、横はま及ひ新道ヲ望ミ見ルコト西湖ノ画、之夜ハガス燈数々有り、御見事也
翌日六字ゟ三人横はまへ参り、此地ゟ人力車ニテ切り割りを過、根岸ニテ車ニヲリ、次ニ山道歩ニテ杉田ニ行く、是迄横はまゟ三里、此地ノ梅花ハ百姓やノ軒、又ハ山ノふとニ数百有り而、誠ニ閑ニシ、外ニ見物人二人ゟ不来、先関八州ノ第一ト見ラル、次ニ一里下りテ関宿ニテ人力車ニ乗り、金沢迄山道二里半、能見堂ゟ金沢八景ヲ眼下ニ見下シ候処、入り海曲りテ其先々ニ小山有り、誠ニ見事也、次ニ金沢へ参り、東屋ニ而昼飯仕ル、新田氏此処へ見へ色々咄シ仕り、次ニ又、元元（衍字）ノ道へ帰り、夕方、金川へ着、次、蒸気車ニテ帰ル
　大森　樺田　酒飯入用　一人前五十銭
（34表）初日入用　合テ　一人前八十四銭

横はまゟ根岸迄一里ヨ　車賃二十銭
金沢食事入用　合テ九十一銭
関ゟ金沢　金沢ゟ金川迄七丁　人力車賃一人二分
二日目入用合テ一人前一円五十銭

・十二日　出頭ス、今日宿直ナリ

・十三日　出頭、松田へより申候、シーボルト氏来ル、是心（是真）へ一寸ヨリ、一利へヨリ、次、浅野紙製造場へより、紙一連求ム、五円八十銭也

・十四日　出頭

（34裏）・十五日　出頭、次ニ今日ゟ局ノ日会也、イタリア公使へ参り、シシール家内陶器集メシヲ分レ（ママ）部致し遣ス、シーボルト両人筆記ス

・十六日　戸や二人来ル、土蔵へ私物陳列致し申候事、夕方、小河へ参ル、くれ過、神田はし外火事ニ付、内務省へ一寸参ル

・十七日　出頭、夕方過、神田はし外出火ニ付、本省へ一寸参ル

・（35表）十八日　出頭、次ニ芝へ参り、次ニイタリア公使へ参り、陶器ノ見分ケヲ致し遣し、シーボルト両人ト私と夕食出ル

・十九日　（文庫へ）出頭ス、次ニ松田来ル、酒出ス、松平正一、博物館ノコトニ付、相談ニ来ル

・廿日　出頭ス、次ニワク子ルト大コウ院へ参り、次ニ同人宅ニテ夕食出ル　○玉置今日ゟウツラル

・廿一日　伊太利亜公使ト曲木、私ト浅草へ焼物求ニ参ル、（35裏）公使十計り求ム　○今日、戸やニ三円渡ス

・二十二日　出頭ス

・二十三日　出頭、永田西京ゟ来ル、私方へおき呉れ候様被申候へ共、断ル

・二十四日　華族開館へ参り、宇和嶌ニ面会仕ルノ処、未来候

・二十五日　出頭、イ太利ア公使へ参ル、陶器ノ咄シ仕ル、川上及竹次郎来ル、酒出スナリ、竹次郎ハ舞子おかよノ油画以テ来ル、西京ノ本（36表）人方へ贈り呉れ候様ニ申事也

・廿六日　香川来ル、次ニ宇和嶌へ参り、華族物品局へ出品相成ル様周旋頼ミ置、宅迄馬車ニテ同車ス、次ニ小河へ参り、同道ニテ米人　　方へ尋ル、家見事也、米国ノコンシウル来ル、中食被出、次ニ三人共私方ノ古物見ニ見へ申候事、~~次ニ小河へより同道ニ~~

・廿七日　出頭

・廿八日　出頭、小河同道ニテ三河ヤへ参り、西洋食仕ル、次ニ松田へ一寸参ル

・（36裏）廿九日　出頭ス、昨日、武官又ハ矩制服ノ外帯劔被止候由ニ承り、依而今日限り帯劔止ル

・三十日　出頭、宿直也、私宅ゟ筵包三ツ来ル、ちん廿五銭也、右脱刀ノ達シ来ル

・三十一日　イタリア公使へ参ル、次ニ松田へ緋袴造り廻ス、次ニ文庫参り、高嶌へ陶器ノ図ヲ頼ム、次ニ上野へ参、花万開也、宅ゟ味噌、小豆、茶、ずゐき此外数々来ル

・四月一日　大坂江戸堀　町　番地鹿嶌吉右衛門へ状出ス、次ニ半日出頭ス、退《ママ》ノ杜園細工人形見せ候処、何もほめ申候事、（37表）柏木来ル、洋酒出ス、古物見せるニ、次ニ是真悴、弟子三人来ル、古物見せ、酒出シ申候事　○安井ち状来ル

・二日　休日、イタリア公使へ参ル、昼よバれ申候、陶器二ツ贈ル、上野へ一人花見ニ行く

・三日　祭日ニ付休日、後藤氏来ル、酒出シ申候、次ニ向嶌へ花見ニ行く、諸官員何人もあひ申候、梅若迄参ル、町田ニも井口ニもあひ申候、次ニ上野へ参ル、何れも花十分なり、古物後藤ニ見せ申候

・四日
出頭ス、乾也来、次ニ宅へ是真四人つれニ而来ル、是へ乾也、松田来ル、根岸来ル、何れも酒出シ、古物見せ申、（37裏）何れも古物の談仕ル、次ニ乾也ニ奥州ノ十万弓全く損シ無き品四円ニ而求ム　○今日ハ松田ノ下男西洋料理頼ミ申候

・五日　出頭ス、松田へ出板ノコトニ付き参ル
○稲荷御出ハ四月廿日、祭ハ五月十一日ニ例年定り候由

・六日　出頭、小河氏ト上野花見ニ参り、ビル《ビール》ヲのミ夕食ス、花少々つゝちりて見事なり

・七日　出頭ス、雨大ひニふル、辰男来ル、海軍ニ而風船ノ雛形上ル処、局ノ遙上ヲ通ル、見事也、
○三良殿も一昨日乗船ニテ、駕籠脇五十人位刀ヲ袋ニ入れ而持てり、（38表）廃刀被仰付候ニ付、此意も相立候而、加様ニハせられ候事、此度ノ廃刀ハ山縣ノ建言ニ付而被仰出候事

・八日　半日休日、通りへ参ル、ヘーケイへ参ル

・九日　休日、イタリア公使方へ参ル、昼後、足香山（飛鳥山）へ参ル、花十分也、米国へワク子ル今日出立、
信長ノ画代五円受申候

・十日　ヘンケイ来ル、出頭、分割コンパス二円ニテ求ム、憐春来ル

・十一日　松田へ参ル、鳥大路来ル、出頭

・（38裏）十二日　出頭

・十三日　出頭

・十四日　文庫へ参ル、是真へより、仏国ゟ贈画一枚贈ル

・十五日　出頭、昼後早々、小西、後藤《山中》、本省ノ人、私四人つれニ而府中へ参ル、八里也、六所明神へ参ル、大社ニテ、森ノ木立ノ大木ノ花モ三分散りテ、土ハ玉ヲ敷並フル様ニ見へ、見事也

(39表)・十六日　右森ノ前ヲ北へ取り、大木ノ馬場有り、次ニ元国分寺ノ横ヲ過き而、玉川(玉川上水)ニ至ル、川ハ吉野川ノ水ニも似而、誠ニ清水、巾四、五間、筋ま方ニ而ハ二間両側花咲き而、川下へ一里余つゞけり、四字比ニ帰宅ス

・十七日　出頭セズ、三字過ニ管氏来、用立置候残金十円被返、利足ハ不取申候、酒出シ申候、府ゟ邸中ノ量レ測ニ来ル

・十八日　出頭、
山中氏ニ花
(39裏)見ノ割九十三
銭渡ス

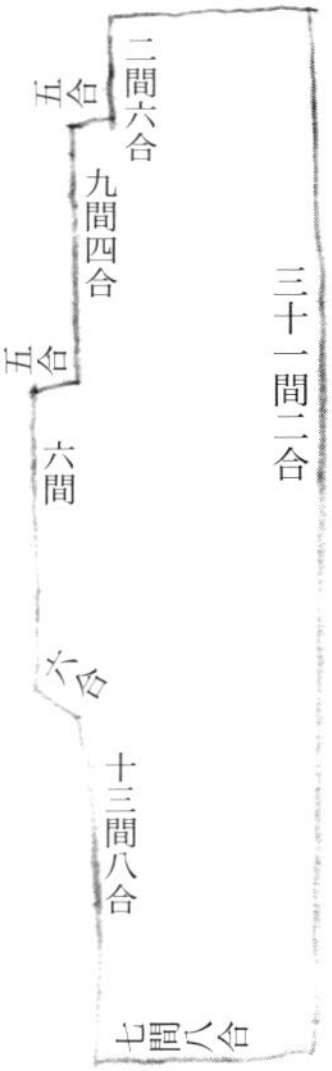

・十九日　出頭、府ゟ井戸ノ検査ニ来ル

・廿日　私、冨田、一宮、すわ、後藤へ参ル、新建ノ家見事、酒出ル、色々遊ひニ而、私発句仕ル、

○堺縣ノ不来ル（ママ）、松尾来ル
　花の色を忘れて今日ハくれニけり
・廿一日　観古図説三部出版届、内務省へ出スナリ、次ニ出頭ス、堺縣ノ人来ル　○宅ゟ状来ル、寺
内抱地ノ税義（40表）村ノ戸長ゟ申来ル　○奈良佐保山ゟ辛櫃返し呉れ候様申来ル
・廿二日　東大寺惣持院佐保晋円へ辛櫃出ス、賃　　松田へ参ル、清水ゟ状来ル
・廿三日　岩倉殿へ参ル、忰殿へよる　○三浦ゟ来ル美濃国分寺瓦、松尾之宅ニ於テ写シもラウ　○
正午ゟ古筆へ茶会ニ参ル、小西、後藤、高嶌外ニ戸沢と申書画や等也、三浦氏此古筆へ私ニあひニ
来ル、同人長命寺内ニ当時居ル由、今日ノ茶道具ハ如左

床　紀貫之寸松庵色紙　　炭取　唐物竹組籠
釜　古天明あられ　　炉縁　元興寺塔ノ古木
（40裏）
香合　堆朱霊照女　　灰器　新湊焼
花入　唐物籠　ヒヨウタン　　花　かりん
水指　白銅砂張　　茶入ハフ平野　袋細川トンス
茶盌　粉吹銘白雲　　茶匕　豫楽院
建水　木地曲物　　蓋置　春竹

向　青磁　黄瀬戸　和蘭陀　万暦　織部　さよりきうり
汁　根いも水子トし　椀　かれい　白黒　平具　木ノメ
焼物　小たゐ　塩むし　吸物　かふトほね生か
猪口ニ而　青磁小皿　からす見
香物　ならすけ　菓子　すまめ
御茶祝之城　宮林有斎詰

・廿四日　出頭ス、惣持院へ辛櫃返ス、書面出シ、次ニ此品又便へ出ス、（41表）賃五十五銭
・廿五日　出頭《□ト町十八番　盛吉》、音無シゟ銀銅湯わかし贈らる、乾也ゟ奥州碗膳為持来ル
・廿六日　米国博覧会へ観古図説二冊廻ス、大養寺へ一冊贈ル、多賀城ノ瓦贈らる
・廿七日　岩倉殿へ一寸よる
・廿八日　出頭ス、外務省へ参り、平山ニ面会ニ行、次ニ可丁（可亭）氏へ印頼ニ行く、後藤来ル　○観古図説ノ代百円松田へ渡ス

（41裏）・二十九日　奥州へ御巡幸被仰出申候、昨、盗人館へ入り、繍ウロコ四枚分ノ金取り申候　○伊太利亜国博物館へ観古帖一帖贈ル、次、佐野へ参ル、次ニ松田へ参ル、岩倉殿へよル

・三十日　ヘンケーへ参ル、《セーゲンへ》昼後、シーボルトノ古物会ニ参ル、古器も多分集り、人も多分参ル　○仏人モツ氏死去由承り申候事

五鈴鏡　根岸蔵　見事	行成色紙　古筆蔵
五口青磁壺　森蔵	白・彫り南京　森
古鏡　古川	古鏡　三　佐々井
光信人丸画　古筆	法隆寺古切類　大養寺
（42表）穴有ル雷斧　柏木	古鏡古印　桶口
曲玉類　横山	古蒔画硯箱　鈴木
土偶人　松浦	

・五月一日　出頭、ヘンケー来ル、本ノ表題ノ相談仕ル

・二日　出頭、△糟谷ノ母ニ岡本家内来ル

・三日　出頭、朝鮮人金麟昇局へ来り、朝鮮物色々名目及用前承ル、我国ノ歴史ニ見合候事故ニ大ひ

ニ楽ム、又、向ノ人も大ひニ喜申候事、△「外務省へ参り、本ノ表題ノ談ヲ平山ニ仕り而」、ヘンケーへ参ル、留守なり、置帰ル　○夜十一字ニ上等裁判所火事ニ而、此方へ烟なひき、火ノ子飛来ル、山科、小西、野村、堤、柴田、井上、龍玄堂、大工、トビ、左官、屋根や、瓦師来ル、(42裏)職人ニハ握飯出ス、其余ハブドウ酒出ス　○次ニ私ハ本省岩倉殿へ見舞ニ参ル、片岡来ル、森来ル、外務ノ宮本昼来ル

・四日　山科、野(村脱カ)火事見舞礼ニ行ク、次、出頭ス、職人へハ夫々手札為持(マヽ)へ下男遣ス、次ニ堤殿へより、小西へ同シく礼ニ行、酒出され申候、早朝、松浦来、陶器ノ本見せ申候、小中村ゟ火事見舞人来ル也　○森、柴田、井上へ礼状出ス也　○本表題宜旨ヘンケーゟ申来ル

・五日　出頭ス、外務省へ参り、平山ニ陶器ノ本ノ表題横文ニニ(衍字)テ書テモラヒニ参ル、岩倉中殿へよる也

・(43表)六日　出頭ス、燃水社へ金二十五円出金ス、樹木来ル、平山氏翻訳一条ニテ来ル

・七日　息休日也、伊藤へ参ル、留守、金氏へ参ル、次ニ小河、井上へ参ル、片岡へもよる、ヒール氏へ参ル、陶器本一冊贈ル、米国ミニストル方へノ書状一通モラウ也

・八日　出頭、次ニ可亭へ参ル、次ニ米ノミニストール方へ参り、米国ノ博物館へ陶器ノ本一冊贈ル
○宣博社ノ空気ノ機械百円、油画五枚二円ツヽニテ売れ、分前私ニ十六円六十二銭六厘受取

（43裏）
・九日　出頭ス、今日、上野公園開キニ付、朝、御臨幸有り、外国ノ公使、勅任官等西洋料理ニテマ子キニ相成り、何れも上野へ昼後参らル、私も一寸見ニ行、他人数見物人有り　○是真ノ忰、門人ト両人来ル　○青木ゟ正道ノ一周忌ノ志来ル

・十日　出頭、次ニ四字ゟ青木へ参ル、香資ニ一分贈ル、赤ハタノ植木鉢二ツ贈ル、客十人計有り、九字ニ退出ス

・十一日　出頭、平山氏来ル、陶説ノ訳ニ付相談有り、酒出ス

（44表）
・十二日　文庫へ参り、図書へ引渡スニ付、見合物ニ参ル也、此間改文庫図書局ノ属ニ相成り中候事、薬師へ参ル、井上へ行く

・十三日　出頭ス、岩倉へ参り、伊藤へ参り候而、観古図説一冊贈ル

・十四日　出頭ス、宿直也

・十五日　浅草へ行き、開帳宝物一見ス、蓮乗（蓮杖）へ行く、横山へよる

・十六日　出頭ス、伊太利亜公使へ参ル、夜八時半ゟシバイ有ル（44裏）ニ付、直又、弥吉つれて一見ニ参ル、十一字ニ引取ル

・十七日　出頭、岩倉中殿へ参ル、次、樹下へよる、小杉氏来ル

・十八日　出頭、式部寮へ一寸行ク

・十九日　出頭、ハーレンス方へ参ル、松田へよる

・廿日　出頭、小河と四ツ目へ杓薬（芍薬）見ニ行く

（45表）・廿一日　大養寺へより、渡りへよる、シブスケ氏へ参り、同国学校へ観古図説一冊贈ル、可丁へ参ル、三条殿へ参り、山科へもよる、五条、大クマ氏、アストンへ参ル、英国ノ観古図説贈ル也

・廿二日　出頭、宿直也

・廿三日　上野ノ東京博物館へ参ル、ヒールへより、大クマへ参

・廿四日　出頭、佐野氏へ参る、大養寺へ参り、石類一見ス、式部寮へ参り、舞楽写真ノ義談ス

・廿五日　出頭ス、河原、朝倉来ル、古物見せ、酒出ス、松浦来ル

（45裏）・廿六日　出頭、開拓使博物一見ス、可丁より廉（兼）而頼置印ノ直シ出来上ル、次ニ児玉氏へ参ル、
太田、山本へ一寸より、松田へ石版代残り
百十三円余り渡ス、すへ而三百十二円余也

（朱印）

・廿七日　小野、後藤、小森、私と駒込迄植木一見ニ参ル、チヤボヒバ二本求、一円五十銭、夕方帰
ル、石橋氏来ル、夕飯出ス、石ハン活字ノ咄有り

・廿八日　ヘンケーへ参ル、米国ミニストルへ参ル、観古図説ノ横文ノ表題ヲ贈ルナリ

（46表）・廿九日　出頭ス

・卅日　出頭

・三十一日　出頭、岩倉殿へ一寸よる

・六月一日　出頭

・（46裏）二日　休日、天子奥羽へ差シテ御巡行、八字ニ神田はし外へ見ニ参ル、誠人多シ、往来出来兼申候、次ニ半蔵門外へ行く、是又同シ、次ニ竹はし内ニテ拝見ス、海陸軍兵隊皆々出テ、天子始メ洋服也、木戸、岩倉等御供、勅任官等ハ千住迄御見おくり、何れも馬車也、数五十余、皇后様も千住迄見おくり也、次引取、一字ゟ亀井へ参ル、道上野ニ而皇后様御帰りあひ申候事、古筆へよる、何れも留守也、鈴木へよる、古物一見ス

　唐大宗銘　染色ノ香炉

　ほり三嶋茶わん　見事

・三日　出頭、中田、鈴木、喜多、小中村来ル、古物見せ、次ニ酒出シ申候、又、山科来ル、酒出ス、古金見せ申候、（47表）知恩院来ル、瓦二ツ贈ラル

・四日　休日、松浦、古見人（ママ）々ニ見せ候ニ付、参ル、

　貨布四枚何れよろし　漢の銭六朝銭数々

　漢鏡二枚　匜蓋斗銘有り

　鐘斗　威斗

　シャク　机春日机　盆　根来　茶わん類

木兵衛（木米）ニテ茶出ル、菓子、曲玉、管玉、環ニテ面白シ

昼後、四ツやへ参ル、先方留守ニ古瓦一見せず、朝、数則（一則）悴来ル、兼頼置候刀金鏤出来申候ニ付、
代二円二分、さや直し、一円也

此間の植木やあさほ四本、すたれ桜一本代一円五十銭、チヤボヒバ二本来ル

・（47裏）五日　出頭、次、外務省へよる、シヨウ〳〵記聞（象胥記聞）かり申候

・六日　出頭、ヘンケーへ参ル、古瓦類、局へ此間出シ置く、横川来ル、西村、人ニ家ヲゆつり候よし申来ル

・七日　出頭、朝鮮旅館へ参ル、次、井上、小河へよル、岡本来ル、松田へ参ル、昨買取ノ太鼓二十円、弁当三円二分、曲物二分受取ル

・八日　出頭、堤殿来ル

・（48表）九日　出頭、イタリア公使方へ参ル

・十日　出頭、四ッ谷へ瓦見ニ参ル、アストンへよル

・十一日　山科へ参ル、柴田へ参り、ヘンケーへ参ル

・十二日　松浦、是真使、松平来ル、出頭、松田へ一寸より申候、鹿嶋、乾也、桃里方へ状出ス

・(48裏)十三日　宅へ三十円上し申候、今日、文庫へ参ル

・十四日　出頭、本郷伊藤へ参ル、観古――買われ、又、私同人著述植物図説求ルル(衍字)、三十七銭五厘也、岩倉㤘殿へ参ル、楽舞写真之義談有り、明日有ル由ニ付、松田へ参り、其由申置候、次ニ今日、平山ゟ観古――翻訳廻され候ニ付、ヘンケイ方へ一見ニ持参ス、夕飯出ル

・十五日　延寮館へ参り、松田も来ル、舞楽及朝鮮人の写真取り、四字比ニ局へ参り、宿番ス、清水ゟ状来ル

・(49表)十六日　松田へ参り、右写真一見ス、朝せん人ノ写シ三枚出来、舞ハ見にくし、昼後、岡本へ参り、太田へより、印ヲ伊藤ゟ被頼候ニ付、下地造り方頼ミ申候事、道ニテ古焼物求ム

古和蘭香合　　十銭

平方ノ盃　三　一朱

雲堂染色　　　二朱

昨今二度、述（ママ）剛夫来ルニ付、私一寸尋申候、次ニ九一へより、次ニ帰ル、ヘンケー来ル、今日ハ宮
の御葬式ニ付、休日となる、宅ゟ状来ル

・十七日　出頭

（49裏）・十八日　遠藤へより、羽おりぬゐ方頼置、次ニ河鰭殿へよる、るす、次ニ諏訪へよる、内也、四角
鉢二ツ贈ル、次ニ福田へよる、外へ移ル

・十九日　出頭

・廿日　出頭ス、瓦代十五円一分受取申候、松田、印書局へより、外務省へより、此間写真三枚贈ル
也、弥吉籍巡査ゟ調へニ来ル

（50表）・廿一日　出頭ス、退出ゟ町田へ参ル、船ニテモクボウジ（木母寺）へ行く、植木半兵衛ニテ酒飯仕ル、此処ニ
テ局ノ出勤且徴古一覧仕ル咄シ有り、次ニ東堤ヲ帰りテ、牛王御前ノ莛蒲（菖蒲）ヲ見テ、是レゟ私ハ車ニ
テ帰ル、道ニテ買物ス

　高麗　香合　二ツ　三分
　古蒔画　筥　一　三分

茶すり鉢　一　　　三分二朱

・廿二日　出頭、次ニ岩倉ノ中殿へ参り、写真三枚式部寮へ差シ出シ物持参ス、次ニ太田、伊藤ノ印材持参、二分二朱、銅ニテ七分八厘、古製

私ノ印ノ代　三分払フ

（50裏）
・廿三日　出頭ス、次ニ智恩院ノ古物会ニ参ル、色々書画有、馳走被出申候事、角ノ植木鉢二ツ贈ル、伊藤ノ印、可丁ニ頼ミ置申候、大坂両家へ書状出ス

・廿四日　出頭、山本へ一寸よる也

・廿五日　遠藤へ参ル、次ニ菊丁殿へよる、転宅也、次ニ帰ル、佐野ニ行あひ、宅へよられ、古物見セ、酒出ス也

・廿六日　雨天、出頭ス、次ニ帰ル

（51表）
・廿七日　出頭ス、次ニイ太利公使へより、留守、トリ贈ル也、次ニワク子ルゟ預ル古陶本、ヘンケーへ渡シ置キ申候、竹角、藤木へ状出ス、高野妙王院及慈泰来ル、古物見せ、酒出ス　〇兼吉今日ゟ

来ル、清水ゟ人形来ル也

・廿八日　出頭、杉田へ小西ト参ル

・廿九日　出頭、林へ参ル、留守、ヘンケーへ参ル、留守、瓦二枚松田へ廻ス、岸も奈良用仕舞ノ由
申来ル

（51裏）
・三十日出頭、此間教部省へ出シ候建白、智恩院へ下書廻ス呉様申来、夫社寺ノ設アルヤ、冥福ヲ国家ニ降スコトハナハタオホイナリ、其廣徳尊奉セサルヘカラス、然ルニ僻陬ノ人民、偶都下或ハ郷邑ノ社寺等へ参詣シ、威儀荘厳ノミニ着眼シテ、能其社寺ノ起源ヲモ不察、徒ニ過ルモノ多シ、然ルトキハ、敬神ノ道モ自ラ薄ク、信心ノ旨モ衰微ニ至ラン、実ニ可歎コト也、又、社寺ノ盛衰ヲ見テ時世ノ興廃ヲ知ルニ、是ハ各社寺ノ惣門ト思シキケ所へ傍示ヲ建而、其表面へ神社ハ祭神鎮座ノ年歴、往古延喜式内外及方今ノ社格、幷兆域等概略ヲ記載シ、仏刹ハ開基ノ年歴、堂塔建築ノ星霜及宗名、当時本山歟末寺歟、如此等ノ大略ヲ掲示候ハヽ、参詣ノ衆庶、（52表）往来ノ旅民ニ至ル迄、古今ノ沿革ヲ知り、自然敬神、行善之心方々応々興隆ス可クト存候、依之各社寺門前へ傍示札建、左之廉々記載致候様御達相成度、此段奉建言候、頓首

明治九年六月　京都□□□□□　内務省八等出仕
蜷川式胤　印

教部大輔　宍戸璣殿

神社ノ傍示へ

祭神

鎮座年歴

往古社格　方今社格　摂社末社幾数

現今社殿年歴

兆域　幾許

往昔社領

以上

（52裏）

仏刹ノ傍示へ

本尊名称　作者年歴

開基　年歴

宗名

当時何寺ノ持　塔頭幾数　末寺幾数

現在堂塔年歴

兆域　幾許

往昔寺領

以上

（53表）・七月一日　宅、安井両人、智恩院出ス　○岩倉殿へ留守見舞ニ参ル、次ニ出頭ス、五字比ニ弁慶来ル、宮本大丞、朝鮮へ出立ノ由承ル、次ニ奥へ一寸尋ル、此人明後日出立ノ由ニ承ル、同人ゟ朝鮮人画二枚、円座一枚被贈、松田へより石版画五枚持帰ル　○ヘンケ来ル

・二日　観古図説一冊、右石版画五枚贈ル也、高橋由一方へ油画ノ会ニ付、見ニ行ク　○岩倉ノ忰殿見へ申候而、古器物見せ申候　○松本氏来ル　○山本母来ル　○小河氏へ参ル、宅ゟ状来ル

・三日　出頭ス、ヘンケーへ参ル、次ニ松田へよる

（53裏）・四日　出頭ス、後藤来ル、ヘンケーへ観古図説代先ニ百円受取申候事、右人へ洋食出ス

・五日　所労ニ付不参ス

・六日　出頭ス、小河氏へ三河屋ヤ（衍字）へ洋食ニ参ル、次ニ五辻へより申候

・七日　出頭、昨日、岸着書状来ル、羽倉へ参ル、
伊藤ノ印出来上り、届申候代頼置、
次ニ林少輔へ参、局ノ辺、縣下の咄仕ル

（朱印）

・（54表）八日　出頭ス、小河ゟ被時計買取ル、岸出頭也、出張中困り由、大橋、稲生免官ニ而、会社も当年ハ算用不宜候由承ル、今日ハ私宿直也

・九日　休日ス、小河氏へ参ル、

鉄ノ西洋鍋一分、時計十三円廻スナリ、代受取ル

・十日　出頭、伊藤へ印持参ス、留守、松浦へヨル、武州熊谷縣下ゟ掘出ス埴物割レヲクラル、今日ゟ十二字退出、石橋へ一寸ヨル

赤シ

・（54裏）十一日　出頭、昼後、三条殿へ参ル、留守、観古図説一冊上ル、次、芝高野明王院へ参ル、在宿、東寺八幡宮写真板一、大師土形一、獨乙帝写真一枚贈ル、又、無量寿院へ右写真二枚、大師形贈ル、伊藤ゟ印代来ル

・十二日　出頭、宿直、今日ニテ先無事ニ日会相済申候、御雇ノ人ニ夫々ホウビ被下申候

・十三日　あけ、夕方ニヘンケイへ参ル、瓦出版ノ本、前ノ通り冊数ニ仕ル方宜敷由被申候事、文庫へ行き、東大寺古文一見シテ、（55表）次ニ遠藤方へ参ル、留守　○町田ゟ和琴代十八円受取申候

・十四日　出頭、石はしへ陶説ノ横文出版頼申候、凡五百部六十円位ノ見込、夕方、小西参ル処、内

知レス、岸為来ル　◯シーホル来
・十五日　出頭、小西、遠藤、西京へ出立セラル、出版ニ付、積文社へ二十円渡し置申候　◯越後ニテ白地越後帷求四円、玉川縮求ム、二円一分、松田へより、瓦出版摺方頼置
・十六日　岡本家内、糟谷家内来りテ、縫物頼ミ申候
（55裏）・十七日　出頭、文庫へ一寸より、次ニ是真へ参ル、刀子ノ蒔画料ハ代一円一分也
・同人此間西京より帰り申候由
・十八日　出頭、青木氏来ル
・十九日　出頭
・廿日　天子北国ゟ還幸ニ付、休日也、朝、通りへ買物ニ参り、氷ヲ夏
（56表）日時間長うモタセ候器求ム、
代三円二分也

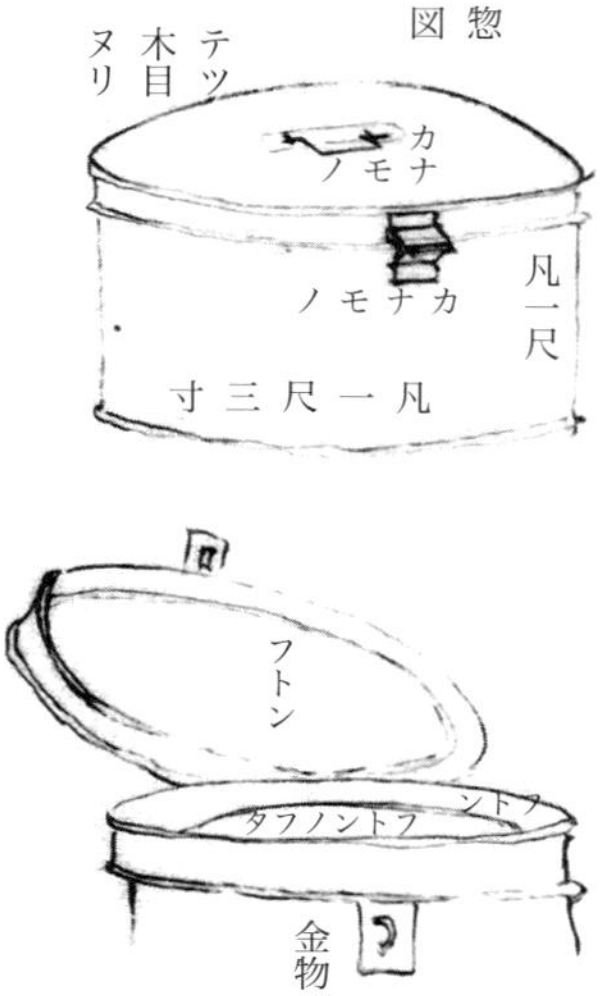

玉子ヲトク器械代二分三朱
次ニ虎門ニテ遷幸、午後一字
迄相待候へ共、御帰りシ故ニ
引取申候

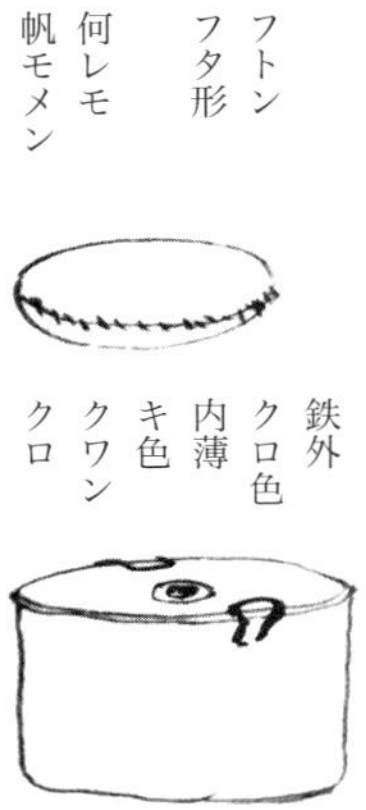

・廿一日　局へ参ル処、今日ニ遷幸相成候ニ付、又候休日故ニ、イタリア公使館へ一寸より、次ニ局ノ表門ニテ遷幸拝見スル也
・廿二日　出頭、次ニ岩倉家へ一寸より申候
（56裏）
・廿三日　休日
・廿四日　出頭、遠藤ゟ状局へ来ル、金剛珠院建物六ケ敷段承ル
・廿五日　出頭、小西、遠藤ゟ状局へ来ル、金剛珠院建物損シ強クシテ六ケ敷由申来ル、先引移シ止メノ咄シ也　○今日十二字ゟ池上へ参ル、多田、井口、嶋田、白石、先へ丹波へ参り居ル、次ニ大坊へより、次ニ一山本堂へ参ル、此処ニテ大坊の虫払、数々什物有り
日蓮手紙　　同大目

三寸位ノ長　法華紙一巻　誦数
定家　坂上ノ画ニ哥
(57表)私ハ役僧へ三十銭、釘目、杉浦ノ為メニ香資贈ル、次ニ墓所へ参ル　○今日ハ一山参詣人多シ　○元ノ如ク大森迄二十町余、人力賃五銭ニテ乗ル、次ニ品川迄気車五銭ニテ乗り、次ニ芝橋迄人力賃三銭ニテ乗り、此橋きわニ而酒飯一統仕ル、二十九銭懸り申候、次ニ竹川丁へ抱屋へより、次ニヘンケー氏へヨル　○弥吉よひニやり、私帰省留守頼置

・廿六日　出頭、明日ゟ賜暇中帰省三十日ノ届出シ、実ハ金剛珠建物引移シ方不出来候ハヽ、私及町田等も不都合ニより、右一見も仕り、又、外ニ似合き替りも無キやノ見込、町田咄シ仕り申候、観古図説横文出版ノ義ニ付外務省へより、平山ニ面会仕り、次ニ續文社へより、出版不出来ニより断り、原書持帰り、次ニ深川中木場の(57裏)蔵田清右衛門方へ頼ミ替ル、万事ハーレンス社ニテ世話仕り呉れ候様申置、次ニ中付置シ腰下袋出来スル也、仕立賃二十八銭、ウツ巻金物合テ二歩余、表ハ昨年八幡ニテ出来菖蒲革一円一分、裏ハ袍地紫色也
○時計金物求ム

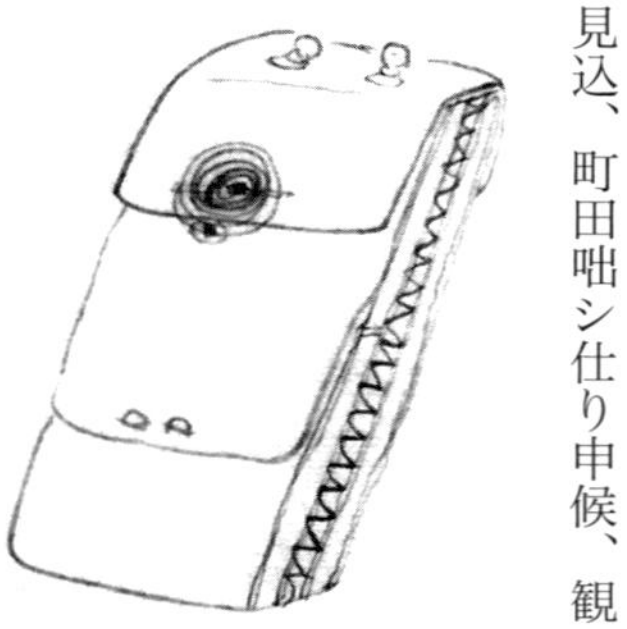

松田、安井悴次男来ル、弥吉モ来ル、酒出ス、安井悴賜暇中ニ付、此間ヨリ中村方へ来ル由　○桜井ゟ菓子、白井ゟ錦画贈ラル、両人ニそうめン出ス　○岩倉中殿、樹下へより申候

・（58表）廿七日　早朝、山口へ参ル、ヘーレン氏へ廻ス本ノ受取、彼是申テヲクサレズニ付、本モ持帰ル○松田へ石版料とし物（而カ）金百円前かし仕ル　○弥吉ニ留守中払とし而、金十二円ト石橋活字摺料二十円渡し置候処、止メニ付、受取書ト此金ト引替の為、証書弥吉ニ渡し置申候　○岡本、山本来ル、何レモ状受取申候　○十一字半ニ宅出立、西かし東谷へ参り、次ニ三菱社へ参り、小船ニテ品川ヲキ千里船ニ乗込申候、上等十円也、下等五円也

・廿八日　早朝、横はまへ出船ス、八字ニ横濱出帆ス

・廿九日　晴天

・（58裏）□□　同熊野浦景、海岸石多シテ見事

・三十日　夜十二字ニ神戸へ着船ス

・□□《三十一》日　早朝、船ゟ上り、ハシケ船賃十銭也、山口屋ニテ朝飯仕ル、二朱、髪ヲ結ひ、次ニ平野の温泉ニ参ル、湯銭五銭贈ル、此湯ハ秀吉比ニ有リテ中絶ス、四年前ゟ始ル由、上下人力車賃十銭、

次ニステーション参ル、車賃拾銭、蒸気車賃大坂迄三十銭、荷物箱向日町迄五十六銭也、此七月廿六日十字二分ゟ鉄道開ケ申候由、岡部迄梅田ゟ人力賃一朱、菓子一箱贈る也、お冬ニ私の玉川縮衣贈ル、地紺嶋浅黄竪絹ヌキ麻也、昼飯後、早々片岡へ参ル、人力賃四銭、

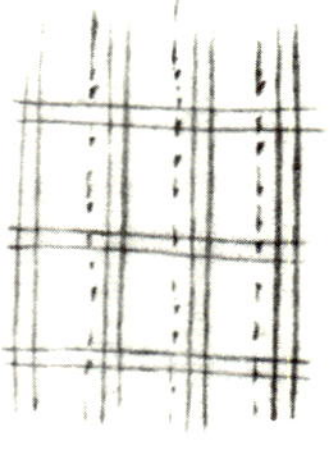

・(59表)四字退出ス、梅田迄人力車五銭也、梅田ゟ向日町迄気車賃三十五銭、道筋スイ田、茨木、冨田、高槻、山嵜ヲ通ル、先年ハ高槻へ一日がけニテ、夏冬参り而困りシカ、今日ハ其道筋ヲ見テ過シ、古へヲ思ヒヤリ申候、向日町近辺ハ気車珍敷故ニ見物甚多シ、東寺迄人力賃二朱也、明朝ハ遠藤氏奈良へ出立の由承り、暮れゟ六角前遠藤方へ参ル、小西も参り居られ而尋ル処、金剛珠院の建物ハ入札ニテ三十四円余ニ昨日落着ニ相成候由、依テ明朝三人共奈良へ参ル談ニ仕り置申候而帰ル、往来人力車賃二朱

・八月一日　朝四字半ゟ人力車二人引ニテ奈良へ参ル、昼ニ東大寺景清門前豆腐やニ而昼飯仕ル、次ニ会社へ私一(59裏)人行き、服部、鳥山二人面会仕り、次ニ小西よひニやり、色々当地ニ有ル古き建物買取方相談致し、直ニ東大寺ニ有ル校倉三ケ所、唐門、開山屋の建等、寺へ問合セニ参り呉れられ申候、次ニ私と小西とハ武蔵野へ参ル、是れニテ宿ス、夕方、春日社へ参ル、此あとへ遠藤着ニテ、豆腐屋ニテ宿セられ申候

・二日　朝、遠藤も武蔵野へ移られ申候、三人並ニ大工三人つれ而、四軒寺の金森好茶室一見ニ参ル、

服部氏案内也、次、開山屋建物、唐物見セ、次ニ尊勝院の校倉見セ、次ニ二月堂、三月堂一見シ、
次ニ八幡の校倉見セテ、宿ニ帰ル也、龍松院の校倉も見セ申候事、夕方、私、森川氏へ私尋ル

（60丁表・裏は空白）

・（61表）三日　朝、何れも博覧会社方へ移り申候、次ニ今日ハ花茶ノ会有ルニ付、鳥山案内ニテ、小、蜷、
遠参ル、金一円贈ル、
第一席茗主　奈良骨董社中、真雅堂、東村、松寿、晴文堂、有美堂、竹隋堂、白五堂、清玉堂
第二茶茗　千載、補助、古寺、柴田、長谷川、西村
三　茶茗　西京、岸花、大角、補助、ナラ道具屋
四　同　清水、補助、岡田、福貴井
五　同　白井、同、中村、小山
六　同　小山田、同、中川、西中、竹林堂
七　同　橋本、同、中村、井須、柳亭、香山
八　同　福田、同、箕輪、飯田
九　同　小瀬、同、村田、松井、梧竹園
十　同　大坂金蜂堂、同、ナラ道具や
十一同　大坂梅田、上田、日野利

十二同　金沢哥女、八酔楼、萬玉楼、春竹亭、外ニ芸妓二名
（61裏）右何れも珍器並へ、茶ヲ出ス、中ニも第　ハ盆ノ替りニ大ナルバシウ（芭蕉）ノ葉ヲ用ヒラ、第　ハ白蓮花ビラヲ菓子ノ敷物ニセラル、第九ハ茶無クシテ酒出サル、間ハ土間ノ椅子也、第八ハ冷茶出ル、十二ハ土間ニ水ヲ打テ、椅子ヲ用ヒ、蘭ノ花湯ヲ出ス、所ノ舞子美ナルニ、湯ヲ次カセ、芸子ニ取次サスル、夕方、小西ト私ト古梅園へ行き、三倉ノ墨ノ模製十丁求ム、一丁二朱也

・四日　朝、十輪丁十輪院へ行き、校倉ヲ小西、遠藤、私、鳥山一見仕ルニ、畳敷ノ大きさニ而甚古シ、次ニ遠藤ハ四軒寺へ参り、私、小西ハ道具屋へ行く、春日社ニ用ル飯器曲物二朱、小辛櫃二朱ニ而求む

・五日　小西と私ハ道具市一見ニ参ル、春日八足机七円二分、根来手桶二円求ム、上物也

（62表）・六日　東大寺持の校倉、一ツハ献品仕り候而も宜シ、然シ好テハ不仕由、又、十輪寺ノ品も同シ、依テ三字ゟ小西ハ堺縣へ参り而、急ニ運ふ様談シニ被参申候　○私並ニ遠藤ノ忰ハ同刻ゟ桜井村へ参り、岡本ヲ尋ル、古物私一見の間ニ遠藤ハ長谷寺ニ行ク、先日私出板の中ノ神武陵ゟ出ル土器

図ノ如き只並ニ下ノ如キ土器岡本ゟ

ゆつり受け申候、是ハ舒明陵の有ル処ノ押坂ノ小林庄十良ノ畑ゟ掘得タル物、外ニ一ケ得ル、次ニ

遠藤被帰候ニ付、岡本ノ宅を出ル、朝昼共三輪鳥井前ニ而飯ヲスル也、明神へ参詣仕り而、夕方ニ宿へ引取申候、車賃一分一朱ツヽ、飯八銭ツヽ、

・六日　宅ゟ状来ル、其内ニ東京片岡ゟ一封梅辻ニ頼シ処、一昨日西京（62裏）ノ宅へ持参ノ由、此封の内ニ井上、蔵田、永田の状入ル　○小西ハ午前ニ被帰、堺縣ノ吉田氏ノ宅ニ而面会、同人の咄ニハ、校倉引移ノ義、差支無之ニ付、懸ノ者奈良へ早々遣シ候間、用弁為致可申由承ル　○局ノ多田ゟ一封来ル　○昨日新聞ニ而一見仕り候通り、局ノ飾ノ鱗盗取候人ハ、別紙の通り申来ル、七月三十日出ノ状也

第二大区六小区溜池霊南坂丁二番地

東京府士族　山田義方

本年四月廿八日ノ夜、御館列品場ニ忍入、金飾ノ鱗盗取候賊、探偵ノ上、昨廿七日警視第三方面第二署ニ於テ捕縛相成候処、全ク右ノ者ニ有之候間、追而巨細之儀ハ本廳ゟ御懸合ニ相成候得共、不取敢此段及御報候也

九年廿八日　　警視第二方面第一署長

中警部　園田安賢

博物局御中

（63表）第百廿四号　　寮局課

本省中内国勧業博覧会事務局臨時設置候条、此旨相達候事

明治九年七月廿七日　　内務卿　大久保利通　印

右校倉手ニ入ル次第ニ付、小西、私状ヲ局ニ遣ス

・七日　橋本藤一所持古瓦多分有ルニ付、譲り呉れ候様ニ頼ミ置候処、承知也　○夕方、小矢野来りテ、金剛珠院建物五十円ニテ求め度由申候へ共、落札すみの事故ニ断り申候　○一昨日ゟお照、お冬来ル由、母不快ニ付、私ニ帰り呉れろ様ニ申事、岡本来ルニ付、所持品親類方へ見ニ行きテ、古器瓦器求ル、十円也

（63裏）・八日　三字ゟ西京ニ出立、十字ニ着ス、母吐計ニテ前後失ひ候由の処、少々もち直し申候　○安井へ一寸参ル（肴贈ル）　○金剛珠院の建物一見仕り候処、思ふよりハ存外そんじつよく御座候事

・九日　伊東準蔵方へ参ル、ふし五本おくる、本人留守也、錺虎へ参ル、ふし五本おくる、平松殿へ参ル、状袋五とじ上ル、内田へ参ル、ふし五本贈ル、駒井へ参ル、ふし三本おくる、松浦へ参ル、壱歩贈ル

・十日　竹内へ参ル、ふし三本贈ル、小西ゟ急状来ル、東京町田ゟ急ニ打合セ度義御座候ニ付、小西ニ至急上東仕ル様ニ申（64表）来ルニ付、十一日ニハ西京へ出懸候様申来ル、付而此度の用向可成丈私ニ尽

力可仕様申さる　○小矢野へ一寸参ル　○川勝寺長福寺へ一寸尋ル、土産ヲ贈ル　○中村へ一寸尋ル、ふし五本おくる

・十一日　小西ノ宅へ尋ル処、九字ニ帰宅ニ而、支度次第東下の由、依テ遠藤と私と相談の上、取計可申候事、此朝、小河ヲ尋、次ニ林少輔ヲ尋ル処、面会ニテ、明十二日ニハ奈良へ参り、正倉院の木柵並此度の局ノ倉ノ引移シ方見分ノ上、差図仕り候様ニ被申、依テ必ス明朝私ニ奈良参り呉れ候様ニ小西被申候事

・（64裏）十二日　三字ゟ奈良ニ参ル、十字ニ着也　○林少輔、四聖坊ニ出張ニ付、参ル様ニ申来ル、遠藤、私参ル所、堺縣令属並内務少丞中村及　戸長、区長、東大寺等来りテ、色々林ゟ被問、此度の見込被尋候ニ付夫々申述ル、然ルニ実地見分ニテ、尊勝院校倉ハ四方木さく仕りテ、床下の草ヲ貫き、東京へ引移シ方止候様被申候事、正倉院ノ木柵ハ、二十間四方ニ相成り申候事ニテ定り申候、次ニ東大寺、手向山、春日、私案内、大仏ゟ東大寺、縣令等ニわかれ申候事　○私一人武蔵野宿迄参り、已後ノ見込、林等と申談シ、帰ル、右之趣ニテ倉引移シ方不叶候ニ付、早々局へ遠藤氏ゟ申おくる、夕方ゟ四軒寺の宿、縣令方へ参り、已後見申談シ、古物談も仕ル

・（65表）十三日　彌、金森席取かたつけ出来ニ而、大仏殿ノ廊下へ運フ、運送ノ問合ニ木津ゟ大坂へ向け遠藤氏参らる、惣持院、明王院《平松》へ尋ル、龍松院と二月堂ゟ猿沢ノ池辺《十七日》江夕方参ル

・十四日　東大寺へ参り、八幡宮の北ノ校倉建画図取ニ申入れテ参ル

・十五日　龍松院と弘福院（興福院）へ参ル、山内尼寺の事れ（な脱）ハ美也、（65裏）尼僧六、七人出ラル、古物一見ス　○遠藤帰宿ス、次ニ法華寺へ私参ル、旧域小笘石一見シテ、五ツ譲受ル、次ニ秋篠寺へ参ル、建物古シテ損シ申候、古の事ヲ思ひやられ申候也

・十五日　橋本所持古瓦二百一品ニテ、十五円ニ譲受申候　○次ニ三條新道森氏別業ニテ茶会ニ参ル、茗主小山有美堂、岡野松寿

・十六日　昨日ゟ金森席木津へ運ヒ懸け、今日ハ大工及遠藤忰等木津迄夕方出立也、昨日、法華旧金堂ノ敷石五ツ、岡山義彬ゟ譲受代二分贈、是れハ奈良朝時代の物也、今日為持られ候処、目方百貫目有由、車力賃二十二銭払ひ申候、私荷荷包致し申候、昨日、二箱木津ニ出ス、荷物ノ箱造り二人三十銭ツ、、針代（66表）四銭五厘、奈良般若寺丁谷五郎ニ払フ、色々周旋仕り候ニ付二十銭遣ス、春日土器師へ参り、土器のかま一見す、径二（ママ）寸位、高も同シ、中段ニ柵有り申候、橋本藤一伊太利亜夜景写真贈、龍松院、法ゴン院ニ斑竹一本ツ、贈ル、橋本へ繍取多葉粉入贈、吐園（杜園）酒一升贈ル、植村も同シ、名酒也　○今日、菊治、利兵大坂ゟ帰ル　○荷物運賃払方の為メニ金五円利兵衛へ渡し置申候

・十七日　私、終日荷つめニつき居ル、利兵衛来りテ、官私荷物運送ノ為メニ木津へ参り骨折る、私荷物の手間縄、釘代合テ七十六銭、般若寺の松へ払フ　○大坂ノ博物場懸り来ルニ付、大仏殿ノ瓦

一枚出品ス、懸り田見太郎受取被遣申候

・十八日　朝、私荷木津ニ廻ス、送状左ノ如シ（66裏）

送り状

一筵包樽　六ケ　　筵包箱　四ケ

一同曲物　一ケ　　同　石　五ツ

〆十六ケ　　合テ代六十円也

右之通りニつみ入れ候間、蒸気問屋大坂長堀橋北詰東江入宮本萬介より東京辰ノ口道

三丁二番地蜷川式胤宅行

奈良博覧会社ニテ

蜷川式胤　印

明治九年八月十七日

木津通運会社殿

○水谷川ゟ菓子贈ラル、朝、私一寸より申候事

○米徳ノ払、此三日ノ間、金一円二十銭払フ

○樽鋲四本二十銭、鍵一本八銭、樽鋲四本廿八銭、エヒ錠一丁廿銭、大西治平へ払フ（67表）

・十九日　夜三字ゟ奈良出立候而、玉水ニ至ル、車賃一分、次、伏見ニ至ル、車賃一分、次ニ宅ニ着ス、車賃二朱、お照ハ昨朝帰宅之由、粟田丹山へ一寸尋、次ニ高橋仏画師死去ニ付一寸尋、次ニ宝（67裏）

山へ一寸尋ル、此内ニテ司法ノ人見ニ面会ス、伊藤へ一寸尋ル、遠藤へ尋ル

・廿日　朝、昨日承りシ宇治上林本家ノ下女ニ出来候女子、六角の烏丸東入鏡屋ニ方付シ人娘、華頂宮家来(清水)へ方付シカ、男子一子生テ不ゑんニ相成り、当時母と縄手三条下ル処へ別宅シ、鏡商法セシ也、本宅ハおとゝ同商法セシ也、右娘当廿七才ニテ、私ニ下女なり共、妾なり共ニ遣ひ候ハヽ、如何と、伊東被申候ニ付、一見頼置候処、則伊東方ニ而あひ申候、町人ノ娘ニハ存外ニテ言葉あさやか、顔色宜シ、気色黒シ、髪少シ薄シ、中背中肉、まゐ毛ノ上ニ子共ノ時ニおとされ候(68表)小きす有り、酒出ルニ付、相互ニ談ヲスル処、甚気ニ張り有り、二字比ニ本人先ニ帰ル、私改相談仕り度由申置候、然シ今一応一見仕り度ニより、本人宅へ参ル様申置呉れ候様ニ申置く　○次ニ平松殿へ参ル、青によしの菓子と状袋と贈ル、平松殿と四条の涼み山川へ参ル、芸子若勇、玉勇、遊子紀勇来ル、何れも美人の処、紀勇尤美ニテ、当時ノ一人と云、十四才の由、香山と云人来ル、私ハ九字ニ帰ル、平松殿ハ朝もとりの由承ル、当年ハ鉄道ノ為メニ大坂、堺辺ゟ来ルニ付繁昌也

・廿一日　小畑氏来ル、近藤、伊藤来ル、栂尾来りテ、古瓦十品位ヒ贈ラレ申候

(68裏)
・廿二日　近藤へ(廿四日)廿銭と洋針贈ル、柚木モ同シ、縄手三条下ル鏡屋へ参ル、本人見直して色々の談仕ル、錺やへ参ル、酒出ル、鏡屋のおゆかもしきりニ私方へ参り度由申され候事、夕方、宮野来り而(廿四日事)、小河へ一寸より申候、大宮寺へ参ル、紙少々贈ル、磐根の方へも一寸尋ル也、梅辻へよる

・廿三日　局ノ多田ゟ状来ル、私ノ月給六十円為換（為替）ニテ来ル、残十円ハ諏訪氏へ遣ス由申さる、冨永、琴茂へより、畳やへ茶少々贈ル、伊東へより、おゆか改私ニハ相談仕り度由の咄シ仕ル処へ本人来ルニ付、又候談ヲ仕ル、互ニ次第ニ親しみ見ゆる也、博覧社ノ副幹事竹久正助へ一寸尋ル、夕方、藪内へ参ル、針と二十銭贈ル

・（69表）廿四日　竹久来ル、社へ出品物兼テ出シ置候品改テ渡ス、新町六角下ル銀行為換へ引替へニ行、六十円受取候、六兵衛、小畑、道八、蔵六へ参ル、蔵六へハそうめん二十包贈ル、珠光茶碗一分、仁清茶入二分、大樋茶わん二朱、二合半入り慓目（ママ）方廿五匁入、二分二朱ニテ求ム、夕方、安井へせんさゐ餅よばれニ参ル、局ノ多田へ金子引換仕り、又、奈良校倉茶席及林ノ為ニ仕末等申遣ス、宅ノ片岡へハ三ケ所ゟ来ル状落手仕り、外ニ替り無き由申答フ

・廿五日　福田へ一寸より、次ニ吉岡へ参り、洋針贈り、次ニ平野へ参詣仕り、次ニ水莖へよル、留守ニテ、家内色々古物を（69裏）見せラれ、紙贈ル、北国ノ乾魚求ル、次ニ夕方、安井、宮野、杉野、辻等ニ酒出ス也

・廿六日　執行一分、兵部へ二朱贈ル、竹角、大佐へ参ル、扇子二本求、夕方、伏見や、鳥羽や、植木やよひ申候、伏見やへハ氷サトウ一箱贈ル、宗仙寺墓へ参ル、夕方、内田へ参ル廿八日也

・廿七日　伊東へ参り候処、又々おゆか来ル、明日、私留守中へおゆかつれて伊東ニ宅へ参り呉れ候様頼置、万寿寺通りニ而つゐ朱香角円二ケ、黒ノ三重香入一ケ、黒古代蒔画一ケ、合テ一円二歩ニテ求ム

（70表）
・廿八日　稲荷社へ参詣ス、次ニ蔵六方へ参り、古陶器求メ、次ニ樋尺シンシ求ム、次ニ道具やへ見ニ行、大工ゟ大内裏瓦三枚三十銭ニテ求ム、伊東、おゆか並ニ膳所本多忰つれ而、私留守中来ル

・廿九日　伊東へ参ル、おゆか改つれ而参ル事ニ定メ候間、母か不承知なれハ、隠し而なり共つれ而見込ニ付、先方へも此由通知ヲ頼置候間、改印ヲ贈ル都合ニ残シなり、次ニ丸太町河原ゟ白川村ノ東ノ端迄一里余、一歩ニテ車ニ乗り、次ニ歩ニ而滋賀村へ参り、村民ヲ頼ミ案内ニテ、滋賀寺及大台丸山と云所へ参り、古瓦ヲひろう、案内ノ人十銭遣ス、次ニ二軒茶屋（70裏）へ参り、一字半ニ昼食ス、次ニ唐嵜へ参り、此所ゟ舟ニテ大津へ行き、賃二朱也、三井寺ノ三井へ参り、次ニ金乗院へ参ル処、面会ヲ得ス、西の伊賀屋ニテ夕食シ、十五銭ニテ車ニ乗り、日岡峠ニ至り、下ル、次ニ粟田ゟ三条橋迄三銭ニテ車ニ乗ル、おゆかの内ニテ水ヲのミ、次ニ五銭ニテ帰宅ス、然ルニ疋田来ル、次、小矢野、私の家内ノ人体見セニ来ル処、中人人門徒寺ノ家内見へ、甚美也、本人気ニ入ラス申候

・三十日　水莖来ル、母並おとき殿、おゆか気ニ入ラス候ニ付、兎角彼是申され候、目鏡昨夕忘れ置候ニ付、（71表）おゆか方へ参り、一寸咄シ仕り申候、傘屋へより申候

・三十一日　伊東へ参り、おゆかつれ行見込ニ付、是れか為メニ母ノ病募り候間、不止得同行断り度由ヲ申述ル、私ニも本人へ申呉れ候様ニ申され、付而ハ本人ニ金ノ十円も遣シ呉れ候様ニ申され候○村松へより、娘二人ニ而お春の子共へ江戸画かんざし、菓子ヲ贈ル、舟木へ一寸より、次ニ平松殿へより、此度東行セラれし金子用立候義申述ル　○おゆかへ参ル、二階ニ而酒出され申候、扨此度同行ニ而、つれ帰ル見込の処、私母並姉不承知ニ付、尚重而折りを見合て、東京へ引取り候由申、且此間ゟ買物等有ル由ニ付金十円遣ス、(71裏)本人の答ヘニ不得止候事也と申、然ルニ二人酒廻りテ色々房談仕り、三絃二ツ聞き、先声も高く可也、今夜是非泊り呉れ候様本人申、且此儘ニ而ハ月日相立候而も宜敷なれハきまらず、何とかきまり候様ニしきりニせまり申候、此間ゟ内々約束の大坂行残念の由申ニ付、兎も角も二日ニハ大坂行仕り可申と而約シ置、今夜泊れとて取り付きとめ候へ共、引はなし帰ル也、大きニ心動く

・九月一日　旧仲間内へ参、勧業場へ参ル

・二日　朝、向丁へ参り、人力車賃八銭、茶テンニテ休ム処、少シ先ゟおゆか待居ル、茶三銭、八字十一分出、車賃大坂迄三十五銭、夫ゟ神戸迄三十銭、合テ二人分壱円三十銭払フ、十一字前ニ神戸へ着ス、二人乗ニテ布引瀧へ参ル、車賃十銭、瀧見事、(72表)茶店二軒ニテ十五銭、麓ニテ酒飯ス、一円五銭、次温泉《丸山》へ参ル、車賃十五銭、湯賃一朱、茶代十銭、次ニ楠公社ゟ湊川へ参ル、車賃八銭、次ニ茶店へよル、十銭、次ニステーションへ参ル、車賃一朱、外国館辺一見ス、次ニ気車ニ乗ル、六

十銭、梅田ニテ茶店へ五銭、岡部へ参ル、車賃二朱、おゆかニお冬下女つれて松嶌へ遣シ、其留守ニ私方の下女ニ置度咄シ仕ル処、何レモ差支無き由、今夜二階ニ而二人泊而、おゆか三十一日と同様近付而ゐんを望共、つゐニ不行、お只殿ゟ色紙薬十包贈ラル　○夜中、女の香はなニ付申候

・三日　大坂博物場へ参ル、車賃二朱、三角ニ面会仕り、安井、田見ニモあふテ、博覧所一見ス、多分集りテカンジ申候、観古図説一冊、大坂城ランマ透シノ彫物受、松本城ニ残ル古ノイボタ蠟燭等常備品ニ納ル、次ニ泉州堺へ参ル、住吉前ニテ中食ス、三十銭、次ニ堺のハトバ前縣令サイショウ（税所）氏へ参ル、留守ニ付、兼テ約束ノ観古図説一冊預ケ置、次ニハトバノ月見台ゟ沖ヲ望ム、（72裏）次ニ住吉社へ参り、茶店へ三銭、次ニ天王寺へ参ル、是迄車賃五十銭、次、今日ハ旧暦ノ七月十六日ニ当レリ、依テ此寺へ参詣人多シ、次ニ生玉、高津へ参り、次ニ城ノ馬場へ参り、次ニ片岡へよる、車賃二十五銭、夕方ゟお春とおゆか御霊社へよセ聞ニ参ル、此留守中おゆか私の下女ニおくの処差支無シ由被申、此夜おゆかと二人二階ニ而ふせる、先夜の如ク近付而ゐんを望め共、つゐニ不行

・四日　梅田ニ出ル、車賃十銭、片岡ゟまんじう、氷さとう贈ラル、弥吉の義幾へニ而頼と被申候、次ニ気車代七十銭払フ、九字四十分ニ乗車ス、十一字ニ向日町へ着シ、是れゟおゆかと別々ニなり而帰ル、宅迄車賃八銭、此度おゆかつれ而下ルモ内へハ内々也、入費合五円余、女つれニ而他出も此度始メて仕り申候　○夕方、伊東へ参ル、おゆか今ニおり、酒出三絃二、三仕ル、大坂姉妹其外おゆかつれ帰り候様ニ被申趣ヲ語、（73表）改内へ内々ニテ引取ル談ニ仕り、梅辻へ同行の義ニ致シ置ク、

又候二階ね間取テ、是非二人近くフせりくれ候様ニ伊東家内申、且本人モシきりにとめ候へ共、引はなし帰ル也　○内田へより、夕方参ラル、酒出ス

・五日　縄手三条ル（ママ）梅辻へ参り、十一日比ニ出立ノ由、且一人同道致し呉れと申人有ルニ付、咄シ仕ル処、無差支由被申候、次ニ向ノおゆか方へよる、在宿ニテ、此間下坂中房談ノ残りヲ語ル、つゐニ感ニテ相共ニ近付申候、昼飯出サル、母へとシテ此間ノ金ノ上又金十円、路費五円本人渡シ置申候　○平松殿へ参り、金子三十円用立申候、改七日ニ同道ニテ出立ノ約シ置、日岡弓やニテ八字ニ待合セ候事ニ仕ル、此間頼置山川娘二人共外へ約有ルニ付、山川ノ近付一条ノ笹井娘私ニ見セ度ニ付、両三度よひニ来ル由なれ共、私留守ニ付、平松殿へつれ行、時厚殿私ノ名代ニ一見ニ相成候由而、丸顔ノ由被申、明日すき有れハ見ニ行可申様申置、伊東へ（73裏）より、此間ゟ段々ノ手数ヲ懸け、厚ク礼ヲ述テ、金五円贈ル、今日、鎊やへより申候、夕方、松原、石原、榎等へも参ル、駒井瓦五枚此間求、二分也、私家内ノ義段々問合呉れ候ニ付、小矢野へ五十銭贈ル、下女へ二十銭、太介十銭贈ル　○此間大介ニ帷、甚蔵□《ジバン》、おちよニ帯遣ス　○今夕、杉野へ参り、酒出され申候

・六日　近藤へより、鎊やへより、春燈籠ガラスハレ（ママ）ヲ持帰ル　○此間ゟ姉おときへ内ノ母大節若も有れハ、か様〳〵と申語、尚又外の事も兼而咄シ置也　○夕方、伊東ゟよひニ来ル、一字ニ参ル、おゆかも来ル、実母私の下女ニハ不好、依テ伊東へ遣シ、伊東ゟ私方へ遣ストノ咄シ也、改帰ル時ニおゆかの顔見テ少々心悪ク也　○岡部へ母も続テ宜敷由申遣シ、且養子聞合セ調へ可遣ス　○井

上端、新潟ゟ七月廿五日付テ局ニ有ル機械問合セ申来ル処、(74表)返書出ス也

・七日　安井二人、杉野、松浦、私ノ見立ニ来ル、正八字ニ出立ス、先々母モ一日ノ日ゟ牛乳用ひられ候ニ付次第ニ宜シ、日岡峠万屋ニ至ル、車賃八銭、平松殿子共及辻等つれ而被参、茶代十銭、是れゟ二人つれニテ大津ニ行、一人車賃十五銭、中食ス、九銭、矢バセ渡シ蒸気船ニ乗ル、賃三銭五厘ツヽ、船ノ上り場ゟ草津ニ至ル、車賃五銭ツヽ、茶代三銭、石部ニ至ル、十五銭、水口ニ至ル、二十也、万伝ニテ泊ル、泊賃十五銭ツヽ、茶代一朱　○湖水景よく候へ共、膳所ノ城無クテサビシ、右辺々ノハゲ山ノ景是又宜シ

・八日　土山ニ至ル、車賃二十銭、坂下ニ至ル、十銭、鈴鹿ノ山ノ樹木、筆捨山ノ景何乍ラ宜シ、関ニ至ル、車賃廿銭地蔵前会津やニテ中食ス、(74裏)銭、亀山、庄野ニ至ル、車賃十五銭、石薬師、四日市ニ至ル、車賃十五銭、日光や佐兵衛方ニ泊ス、両日共宿宜シ

・九日　宅へ状出ス　○伊東へ向け、おゆか東行路費少々とほしく思テ五円遊便(郵便)ニ出ス、為替代五銭、状賃二銭也、同所松本やのうなき名物ニ付よる、酒飯、さしみ、うなき二而五十九銭也、トコナへ(常滑)とくり(徳利)三求、一ツ三銭五厘、此地酒甚宜シ、日光や泊十五銭、中食七銭ノ割、茶代二十銭、下女三人五銭ツヽ遣ス、五字ニ乗船ス、乗場迄人力車賃五銭ツヽ、船賃下一円五十銭、上等四円、上等ニ乗ル、船ハ扶桑丸也、夜十二字出帆

・十日　朝、尾州諸嵜（師崎）へつけ申候、此処ニ半日荷ヲ積ム、午後二字出帆（75表）、少々雨モ有り、又、風もむら〳〵有り而船ゆれ申候、昨日宿ニテ　　　ニあひて同船ス

・十一日　一字半横濱へ着ス、弁天通かしまやニより、茶料十銭、はしけ賃手廻り代廿九銭、二字気車ニ乗り、三字過東京の宅へ着ス、邸内何も替り無シ、私十日帰着無きニ付、本省へ多田氏明朝出頭ノ様桜井ゟ承ルニ付、遊便ヲ出ス也

・十二日　出頭ス、田中芳男、先日、米国ゟ帰朝ニテ、私ニ水画具贈ラレシヲ、局ゟ受取テ帰ル　○大橋氏も局へ此間ゟ出頭ニ相成候由也

・十三日（75裏）　出頭、積文社へより、出版ノ断ニ付、代金受取ニ参ル処、石はしの咄ニ、字植代五枚十五円と申され候、次、松田へより、酒出申候、ヘンケーへ参ル、留守、夕方来ル、横文出版はまへ申付候由

・十四日　出頭、石はしへよる、留守、次ニヒールへ参ル、次ニ松浦ゟ昨日手紙来ルニ付よる、古陶ヲ得ラレ、出所大和ニテ、色黒シ、三方ニ小壺三ツ鳥三羽付ケリ、甚奇也、三壺ニハ左ゆりヲ差ス由令ニ見ユ、次、平松殿へよる、留守　○宅へ状出ス、吉益へも出ス、西京

代三円由

学校へ出立ノ届、乍延引出ス、シーボルトへ帰着状出ス、小河宅へ同人九日西国へ出立ノ由申遣ス
○四日先ニ帰朝由ニテ、ワク子ルニ面会ス

・十五日（76表） 出頭、今日、多田氏ゟ先日六十円西京ヘノ為替代十銭八厘並遊便書とめ代十二銭、諏訪氏へ四円、残り五円七十七銭二厘受取申候 ○道八ゟ状来ル

・十六日 元下男鉄五郎へ返書箱館へ出ス、兼吉返書日光へ出ス、由一ノ返書出ス、多忠古母状来ル、返書出スなり、局へ出頭ス、永和斎ゟ来ル十九日、金石索取寄候ニ付、見ニ参ル様申来、奈良ノ植村ト利兵衛へ状出ス ○半休也

・十七日 休日也 ○此間留守宅へ讃岐松岡ゟ八月廿九日付状来ル、（76裏）私述レ著物悦て尚後編望来ル
○下鴨藤木ゟ九月十一日付状来ル、禰宜ニ拝命相成様頼来ル ○熊本縣令ゟ私出品ノ蒸気雛形ハ返却仕り、地球運転機ハ学校へ買取候様、博覧会目録二冊ハ可贈様ノ書付来ル、又、大属尾嵜ゟハ、右同様ニテ、ヤまゝひ織見本被廻、権中属柚原備彦出参ニテ宅へ右品持来られ候由 ○石川縣ゟハ博覧会ニ廻シ置シ東京画付皿、地球運転機、陶器の透画、燈籠、此二品損シテ被返申候、昨日ゟ今日終嵐ニテ在宿ス

・十八日 両国矢ノ倉町不動境内ニ油画縦覧場被行候様高橋ゟ申来、出頭 ○績文社へより、横文ノ

字植代五枚ニ十五円ノ金、先日渡し置候ニ付、受取ヲ取り、残り五円金ニテ受取申候、石ハシ被渡申候　○シーボルトゟ支那ゟ扶桑国へ二万里、金銀有テ(77表)鉄少シ、外国ヲ扶桑ト云や、日本ヲ云や、書面ニテ問ヒニ来レリ、矢張日本ノ国ヲ云由答書出ス　○永和斎へより、先日惕斎氏ニ頼置候金索石索合十二冊、同人上海ゟ廻シ呉られ、代料十二円、運賃一円也、是ヲ払テ右本持帰ル、岩倉殿、樹下へ一寸参ル

・十九日　出頭ス、熊本縣柚原入来ニテ、地球運転機代四十円落手仕り申候、熊本縣令安岡へ此返書ヲ出シ、尾嵜へも出ス、附而ハ地球山脈ノ図八枚箱入り、並ニ仏国政府ゟ予ニ贈ラル懸額ノ画一枚、熊本ノ学校へ献シ申候也　○井上謙造来りテ、石類凡三百品見セラル、箱ノ上ニ雲根の二字有り、定テ江州石亭ノ蔵品と知ラル　(77裏)○多忠古母八月十三日東京へ引越シニテ来ル、紫縮緬ふくさニ菓子贈ラル、且文尾金子備(借カ)用ヲ被頼ヲ被申、且実子井上清福ノ書面被届申候　○藤森来ル、茶贈ラル　○手つか来ル、菓子贈ラル、此三人ニ酒、そば出シ申候、夕方、かすや、岡本来ル、酒一寸出ス　○松田ゟ石版摺懸り可申や申来ル、玉子贈ラレ申候　○白井転居ス

・廿日　出頭、松田参り、石版摺立方申付ル、岡本家内来ル、衣服ぬゐ代二朱三百文遣ス、遠藤画工来ル、シヤツ二ツ求ム、三分

・廿一日　出頭ス、イ太利ア公使へ参り、次ニ次(衍字)ニ兼而新田ニ頼置堆朱ノ蔵谷(象谷)ノ下画被廻候而、山中

氏ゟ今日受取候間、（78表）ヘンケーへ見せ候処、二枚注文被頼申候、井上建吉、平松殿来ル、平松殿ニ金
十円かし申候、此間ノ路費ノ算用三円弐十九銭五厘受取申候、朝、上柳来ル、永田一寸来ル
・廿二日　出頭ス、二字ニ大橋よられ候而、北ノ長屋かり度由被申候、次ニ平松殿並ニ次男及女子、
勢嵜来り而、兼而預り置シ荷物の中少々持帰られ申候、夕方、永田来ル、鴨藤木ゟ神官拝職ノ周旋
致し呉れ候様ニ頼状来ル、菊谷ノ利兵衛ゟ私荷物廻シ方申来ル、賃七円不足の由也、大坂米浪より
ノ状也　○諏訪氏来ル、兼頼置調へ物本持参ニ而、菓子贈ラル、多田氏へノ本届方被頼申候
（78裏）・廿三日　出頭、知恩院書画会ニ付参ル、青木、大養寺、明王院、新藤、此外三人来ル、酒飯出ル
法皇帝説（法王帝説）画一本　知恩院蔵
魚養経一巻　同
西行哥巻　二巻　元知恩院蔵
経巻一　光明皇后経　同
吉備大臣筆経　同
・廿四日　休日、多永子ゟ文来り、返書出ス、遠藤今日ゟ画写シニ来ル　○梅辻、昨日着ニ而、親子
来り而、鯛味噌贈られ、伊東ゟノ状届ラル、おゆかも不快ニ而、火急梅辻ゟ為知候ニ付、此度ハ見
合候而、半月位後ニ可（79表）参候申来ル、四日市ゟ渡シ候金落手の由　○白石と申人への状届方申来ル

○十軒棚（十軒店）新川やへ参り、柚原留守ニ付、山脈地図八枚、額画一枚、書状二通預置申候、同縣権中属岡本貞烋来ル、尾嵜正行状被届　○井上返書、尾州へ出ス

・廿五日　伊東ノ返書出ス、奈良ノ利兵衛へ金七円、大坂米浪へ向け出ス也　○出頭　○白石へ状為持遣シ候処、帰国也、神楽笛、狗笛、柏木へ板下ノ画図頼ニ参ル処、留守ニ付預置申候　○伊東へ返書出ス　○片岡へ洪水ノ見舞状出ス　○岩波美篤局へ来ル、当時熊本縣ニ居ラル

・（79裏）廿六日　出頭、遠藤へ金三円画代払フ、岩倉中殿へ大和赤ハタ植木鉢二ツ贈ル、樹下へ参ル、酒出ル、宇喜多来レリ、次ニ　○埼玉縣下厚芝来レリ、松茸贈ラル、土産ナレ共香無シ、松田へ之ヲ贈ル　○柴田悴来りテ紙贈ラル、柚原局来り、此間ノ受取被廻、玉屋へ管玉百代廿五円払フ

・廿七日　出頭、此間金森ノ茶席大垣ゟ船ニテ廻ス処、伊豆沖ニ而破船候由、其所ノ戸長ゟ局へ申来ル、又、私宅へハ霊岸嶌（大川ハタ）船田屋水谷徳兵衛ゟ使来り、私荷物瓦入六樽、筵包五ツ、長小櫃三五、小櫃一ヲ積込候船、右船と同シ、依テ荷物ノ有無も不知、若有之候節ハ其儘届候而、賃銭払方ニ被下候や問来、依テ局ゟハ人ヲ見せニ遣シ候ニ付、（80表）此方の荷物も知人遣シニ相成候間、定而世話致し呉れ候と考

へ候へ共、宜敷取扱呉れ候様ニ書状出ス也　○昨日、燈籠求ム、二分三朱也、フリキノ朱塗り也、又エトモンブリキ也、一朱

・廿八日　出頭ス、大坂㋕ゟ長堀宮本へ差出シノ私荷物長箱一、樽二、曲物一着ス、手数賃三十六銭也、大橋ノ荷物六ツ来ル、私ノ荷物古瓦、八足机、根来物、古陶等也、大和ニテ買物ノ内上等也

○右ノ私荷物破船ニ而、今何共不知、後ノ荷物四ツ、今日落手仕り候由、米浪ノ利兵衛へ申遣ス也

（80裏）

・二十九日　荒木来ル、兼咄シノ鳥元へ金子かし候義、大蔵所ゟ相渡シ候様、縣へ差図ニ先年相成候様聞取り、依テ本大慶ニ木綿縮贈ラル、今日宿直也

・□□〔三十〕日　宿明、平松殿ゟ此間ノ金十円返ル、荒木夜分来ル也、又一郎老母来ル

・十　一日　休日、日安川来ル、築紫ト申人来ル、岡本十郎来ル

・二日　出頭、大養寺へよる、留守也、宅ゟ筵包一、樽一ツ来ル、手数料（81表）二十銭、荷物何モ無事、米浪ゟ私荷物賃銭云申来れり

・三日　文庫へ参り、出版一条談ス、町田も来ル、是真へ植鉢二ツ贈ル、四字三河丁出火有り、火子

来ル、近付ノ人々多分来レリ、私本省へ参ル　○大橋氏邸内へ来ル

・四日　出頭、蔵谷ニ堆朱製造山中氏へ頼ミ、夫レト無蔵六湯のミ一ツ贈ル、桜井ニ扇、手拭一ツ贈ル、昨日、岡本ニ届物渡シ、扇一本贈ル、永田ニも届物渡シ、手拭一贈ル、糟屋ニ扇一本贈ル　○おかつニ奈良団子一本ニすきくし一贈ル、岡本、糟谷家内来ル

・(81裏)五日　出頭、植村ゟ状来ル、私荷物船破船之由申来ル、大養へ参ル、古物類一見仕り申候、原田来ル、今日、おゆかへ状出ス、遠藤忰来ル、多田ニ扇五本、森ニ一本、白石一本贈ル

・六日　出頭、ヘンケーへ参ル、留守、安井へノ紙包中村ゟ来ル、亀井来ル、油画代六円渡ス、植村ゟ状来ル

・七日　出頭、町田へ参ル、東大寺模墨二贈ル、次、亀井へ参ル、次、遠藤へ参ル、墨一贈ル、河上へ参ル、酒飯出され申候、安井へ中村ゟノ紙包、大橋ゟ帰ル人ニ頼む、片岡並準蔵ゟ状来ル　○宅、安井、宮野、松浦、小矢野、岩田へ状出ス　○手つか来ル由

・(82表)八日　休日、通りへ買ニ出ル

・九日　出頭、キヨソ子ーへ参ル、留守、松や路へ参り、地球運転機損シノ談ニ参ル、松田へより、岡本母来ル

・十日　出頭、ヘンケーへ参ル、次、途中ニテ堤殿ゟセンケンへ参ル、同人ペルーへ明日出立ニ付、ヘーレン氏へ本ノ一条ノ書面頼ミ置也、内藤ゟノ人来ル、朝、山科来ル、和田青貝入額ノ油画三枚以テ見セル、三枚二十円ニテ求メ置ク也　○私荷物運送賃不足廿三銭五厘、米浪へ廻ス、此事と西大寺ニ昔ノ柱石ヲ手(82裏)ニ入ルコトト、奈良博物館出品物ノコトト植村へ申遣ス

・十一日　出頭

・十二日　出頭、赤坂外苗村へ柚原へ参ル、友盛ノ刀身一見す、構(ママ)屋宗祇小町ノ小柄求む、二分、宜敷道具多見ル

・十三日　出頭、ヘンケーへ参ル、留守、苗村昨一見シ道具数々見ル、甚多シ

・十四日　出頭、平松殿へ参ル、酒出ル、松浦へ一寸より申候事、多永子ゟ明朝参ル由状来ル、石はしゟ手紙来ル

・（83表）十五日　亀井若宮油画直しニ来ル、多野永子来ル、琴、三味線見せ、井上ノ手紙以而宜敷頼まれ、且金子少々かしくれ候様被申候、疋田来ル、此三人餅出シ飯出ス也、石はし手紙而来ル、高月梅逸認られ候油画風ノ画見せられ、官へ出度候様ニ被申候事、久留米ノ人ニテ中村卓弥と申人、伊藤ノ斎助邸内ニ住居ニテ、此度当地へ見へ、伊藤ノ手紙手面ニ而届られ申候、此中村へ返書出ス、伊藤ゟハおゆか不快ノ由、且伊東ゟ申官ノ様子咄し仕り呉候様申来ル　○大嵜昌庸久々ニテ来ル、はし贈ラル、赤ハダ鉢一ツ贈ル

・（83裏）十六日　出頭

・十七日　出頭、松浦来ル、白山静蔵来ル、同道ニテ平松殿へ参ル、帰りニ白山へより、夕飯出ル、此度石岸礪白山一統ニテ唐津物ノ分引受ケ、此白山社長華族ニテ、人□拵へ度ニ付、永世可在様受置、大嵜怜来　○宅ゟ状来ル、母も次第宜敷由、本月□日、姉おとき殿縄おゆか方へ被参候由、振舞ヲ一見シ、又、草野下女ヲ遣シ候而聞合られ候由、如左

おゆか年廿七才、東京風ニ叶ヒ、気ハスツハリシタ方、商法ハハケシ、本家ハ六角前、中嶋儀助、従来鏡や、当主ハ実体、実兄三人、兄弟一人ハ和州へ嫁シ、母ハ宇治上林出、膳所本多、（84表）高階も親類、面体疵ハ全ク幼少之時のケガ、おゆかハ花頂宮（華頂宮）家来清水へ嫁シテ、男子一人先ニ有り、おゆかハ近眼、針仕事出来不申

・十八日　出頭、宿直、榊原左文字刀見セラル

・十九日　白山来ル、同道ニテ四条殿へ参ル、山本来ル、正宗、青江刀見ル

・廿日　出頭、井口、榊原、私と斎藤と申方へ参り、冑甲三領ト刀十四本見ル、此内ニ吉光、正宗、吉廣、信国、金家、夏雄此外数々見ル

(84裏)
・廿一日　出頭、有栖川宮、香川へ参ル、留守、次、獨乙キリーンへ参り、次ニ仏使方へ参ル、色々古物一見シ、次ニ岩倉中殿へ参ル

・廿二日　休日、松田へ画会ニ付石版額一面出ス、昼前弥吉ト参ル、飯出ル、五姓親子、横山、疋田、山本、亀兄弟其外数人来レリ、小山と申人ノ油画可也、亀、義松尤宜シ、高橋ノ画是又宜シ、和田、ヒール来ル、川上又来ル、飯出ス

(85表)
・廿三日　出頭、外務省へ参ル、伊太利亜公使館へ参り、陶器三ツ持参ス、ワク子ル方へ参り、紀効新書獨乙人社中博物所へ贈り方頼ム、革究図考、観古図説一冊ゆつる、次、ヘンケーへ参ル

・廿四日　出頭、平山ニ観古図説ノ横文一見ニ廻ス也

・廿五日　出頭、十二字ゟ私、榊原小遣卜泉はし尾張やへ参り、刀百本位ヒ見ル、一文字信包五十円、新藤五短刀二十五円宜敷候、青江延寿、景光、長義此外甚多シ　○今日一字比ノ電報ニ熊本縣ゟ九州大そうとう、小倉ノ鎮台ノ分営ゟ諸所ニ炮事有由申来り、(85裏)陸軍省夫々手当ニテ中佐一人出立也

・廿六日　出頭、次、ヘンケー方へ参ル、観古図説横文一冊ニ付廿四銭ノ画代ノ由、依テ五十銭ニ売り可申候談ニ仕り置申也、今日、司法省ゟ弥吉御用召也　○愓斎来ル

・廿七日　出頭、愓斎へ参ル　○弥吉、今日、司法省十五等出仕ニ而、静岡裁判所へ出張被仰付申候　○奈良植村ゟ状来ル、西大寺伽藍石ノ磚一ツ五十銭位ヒ、運送五百疋位ヒノ由ニ付、三ツ計求ム談ニ仕ル、法華寺金堂ノ石五、六ツ慥ニ御座候由、米浪へ二十三銭五厘落手由、手塚ニ渡し置候西洋額画是又落手由申来ル　○鳥羽僧正巾有栖川宮ゟ(86表)返り申候

・廿八日　出頭、十二字後、局ノ小西、井口、多田、長濱、森、私と川上ノ茶会ニ参ル、下谷上野町摩利支天ノ寺ノ席ニテ致され申候、茶杓宝暦比ノ人、茶わんこも川（熊川）、茶入土佐、花ハ黄大菊、水指南はん芋頭、香合冠桶染付、飯、かふら汁、向付牛吉野芋、猪口鯛作之すわさび、平魚ニ玉子はんへゐ菜、すゐ物こんふ、ゐひ焼、松竹、菓子玉子きんとう　○開きホリ三嶌、画唐津茶わん、縁朱棚等ニ而、くれニ帰ル　○私、平松殿へ参ル、留守　○片岡ゟ状来ル

・（86裏）廿九日　宿直、熊本縣下のそうとう大きう相成り、秋月辺も彼是仕ル

・三十日　明、多忠賀へ参り、次、忠古へ参、山吹挿頭小忌衣贈ラル、横山へよル、留守、次、高田へより申候、片岡、植村へ状出ス、片岡へハ弥吉拝命トおゆかノ先日来ノ模様申遣ス、植村へハ法華寺ノ石五ツト西大寺ノ石二ツト贈り方頼ミ遣ス

西大寺煉石一ツ凡五十銭、運賃五百疋ト申事

・三十一日　出頭、観古図説英ノ本国へ廻シ候由、アストンヨリ申来、亀井来ル、熊本管下ノサワギモ大略治ル

・（87表）十一月一日　出頭、片岡弥吉今二字静岡へ向ケ船ニテ出立ス、兼而取替候金子ノ内二円二分受取、フランケト一枚為持遣ス、出版一条ニ付本省へ一寸参ル

・二日　出頭、外務省へ観古図説十二部、近藤ニ渡ス、伊太利亜公使へ同覆文（横文）一冊本国へ廻シ方頼ム、次ニ亜米利賀公使へ参り、同様廻ス、北村へ一寸尋ル、熊本縣ゟ先日廻シ候礼状、安岡ゟ申来ル、又、尾寄ゟも申来ル

三日
・多田来ル、今日ハ天朝節ニテ、万葉ノ盃仕ル処、肴ケヨク来ル也、昼後、中川邸へ馬具見ニ行キ、

次ニワク子ル方へ参ル、留守ニ付、本数々預置ク、次ニジブスケ方へ参ル、留守ニ付、（87裏）陶器覆文仏国へ廻ス為メニ預置、次、可亭へ参り、次、伊太り亜公使へ参り、陶器ノ本二部売り申候、次ニ
　へ一冊覆文贈ル

・四日　出頭、山科来ル、亀井竹次郎来、彌明日上京の由ニ付二十円渡シ申候、十円ハ其内其宅へ廻シ可申談ニ仕ル、右油画認方差支無之様、江州石山寺へ書状出ス也、霊岸嶌船問屋へ難船の模様問合ニ状出ス

・五日　休日、高橋へ油画会見ニ行く、同人神奈川景（宜脱）敷候事、夕方、平松殿へ一寸参ル、五条殿来レリ、四条殿へ参ル、白山ノ社長雇方申入置候

・（88表）六日　出頭、ワク子ル方へ参ル、夕方、平松殿見へ申候、酒出ス、青貝入り油画、管玉時計緒かし申候、西洋燭レ蠟形是又かし申候

・七日　出頭、井口、榊原、私ト刀見ニ倉前（蔵前）脇へ行く、数本何レモ悪シ

・八日　出頭、町田、私、森と中川邸へ道具見ニ行く、本手青磁の本二、三品、藤四郎茶入二ツ、叔蓮（寂蓮）筆巻物等宜敷候事

・九日　宿直、片岡ゟ状来ル

・（88裏）十日　宿明、男女奉公人来ル、上野博物館へ参ル、山科不来、四条殿ゟ状来ル、赤藤安五郎ゟミシン求ル、廿五円内五円渡ス

・十一日　出頭、多永子来ル、烏莨（ママ）預ル、小杉、栗田、巫外ニ一人来ル、古物見セル、松浦来ル、此人ト巫ト通三丁目新聞紙社中ノ古物会見ニ参ル、白山へ状出ス、片岡ゟ中村へノ状届ル

・十二日　休日、松田へ石板ノ墨廻ス、ヘンケー、ワク子ルへ参ル、何モ留守、ジフスケも同シ、山中氏へ参ル、在宿なり、蒸気問屋ゟ人来ル、私荷物不知候様申来ル、（89表）吉良来ル　〇小河帰宅由承ル
〇アストン氏ゟ観古図説二部取りニ来ルニ付、覆文一冊同国へ廻シ方頼置ク

・十三日　出頭ス、ワク子ル方へ参ル、私集ル今古（古今）沿革図集一冊、獨乙国社中持博物館へ贈ル、又、下馬認振筆法秘伝書一冊是又同シ、小忌衣五円、大嘗会次第、御即位次第、城取大意一冊、歌合本一冊、合二分二朱、金銀図録七冊一円、世話仕り代金受取申候、宅ゟ状来ル

・十四日　出頭、片岡、白山へ状出ス、拝志来ル、キヨウソー子来ル、同人内へ参り、夕飯出ル、矢嶌氏面会ス、

（朱印）

（朱印）

（89裏）局ニ而漢ノ開外侯印、亀鈕、騎馬人形、紐印覆ノ字何も銅、合テ
四十銭ニテ求む、亀井竹次郎ゟ状来ル

・十五日　省へ一寸参り、次ニ出頭、昼後、村田と申刀やへ道具見
ニ行ク、数々有り、内十二品持帰ル

・十六日　大橋《日光》兼吉ト熊本尾嵜へ見舞、且土器ノ調ヘノ礼状出ス也、米浪へ私荷物及不知候品、問屋
宮本へつくなひ金のかけ合依頼ス、出頭　○外務省用度課ゟ観古図説一部返り申候、同庶務局ゟ同
本十部、（90表）代十五円受取申候　○遠藤へミシ（ン脱カ）代残二十円渡シ申候　○苗村ニ而与四郎鍔一分、早乙女
一分ニ而求む

・十七日　出頭、苗村へ参り、色々小道具一見ス

・十八日　出頭、ワク子ル方へ参ル、留守、次ニ明王院へ参り、次ニ後藤へ参ル、留守、次ニ
へ参ル、同シ、次ニヘンケーへ参り、次ニ松田へ参り申候、夕方、荒木へ参ル、在宿也、アストン
ゟ本代来

・十九日　休日、獨乙国ノ公使館へ参ル、同国博物館ノ為メニ観古図説一部贈ル、次ニ沓やへ参り、

一足注文ス、次ニ多へ参ル、（90裏）留守、昼後、亀井へ参り、母親ニ十円遣シ置申候、次、草筋（浅脱カ）ニ而陣太鼓二ツ求ル、如図、小河、ヒール方へ参ル、留守、又、松大路へ参り、地球運転機十円引而三十円ト仕ル由、宇佐へ通シ呉れ候様申置ク、次ニフルベツキへ参り、観古――一見サス也

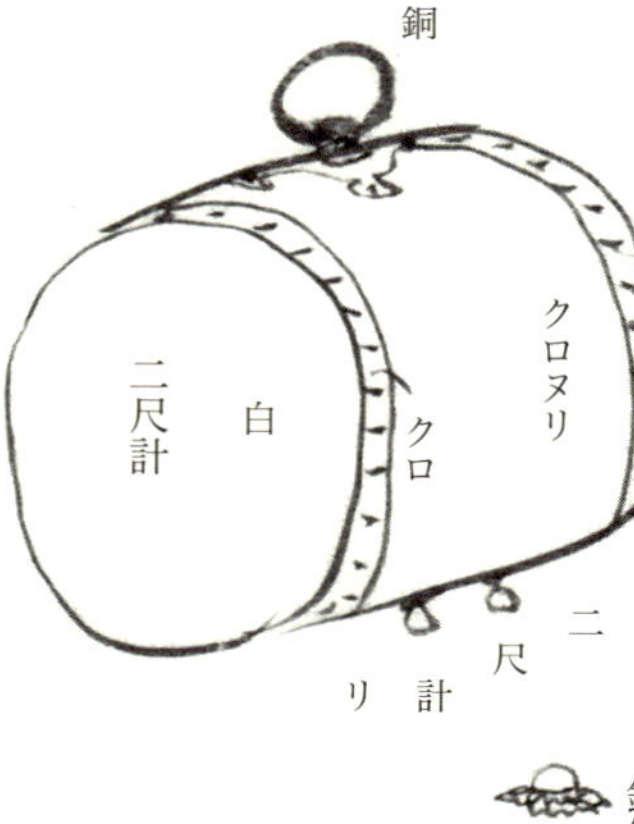

（91表）
・廿日　出頭ス、松田へ古瓦器一ツ、鎌倉袴一ツ写シ方ニ廻ス也、岡部ゟ申来ル、母親心得二冊四十四銭ニ而求ム　○太田より来ル鍔埋忠一円一分、大森一円一分、信秋三分ニテ求ム　○弥吉、濱松裁判所詰ノ内命有ルニ付、廿二日比可参様申来れり、区務所ゟ大路修繕費四分一出ス様申来ル

・廿一日　出頭、正院へ一寸より、平井ニ仙台正宗（政宗）ノ時ニ伊太利亜へ通シ居候書状品物一見頼置く、

明朝来ル由被申候

・廿二日　出頭　三字、小河西洋理料（料理）ニ而よはれニ神田外へ参ル、（91裏）私宅へ状出ス、伊太利亜公使館へ夕八字ゟ芝居見ニ行、三条殿婦夫（夫婦）、黒田老人孫、獨乙、アメリカ公使、此外女廿人計り、男六十人計見ニ来ル、八字ゟ始り十一字過ニ終ル　〇今夕、正院へ参り、仙台正宗ノ時ニ伊太利亜国へ通シ、其時支倉六右衛門渡りテ、油画ヤソノ像及衣服外数々物品持帰りテ有りシカ、此御巡行迄ハ人ニ見セズ、シまゐ置タレリ、此時御一覧ニ備へ、此比正院へ参ルニ付、私一見ス、岡部へ本出ス也

・廿三日　新嘗斎ニ付休日、朝、川上来ル、浅草辺へ参り、昼後、ヘンケー方へ参ル、観古図説ノ本外物品ノ△料二百五十円受取申候、横はまの　来ルニ付、古物見せ申候、松田へ一寸参り申候、白山来ル

（92表）
・廿四日　出頭、蓮乗、榊原、森来ル、酒出ス、古器見せル

・廿五日　出頭、局一統、遠藤老母八十八才悦ニ参ル、酒飯出ル、古ハケ目、大樋茶碗求ム、廿銭ツヽ、鎌倉塗香合二、是又同シ、伊藤ゟ状来ル、おゆか義親子おれやわす、且本人今ニ不快、且私宅ゟ段々聞合セも入り、私母ニ気ニ入ス、かたく以断り度由、金子十円ハ衣ヲ作り、残廿円ハ伊藤方へ取よセ候而、預り置と申来り、又々折ヲ見合セ候由、本人ハ大ニ悦ひ居候間、来春ノ時節ヲ見ル由也

（92裏）
・廿六日　休日、亀井ゟ状来り、高雄へ参り画図ク、此比石山へ参り、油画認方仕り候由申来れり
○四条殿へ参り、白山組ノ社承知ニなり、昼後、多へ参ル、今日、志野茶ワン、唐物茶物二、半ス（半使）
茶ワン三十銭ツ、ニテ求ム、金銅香合三十銭ニ而求ム

・廿七日　出頭、白山へ四条殿モ参り、此組ノ社長ノ咄仕ル、酒出ルナル（ママ）

・廿八日　出頭、イタリア公使へ参ル、片岡濱松へ出張ノ（93表）由申来ル　○岩倉殿へ参ル、昨日、京へ出
立ノ由也

・廿九日　出頭、ワク子ル方へ参り、即位図、古金魚袋、銀魚袋ユツル、今夜十一字半ゟ呉服はし外
ゟ出火、南ハ京はし、東ハ八丁堀川、築地、海迄焼け、六字ニ治ル、長凡廿七丁、松田へ参り、次
ニ局へ一寸より申候

・三十日　出頭、宿直也、亀井へ状出ス、伊藤へも状出ス、山梨縣下ノ岩下ゟ状来ル也

（93丁裏は空白）

(94表)

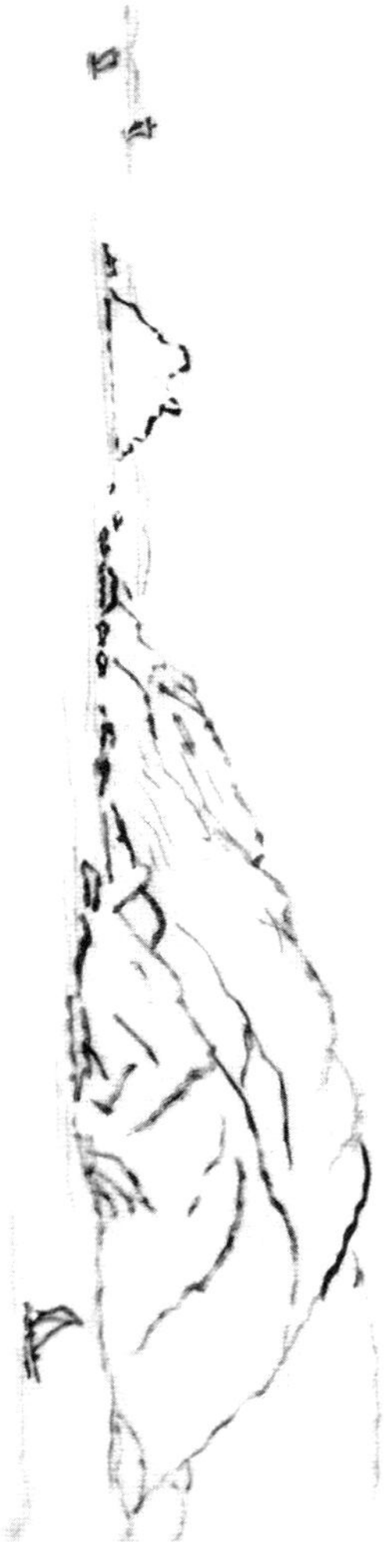

船ゟ紀州浦ヲ見ル

（94裏）

同上

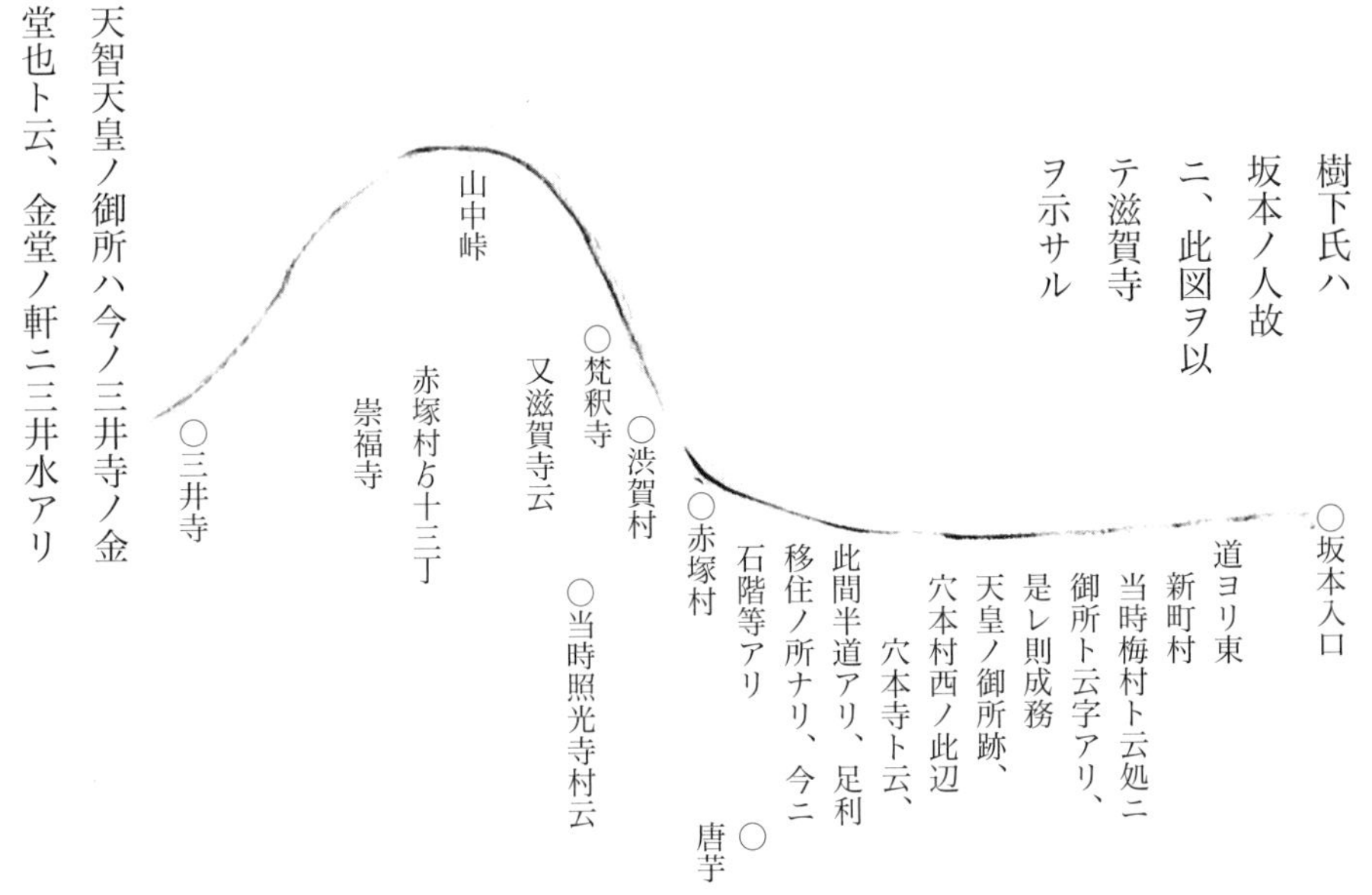
樹下氏ハ坂本ノ人故ニ、此図ヲ以テ滋賀寺ヲ示サル
○坂本入口
道ヨリ東
新町村
当時梅村ト云処ニ御所ト云字アリ、
是レ則成務天皇ノ御所跡、
穴本村西ノ此辺穴本寺ト云、
此間半道アリ、足利移住ノ所ナリ、今ニ石階等アリ
○唐芋
○赤塚村
○渋賀村
○当時照光寺村云
○梵釈寺
又滋賀寺云
山中峠
赤塚村ゟ十三丁
崇福寺
○三井寺
天智天皇ノ御所ハ今ノ三井寺ノ金堂也ト云、金堂ノ軒ニ三井水アリ

東大寺三庫中白木棚　庫中ニテ写ス

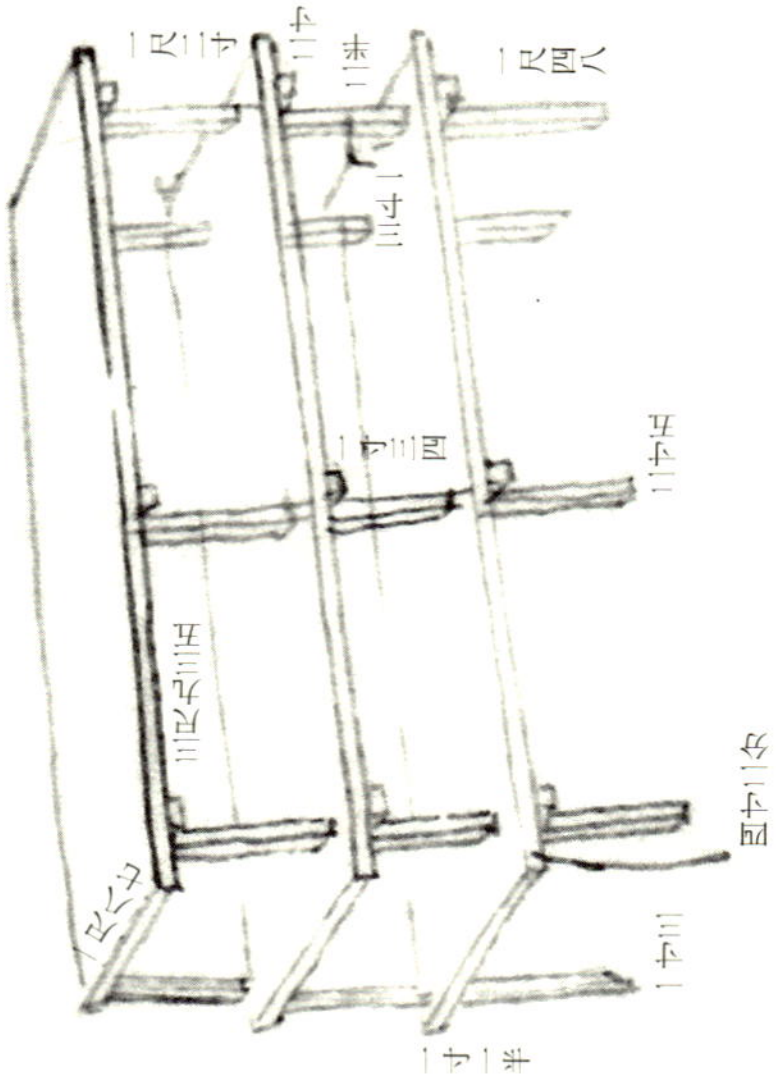

六分五

前巻出ス可物

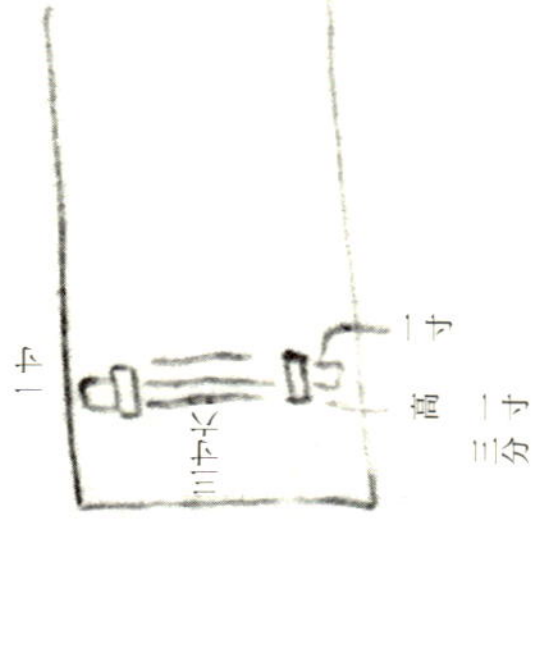

(96表)布引ノ瀧も近来次第外国人ゟ手ヲ入レテ甚道すしも宜敷なれり、風景と云、実ニ夏ハよろしき也、人々も多分参れり

堺ノみなとも景よく、船入も都合よろし

(96裏)京都西本願寺ノ堂も大ニシテ建前も見事也

東寺西院モ古風ニテ古き建物也、是れを見て昔しを思わぬ人もあらし

（97表）・西京ノ鉄道ハ明治九年六月廿六日十字十分ゟ向丁迄開ケ候
・伏見豊後橋　明治五年九月西洋風ニ成ル
・博物館品物　引ツキ　千〇十五　献品　九百九十八
出品　三千六百廿七　買上　三百九十三　合七千八百六十五

奥山花邸裏門口油画茶や百五十七番　下岡蓮乗
赤坂田町四丁目河岸十二番地　檜原金次郎
（97裏）畳町四番地八百やの裏　大工　松五郎
駿河台南甲賀町八番地　千葉縣士族　糟谷和虎三十七
下谷御勝（御徒）町一丁目五番地　亀谷
大坂長堀北詰　蒸気問や　宮本平助
大和廣瀬郡長楽村　平民　杉岡太重郎　隠宅ニ江藤正澄
魚かし安針丁　弁当や　松次郎
深川和倉十一番　高嶌千載
池端花園丁四番　岸光景
南新堀一丁目十六番地　白山組　白山静三
駿州静岡中伝馬丁　旅人宿　中藤や又右衛門方ニ片岡

野州日光松原丁　　大橋兼吉
同所　本丁一丁目　鎊や半兵衛　菓子や
築地一丁目十三番地　石かしヘル作所問フ　金子椀平
第五大区一小区十一番地石かし　柴田是真
（98表）聖徳太子法王帝説　法隆寺宝物印　勧学院　極書
右浄国寺所蔵　正行寺被写ニ付豫（預）り居ル
崇福寺　梵釈寺　国分寺　等　志賀郡ニ有り古寺也

弥吉かしの覚　　六月八日
六月十一日　一円　　七月一日　一円　　七月十四日　一円　　七月廿六日　一円
八月三十一日　二円　　九月廿四日　三円　　十一月十二日　一円廿五銭と廿銭遣
十二月十二日清之介（下男）　同月廿日一円カス　同廿九日一円かし申候
下女おく也
（98裏）大坂安堂寺橋通三丁目　米浪長兵衛方ニ中筋丁菊谷治作
尾張名古や木挽丁一丁目　野村や宗三郎ニサカノ人也　井上清福三十八五ヶ月
錦少路（錦小路）二丁目三番乙　井上鎌蔵
糠町（麹町）四丁目十五番地　茶や店　藤森
十軒棚新川や太吉ニ　熊本縣官ノ　柚原　在留
讃岐琴平山ら　松岡　調

愛宕郡下鴨村宮嵜丁　　藤木以直
中橋中通大鋸丁十三号　　永和斎
濱丁一丁目三番　永井邸地　　高橋由一
中六番丁三十七番地　　多忠古　母永子
　　河野雪巖
元五条家　　荒木耕作
埼玉縣下　糟壁宿　　厚芝周之助
箱館豊前丁　廣田六蔵　旅人宿ち　落合鉄二郎
(99表)
日光松原丁　　大橋兼吉
新潟縣下越後新潟坂内小路四ノ橋角越川屋ニテ　井上端枝
セキタヤ丁烏丸東入　仏画師　木村源之介
一大区七小区南槇町三番地　黒川茂太郎方ニ　永田
天保二年正月十三日生　妻ちま　四十四年十ケ月（安政元七月十一日生　弥吉 二十二年二ケ月
文政十三年十二月廿四日生　片岡望寿　四十七才九ケ月（明治九年七月記
大坂府下第九大区二小区六番組高槻村千二百八拾七番　地主士族
当明治九年四五日ち大坂第一大区十五小区横堀二丁目卅一番　水野弥平控家寄留
熊本縣ニテ　　尾嵜正レ行
讃岐国琴平山事比羅宮社務所　　松岡　調

コヲシ丁四丁目十五ハン　藤森長正
湯嶋新花丁十四番　田中不二丸
西京等持院ニ而北野大茶湯ノ席ノ持主　医者　近松可之助
濱丁一丁目三番永井邸ニ而　高橋由一
(99裏)下鴨村　宮嵜丁　藤木以直
深川御船蔵丁廿八番地　曲直瀬愛
福岡縣士族　○
古門前　江良大蔵　奥野いと　松本正足
廣少路北大門丁十五番　辻可
緒方道平
警視第一面第一署詰二等巡査　宮本吉康
赤坂臺丁四十七番地　遠藤廣宗
西久保巴町三十四番地　吉田健三
浅草奥山五十七番画茶や　下岡蓮乗
下方第三十二区金替丁　清水善之進
述《(ママ)》剛夫
山口信次郎
大坂第三大区一小区江戸堀北通二丁目　鹿嶋吉左衛門

椎之落葉　弐

（表紙）

明治九年十二月一日ヨリ
同　十一年一月三十一日迄

（朱方印）「蜷川蔵印」

椎之落葉

（朱方印）「宮道式胤」

弐

（空白ページ）

・(1表)明治九年十二月一日　宿あけ、松田へより、上野博物館へ参り候処、山科違約ニ而不来、松浦へよる、留守也、昼後、四条殿へ白山ト参り、漸、四条殿白山ノ社長ニ雇コト定ル、太田へ鎌倉袴返ス、山本へ参り申候、多ト西京宅へ状出ス也、夜三字ニ白銀丁脇出火ニ付、下男ト山本へ参り、次ニ梅辻へも尋ル、四字ニ帰ル

・二日　出頭　○沓求ム、二円一分、瀬戸一蔵(市倉)焼唐物ト云物求む、色ビワ(枇杷茶カ)色飛(鳶)色栗色、代四十銭、小西へより申候

・三日　休日、高はし油画見ニ行ク、嶌田へ参り、キウス贈ル、端祥(祥瑞)茶ワン求ム、一分二朱、多永子へ金七円かし申候、飯出ス、(1裏)柏木へ参り、飯出ル、片岡へ状出ス、小西へよル

・四日　出頭、堤殿来ル、酒飯出ス、垂直並洋鋏被贈ラル、山梨の岩下へ状出ス

・五日　出頭、小西、一宮外一人来ル、古物見せ、酒出ス也

・六日　出頭、堤殿来ル、飯出ス、烏帽子二、綾直垂贈ラル

・七日　出頭

（2表）・八日　出頭、川上来ル、飯出ス

・九日　宿直ス、松野ゟ状来ル、四条ゟも来ル

・十日　明、松田より申候、矢野へ参り、山本外三人ト三河丁薬湯へ参ル、酒飯仕り、石油ノ新社ノ談仕ル

・十一日　出頭、廣小路ノ摩利支天へ仏講聞ニ行、山本、矢野、日比野外七人行、原丹山（坦山）ノ訳也

（2裏）・十二日　出頭、片岡へ状出ス、小河婦夫（夫婦）、私方古器見ニ参られ、酒飯（出脱カ）ス

・十三日　出頭ス、白山へ四条殿ノ雇入れノ義ニ付状出ス

・十四日　出頭、亀井来ル、又、内藤、赤塚来ル、私古器物見せル、松田へよル、熊本縣ゟ状来ル、

尾嵜も無事也

・十五日　出頭、右熊本ノ人来ル、有吉与太郎縣ノ状以テ来ル、尾嵜も先以無事也

（3表）・十六日　出頭、本郷小堀へ古陶目利会ニ参ル、赤塚此外五人来ル、藤四作（藤四郎）其外三十品計り出ル、飯酒出ル、くれ過帰ル、諏訪氏来ル

・十七日　休日、有吉与太郎来ル、次、シーホルト（シーボルト）へ参り、同車ニ而獨乙公使館へより、次、目黒へ参り、同人持所の土器ノ内唐物見分仕り申候、次、ヘンケーへ参ル、次ニ赤塚へ参り、古陶数々見候而、夕飯出ル

・十八日　出頭、松田へより申候

（3裏）・十九日　出頭、赤塚、奥氏来ル、古物見セ、酒飯出ス、お勝上京ス

・廿日　出頭、奥ゟ朝鮮物品頼置候処来ル、白山へ参ル、荒川へ参ル、飯酒出ル

・廿一日　出頭ス、町田、古川、管、多田、奈良之由定ル、ヘンケー参ル、留守

・廿二日　出頭、町田へかンヒ本三冊、石化(石華)墨一、鯨ノまき尺贈、多田へも本二、石化墨一、尺一贈ル也、赤塚へ参り、古物一見ル(マヽ)、次ニ八丁堀由井へ参り、茶会ニ而、酒飯出ル、色々談仕ル

(4表)・廿三日　出頭、ヘンケーへ参ル、次ニ白山へ参ル、四条殿ハ其内ニ頼ミ度由被申、次、四条殿へ参ル、留守ニ付、右ノ次第申置、次ニ松田へより申候、同次男来ル、此間ノ写真出来上り、見セニ来ル、通運社ゟ人来り、石川縣へかし候地球運転機損シニ付、直し料一円、透画土器ノ燈台われ代十円、此半分つくなひとし而五円四十銭受取申候

・廿四日　休日、堤殿来ル、次ニ赤塚並ニ前田来ル、此二人ニ酒飯出ス　○浅草辺へ参ル、古陶器五ツ求ム、此十四日ゟ宇治平等院へ竹次郎寄留(4裏)ノ由ニ付、是へ一封出ス　○平松家ノ辻へも一封出シ申候　○去ル十日ニ石山ノ油画出来ノ由、亀井ゟ申来ル

・廿五日　出頭、アストン氏より、次ニ中村へより、飯酒出ル也、松田ゟ状来ル、植村ゟ状来ル、亀井へ状出ス、ヘンケーへ朝鮮物廻ス

・廿六日　出頭、宿直也

・廿七日　明、松田へより、石版ノ内かし二百円廻シ申候、本郷村へ参り、次ニ多へ参り、次、桜井、

児玉へ参ル、かすや（5表）、岡本、大橋ニ酒出ス

・廿八日出頭、山本へより申候、夕方、小河へ参ル

・廿九日　ワク子ル《（ワグネル）》方へ参ル、飯出ス、ジブスケへ参ル、陣笠ト袴ト本国へ廻シ方参ム《（ママ）》　○長嵜博覧会へ物品五程かシ申候、佐野へ参ル　○奥へ参、朝セン物代二十二円渡ス

・三十日　休日、橋本へ参ル、留守、松田へより申候、赤ツカ来ル、松田舎弟来ル

・（5裏）三十一日　橋本夕方来ル、古清水ゟ状来ル　○シブスケ氏ゟ今日来ラス様使来ル、此使ニ本国望ミノ観古図説五部ツ、為持遣シ申候事

・（6表）明治十年一月一日　今日参賀不参、桜井、玉置、橋本、細谷来ル

・二日

・三日

・四日　今日、町田已下三人、図書局ゟ三人、奈良へ出立ニ付、私、九字ノ車ニテ横濱へ向ケ参ル、多田ニ行合ヒ同車ス、太田丁六丁目今村へ参ル、昼飯後、ワクマン《（ワグマン）》氏へ参り、同人ノ画紙ニ認ル物一円ニテ求メ、ヲ、トル氏へ参ル、（6裏）留留《（衍）》守、ルイス氏へ参ル、同シ、五字車ニテ帰宅ス　〇今日、政事始メニ付、右出立用事有ルニ付、不参ス、和蘭公使へより、同国へ観古図説一部ツ、贈ル、同人へ古茶入レ贈ル也

・五日　宴会ノ処不参ス、松田へ一寸参ル、長濱氏来ル、ヘンケー氏ゟ年玉来ル、アストン氏、ヘンレー氏、ワク子ル氏使来ル

・六日　出頭ス、岩公へ一寸参、旧冬廿八日ニや帰東由

・七日　休日、英国公使書記三人来りテ、私楽古器見セル也、朝、ワク子ル来テ、古器見ル

（7表）
・八日　出頭、町田留守中、科長代申付ラレ候事、松田へ参ル、山科氏ト上野文部ノ博物館見ニ行、西洋料理出サル、小河へ参ル

・九日　出頭ス、小河、中川、廣嶌、松浦、井上来ル、酒出ス
今日、左書局ゟ被渡申候

内務省八等出仕　　蜷川式胤
勉励超衆候ニ付、為其賞月俸三分一下贈候事
明治十年一月九日　　内務省

・十日　出頭、ワク子ル方へ度量学問咄シニ行ク、反訳《翻訳》科、教部省へ参ル
（7裏）・十一日　上野出張所へ参ル、小西、遠藤、私□本坊跡へ参り、六相庵《六窓庵》茶間計り残り候ニ付、是ヲ一見ス、此地へ移シ、大分建つ、今日、各省大変革の由承ル
・十二日　出頭、大小丞以下廃スル由也、シブスケ、ヘンケーへ参ル、ベーア帰東ニ付、西洋紙入贈ラル
・十三日　出頭、松田へ参ル、田中ゟ辞表出ス様ニ状来ル、高しま夜来ル

（8表）今般御改正ニ付、事務上ノ都合有之候間、明十四日午十二時迄ニ辞表可被差出候也
明治十年一月十三日　　博物局長代理
田中権大書記官
蜷川式胤殿

・十四日　辞表以而出局ス、嶋田、小西ニあひ申候

私義

辞職仕り度候間、此段奉願候也

十年一月十四日

蜷——　印

今日、垂井へ参り、山本、小川と石油の談仕ル、夜帰ル、柳はし辺三線ノ音一ツもセス、

イタリア公使へ参ル、墺国公使ニあひ申候

・十五日　松田へ参ル、シーボルトへ参ル、岩倉殿へも参ル、小西、私ノ辞表ノ聞済書付受取テ廻さ

（8裏）れ申候事、山本へ参ル

内務省八等出仕　蜷川式胤

依願、免出仕

明治十年一月十五日　内務省

榊原来ル、桜井日会雇ト成、大橋又被用

・十六日　宅へ状出ス、小堀目利会へ参り、七、八人ニ而土器見利仕り、夕方過帰ル

・十七日　シーホルトへ参ル、大坂両家へ状出ス、松田へより申候、赤塚氏と由井茶会ニ参ル、甚多人数大ひサットウス

・十八日　墺国公使へ参ル、次ニ支那人へ参ル、小堀江参ル、徳川三代哥かり受け帰ル

（9表）・十九日　文部書籍館へ参ル、松田へより申候

・廿日

・廿一日　朝、松田参り、昼後、山本へ油ノ談ニ参ル

・廿二日　シーボルト来ル、岡部ゟ状来ル、安井ゟ菓子来ル

・廿三日　浅草文庫へ参ル、松田へより申候、幼梅へ参り、同国ノ古尺一円二分ニテ求ム、近藤へ参ル、刀子代受取申候

（9裏）・廿四日　文庫へ参ル、松田へヨリ申候

・廿五日　松田へ参ル、夕方、柏木土偶ノ図以テ来ル、亀井、松田来ル、此三人ニ酒出ス也　○竹次郎ゟ状来ル、去ル十二日、宇治鳳凰堂出来由也

・廿六日　文庫へ一見ニ参ル、局へ賞与金二十三円　大橋氏ゟ受取申候、シーボルト古書写真松田
へ頼ニ行

・廿七日　文庫へ参ル、道ニテ人形手耳三分ニ而求

(10表)・廿八日　山本へ石油社ノ入金五十円出シ、小川へ預ケ置申候、ヒール、堤殿来ル、夕方、ヒール方
へ参ル、夕飯出ル、客三人有り申候、榊原来ル

・廿九日　山本、平山、反訳果へ書状出ス、又、伊藤、柴田へも出ス、小林へも出ス

・三十日　お勝ノ伯母来ル、大津画、大津菓子、京ノ香セン贈ラル、アカ塚ト堀本へ参ル、外二人来
ル、茶飯出ルナリ、古瀬戸茶入一見ス

・三十一日　お勝並伯母二人来ル

(10裏)・二月一日　本訳果へ参ル、へーア氏へ参ル、一字ニ外務不残焼失ス、

・古筆物古筆へ返シ申候

・二日　古筆物小堀へ返ス、橋本へ参り、古陶類一見スル也、藤四郎厚手二、三代目、肥後、丹波、

尾土（尾戸）皿、高取水指、川上へ参ル、留守也、長嵜博覧会社ゟ受取来ル、永見ゟ状添

・三日　赤塚へ参ル、古瀬（古瀬戸）茶入二ツ見ル　〇ワク子ル方参り、嘉量ノ咄シ参ル、夕飯出ル、諸葛、岡本新楽作ル咄ニ来り、私ニ新制被頼申候

（11表）・四日　松田へ参ル、高嶋、榊原、岡本来ル、赤塚ト松原へ茶のミニ行ク、ヒール来、又、私参ル、竹次郎ゟ状来ル

・五日　原ノ仏経解読ニ参ル、榊原へ状出ス

・六日　小川来ル、岡部へ状出ス、小堀ノ陶器目利会ニ参ル

・七日　ヒール氏ト榊原へ参ル、同人ノ妻一見ニ行処、日限取違ヒ、先方不来、多野後家来ル、藤森へより申候

（11裏）・八日　局へ引続品ニ付参ル、松田へより申候、山本、小川、間嶌来りテ油断（談）仕ル、酒出ス

・九日　白山へ参ル、静三帰坂せす、次ニ四条殿へ参ル、長嵜博覧会ゟ状来ル、奈良植村へ状出ス

・十日　山本、小川来ル、管来ル、松原、由井、赤塚、吉松来ル、何レモ酒出シ、古物見セル、中村来ル、古物見セル　○今日、路費渡シ方ノ願書出シ置ク、宅ゟ状来ル

・十一日　長嵜永見へ状出ス、私宅へ状出ス

・十二日　松田へ参ル、酒出ル、堤殿へ参ル、夕飯出ル、伊東ゟ状来ル

・（12表）十三日　伊太利亜公使へ参ル、昼飯出ル、文庫へ参ル、薩州ハ及ぼうとうニ付、軍艦ヲ向ル由ニ定ム

・十四日　文庫へ参ル、間嶌へ油の談ニ行、小河、私、垂井来ル、九段下火治

・十五日　ヘンレイ方へ参ル、昼後、おかつ、同おば来ル、同人の建具、小道具何モ引取ラル、小河来ル、吉益釜日ニ付、一寸参ル

・十六日　文庫へ参り、昼後、小堀目利会ニ参ル

・（12裏）十七日　文庫へ参り、松田へより、昼後、獨乙国公使及書記官へ参り、次ニジブスケ方へより、万

三ニテ古代模二枚二朱ニテ求メ、獨乙ノベーア方へ参り、大清茶わん一ツ贈ル

・十八日　榊原へヒール氏来ル、同道ニテ榊原へ参ル、女共六人来り居り申候、次ニヒール氏へより申候、今日、東京府へ届書出ス、如左

私義
本年一月十五日内務省八等出仕被免、三十日以内再任不仕、此段御届仕候間、其筋へ至急御通達被下度、奉願候也

明治十年二月十八日

京都府下民東京辰ノ口道三丁二番地
寄留　蜷川式胤

(13表)

東京府知事楠本正隆殿

・十九日　松田へ参り、由井より、茶器一見シ、仏会ニ参ル、西村家内来ル

・廿日　小川来ル、伊太利亜公使へ参ル、平山へよル、陶説残り渡ス、通りニ而、古瀬戸一円、唐物茶入四十銭、万右衛門茶入二十銭ニ而求ム

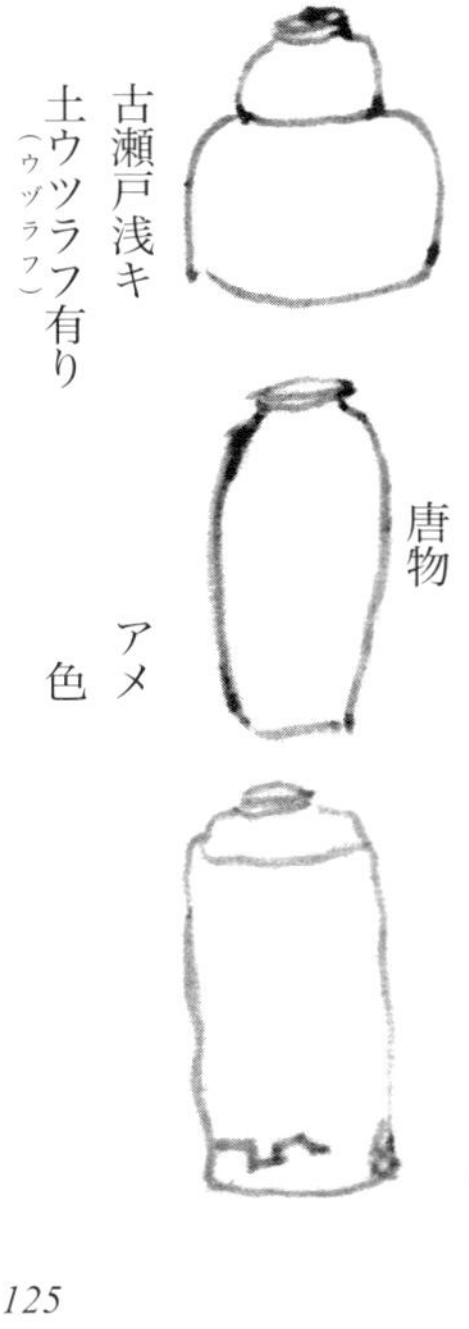

（13裏）松田ゟ陶器ノ部二巻出来上り、十部来ル
・廿一日　私トヒール、米ノ書記官ト榊原へ参ル、古陶キ三品求ム、獨乙国書記、私ノ古物見ニ来ル
・廿二日　気分悪しキニ付、終日ふせる、廿一日ゟ鹿児嶌人熊本ニ於テ戦ヲ始メタリ、植村ゟ状来ル
・廿三日　松田へより、道具やニテ古陶器六、七品求ム、観古帖陶器之部三巻三部図書局へ納本ス、煉瓦屋矩足替ルニ付、印形仕り置申候、ヒールへより、重野へ参り、漢文ノ談ニ参ル　〇路費金廿六円六十銭、局ゟ来ル
（14表）・廿四日　間嶌氏来ル、陶器之二巻、獨乙国博物館へ贈り方同国公使へ頼ム、同書記官桐ノ古漆器七品ゆつる、代十五円二分、同書伊太利亜公使へ同国博物館ノ為メニ贈り方頼む、次ニ仏国へも贈り方ジブスケ氏へ頼む、ワク子ル方へ参り、嘉量ノハナシニ行ク　〇縄手代金二十円丈受取候由、其まゝ預り置有之候様ニ伊東へ状出ス
・廿五日　英ノ公使館へ参り、公使ハークス《（パークス）》、アストントあひ申候、色々玉器陶器一見シ、同国博物館へ陶器ノ二巻贈り方頼む

（14裏）・廿六日　ハーレンス方へ本八十九冊為持申候、伊太利亜公使へ陶器ノ本一、二合百八冊廻シ申候、
小河へ参ル

・廿七日　ヘンケーへ参ル、陶器ノ三も作りニ懸り而、宜敷由被申候、獨乙書記官バロン・フオン・
グートシユミット氏へ参り、古漆器五品ゆつり申候、金七円五十銭受取申候、松田へ参ル

・廿八日　小河来ル　○村上、宅へ榊原、松大路へ状来ス（ママ）、廿四日、松大路ゟ地球運転器損シ料十五
円出ス由申来ルニ付、承知の返事也

（15表）・三月一日　岩倉悴殿へ陶器ノ二ノ巻贈ル、伊太利亜公使へ参り、魯国博物館へ陶器ノ一ノ巻贈り方
ニ付預ケ置申候、小川ゟ状来ル、私宅及榊原、村上へ状出ス

・三月二日　川上へより、浅草へ買物ニ行ク、小杉、ヒール方へ参ル、玉や来ル

・三日　ヘンケー方へ陶器巻二百部廻シ申候

（15裏）・四日　堤殿トヤソノ法談聞きニ行ク

・五日　雪ふる、丹山仏談聞ニ行ク

・六日　陶器目利会ニ行、朝、獨乙ノ書記官へ参ル、私縁段(縁談)ノ義ニ付梅辻来ル

・七日　魯国公使家内ト私と獨乙書記官ト陶器ヲ見ニ行ク、次ニ書記官、私方へ見へ、イマリ古陶ノ壺廿円ニテユヅリ申候、次ニヒール氏ト小川五郎へ参り、同人妻二人見ニ行、一人ハ美なり、ヘンケーへ(16表)参り申候

・八日　朝、ヘンケー参り、陶器二巻本代二百五十円受取、百円松田へ渡シ申候、出雲ノトクリ一分ニテ求メ、次ニ瀬戸壺水指二分ツ、ニテ求メ、サツマ古壺一円二分、瀬戸壺二分、シガラキ、伊賀、九谷三分ツ、ニテ、本丁通りニテ求ム、墺国公使へ参り申候、高橋、惕斎へ参ルナリ　○已後ハ図説も三百部ツ、二月内ノ仕上ノ咄シナリ

・九日　ヘンケーへ陶器二巻百十部為持遣シ申候、私、墺国公使へ印籠二ツ見セ申候、松原へ一寸より(16裏)申候、山本、長持、小川取りニ見へ申候、山科来ル、シーホルト、ワク子ル、野田、山中へ参ル、留守、伊太利亜公使へより、花生二ツ遣シ申候　○岡部へ状出ス、私妾ニ而も早う取り入れ候ようニ申来ルニ付返事出ス　○英ノサト《サトウ》ニあひ申候、二日前ニ日本ニ来ル

・十日　八十一円八十四銭出版残り払フ、松田へ渡ス、関沢へ参ル、陶説二巻二部廻シ申候　○宅へ状出ス、箱二ツ蒸気問屋ニテ二ツ紛失ニ付、懸合書岡本へ出ス

・十一日　佐野氏陶器三ツ返シ申候

(17表)
・十二日　シホルト来ル、仏会ニ参ル

・十三日　ヒールへより申候

・十四日　獨乙書記官へ参り、四ツ谷辺へ行き、大黒人形一円ニテ求、尹部焼也、伊太亜公使へ参ル

・十五日　石油器一見ニ深川へ小川ト参ル

・十六日　伊太利亜人陶器見ニ来ル、堤殿来ル、(17裏)私ノ満年金百七十五円局ゟ受取

・十七日　銅ノ花生龍ノまき付タル十円ニ而求ム、松田へ参ル、ヒール氏三人ニテ妻見ニ行き、両人通役取きめ申され候

・十八日　小河来ル、横はま二百二番古川亀次郎ゟ状来ル　○英公使ゟ状来ル、先年、観古図説及神楽笛、英ノ博物館へ贈り候処、此館ノ懸りゟの状ヲ被廻申候　○英ノ博物館古物課取締フラクス氏、諸国ノ陶器ヲ好ミ取集メり、目録二冊サトウ氏日本へ出張ヲ幸ヒトシテ、本人我ニ贈ラントテ、サトウ氏ニ（18表）被頼シカ、今日、私ニ廻サレ申候

・十九日　買物ニ参り、昼後、獨乙ノ書記官へ参り、同道ニテ英ノ書記官へ参り、次ニ伊太利亜公使へより、次ニワク子ルへより、次ニ惕斎へより、認物受取テ、梅辻へ廻シ申候

・廿日

・廿一日　松田へより、文庫へ参り、間嶋へ油の談に行き申候、宅ゟ状来ル、小河来ル

・（18裏）廿二日　英ノ書記官マウンセンゟ、廿四日一字、飯出シ度ニ付よひ状来ル

・廿三日　道具求メニ外へ出ル

・廿四日　一字ニマウセンへ参ル、婦夫、サトウ、外ニ書記官ト会計懸りトニ食事出ル、色々古物見セラル、次ニシイボルトノセリ市ヲ見ニ参ル、外国人六十人計来ル、高クうれ候よし也

・廿五日　堤殿来ル、飯出ス、英ノ博物館ゟ来ル状のホンヤク頼ミ置申候、今日、梅辻ノ書画会ニ参ル、二分以テ参ル、多分人来レリ

（19表）・廿六日　小堀陶器ノ見利会ニ参ル、松田へ参ル

・廿七日　墺国、伊国公使へ参ル、留守、英ノマウンセン婦夫、サトウ、会計

・廿八日　朝、シーホルトへ参り、道具一見ス、昼、小川へ獨乙公使ノ美人見ニ行ク、両人見ル、平山来り、陶説ノ咄シ仕ル

・廿九日　獨乙書記官来ル、又、公使古物見ニ来れり、ヒールへ参り、榊原へ礼金二円預り帰ル、昼、廣尾本やへ陶器見ニ行ク、五ツ求ム

・三十日　松田へ参ル、奈良ゟ戸四枚来れり、早々求取テ土蔵へハメル

（19裏）・三十一日　伊太利亜公使へ陶器ノ見分ニ参ル、昼飯出ル、次ニシーボルトノセリ市見ニ行ク、山本来ル

・四月一日　宅ゟ状来ル、松田へ参ル、日比野古物見ニ来れり、次ニ堺ノ博覧会へ物品七品かし申候
也、藤本　来れり、宅ゟ状来ル

・二日　イタリア公使へ参ル、昼飯出ル、本郷小川へ参ル、次ニ仏談聞ニ行く　○弥吉ゟ状来、大病
の由申来ル、依テ早う大坂へ引取ル方可然様申遣ス

（20表）

・三日　赤ツカへ参り、小西へより申候、ワク子ル来ル、嘉量咄聞ニ来、堤殿来ル

・四日　ワク子ル来ル　○辻へ参ル、留守、伊東、片岡へ状出ス

・五日　イタリア公使へ参り、昼食ス、今夜、筋違外出火ス

・六日　小堀目利会ニ参ル、京元小堀手代竹冨ニ面会ス、朝、獨乙公使へ参り、古陶六、七品ゆつる
也

（20裏）

・七日　本平来ル、辻来ル、辻へ参ル、陶器類求ル也

・八日　辻へ参ル、本郷小川ゟ状来ル、ヒール両人来ラサル由申来ル、永田帰京仕候由親子ゟ申来ル

・九日　小川来ル、柴田亘理ゟ状来ル、小河ゟ十一日上野へ同道致シ度由申来レリ

・十日　朝、山本、間嶋、小川、垂井来りテ、油ノ談ヲ仕ル、昼後、獨乙書記官へ参り、辻へ一寸行ク

（21表）
・（十一日）獨乙ノ書記官来レリ、二字ゟ小河ト上野へ花見ニ行ク、十分也、家内中被参申候

・十二日、朝、買物ニ参ル、昼後、松田へ参り、文庫へより、向嶌ノ花見ニ参ル、満開也、平山ゟ状来れり

・十三日　小川来ル、昼後ゟ同道ニテ足香山（飛鳥山）へ花見ニ行候処、甚人々少シテ驚入り申候、夫故ニ近比ニ無き閑な花を一見仕り申候、中村ヲ尋テ、同所の紙すき機械一見仕、盛大ノ物ニテ、外国流の（21裏）事なれハ甚大ニシテ実ニ見事なり

・十四日　文庫へ書物一見ニ参ル

・十五日　吉益へ一寸参ル、古筆参れり、植村へ返書出ス、町田ハ三月十一日迄滞在ノ由　○当年博覧会、サツマ一条ニ付、一寸見合居候由　○煉石も廻シ方同シ　○利兵衛難船物一条問ヒニヤル
○押重へ戸四枚着ニテ、残り八枚廻シ方頼ミ遣シ申候

・(22表)十六日　上所へ石油機かひ制大方出来ニ付、一統一見ニ参ル
カマノ底ニウツマキ有り、右ゟ油入テ、左ニ出ル、カマノエンニ小孔有りテ、上トメ付ル、内ニ鞘有、底無シ、此サヤノ内外ニ油ノツタウエン有、外ノ胴内ニモ有り、上ノ底ノ上へ羽根ノ軸ゟ出ル、油ハ又ヨコル(ママ)出ル孔有り、上ニ蓋ヲ仕ル、ラン引(蘭引)ノ如ク内ニ羽根有り、尾ノ替り也
小堀へ土器目利会ニ参ル、松田へより申候、藪内ゟ状来ル
・十七日　右キカヒ見ニ参ル事、伊東ゟ私ノ妾ハ如何とて写真添テ申来レリ
・(22裏)十八日　ヒールへ参ル、妻ノ美人、同人且友人も止ル由承ル
・十九日　小西へ参ル、色々ハナシ仕ル
・廿日　ルイスゟ状来ル、友人同道ニテ、私方古物一見ニ参ル様申来、中村へ参り、酒出ル、英会計懸ノ人へより申候、文庫へ行

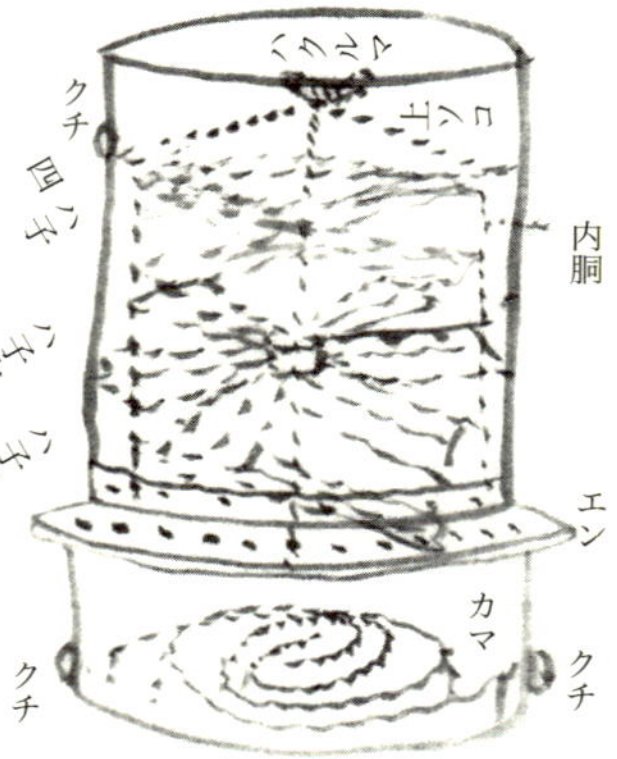

・廿一日　右返書出ス、岩下ヲ尋ル、留守、次ニ松浦、辻へよル、外務省へ行、平山ニ面会ス

・廿二日　右友人ウエト氏ト来ル、此人土器好ミノ由ナリ、昼後、(23表)駒込大観音ノ寺へ参り、同寺ノ特山、土器作りシ由来ヲ聞ニ参ル、次ニ小川五郎へ参ル、今日、岡本来ル、私留守、訪諏（諏訪）氏ゟ陶説ノ文廻ル、長棟長ヤヲ出ル

・廿三日　長命寺ノ乾也へ参り、古仏一見ス、平山来りテ、陶説ノ文ヲ解ス、妾ノ写真来れ共、一見ノ上なられハ定メ難く由伊東へ状出し申候

・廿四日　神田へ参ル、久々テ色々珍器ヲ見ユ、清国古木コクワト云物ヲ見ル、薄ウシテ、一分半位ヒ、黄銅ニテ、甚古シ、周ノ末漢ノ始メ位ヒニ見ル、質至テ固シ

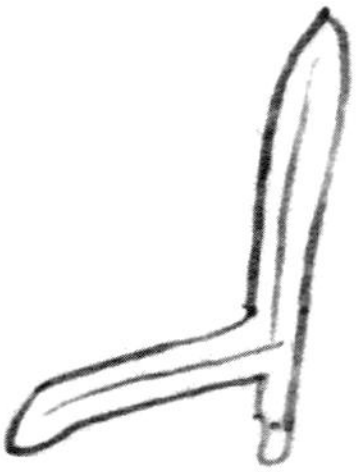

(23裏)車輪石ノ五寸位ヒノ物ヲ見ル、雷つひノ一尺余り物ヲ見ル、銅鐸ノ一尺四、五寸ノ物ヲ見ル、此外色々見ル　〇左脇ゟ画巻物粉本百十二本来ル、十五円ト申セトモ十円ニナリ申候

・廿五日　伊東へ返書昨日出ス、美人一条ハ上京ノ上、一見ノ上定ル由申遣候、奈良押重へ残り古戸七枚廻し呉れ候様ニ申遣ス、松田へより申候、獨乙公使へ古陶ノ本五円、サツマスンコウロク（宋胡録）形三

分五十銭、コマヌリ二分、白高麗一円、秀吉比ノヌリ物三円ニテユツル
・廿六日　イ太リア公使へ参ル、昼後、小川へより、小堀へ参ル、朝、石油ノコトニテ府へ五条殿ニ
あひニ参ル
・廿七日　文庫へ参ル、松田へよル、昼、岩倉中殿へ参り、次ニ（24表）山本へよル、制油所地所も叶ヒソウ
ニ小川咄シナリ
・廿八日　五辻殿へ参ル、飯出ル、堺ノ博覧会社ゟ出品ノ受取書来ル
~~山本へより申候~~
・廿九日　四谷外へ参ル、岩下へより、酒出ル、多へもよる、諏訪へ茶碗五ツ、陶器ノ図贈ル、ソメ
イ、サトウ氏来ル
・三十日　仏談ニ参ル、松田へより申候、小河氏来ル、川端へより申候
・五月一日　川端来ル、茶器屋来ル

（24裏）・二日　獨乙公使方へ参ル、昼、キヨソ子ー《（キヨッソーネ）》方へ参り、飯出ル、同人ノ古画目利ヲ被頼申候

・三日　松田へより、シーホルト方へより、堤殿来ル、昼後、琴二方へよル

・四日　イタリア公使出立ニ付アヒサツ使来ル、キヨソ子ー来ル、古画見セル、小河来ル

・五日　神田へ参ル、夕飯出ル、昨日也キヨソ子ー方へ行、夕飯出ル、尚又、古画目利仕り置申候

（25表）・六日　小河来ル、四日ニ制油場所聞済ニテ候、昼後、琴二へより、次ニ小堀へより申候

・七日　橋本来ル、昼後、間嶌へより申候

・八日　ヘンケーへ参ル、西京へ参り、留守ニテ、ベーア氏ゟ二百五十円受取り申候、九谷古鉢一尺計りノ物贈ル、昼後、四条殿へより、尹部人形、平戸ヤキノ馬求メ帰ル

（25裏）・九日　陶器五ケヲ求ム、間嶌へ油談ニ一統参ル、私ハ五十円加入金出ス、小河へより申候

・十日　フラクス氏へ陶器二ケヲ贈ル、状ヲ付サトウ氏へ頼ミニ行ク、同人へも一ツ贈ル、赤塚へも

一寸より申候、昼後、松田へ参ル、吉武来ル

・十一日　買物ニ参ル、多田ニあひ申候、信楽ニテ陶器三ツ求ム

・十二日　不快

（26表）
・十三日　不快、堤殿来ル、金五円一寸取かへ申候

・十四日　英国博物館へ贈ル遠山盆、鏡燈台、並ニ考添サトウ氏へ渡ス、一等書記官家内へ京焼きの物キ物一ツ贈ル、次ニソメイ氏へ一ツ贈ル、次ニ藤森氏へより、次ニ土御門、高田へより申候、次、仏談へ参り候事

・十五日　丹山、満利支天ノ僧外一人来り、古物見セ、酒飯出ス、七字ニ来り、四字ニかへられ申候
〇菊治ゟ状来ル

・十六日　小堀の目利会ニ参り、次ニ間嶌へよ、（り脱カ）油の談仕ル

（26裏）
・十七日　浅草へ道具買ヒニ行ク、次、ベーア氏へ参り、夕飯出ル也

・十八日　獨乙書記官へ参り、昼後、同人来ル、夕方、松田来ル、酒出ス

・十九日　深川へ古川へ参り、次、外務省へより、平山ニ面会仕り申候、小河、本平来ル、次、伊藤へ参り、村山へより申候、シーボルト来ル

・廿日　獨乙書官《(ママ)》へより申候、平松ト高松トへ金ノサイ束《(催促)》状遣ス

・(27表)廿一日　朝、芦沢来ル、古物見セル、午前ゟ徳大寺へ参り、古器多分一見ス、内五品丈少シまし也

・廿二日　抱クワクへ参ル、次ニ芦沢へより、何レモ古陶一見ス、堤殿来ル、神谷へ一寸よル　○山口金次郎ゟノ代人中村氏来ル、ヘーレント約ノ本ノ用事也、松田へ参り、酒出ル、皇太后様御帰ニ付、東京府前ニテ拝見スル

・廿三日　獨乙公使へ参ル、次ニ通りへ行キ、築地海軍省学校ゟ上ル風船ヲ一見ス、品川ゟノガスヲ袋ニポンポ《(ポンプ)》ニテツキ入ル由也、見物人実ニ多シ、奇也

(27裏)

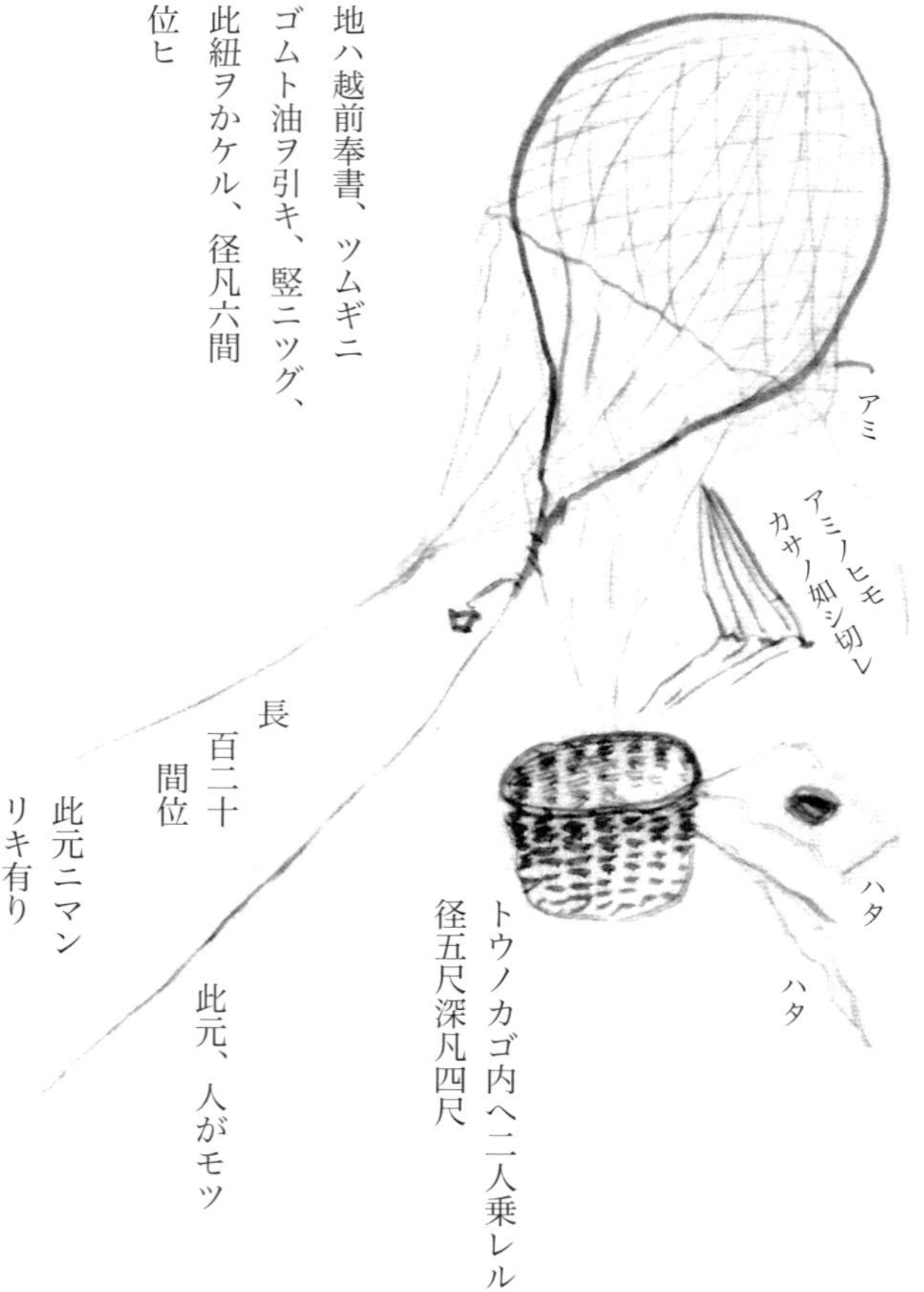

(28表)
昼後、製油場へ一見ニ行ク、大方出来ス、五ツ釜ヲ並ヘ《(衍字)》如図ノ如シ、一日ニ先一回釜出来ノ見込、薩ノ旧知事ノ遠州ノ油ヲ取よせテ製ス
場所ハ本城《(本所)》北松代丁三丁十一番地ニテ戸田邸、当地垂井主也

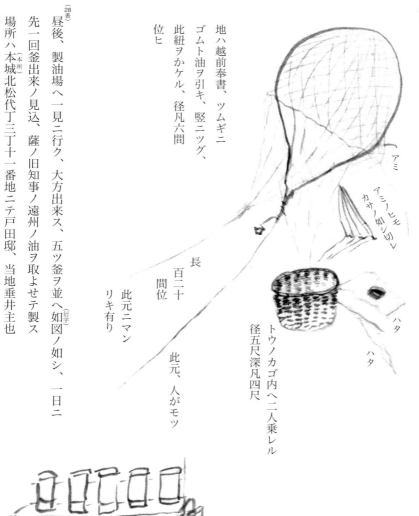

・廿四日　小川来ル、獨乙公使へ参り、次、東京府へ出版ノ願以テ参ル、奥ニ出ル、次ニステーボンへより申候、神田孝平来ル、古物見せる、酒出ス、次、細川へ参り、次ニ井上、次ニヒール、次ニ岡本へより申候事

(28裏)
・廿五日　松浦母御ゑミ、去ル十二日死去由申来ル、伊藤へ上京延引段申遣ス、岡本家内ト外一人来ル、安井、松浦、宅へ状出ス、〇ケンプルマン来ル、古物見セル、松田へ百円板料ニ廻ス

・廿六日　ヘンケーへ参り、サヌキノ塗板渡ス、小河来ル、昼後、吉武来ル、是真親子四人来ル、次ニ山本来ル、酒出ス、古器見セル

・廿七日　鷹松氏ゟ金一円返、十五円ナシクスシニテ返ス由申来ル、松田、信楽へ参ル、赤塚来ル、芦沢へ参り、古丹波一円、半古(万古)、(29表)鷹取(高取)二円ニテ譲り受ルナリ

・廿八日　大坂博物館へ状出ス、山本ゟ状来ル、鷹松ゟ金一円受取ル状出ス、仏談ニ行き、きうたね(ママ)へよル

・廿九日　松田へ参ル、獨乙公使館へ参ル、ヘーアへ参ル、留守

・三十日　松田へ参ル、山本へ油談ニ参ル、獨乙書記官来ル、宅ゟ状来ル

・三十一日　曲木ゟ状来ル、ヘーアへ参り、本ノ金三十五円受取、（29裏）多田来り、茶贈ラル

・六月一日　本城製油所へ参ル、次、松夫婦と私ト深川古川へ参り、□神子琴聞き申候

・二日　赤塚へ参、同道ニテ田畑ノ梅邸へ行き、古瀬戸茶ワン千疋ニ買、次、藪ソバへ参り、次、高ハシへ行、次ニ子ズ（根津）深入へより、織部ヲ二ツ一見ス、次ニ帰宅シ、又、芦沢へ参り、古陶買

古瀬戸茶入　三円　　糸目藤四郎茶入　三円
ルイ座（擂座）茶入春慶　三円　　膳所茶入　二分
肥後茶ワン　一円　　献上唐津贈ラル

・（30表）三日　サトウ氏へ観古——　二巻二冊廻ス、祥瑞花生十二円ニテ譲ル、次、楠本氏へより、私邸前の道ふしん入費ノ事咄シ仕り置申候事、東義（東儀）へ参ル

・四日　太田来ル、次ニ芦沢、糸目榴（溜カ）古瀬戸以テ来ル、次ニ町田来ル、古物見せ申候、次ニ松田へより、次ニ徳大寺へ行く、仏談承ル、道筋テ古陶六ケ得ル、留守中小川来ル、明日、製油仕ル由被申置候事、源兵衛宿ノ人来ル、夕方、ヒール氏へより申候事

・五日　油製場へ参り、十二字ゟ始ル、二字迄五斗出来ル、焼シ処見候処宜シ、川上へより申候、下谷上レ川ゟ状来ル、山本来ル、堤殿ゟ状来ル、平松殿先月上京ニテ今日来ル、サトウ来ル

(30裏)・六日　大工始テ細工ス、又来ル、多ノ後家来ル、昼飯出ス、平山氏ゟ訳文出来ニテ廻ル、ヘンケーへ参ル、留守、平松殿へ参ル、留守ナリ、松田へより申候、小川来る、飯出ス

・七日　早朝、祐天寺開帳ニ参ル、古物多分有れ共、宜敷物余り無シ

外国綴れの敷もの　人物山水画　見事　六代将軍ノ寄附

法然上人の画伝　　雪村　三巾物

先代旧事本記　八巻　　紫石硯　大　模様有り

古経　　径一尺位厚三寸位太鼓

上表ヲ上ル土佐光芳画　　家具　駕ゴ

木ク魚　古シ

(31表)祐天上人の六代将軍ニ用ヒられ、大方此時ノ物也、次ニ本平へ参り、茶器ヲ一見ス

古瀬戸茶入　　瀬戸水指

ニシミ墨茶ワン

三字ゟ由井へ参り、次ニニコライ方へ行き、仏間ヲ一見ス、次ニ間嶌へ参り、油談仕ル、山本、小川来ル

・八日　観古説陶器ノ三巻、納本ニ内務省へ参り、次ニ平山ゟ来ル訳文ヘンケー方へ廻シ、次ニソメイへ三、二ノ巻四部ツ、廻シ申候、次ニ一等書記官へより、次ニ公使ノ家内へ参り、何れも古物見せられ申候

（31裏）・九日　英ノ一等書記官へ陶器ノ三巻、二巻三部ツ、廻ス、次ニ獨乙書記官へより申候、松原へより三人被参申候

・十日　古キ京焼求む、松田へより申候

・十一日　仏会ニ参ル、平松殿ヲ問候処、不在、朝、芦沢来ル、物品一、二以而来ル、篁移られ而来ル、内藤新造来ル、今夕嵐強シ、朝、児玉来ル、酒出ス

・十二日　外務省へ参り申候、平尾氏来ル、酒出ス、岩倉中殿へより、陶三巻一部贈ル

・十三日　サトウ氏へ参り、陶器三二部廻ス、白高麗被望ニ付預置候、（32表）永田ゟ状来ル、平山へ訳文ノ礼二十円贈ル、石田へ参り、赤ハタ（赤膚）焼鉢二ツ贈ル、次ニ楠本へ陶本三冊廻ス、留守、シーホルトへヨル、留守、樹下、坂本へより申候、前田、赤ツカへよル

・十四日　平松殿へ参ル、夕方、小河へより申候、ワク子ル来ル、兼而咄シ仕ル度量本出来ニテ、二冊被廻申候

・十五日　陶器三巻百五十冊ヘンケーへ為参遣（ママ）シ申候、松田、私参ル、夕方、間嶌へ油談ニ参ル、シブスケ、石橋氏来ル

・十六日　片岡へ状出ス、小堀ノ会ニ出ル、香資三十銭贈ル也

（32裏）・十七日　芦沢へ参ル、次ニ松田へより申候、昼後、平松預り置道具調へニ来ル、酒出ス

・十八日　朝、陶器三巻百四十九冊ヘンケー方へ為持遣シ申候、昼後、仏会ニ参ル、今日、陶器又少々求ム

・十九日　和蘭ノ外務卿ゟ同国公使へ向け書状ニ曰、観古図説ハ王室ノ文庫へ納メ候間、私へ礼ヲ謝ス様ニ申来ル状ヲ訳文添テ公使ゟ被廻申候事　○獨乙書記官来ル、平松殿道具や来ル、廿日ノ事

（33表）・廿日　獨乙書記官へ参ル、楠へ参り、水戸ノ筒一管被贈候様頼ミ置ク、同シク私方前道ふしん可仕様被申候事、シーボルトへより申候、是ハ昨日ノ事也

・廿一日　小川来ル、平松道具調へニ来ル、昼前、赤塚来ル、古瀬水指以而来ル、三円二分ニテ求ム、昼飯出ス、後、小川、平尾、　油器作り方ノ勘定仕ル、次ニ酒出ス
○平松ゟ錫ノ一斤入壺ト冠ト道具預りノ礼ニ贈ラル

大サ七寸計り　土鼠色　薬ハ黒色ニ柹色ノウツラフ有り、又透薬ノ緑色ノ処モ有り、糸切右なり

・廿二日（33裏）　朝、信州穴居ノ存スル地名付サトウへ廻シ、白高麗香炉十円ニテユツル、尤古ク美ナリ、次ニ高松殿へ参り、屋嶌焼キノ間合セニ参ル、次ニ陶器二器求ム、平松殿来ル、赤塚来ル、油滴ノ大茶碗ヲ五円ニテ求ム
・廿三日　平松殿道具やへ望む人つれ而道具見セニ来ル
・廿四日　本城製油所ゟ七字ゟ参ル、同社ノ人並ニ望ノ有ル人ハ、他人タリ共七人計り見ニ来りテ、十字ゟ始メ候、（34表）平松殿も見ニ来ル、三字ニ製止む、次ニ平松殿ト柳嶌ノ橋本へ夕飯ニ参り、次ニ平松殿へより、十字過ニ談し而遊ふ
・廿五日　製油所ノ払金入用ニ而、私と間嶌と廿両ツ、出シ呉れ候様、且今日製油所へ参り呉候様ニ申され候事、二字ゟ製油所へ参ル、間嶌、海江田等も来り、三字過ニ製止む、次ニ徳大寺ノ仏会ニ

参り申候、見本油五匁持帰ル
・廿六日　ヘーケーヘ参ル、著述物ニ出ル陶器払方ノ咄（34裏）咄（行字）し仕り候ハヽ、直ニ見ニ来りテ、何れも望ニ付、書付添而廻シ呉れ候様ニ被申候事、松田へより申候、昼後、小堀目利会ニ参り、五字ゟ松浦へより、次ニ間嶌へ油ノ談ニ行、昨日咄シノ廿円出シ申候
・廿七日　陶器二巻ニ出ル分十五器ヘンケーヘ為持遣シ申候、私ハ吉益へ参り、色々古器見ル
　正信春慶茶入　　春慶　同
　唐物――　尤古ク重ク光り在り
　雲雀三嶌茶埦――
　源十郎茶入　重クロ作り薄ク光り有、土細テ見事
（35表）
　面取茶入　　キヌタ花生
　七官耳　　天目茶ワン
次ニ同道ニテ来ル、古陶残ス見せ申候、中村氏ヘーレン氏ノ談ニ来り、私ノ申分ワカリ、同意也、平松殿来ル、古器見せ、酒出ス、妾ヲ用立候金子ノ内へ金五円返され申候事
・廿八日　吉益へ参ルモ、同人中村来ル云、今日也

・廿九日　ヘンケーへ参ル、次ニ芝へ参ル、昼後、浅草へ参ル、古陶求ル　○製油所ゟ油二管廻ル

（35裏）・三十日　小河来ル、ヘンケーへ古陶廿九品為持遣シ申候、私ハ芦沢へ参ル、松岡調状小杉ゟ来ル

・七月一日　亀井竹次郎一昨日帰京ニテ見へ、昼飯出ス、五十三ツキ油画八寸位ヒノ物認テ持帰り、見セラル、又、宅ゟ出ス状亀井へ参り、夕方又持参也　○五辻殿へ一寸参ル、永楽茶埦五十銭、木米茶埦五壱両一分ニテ求メ、又、弥平太焼茶埦廿銭ニテ求ル　○内藤慎三、松岡調、ヘンケー、小河へ状出ス

（36表）・二日　芦沢来ル、黄天目茶埦三円ニテ求ル、若狭盃堆朱天目台相添、昼後、宗殿へ参り、對州焼ノ義、先比頼ミ置候義ヲ尋ニより候処、書付受取テ帰り、次ニ徳大寺へ仏談ニ参ル、六月分ノ入用一円渡シ申候、今日一時ニ稲次来ル、二時過迄居らる、平松殿ノ本箱取りニ　来ルニ付渡シ申候、ヘンケー、私ゟ廻シ候物ノ算用ニ来ル

・三日　ヘンケー方へ参り、五百十八円六十六銭二厘ノ処、二百十八円六十六銭二厘受取申候、次ニ伊勢半へ参り、白高麗ノ観音の陶器四円一分ニ而求メ、金銅仏三分ニテ求る也

凡三寸五分

（36裏）
白高麗観音陶器

（37表）
次ニ松田へより、陶器三巻残金六十五円払ヒ、次ノ四巻ノ前金百円廻シ置申候、次ニ水戸屋へ参り、古漆器三分、画高壺六円、二代仁清香合三円ニテ求ム

白薬ニ墨画
内黒シブ薬
土トキ色細
ニテ左ノ如シ

凡八寸

凡一尺三寸

凡六寸

(37裏)本平来ル、飯出ス　〇二字ら小河来ル、半ニ岩下来ル、古器見せ、酒出ス、夕方迄居られ、西郷、大久保、嶌津の節色々仕り申候

・四日　前田へより、摺物三枚贈ル、次、成瀬へ参り、犬山焼ノ義問合セニ参ル、次ニ榊原へより帰ル、小川来ル由、松田へ参ル、松原へ摺物三枚贈ル

・五日　小川、三浦、平尾来り、油器械算用仕ル　〇古陶五ツ、ベンケーへ為持遣シ申候、膳所焼ノ

義柴田ト石山寺トへ問合セニ状出ス、何れも石版ノ画五、六枚ツ、贈ル、諸国陶器聞合、楠本へ咄シニ参ル也、（38表）芦沢来りテ、ヲエラン銘ノ酒贈ラル

・六日　平等院へ朝日焼キノ義問合セニ状出シ、摺物六枚贈ル、小堀へ目利ニ参ル、山本来ル、松田ゟ菓子来

・七日　油画師、山本、小川来ル、昼前、松田へ参り、後ジブスケへ参り、陶器ノ本二冊贈ル、次、大養寺へ参り、石器四十二円二歩ニテ求ム、次、ワク子ルへ参ル、留守、宅へ村山ト宿沢来ル由、間嶌、川上二軒ト村山へ状出ス

・八日　村山へ参り、次、赤塚へ参り、白磁茶入二分ニテ求、（38裏）前田へより、黄ノ瀬戸天目二分、青色小壺十銭ニテ求、金閣寺へ御室焼ノ問合状ト摺物六枚出ス、蔵六へ京焼ノ問合セ、摺物四枚贈也

○平山ゟ状来りテ、第一、二巻横文廻シ呉れ候様申来ル、昼後、吉益参ル、留守、摺物三枚贈ル、次、青木へ参ル、去月免官ニ相成ル由、酒一寸出ル、夕方、森来ル

○カヒツムリノ石ノ上ニテツルムヲ見ル、甚シバラク也

・九日　吉益へ参り、古物色々見ル

藤四郎水指　　志戸呂ノホウロク

（39表）唐津献上茶埦二朱、文金香芦（香炉）三分ニテ求ム、昼後、松浦へ参り、石器類一見シ、石刀ニ数珠ノ如キ彫りノ有ルヲ一見ス、次ニ仏会ニ参ル

・十日　平山陶器三巻、一巻ノ横文ト持参ス、楠本へ諸国陶器ノ取調へ度ケ所ノ書付廻シ頼ミ置、榛原ニテ紙多葉粉ニ用ル紙一〆四百枚三円ニテ求メ、村上虎次郎へ廻ス、賃一分、次、松田へよル、昼後、芦沢へ参り、次、小河へ参り、次、間嶌油ノ談ニ行ク、錺虎ト堺ノ藤井へ状出ス

・十一日　平尾来りテ、細谷、川上へ払へ可き金ヲ三浦遣ヒ込、川上ゟ払ヒ渡シ呉れ候ニ付、つまり社ゟ払方か利方テ（39裏）ハ無かニ申され申候

・十二日　右之通り間嶌へ談シ候ハヽ、断り候方子（ママ）可然様被申ニ付、平尾へ参り咄シ仕り候ハヽ、其後三浦ニあひ候ハヽ、全ク川（川上）へ渡シ置候分も思ひ出シ、同人も左様ニ申、依テハ残少々ニ候間、折あひ付候様ニ思われ候様ニ被申候事、竹次郎来、次ニ前田了白来ル、古器見セ申候、赤塚来ル、ルイスへ状来ス（ママ）

・十三日　宗殿へ陶器ノ問合ニ参り、次ニ是真方へ漆器の問合ニ参り、次ニ川上宗順へ頼ミ置候上野焼見ニ行き而、二円ニテ求而、箱書付宗和筆

（40表）
土紫土ノエシ土（ママ）ニテ、サン
クリセリ（ママ）、薬リ薄ク
鼠ノ黄色ニテ、飴
色ノ流れ有り、
ヘラ目三ツ有り、
右糸切　袋金治切レ

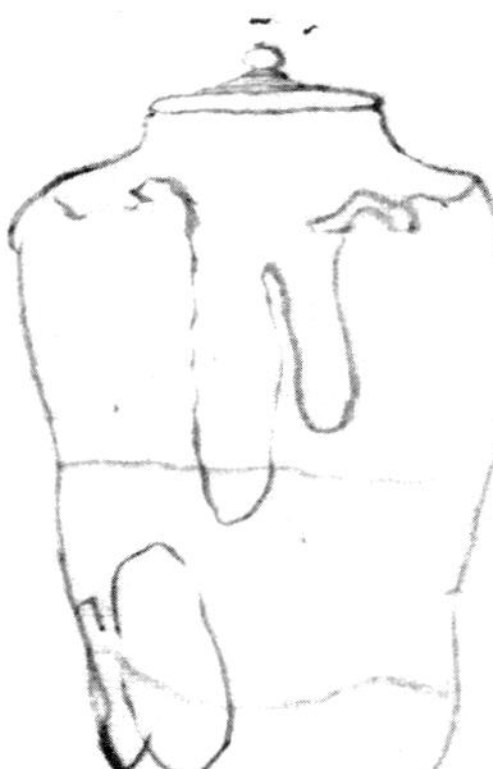

昼後、松田へ参り、次ニ煉瓦やかしやへ参り、家税八円受取、次ニ山本へより、酒出ル、ルイスゟ
十五日差支無き由申来ル、近藤真琴へ過金三十五銭返ス

・十四日　浅草へ参り、獨乙公使館へ行き、山本へ参ル

・十五日　横濱仏新聞局へ行き、ルイス品物一見シ、（40裏）次ニ同道ニ而八十五番ウエト氏へ参ル、留守ニ而、録長シトン氏婦夫面会ニテ、七宝職人問合セノ義被頼、次ニルイスニテ昼飯シ、次、ワクマンへ参ル、留守、次ニイタリア領事へ一寸より、次ニ帰ル、六字也、新聞紙社長　ニ面会ス

・十六日　平尾、川上、三浦、小川来りテ、川上ノ払ヒ仕ル、赤沢ト申茶道好ム来ル、飯出ス、昼後、小堀へ参ル、目利会仕ル、次ニ徳大寺へ行く、次ニ梅辻へ参ル、留守

・十七日　ヘンケーへ参ル、留守、陶器十品求ル也、昼後、梅辻へ参り、次ニ小杉へより申候、今日、
小川来ル由

(41表)・十八日　根津橋本へ参り、織部作三ツ見セ申候へハ大ひニ悦ふ、古筆両家より、何も留守なり、江
刺来ル

・十九日　朝、市ヶ谷赤沢へ参ル、家も庭も甚風雅ニ而、東京ノ茶人ニハ第一也、色々品物見せられ
候而、飯出ル

朝せん焼　五、六品　何れも蚫貝ノ台敷見ゆ
春日塗香合　上野紫穂焼茶ワン
支那染付炉フチ　古祥瑞水次
同　茶ワン

(41裏)松浦忌明状来ル、宅ゟノ状亀井ゟ廻ル、夕方、赤塚来ル、高麗左衛門茶ワン見せらる、井上帰東ニ
テ状来ル

・廿日　芦沢へ参り、次ニ橋本、おろく、ワクへ参り、次ニ道具やへ二軒より、二品求め帰ル、川上
来ル、飯出ス

・廿一日　松井宅ニ而燃水社ノ集会仕ル、本願寺ゟ三千円、九鬼ゟ四千円出金ニ而、合社仕り申候、
三浦来ル

・廿二日　間嶌へ参り、赤塚へよル、次ニ又来ル、夕方、山本へ参ル、長屋へ二軒人来ル也

（42表）
・廿三日　平尾へ参り、次ニ松田へよる也、夕方、徳大寺へ参ル

・廿四日　吉益へ参り、次ニ古筆へ参り、古物色々一見ス、近所ノ人も六、七人参ル、夕方、小川来
ル

・廿五日　前田来ル、昼後、中村へ参ル、鉢二ツ贈ル、蔵六死去由申来ル

・廿六日　吉益へ参り、色々器物一見ス、昼後、小堀へ参ル、今日風強シ、小川来ル

（42裏）
・廿七日　松原金治来ル、古物見ル、松田へ一寸参ル

・廿八日　横文以而曲直（曲直瀬）来ル、古物見ル、吉益、赤沢来ル、飯出ス、古器見ル、昼後、間嶌、山本、
小川来ル、油社談仕ル、酒出ス、宅ゟ廻ル豆類、茶、油画外ニ色紙懸等着ニテ亀井持参也

・廿九日　赤沢へ参り、古物色々一見ス、和田、稲沢来ル

・三十日　平尾、三浦、小川来ル、金七来ル、天子御帰りニ相成申候、徳大寺へ参ル、ヘーアへよル

(43表)
・三十一日　小川来ル、岩下へ参ル

・八月一日　ヘンケーへ参ル、留守、ステーボンへよる、松田へ参ル、岩倉殿へ参り、次ニ中殿へより、次ニ平山へ参ル

・二日　松原へ参り、次ニ昼後、神田へ尋ル、赤塚来ル、音無へ尋ル也

・三日　亀井へ参り、次ニ古筆へ此間上野焼ノ礼ニ一分贈ル、昼後、赤塚へ参ル、間嶌来ル、夕方、山本へ参ル

(43裏)
・四日　吉益へ参ル、留守、昼後、金七来ル

・五日　文庫へ書見ニ参ル、松田へよル、博覧会へ出ス可き油画五枚出来ル

・六日　小堀へ参ル、次、徳大寺へ行ク

・七日　朝、獨乙公使館へ参ル、刀百腰一見ス

・八日　ヘンケーへ参り、陶器二巻仏文本百部受取、外ニ金百円受取申候

（44表）
・九日　ソウマレツへ参り、仏文本四冊、団扇置而帰ル、次ニ英ノ公使へ参り、仏文本三冊廻シ、先比廻ス二巻三、三巻四代合而受取ル、次ニサトウへ参り、仏文二冊渡シ、代受取、紀州ノ団扇二本贈ル、次ニ五条殿へ参ル、次ニ小西へよル

・十日　獨乙公使館へ行、留守、楠本へよル、留守、村上ゟ紙ニ而御届候由ニ而、代物宅へ廻ス様申来ル

・十一日　外務省へ行き、仏文平山ニ廻ス、田辺へ画本、仏本二冊渡ス、次ニ米ノ公使へ参り、二巻（44裏）ノ画本ト仏文ト同国学校へ廻シ呉れ候様ニ頼置ク、昼後、仏ノジブスケへ参り、同国学校へ仏文一冊贈り、同人へも贈ル、又、同国ノ為、画本五、仏文五ユヅル、松田へよル、大養寺へよる

・十二日　松浦へより、亀井へ参り、油画一見シテ、此人ノ親類ノ方へより、紫ト華色ノ塗ナル菓子

器二ツ二円ニテ求ム、今日、同人亀井来ル、此人ノ油画、松田ゟ博覧会へ出品ノ段頼置、昼後、仏談へ行ク

・十三日　中通りへ買物ニ行き、昼後、赤塚へ参り、茶入（45表）一ツ求メ、次ニ仏談ニ参ル

・十四日　金七、三浦来ル、赤塚ト品へ茶器見ニ行き、昼飯京橋ニ而仕り、次ニ三井へより、古器三品一見ス

・十五日　松田へ参ル、中通りニテ茶器四品求ム、和田来り、額縁三ツ出来ニテ八円遣ス

藤四郎作

クチハゲ（口兀手）

（45裏）昼後、楠本へ参り、陶器ニ付諸国問合頼置候処、何れも依頼状遣シ置候由、伊太利亜博物館へ仏文陶説遣シ方曲木ニ頼置候

・十六日　朝、浅草辺道具屋へ買物ニ行ク、昼後、小堀へ目利会ニ行ク、橋本へ一統ゟ一分ツヽ遣ス

・十七日　浅草辺へ道具求メニ参ル、昼後、ワク子ル方へ参ル、留守ニ付、獨乙人社中持博覧所へ私

肩衣、矢根束等贈り方頼ミ置、山本へ一寸ヨリ申候、岡本夫婦つれニテ来ル、西水茄子贈ラル、移（替カ）りニワン贈ル、石野来ル

・十八日　金七来ル、古唐津花生、五郎七染付茶碗求ム、小川来ル、獨乙公使館、平山、赤塚へ参ル、ワク子ル小遣来ル、長崎博覧会社へ状出ス　○蔵六死去ニ付香資（46表）一歩贈ル、文庫へ行、浅草へ参ル
○夜分、獨乙館ノ石野来り、金四円かし呉れ候様被申ニ付かし申候、赤沢ゟ状来

・十九日　赤沢へ参ル、上野焼ノ紫蘇薬茶碗世話ニテ一円ニテ求ム　○松大路ゟ地球義損シ料十五円来ル、右受取書直出シ申候、小河ゟ廿一日上野行止ル由申来ル、岡部へ状出ス

・廿日　浅草文（庫脱）へ参り、種（ママ）陶器ヲ求ル、昼後、徳大寺へ参ル、本郷ノ服部へ一寸より申候、安井状来ル

（46裏）
・廿一日　平尾参ル、素版来ル、陶器一巻ノ英文出来ニテ三円三分遣シ申候、八字ゟ平尾、三河やト上野へ参ル、甚人数出テ、天子ノ臨幸ノ御帰りヲ拝見仕り申候、昼後、芝へ買物ニ参ル、三条殿ゟ用向有ルニ付来ル様ノ状来ル

・廿二日　片岡、三条家へ状出ス、吉益、前田へ参ル

・廿三日　内国博覧会一見ニ行ク、料七銭、随分多ク集りテ、見事ナル物ニ自ラ出来ス、文部ノ教育博覧会一見ニ行、底（低）料ニシテ、新物計りニテ、只西洋ノ機械雛形多ク、目スラシキ也、（47表）昼後、三条殿へ参り、面会仕りテ承ル処、大職冠ノ年忌ニ付、十一月肖像ヲ懸テ祭り度候間、古肖像一見仕り度、且古キ物有レハ是又一見仕り度由被申候事、次ニ大養寺へ参り、此画ヲ尋望候処、少々心当り有ル由、次ニ山本へ参ル

・廿四日　はし場水戸やへ参り、茶器二品求メ、次ニ次ニ（衍字）昼後、住吉へ参り、古物一見シ、酒出ル

　竹生嶋古画　光信　　大職冠像　是久筆

　春日方古机　　法隆寺形辛ヒツ（唐櫃）

・廿五日　信楽へ参、古陶四ツ求メ、五円一分、車引三好丁へ参、古陶一見シ、赤松へより申候、昼後、松浦、了悦へ参り、古（ママ）一見ス

（47裏）・廿六日　浅草へ古器求メニ参ル、昼後、小堀へ目利会ニ行ク

・廿七日　住吉へ参ル、古画色々一見ス、見事、古物如左

　金岡筆地蔵　　隆信筆太子伝　五巾

　行秀筆《紅葉賀》ウカヒノ画　二巾　　光信筆人丸　切形張交　一

由井ゟ春慶茶入、城ケ鼻（城端）ノ茶入求ム、仏会行

・廿八日　浅草へ参り、昼後、大職冠画数々三条殿へ持行き、松田へより申候

（48表）・廿九日　日本石類兼而集置候品廿四品、和漢陶器目録、英国出板本一冊、上野教育博物館へ献品ス、昼後、獨乙公使館へ参り、次ニ中村へより申候、朝、小川来ル

・三十日　住吉へ参り、一見スル画

張交七図　大巾
竹生嶋祭図　光信
十六羅漢　詫磨栄賀
伊勢図　海田采女
木筆普賢　僧賢正
地蔵縁起　有家
十六善神　行秀
草眠観音　致真
（48裏）小島（子島）荒神　有康
哥仙切　信実
虚空蔵　吉光

群雀図　二巾　光信
魚覧観音　兆殿司
人丸　住吉如慶
舞楽図　光重
狐草子　一巻　光信
洛中外図　具慶
赤不動　奥義
十羅刹女　隆能
菅公　光吉
福禄寿　又兵衛

・三十一日　中村へより申候、赤塚来ル、由井春慶茶入一円二分、城ケはな茶入三分ニテ求ム、金七来ル、由井モ来ル、海江田へ行ク、留守

・九月一日　教育博物館へ参り、魚類三種、貝類廿三種、獨乙画手本六折、仏ノ画伝大二冊献納ス、内国博覧会（49表）一見ニ参り、昼後、ヘーア来ル、古物見セ申候、住吉来ル、昼飯出ス、夕方、梅辻へ一寸参ル

・二日　青山ノ木板致ス人ノ内へ参り、一見シ、次ニ諏訪へより、茶托銅製ヲ贈ル、次、獨乙書記官へより申候

・三日　小河来ル、金七来ル、荒木ゟ状来ル、数宮（和宮）様御かくれ也

・四日　岡本親子見へ申候、関沢、遠藤、片岡、私宅へ状出ス

・五日　遠藤来ル

・（49裏）六日　山下博物館へ参り、一見ス、昼後、小堀へ参ル

・七日　内藤両人、荒木来ル、赤塚来ル

・八日　小河ト上野博覧会一見ニ参ル、昼後、岩倉殿へ瓦ヲ以テ参ル、次、三条殿へ一寸参ル

・九日　大坂博物場ゟ状来ル、山下博物館へ一見ニ行ク

（50表）・十日　片岡へ参ル、留守、岩倉へより申候

・十一日　吉益へ参り、由井外一人ト東海寺へ参ル、芝ノ丸ノ窯ヲ一見スル

・十二日　由井及松田へ参ル、小川来ル、山本ゟ状来ル

・十三日　浅草へ参ル、買仕ル、荒木へよル、留守

・十四日　落合来ル、酒出ス、赤塚来ル、平尾来ル

（50裏）・十五日　上野博覧会一見ニ行、宜敷物心覚へニ記ス、昼後、佐野、石田へ参ル、望木ゟ状来ル、海江田ゟ状来ル

・十六日　大養寺へ参り、次ニ芝丸山陶窯へ参り、心見ニ見込ノ焼物頼置、荒木、山本、赤塚来ル、小堀へ参ル、へーヤ来ル

・十七日　荒木ゟ状来ル、高嶌来ル、松田へ参ル、昼後、万仲へ参り、浅草ノ万古ヤへより、神代常峯ノ作キウス一見スル也、今日、神嘗斎、且上野ニテ奏楽ス、博覧会ニ於テ有ル由、依テ人多分出ル也

（51表）
・十八日　万仲来ル、次、堺ノ博覧社ノ倭田平七来り、同社長高山保次郎ノ状並ニ湊焼三ツ、社ゟ贈ラレ、且会社へ出品ノ保々（ママ）大坂博物場ゟ借用仕り度由被申、次ニ小川来り、私煉瓦屋家税滞り取立方頼置申候、次ニ外務省へ参り、宮本、斎藤ニ面会仕り、陶器ノ二巻買上方申込候処、八部入用ノ由被申、次ニ紫華色塗物へンケーニ見セル、赤塚、小西へ夕方参ル

・十九日　英国博物館へ出ス為メ、短冊百四十七枚ノ帖　一冊

博物局ニテ出板　古画　廿七枚　　上野戦争図　一枚

貝類　廿三通り　　矢根　五本

仏書　一巻　　兵書　一巻

（51裏）
鳴弦伝書　二冊　　刀銘尽　一冊

多田院宝物付　一冊　　ヲり居　一折

利器要武監　廿五冊　　田舞画　一折
銅　二　　石　一
贈ル、サトウ留守宅へ頼ミ置、次ニ英ノ公使館へ参り、モンセイへ陶器二巻、仏文三冊ユツル、奈良団扇家内ニ一本贈ル、由井並ニ此友二人来り、古器見セル、次ニ鈴木来ル、由井へ参ル、留守也、柴田亘理へ状並ニ西洋多葉糊入レ贈ル

・廿日　小河来りテ、煉瓦家ノ税取立方ノ咄シニ来ル、尹（ママ）並ニ同縣ノ人、金物細仕ル人ハ、当地鋳物師ト来りテ、作り方ニ談来ル、色々咄シ仕ル、岡山平民深井再可尹部焼キノ由伝問合せ置候処、以テ来ルニ付、私ノ古器見セル、（52表）荒木来りテ、明日出立ノ由申来ル、松田へ参ル、酒出ル、山本来ル

・廿一日　小河来ル、瓦師、左官来ル、昼後、英ノモンセーへ参り、此間頼ミノ白高麗水滴、胴ニ梅ノ木浮上ケ十二円、唐天目茶碗十五円ニテ以テ行ク、次ニ山本へ参り、次ニ同道ニテ山形やへより、次ニ夜店一見シ、次ニ宅へよられ申候、朝、由井へ参り、古物一見ス

松竹梅茶埦　　玉手茶埦　十五円
天目手茶入　三円五十銭　　南はん灰キ　五十銭
祥瑞染付茶入　一円一分　　モウル手付火入　七十五銭
白庵（伯庵）香炉　五十銭　　薩摩金蘭（金欄手）手茶埦　五両二分
ノンコ（道入）茶埦　一円一分　　上野白埦　一分

(52裏)
無地相馬茶碗　一分　　白高麗　一分二朱
蒔絵香合　一円　　万古茶埦　三朱
大樋香合　一分　　古染付硯　二分二朱
獅子子ツケ《(根付)》平戸　一分二朱

・廿二日　左官二人来ル、中間ノ中塗仕ル、小川、金七、吉益来ル、大坂博物場ゟ五辻袍借用致シ度由申来ル、夕方ゟ間嶌へ参り、油談仕ル、平尾外一人来ル

・廿三日　管、吉益、竹次郎来ル、吉益ニ古器見セル、竹次郎私母ノ油画出来ニテ持参也、丹山、五辻へ状出ス、陶キ四、五品求ム、柴山へ油のはなしニ参る、松田へよる、永楽へ状出ス、此比コレラ病流行

(53表)
・廿四日　左官、瓦師来ル、松田、吉益へ参ル、水戸や来ル、宅ト安井トゟ状来ル

・廿五日　堺博覧舎ノ人来ル、小川来、勧解一条委任状渡ス也、十五ノ国立銀行へ参り、海江田ニ面会、油談ヲ仕ル、昼後、上野博覧一見ニ行ク、尾嵜ニ面ス

・廿六日　松田へより、是真へ参り、文庫へ行ク、小川来ル、小堀へ参ル

・廿七日　小川、内藤来ル、由井へ参ル、昼後、中通りへ買物ニ参り、平尾、鳥大路へ参ル、松尾へ状出ス、鳥大路へよる、留守 (53裏)

・廿八日　茶色古和蘭ガラス菓子器求ム、文庫へ書見ニ参り、次、三好丁へより、金森箱書付茶入ヲ求ム、三浦ニ岡本来ル、二字ゟ平尾ト牛込左門丁ニ銅器師田中へ参り、細工ブリ一見シ、赤塚へ参り申候、今日、大坂博物場へ堺へ出品仕りシ品々、明春迄貸シ可申様申通ス

・廿九日　朝、金七来ル、平山又来、陶器ノ文ノヘン解仕ル、次ニ平尾、(54表)東、田中や外一人来テ、古物見せ、酒出ス、昼後、赤沢へ参ル、留守、辰男へよル、岩下へよル、転居スル

・三十日　竹次郎へ参ル、真葛へよル、戸長鳥羽ャ咄シニ、私方西京宅地払下願候而ハ如何や被申候ニ付、其申出シ有ル様申遣ス、先々菓子着　○永田ゟ一円返ル、岡本孫左衛門ゟ五円来ル、あとさゐ束仕り、母も病気由　○堺ノ博覧会人高山へ此間湊焼社ゟ贈らル物ノ返書遣ス

・十月一日　松田へより、ヘンケーへ参り、通りゟ帰ル、次ニ昼後三字ゟ松田婦夫来ル、古物見せ、酒出ス、くれ過ニ帰らる、内藤銅版以テ来ル、由井来ル (54裏)

・二日　ヘンケーへ参り、吉益へより陶論仕ル、浅草へ参ル、昼後、吉益来ル、私、獨乙公使館ノ書

記官へより、公使へ参り、陶器二巻仏文同国博物館へ廻シ方頼む、シーホルトへ参ル、次ニモンセイへ参り、天目高麗ノ由来贈ル、ソウマレツへよル

・三日　松田へ善吉銅版摺方頼ミ置ク、次ニ吉益へより、由井へ参り、次ニ三好丁へより、羽田五郎棗一円三分ニテ求ム、モンセー来ル、（55表）天目白高麗料廿七円受取ル、好ミノ陶図一枚贈ル、文部省一等教師モルレール来ル、古物論シ、古キ見セル、小川来ル、兼テ頼置候竹川丁家税取立方ノ願上、取上ノ由承ル

陶器ニ玉ヲ焼キ入

漆器ニ玉ヲ入

銅器ニ玉入ル

木器ニ玉入レ

石器ニ玉ヲエリ入ルノ発明ヲ書ル物

九月廿一日

（55裏）
四日

・へーアへ好ミノ陶図十枚贈ル、丸山陶工へ一枚贈、夕方、間嶌氏へ油談参ル

・五日　文庫へ参り、川上へより、三好丁茶キやへ参ル、金輪寺二箇求ム、夕方、幸作来り、油十日迄着仕り候ハヽ、共ニ試ミ候へ共、不来候ハヽ、夫ヲ限り、幸作国元へ参候テ然ル可シ、機械ハ望人有れハ払ヒ、又、同社ニテ金出ス人有レハ、何レノ地へ移シテ宜シク由申ス、浅草万古店へ陶図二枚贈ル

（56表）
・六日　昨日文庫へより候、三好丁、浅草へ参ル、昼後、小堀へ参り申候、朝、上野博覧会見ニ行、万古店へ陶図二遣ス、内藤来ル、陶図二枚贈ル

・七日　ワク子ル方へ参り、陶図一枚、天工院へ一枚贈ル、此社中へ私品物贈ル由、外国新文（新聞）ニ出ル、十二字、サトーへ昼食ニ参ル、次、由井へ参ル、松田へよル、夜、玉置来、昨日西国ゟ帰られ、前卿亡ル咄シ承ル

・八日　松田へより、吉益へ行ク、荒井、ジブスケ等ゟ状来ル、安井ゟ百疋観世へ以而行ク、本人面会也、夜、小川来ル、今日、煉瓦家ノそこうり金受取ル約ノ処、不来由ニ付、尚半出シ、願出され申候由、今日も少々物ヲ買

（56裏）
・九日　今日ゟ玉置私方へ帰ラレ申候、三浦来ル、小川来ル、竹川ノ煉瓦や家税も約ノ通り金出サスニ付、明日入札ノ由ニテ立のき申付候手続きニ相成ル由、松田へより、ヘンケー来ル、来一月ニハ

帰国ノ由、此間茶碗ハ不用ノ由申候事、少々道具ヲ求ル、平尾へより、芦沢へ参ル、関氏来ル

・十日　金七来ル、藤四郎壺三分ニテ求ル、松田へより、赤つかへ茶ワン十返ス、諏訪へ陶説一見ノさゐ束状出ス

・十一日　浅草へ参り、松田へ陶物図受取ル、昼、大嵐ニテ何方モ損ス、隣向ノ邸ノ長屋たほれ、巡査人四人（57表）退去、十九《一》日けか人有り、夕方ゟ風かるく成テ朝方止ム

・十二日　岩倉家へ風見舞ニ参り、松田、由井へ参り、諏訪来ル、陶説ノ文以て見へ、次、小川来ル、煉瓦やノ引取テ、昨日もはこず《（ママ）》、今日も引合中也、内藤来ル、夕方、間嶌へ製油大損シ候ニ付談行ク、夕方、小川来ル、直又由被申《（ママ）》、ベンケー来ル

・十三日　通り買物ニ参ル、昼後、上野博覧会へ見ニ参り、ヘーア、ベンケーあひ申候、村上夕方来ル、酒出シ申候

（57裏）・十四日　小川来りテ、煉瓦や家税取立ノ談ニ来ル、浅草ニテ紀三棗三歩ニテ求ム、次ニサトウへより、同道ニテ三田同国人へ参り、古画類見分ケ頼られ、同国領事ト同道ニテ帰ル

・十五日　小川来ル、由井へ参り、次、吉益へ参ル、昼飯出ル、次ニ浅草へ参ル、曲直瀬陶説横文以テ来ル、ヘンケー来ル

・十六日　金七来ル、天目求ム、昼後、小堀へ目利会ニ行ク、遠藤、平山へ状出ス、陶説諏訪へ出スナリ、山本両人昨日来レリ

（58表）・十七日　黒ノウ子シヤ羽織七円二分ニテ求ム、常信田家軸物三分、南兵（マヽ）ホケ（木瓜カ）ノ画一巾三分ニ而求ム、宮中ニ用ル皿赤画ゴス童（壺カ）二十銭ノ三十銭、与三ノコンロ二十銭ニテ求む、山科ト万里少路トへ一寸より申候、赤沢来ル、飯出ス、次ニ本平来ル、光琳巾物三分ニテ求ム、山本、松井来ル、次ニ諏訪陶説以テ来り呉れらレ申候、修史館小嶌当月ゟ小河転任ニ付、旧奈良ノ証書被廻申候、遠藤ハ明日ゟ写方ニ見へ候由申来ル、平山も其内ニ横文持参ノ由状来ル

・十八日　製油へ参り、三浦ニ面会シ、今日ハ製油六ケ敷ニ付引取り、一利へより、七宝一見シ、松田へより申候、深川ノ中村来り、ヘーレンノ本一条咄シ仕り申候、内藤来り、翌月帰国ノ由、（58裏）昼後、間嶌へより、明日、私、本所へ参られす候由申シ候、斎藤へよる、転居、次、山本へ参ル、留守ニ付、明日、本所へ参られす候由申置、ワク子ル来ル、エソノ陶器ノ咄シ仕り、明後十二字ニ来り呉れ候様ニ申され申候事

・十九日　金七来ル、遠藤来ル、明日ゟ写シ物ニ来ル由被申、松浦氏も狂気ニ而病院へ入れられ候処、去ル廿五日比、転狂院（癲狂院）ゟ帰宅ノ由、安井ゟ承ル、田辺、宮野も疲弊ノ由ニ而、宮野ハ其上歩行六ケ敷由也、福田二男外一人添テ、英ノアトキンソン私方ノ陶器見ニ見へ申候、小川来ル、製油ハ今日延引ノ由、煉瓦屋ノ家税取立談ハ今少々懸り申候、私ヘンケーへ参り、（59表）此間同人咄シニ陶説本売方見合シ呉レ候様申居候へ共、近近外人又日本人ニテも同人売弘人ハ名前入レテ宜敷由被申候事

・廿日　松田へ参り、遠藤今日ゟ写シ物ニ来ル、十二字ニワク子ル方へ参り、昼食シ、同人及ノウマン同道ニテ開拓使へ一覧ニ参り、次ニ天光院へ参り、北海道ノ物品ノ咄シ仕ル、次ニ私ハ金杉へ参り、次ニ大養寺へより申候

・廿一日　西洋二円ニテ求ム、昼後、シーホルトへ参り、貝類、肩衣、空海像ノ形有る細工籠、善吉銅板画二、（59裏）陶器図、平燭台等ヲサキソンノ博物館へ贈り方頼ミ置ク、次、モーセーへ参り、善吉銅板ノ二枚贈ル、次ニ高田茂へ同図二枚、陶器図一贈ル、同土御門へ参り、同三枚贈、次ニ菊丁殿へ参り、同三枚贈ル　○冨田帰東由申来ル　○永楽ゟ由来書来ル也　○小川来り、煉瓦屋家税滞りノ加藤、中嶋ノ借分ニシテ月々三円ツ、入ル由、書付取テ十円受取ル、家ハ　借主ニテ中嶌住ス由承ル

廿二日
・本所へ参り、製油昨今仕り、九字ゟ一字過迄居ル、一石計り出来ス、見物人七、八人来ル、平尾、

三浦、小川等モ来レリ、玉置ニ酒出ス　○西尾(60表)忠篤殿ゟ私方古物一見致し度由申来ルニ付、廿四日一字ニ御覧ニ下され候様返事出ス

・廿三日　小川来ル、昨日、石油一石出来ニテ、今明日も製油由、煉瓦屋家取立入費二円五十銭、小川ニ渡ス、上野博覧会一見ニ行ク、昼後、獨乙書記官へ参り、京ニ求メラレシ品物一見ス、四字比ニ福嶌縣四等属桑名茂三郎外一人、私方ノ古物見ニ来ル、陶説残、諏訪へ廻シ申候、会津、相馬ノ陶器師へ陶図遣シ申候

・廿四日　松田参り、昼後、西尾来り、古物見セ、酒出ス、(60裏)シーボルト来ル

・廿五日　上野博覧会へ参ル、平尾、本ヤ平蔵来ル、酒出ス、諏訪陶説以テ来ル

・廿六日　一昨、弥吉、不日辞職シテ私方へ来ル由申来ルニ付、断状遣ス、浅草文庫へ参ル、小堀へ昼後参り、今日、上野御幸有ルニ付、一寸ヨル、宅ゟ状来ル、私方ゟモ出ス

・廿七日　上野博覧会一見ニ参ル、平山ゟ陶説三巻横文来ル、冨田氏来ル也、ハーレンスへ状出ス、油談(61表)ニ付、間嶌、山本、小川来ル

・廿八日　陶説五冊、横文二冊サトへ以テ行、同国コンシユルー局へ英文一覧頼置、次、赤塚へ参ル、昼、曲直瀬外山本五郎外一人来ル、谷森来ル、古器ヲ見セル、次ニ谷森ニ酒出ス

・廿九日　ヘンケーへ参り、陶説三ノ横文渡シ申候、今日留守、次ニステーボンへより、同二巻英文タムソン仕りシ由承ルニ付、次ニ同人へヨリシカ、留守、梅沢来ル、古物見セ、酒出ス、昼後、赤沢へ参り、古器色々一見ス、夕方帰り申候、宅ゟ状来ル、（61裏）一見仕ル処、去ル廿六日午前六時半ニおてる死去由、岡部ゟ電信ニテ申来ルニ付、了ニ状来ル、おとき行悔ミ旁被参候由也

・三十日　上野博覧会一見ニ参ル、昼後、本所ノ中村来ル、ヘーレンノ求メ候本二冊出来ニ付、為知候処、見ニ来ル、次ニ山本、小川、平尾、三浦来り、油談仕り、酒出ス、岡部へ悔ミ状出ス、片岡へも出ス

・三十一日　岡部ゟおてる死去状来ル、同事ニ付松浦ゟも状来ル、弥吉改帰東ノ由申来ル、然ルニ《ツヒテ》帰京ス、同局ニ論立テ辞セル由、本間、三浦来りテ油談ス、（62表）竹二郎来りテ油画ノ談ヲスル、私、平山へ参り、仏文ノ表題認テモラヒ、全文トノ礼ニ十円贈ル也、芦沢へより、大茂ニテ陶器少々求ム

・十一月一日　陶器二巻仏文ハアレンス社へ廻ス、米人ステーボンへ尋ル、次ニタムソンへ尋ル、留守、本間、三浦、油談書付、平尾ゟ被廻申候、浅草翁へ買物ニ参ル、宅ゟ状来り、おてる一条申来

レリ、火葬ニテ河嵜上等地所ニテ去ル廿八日十二字ニ葬式済テ、おとき殿帰宅ノ由、上寺丁浄照寺ニホウムル△

・二日　油談書付、小川へ参りテ渡ス、タムソンへ面会シ、英文同人訳スル咄シ承ル、三浦来、昼後、由井へ参ル

△法名玉峯院妙光日照大師ト号ス

（62裏）・三日　天朝節也、上野博覧会一見ニ参ル、小川来ル、松嶌、松井、山本ゟ状来り、明日、松井ニテ燃水社ノ談有ル由申来ル、陶見込図、善吉銅板二枚ト岩倉中殿へ贈ル、次ニ此三枚ト陶器ノ二、三巻ト三条殿へ贈ル、多へ一寸尋ル　○岡部へノ返書及おちよ殿へノ先達ノ返書、弥吉帰りシコトヲ申進ス、宅ゟ母、姉ゟ来ルおてる死去一条ノ手続申来ル、返書出ス

・四日　燃水社ノ談、松井ニテ仕ル、本願寺、小早、松井、斎藤外松嶌外一人ト山本来ル、先先油高ニ応着手ノ由、小早川被申候事、浅草へ買物ニ参り、四、五品求ム、平尾へ参り、留守也、三浦来ル

（63表）・五日　朝五字比ニ向ノ元膳所邸今陸軍持也出火ニ付、警シ局ノ小野、平尾、谷森使、左官、瓦師、水野ノ元（ママ）来等見舞ニ来ル、又、小川来レリ　○松田へ一寸参ル、中村来り、ヘーレンゟ被頼候古器物図考証二冊、山口ゟ受取ノ証書以而来ルニ付、廻シ託シ、中村へ渡シ申候　○タムソン私方ノ古器物見ニ見へ申候、山本来ル

・六日　買物ニ参り、昼後、小堀へ行ク

・(63裏)七日　タムソンへ参り、次、ステーホン並ニ外務省へ参ル、私方ニテ石油談、間嶌、山本、小川来り、夕方、私、キヨウソ子ーへ参り、夕食出ル、赤沢来ル

・八日　サトウへ参り、西京作金銅懸贈ル、陶四巻二冊ユツル、次ニモンセーへ参り、同本四冊ユツル、次ニ米国ノ教師へ同本一冊、文部省ニテユツル、次ニ同本三冊、図書局へ納本ス、昼後、油談小川、三浦ト仕り、三浦見込ノ通り製油出来サルニ付、押ツメ候処、同人立腹ニテ、三浦、小川ト平尾へ参り、又談スル

・(64表)九日　陶器四巻百八十冊ハーレンス社へ為持遣シ申候、昼後、赤沢へ行ク、夕飯出ル、小川来ル

・十日　上野博覧会一見ニ参り、松井方ニテ燃水社ノ談ニ参り、夕方帰ル、夜、石油ノ談ニ参ルノ処、不参候

・十一日　四日市陶工、山中外二人来り、古器見セ、昼飯出シ、本平来ル、中村来り、弥吉ノ一条咄シ有り、静岡裁判所宿直ノ時、女ヲツレ来ル不都合有由承り申候、竹二郎へ参ル、留守也

・(64裏)十二日　竹二郎来ル、龍田ノ油画小ナル物贈ラル、同道ニテ青山開拓使へ参り、池ノ紅葉見事、雪窓方へより、次、諏訪へより、松本細工茶籠ニ菓子料二分付テ贈ル、昼後、タムソンへ参ル、病気、ヘーアへ参ル、留守、次ニ山口へより、次ニ曲木へ参り、陶四巻預ケ帰ル

・十三日　湯浅へ本ヲ返シ、善吉銅板二枚、陶図一枚贈ル、英ノ公使並ニアストン及ソウマレツへ贈ル、同人へ陶四巻四部廻ス、ヘンケーへ参り、面会ス、同日、陶四巻ノ元物代付廻ス、昼後、竹二郎へ(65表)赤ハタ植木鉢二贈ル、同道ニテ重貝細工人へ参ル、次ニ山本へ参ル、談無シ、次、松田へ九十円以而渡ス

・十四日　山本へ参り、間嶌来りテ談仕ル、次ニ関へ私哥以テ行き、次ニ博物局へ一見ニ参り、仏国へ廻ス品々一見ス、昼後、山中へよル、留守、次ニ梅沢へより申候

・十五日　朝、小川、平尾、三浦、油ノ談来ル、昼後、ヘンケー来ルノ処、不来、永楽ト長嵜博覧会社ト陶器問合ノ遣シ答ノ返書出ス

・(65裏)十六日　朝、サトウへ参り、次、モンセイ方へ参ル、昼後、小堀陶器目利会ニ参ル、ヘンケーゟ明日来ル由申来、福田へ陶器四巻持テ行ク、留守

・十七日　多田来ル、酒出ス、ヘンケー方ゟ陶器四巻廿六品代百廿八円七十銭為持来ル

・十八日　町田へ一寸尋ル、古器二、三品一覧ス、松田へ参り、陶器四巻残金三十六円――払ヒ、第五分トシテ五十円かス、松浦へ気発燈籠贈ル、本ノ礼也、代三分三朱、(66表)次ニ本郷村山ニテ小堀ノセンベー手（煎餅手）ノ茶入八円ニテ求ム、次ニ谷森へよル、留守

土ノ色黄ミ有鼠色、
質不明シテ細
ク中ニフクレ有り、
薬ノ色シブ紙
ニテ薄ク光り
有りテ秀明（透明カ）セス

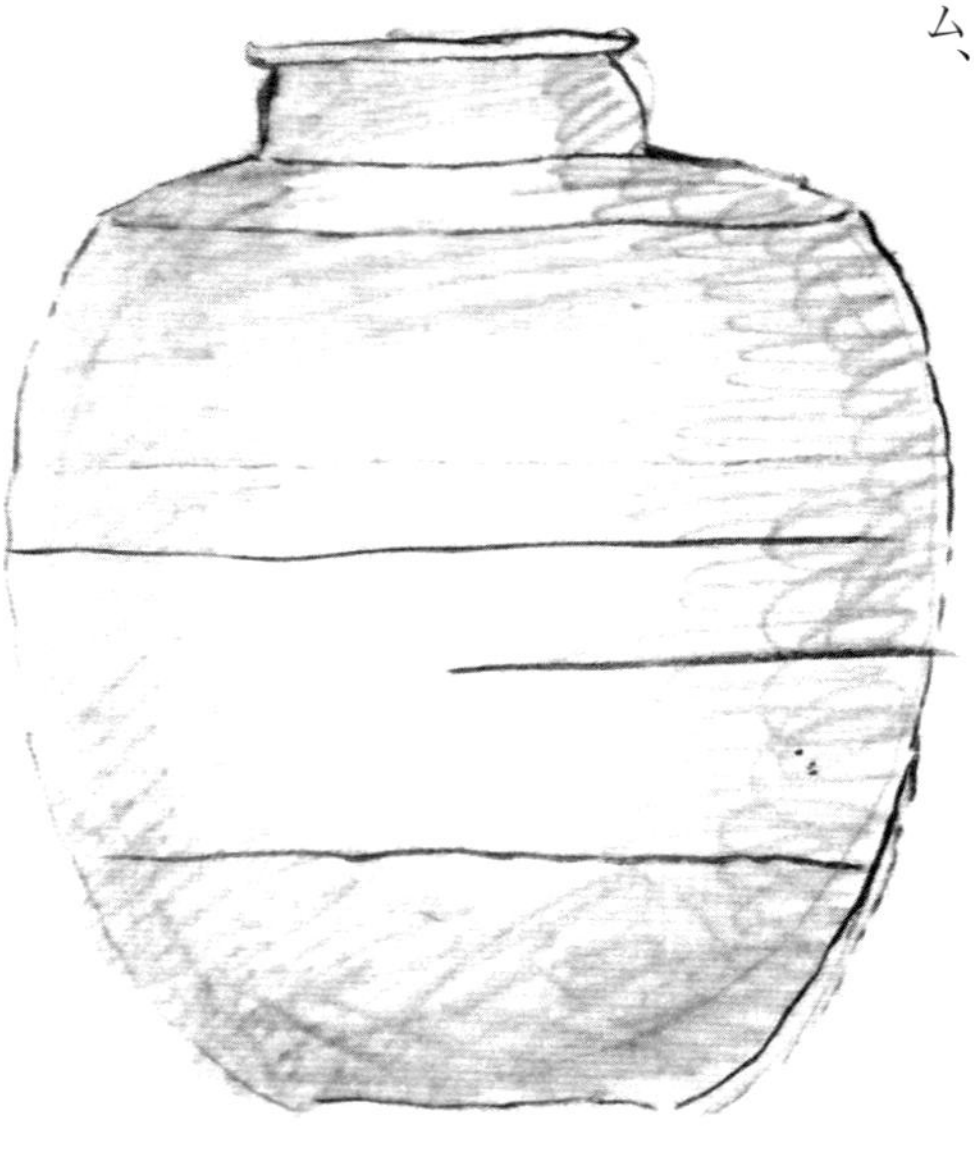

(66裏)
・十九日　松田へ参り、次ニ由井、松原、桂川へ参ル、朝、ヘンケー方へ陶器四巻物廿六品為持遣シ申候、夜、平尾へ参ル、古賀定雄死去ノ由申来ル

・廿九日　朝、桂川へ参ル、昼後、外務省へ参り、観古——二巻八冊代十三円七十銭受取ル、ステーホン、タムソン、由利等へ参ル、留守、シーホルト、香川是又同シ

・廿一日　平尾来りテ商談仕ル、酒出ス、昼後三字ゟ間嶌、山本来りテ油談仕ル、宮内省へ献上ノ観古図説四冊山本へ為持遣ス

・（67表）廿二日　上野博覧会一覧ニ行キ、昼後、タムソン、ステーホンへ参ル、留守、松田へ一寸より申候

・廿三日　平尾へ行き、タムソン、牙ノ公使へより申候、赤沢来り、昼飯出ス、昼後、古賀へ参ル処、転宅シテ行方知れす、次ニ英人医者方へ参り、次、曲木、シーホルトへ参ル、留守、次ニ獨乙書記官へより申候

・廿四日　宅ゟ状来ル、平尾来ル、丹山、宝山、宅へ状出ス

・（67裏）廿五日　シイホルト参ル

・廿六日　ベンケーへ参り、次ニ曲木へ行ク、浅草へ買物ニ参り、山本へ行ク、小川ト夜ミセ見ニ行ク

・廿七日　タムソンへ参り、陶三文ヨミ合セ仕ル、十二字、赤沢へ参ル、堀井、土居家内、私トニ茶会主人セラル、小川、平尾来ル、奈良博覧社人来ル

・廿八日　平尾ト博覧会見ニ行ク、次ニ吉武来ル

・廿九日　タムソンへ参ル、留守、皇后紙局へ御越シ也、四条殿来ル、酒出ス、岡山縣ノ寺嶌太一、内藤義淳（68表）外一人、平尾来り、古物見也、次ニ尹部焼ノ進ル咄シ仕ル、酒出ス

・□〔同〕日　奈良ノ辨事鳥居武平来ル、次ニ上野博覧会一見ニ参ル

・三十日　麻布《アサフ》~~ニ参る~~一本松丁田代へ行、古賀定雄死去ニ付、香資百疋贈ル、昼後、三村、平尾、小川、山本、間嶌来ル

・十二月一日　上野博覧所へ行クノ所、品物受取方ハ明日（68裏）ゟト申事ニ御座候、熊本縣ノ尾嵜来ル、昼飯出ス、次ニ出石ノ陶工川北平治来ル、何レモ古陶見せ申候、平尾、岡山縣官員二人来ル、酒出ス、権令来ルノ処、不参

・二日　シブスケへ参ル、留守、ワク子ル方へ参り、水コシノ義問合セ、次、曲木へよル、昼後、上

野へ参ル、出石ノコーヒー茶ワ（茶碗）十二トサシコ三ト三田ノ青磁焼キ持帰ル、浅草へ行き、三好丁ヘヨリ、懸物二巾持帰ル、昼、英ノコシ（公使）官ノ佐久間一人友ト来ル、サトウト同国医者ト来ル、私留守也

丹山ゟ状来

（69表）
・三日　芦沢へ参ル、次ニ岸本へ一寸ヨリ申候、岡本家内来ル、赤塚へ参ル、次ニ間嶌へ油ノ談ニ行、

・四日　平尾来ル、多家内来ル、かし置候金子二円被返申候、肥後陶工上野氏来ル、酒飯出ス、由来を聞ク、昼後、ジブスケ方へ参ル、同国博覧会ノ事ヲ聞ク、次ニヘンケーへ参り、陶器四巻料二百円受取、次ニ松田へ百円同五巻先金渡ス、竹次郎来ル、飯酒出ス

・五日　平尾ト上野へ行き、次ニ根岸ノ本多へ参り、（69裏）酒出ル、次ニ吉田の伊セ屋へ金談ニよラれ、次ニ外へ一軒より申候

・六日　堀川へ参り、次ニ梅沢へ参ル、昼後、吉益へより申候、多ゟ状来ル

・七日　岸本へヨリ、古法眼ノ画二巾求メ、次ニ上野へ参り、買置候瓦取り帰り、仏国博覧会へより、平山、三田ニ面会シテ同国出品手続承ル、又　河原田、平尾、本多、長野等来り、古物見セ、次ニ酒出ス也、サトウ、山本ゟ状来ル也

・八日　買物ニ出ル、楽々園製人形三円ニテ得ル

・(70表)九日　サトウ、同国医来ル、古画見セ申候、内古法眼筆雁画二巾十二円、古土佐画一分、一蝶蛭子画一円、文鱗(文麟)牡丹画二円五十銭、大津画一分二朱、右医者へユツル也、十二字ゟ赤塚へ参ル、芦沢ト両人茶会ニヨハワル、次、小西へ一寸ヨリ申候

・十日　松田、由井へより、東京府へ参ル、安田、五条ニ道ニテあ(ひ脱カ)申候

・十一日　松田へ参り、遊便(郵便)局へ参り、西京宅へ金二十円廻シ申候、次、桂川へ参ル、五条殿へ一寸参り、明日、山形縣へ転役ノ由、三字ゟ伊藤外一人、山本、小川来ル、古物見セ(70裏)、酒出ス、煉瓦参子(ママ)ノ願書出ス、夕方、間嶌、平尾来ル、酒出シ、油ノ談仕ル

・十二日　松林堂へ参ル、金石索十八円ニテ求ム、次、丸山陶工へヨリ、昼後、伏見屋、赤沢、和田来ル、伏見ヤニハ古器ヲ見セル也、夕方、小河へ参り申候

・十三日　間嶌ゟ手紙来ル、山本廻ス、文庫へ参り、次、梅沢へ参り、応挙兎画四円二分ニテ求ム、次ニ赤松ニテ波千鳥応挙画四円二分、梅ニ鶯画同筆一円二分、光興(光起)草花画四円ニ而求ム、松田へよル、諏訪、岩田へ状出ス、英医者ゟ此間(71表)巾物金子十七円来ル

・十四日　瀬川へ植木鉢二ツ贈ル、昼、高橋へ同シク二ツ贈ル、小川、奈良会社ノ人来ル、次ニヘンケー来ル、陶器ノ本ノ義咄シ仕ル

・十五日　松田へ参り、陶器三、四、五巻二百部ツ、明一月中ニ出来ヲ申入ル処、出来サル由、平尾来ル、同社ニ成テ古器求メ方、外人ニ向ル談仕ルニ付、百円被廻申候、此夜松田平此夜（衍字）、松田参りテ、右本改出来ル都合仕りシカ、金二百円先金ニテ致し度由、平ニ被申、承知仕り申候、酒出ス

（71裏）・十六日　ヘンケーへ参ル、金子二百円出版用ニ付申入レ候へハ、承知也、日陰丁ニテ古器求ル、朝、平尾ト馬嶌（間嶌）へ古書画一見ニ行ク

・十七日　松田へ参り、次ニ古器求方ニ出ル

・十八日　サトウ、フランクス氏ゟ兼而私古陶ユツル義申入置候処、申来ルニ付、サトウ一見ニテ相談叶ヒ申候、奈良会社ノ人来ル、押重へ廻ス戸ノ四枚代金三円預ル、平尾来ル、瀬川来ル、竹ノ友来ル、古物見セル、松田へ金百円渡シニ行、次、吹原へ一寸参ル、宅ゟ来ル、諏訪ゟ状来

（72表）・十九日　吉益、三栗来りテ、古器ヲ見セ、酒飯ヲ出ス、サトウヨリ昨日ノ古陶六品取りニ来ル也、平尾ト同道ニテ古器ヲ求メニ参ル、長谷川へ懸物修覆催促状、奥氏頼ミ申候状遣ス、諏訪へ陶一覧

ノ礼ニ二円贈、石油ニ付備（借カ）用金証印山本、間嶌へ断状出ス
・廿日　平尾、山下外一人来ル、古物見セ、酒出ス、昼後、平尾ト古器物求ニ参ル、夜、鹿嶌吉左衛門来、石版ノ咄シ仕ル
・廿一日　朝、小川来ル、油談仕り、次ニヘンケーへ参ル、留守、次、古器求む、昼後、尚又求ニ参り、次ニ（72裏）芦沢へヨり、瀬戸焼求ム
・廿二日　平尾及明日縣（ママ）ノ人来ル、古物見セ、酒出ス、小河、赤塚来ル、酒出ス、夕方、由井能会ニ参り、一分贈ル
・廿三日　赤塚へ参り、芳香三ツ、蒔画香合薄板求
・廿四日　東京府へ参り、煉瓦利子十九円七十八銭一厘月賦二円三十九銭八厘納ム、日陰丁ニテ古陶求ム、平尾来ル、山下へ行ク、留守也、ヘンケー、タムソンへ参ル、何も同也
・（73表）廿五日　平尾来ル、芦沢来ル、古陶求呉候様被申候ニ付求ム、多永子及曲木へ状出ス、次ニ村山ニテ古陶求メ、次ニ小堀へより、次ニ信楽ニテ古陶求ムル

・廿六日　岩倉殿へ参り、次ニ曲木へより、通りニテ古陶求メ、松田へヨリ、次ニ帰ル、平尾外一人来ル、昼後、ヘンケーへ参り、二百円受取申候、次ニ平尾ト古器買物ニ四谷外迄行ク、小川来ル、陶器五巻出版届出ス

・廿七日　千坂、平尾来ル、古物見セ、酒出ス、次ニ橋場迄古器求ニ参ル、小川来ル、留守也

（73裏）・廿八日　片岡、岡部へ状出ス、又宅へも出ス、モンセイヘホウ丁柄ノ下画廻ス、村山へ参り、小堀本家ニ持伝ル古瀬戸ノ壺二つ十二円ニテ求ム、遠州箱書付也、近比ノ銘器也

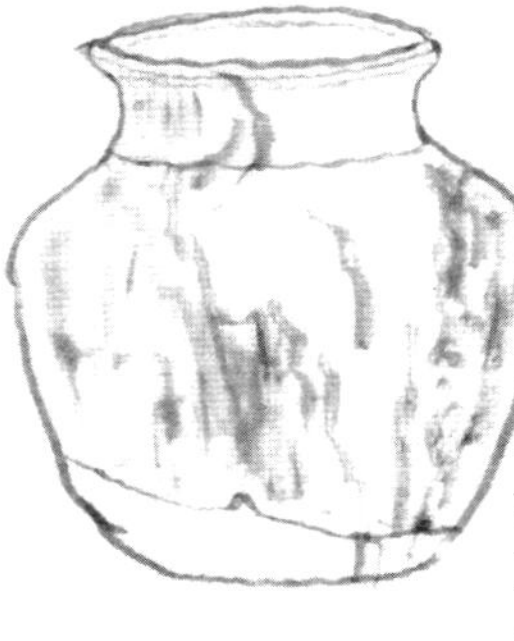

高七寸位

真黒ニシテ支那天目ノ如シ、黄薬スケテ細キ皺珠有り、光り沈ンテ美ナリ

土鼠色

(74表)

薬飴色ニテ、
スケ茶色ノ
ウツラフ有
り、前ゟ一
等下ル

八寸位

土鼠色

次ニ赤塚へよル、昼後、松田へより、次ニ由井へ参ル、古陶二品求ム、次ニ山本へ参ル、油社借用金三百円ヲ四人ニ引分、私七十五円ノ取り分ノ証書仕テ、山本へ廻ス、同人早春帰省由、片岡ゟ状来ル、松田ゟ陶器五巻二百部出来ニテ廻ル、本平来り、飯酒出ス

(74裏)

・廿九日　昨日ハ上野教育博物館ゟ兼献品仕りシ物ノ証書来ル

官(印)
書籍類ヲ納付セラレ、其厚誼ヲ
謝ス、該品ハ本館ニ排置シ節
覧閲(閲覧)ニ供スヘキ也

明治十年十二月廿七日

教育博物館長
矢田部良吉　官印

蜷川式胤殿

第二号
明治十年九月一日
書籍室排置
主任東浦零次　印

館印

同
ウラニ

（75表）

記

一英文陶器目録　一冊
一仏文書籍　二冊
一学校用画図　六枚
合計　九ケ

手紙

別紙領収証一通、
御廻付および候条、
御領受有之度
候也

明治十年十二月廿七日
教育博物館
蜷川式胤殿

（75裏）
右ノ返書出ス也　〇岩倉中殿へ参り、陶器四巻一冊贈ル、シハラク咄シ仕ルル（衍字）、次ニ京はしニ而行基壺二ツ求ム、二円二分、次ニ松田へ参り、陶器五巻残金百三十三円渡ス、昼後、智恩院来ル、又、村上来ル、翻訳ノ一条咄シ仕ル、次ニ宇和島来ル、何レモ古物見セ、先二人ハ先キニ帰ラレ、後ノ一人ニ酒出ス也、夕方、竹次郎来り、箱根ゟ東京迄の小油画十一枚一見ス、松田ゟ陶器五巻二百六部来ル

（76表）・三十日　村山へ参り、小堀ノ古瀬戸ノ水指求ム、是レモ遠州ノ書付也、代八円なり

渡り凡七寸　色黒
色ニ栗色ニテ、竪
ニ禾ノ様ニ嶌ニ成
ル、土白土ニテ、厚
手ノ強シ、
蓋イジヌリ也

元ハ香炉
ニテ、後、水
指ニ
用ヒ
タル
ナリ

糸ソコ有り
ソコ

昼後、三百八十部陶器五巻ヘンケー方へ為持遣シ申候、私ハ亀井へ参ル、留守、次ニ安部川川（衍字）丁へ参り、次ニ信楽へより、次ニ赤松へより、親父此間死去ノ由承ル、昨日ハ片岡ゟ状来ル、今日ハ宅ゟ状来ル

（76裏）片岡ゟ来ノ状ノ内ニお春ノ哥ニテ、おてるゐたみを

そろなき庭はの嵐ニさそわれて
　霜おもまたて　ちりし紅葉は
さらねたニ　わひしきものや　此秋ハ
身ニしむ　木からしのこゑ

村上義徳参られ、金十円かし呉れ候様被申ニ付、かし申候、大橋来ル

・三十一日　平尾と通りへ古器求メニ参ル、昼後、松田へ参り、花生ノ銅版頼ミニ行ク、次ニ両国辺へ参り、浪華帖求ム、玉置氏来ル、奈良ノ鳥井ゟ状来り、廿二日帰宅ノ由、押重戸ノ受取来ル、(77表)小川来り、煉瓦家税ノ一円と兼テ借置八十円返ル、右家ノ税取立方ノ出願一条ノ手数料ニ金五円贈ル

・(77裏)十(十二)年一月一日　昼後、岩倉殿へ参り、次、シーボルトへ参ル処、転宅ニ而留守

・二日　野田へ参り、古陶ニ求ム、昼後、小河へ参ル、留守、次ニ芦沢へより、次ニ柏木参り、古陶並漆器数々見ル

・三日　朝、サトウ氏来り、陶器二巻ノ同品十八品フランクス氏ノ望ニ付譲ル、代合テ九十九円也、昼後、此品ヲ取りニ使来ル、同五巻二冊廻ス、次ニ谷森へ参り、赤塚へよれ共留守也、平尾来ル、山下、今日出立ノ由ニ付、メリヤスノ本十冊贈ルなり

・(78表)四日　村山へ参り、同道ニテ本城、小堀へ参り、持伝ル茶品数品一覧ス、何レモ宜敷申候

備前焼底取　遠州好　　鷹取焼底取　遠州好

肥後焼水指　画有り　　膳所葉茶入　遠州時代ニ
金花山（金華山）茶入　二　　嶌物茶埦
柹茶入　古瀬戸　土黒鼠色、薬赤エントウ豆ノ如シ、薄ウ懸ル、甚目事（見事）也
嶌物耳付茶入　名物　　油滴覆輪無シ　見事
灰カフリ　雅ニ出来ル　　沈金天目台
三味線丹ケイ（短檠）　　茶箱　ハケ目　茶埦
唐物茶入　　イモ牙杓
嶌物糸入ハントウ　義政比ノ物ニテ遠州ゟ前
　右名物後中古（中興）名物トナル
高取焼大壺　　堆黒観音香合
（78裏）
在中庵茶入　瀬戸　薄栗色ニ上薬黒
　土ハ白ニ鼠色ヲ帯ヒ、糸切右ニテ細シ、黒色ニ玉虫ノ如ク光り含ム、代ハ
　　在中庵切　　花キリン
　　ケイト切　　大唐切　尤名物
信楽灰ホウロク　　唐物茶入　火中物
三嶌吹墨鉢　　宣徳染付鉢
交趾硯屏木目モ有　　七（七官）観青シ鉢
キヌタ鉢　　青シ硯屏

三嶌水指　　　南蛮水指　エヒ手

キヌタノ茶タイ　　南蛮芋頭水指

古状数十枚

　十字ゟ四字迄一見ス

(79表)次ニ湯嶌ノ宿ニ東へ参ル、平尾モ居ラレ、酒出ル

・五日　信楽へ参り、次ニ三嶌茶垸求ム、古シ、田村来ル、次ニサト使来ル、陶器二巻同品十八品ノ代九十九円ト四、五巻本六冊代ト合テ百六円受取、次ニ春木丁小堀、村山、赤塚へ参ル、何レモ留守、榊原、大橋、桜井来ル、酒出ス

・六日　諏訪来ル、村山来ル、酒出ス、芦沢外一人来ル、岩下外一人ト赤塚来ル、酒出ス、赤松来ル、赤塚ト松原へ参り、十一字ニ帰ル

・(79裏)七日　東ト外一人ト平尾来ル、酒出ス、赤塚へ一寸参ル、此度ノ宅ハ雅地也、□□小川来ル、松田へよル、シーボルト来ル、私留守

・八日　小川ト間嶌へ参り、油機ノ談ニ参り、次ニ芦沢へ参ル、留守、村上来ル、酒出ス、由井来ル、次ニ村上トシブスケへ参ル、留守、次ニ私、ワク子ルへ尋ル、留守へ宗順来ル

・九日　小川、樋口来りテ、油ノ談仕ル、永子、鈴木や来り、酒飯出ス、高田、小河来ル、次ニ山本へ参り、曲木へより、シーホルト、獨乙公使、同書記官へよル、何れも留守、松田へ参ル、酒出ル、松浦ゟ状来ル也、（80表）文蔵今日ゟ来ル

・十日　宅ト安井、松浦へ状出ス、獨乙書記官へ参ル、次、曲木へより、次ニ煉化ノ月賦納メニ東京府へ参ル、昼後、クートシミツ来ル、次ニ芦沢へ参り、次ニ浅草通りゟ帰ル、竹次郎来ル、下男ノ竹、今日ゟ外へ出ス也

・十一日　陶器五巻ノ納本五部仕ル、林少輔ニ面会候而、日本全国ノ米産出入等問合セ候処、全国産出高五千万石、政府入ノ分一千二百万石、一石代四円二分ノ金ニテ取立ノ由被申候ニ付、ヘンケーへ申遣ス、村山へ参り、元橋本所持古瀬戸茶入（80裏）ト大春慶ノ茶入レト五円ニテ求ム、次ニ原町ノ小堀へ茶ニまねかれ候而参ル、松原、三井、本平、私ト客ニテ、赤塚氏勝手役也、茶入白庵、炭取スカシ板ノ厚ミノ処、朱惣黒ヌリ、作道吉也、遠州好甚面白シ、外ニ水指祥瑞作ノ物ヲ見ル、又、夕飯出テ、七字過ニ帰ル

・十二日　赤塚へ参り、黄天目二円二分ニテ求ム、包吉へよル、留守、次、橋本へ参ル、留守、次、信楽へよル、昼後、松田へ参り、次ニ桂川へ参り、次ニ吉益へよル、留守、大久保謙治来ル、岡本来ル、小林へ状出ス

（81表）・十三日　サトウ見へ候而、陶器三巻ノ同品廿五種見セ、フランク子《（フランクス）》へ廻ス為メニ一見セラル、芦沢来ル、次ニ日陰丁ノ道具やト赤沢来ル、何《（ママ）》酒飯出ス、松田へ参り、次ニ平尾へ行、同道ニテ三河やニ而洋食ス、三井来ル

・十四日　宮本大丞来ル、陶器ノ本二冊見セ、次ニサトウゟ昨日ノ陶器廿五ト外ニ三品取りニ来ル、次ニ深出方ノ売立ニ参り、太閤ノ火鉢ト竹タンス求ム、四十銭ト廿一円也、平尾、高嵜、小野来、外ニヲ《（ママ）》小平外ニ二人来ル、何レモ古物見セ、初ノ三人ニ酒出ス、十一字ニ居ラル、岩田来ル

（81裏）・十五日　赤塚来ル、次ニ赤塚、小河、岡本、芦沢へ参ル、何レモ留守、大茂へ参り、古蒔画小筥三分、伊賀花生一円、料紙硯箱四十二円ニ而求ム、コウケ《（香華）》壺二円二分ニテ求ム、ヘンケー来ル、夕方へ吉益へ参ル、和田ゟ状来ル

・十六日　村上来ル、次ニ小堀、改休、赤塚来ル、古物見セ、酒飯出ス、次ニ曲木へ一寸参ル

・十七日　吉益来、古器見セ申候、昼飯出ス、昼後、曲木来、陶器四巻ノ横文出来ス、田村来ル、酒出ス、次ニ由井へ参ル、(82表)初会ニテ大人数也、十一字ニ帰ル

・十八日　吉益へ参ル、昼飯出サル、松田へ参ル

・十九日　宗殿来ル、古器見セル、昼後、赤沢へ参ル、十人計り初会ニ参ラル、柴田ゟ古膳所焼大器被廻申候

・廿日　油談ニ付、間嶌、小川、平尾、久松秀来ル、次ニ村上来ル、横文五巻出来ニテ、先日ノ十円ト合テ十三円遣ス、曲木へ一寸参ル、村上ト伏見ヤトニ(82裏)酒出ス、宗及サトウゟ状来ル

・廿一日　堀江、柴田へ年詞状出ス、又、陶器箱運賃合テ二円五十八銭五厘廻ス、柴田へ曲木へ参、四巻横文料十円贈ル、釜藤へ参ル、古器色々一見ス、村上来ル、飯出ス、昼後、四巻ノ仏文ハアレンス社へ以テ行、タムソンへ参ル、留守、ステーホンへ参ル、病気也、松田及惕斎へヨル、田村来ル、陶器四ツ求ム

・廿二日　本多、平尾来ル、酒出ス、同道ニテ煉化屋見ニ参ル、次ニ私ハーレンスへ陶器五文以テ参ル、次ニ帰一ノ会ニ行ク、飯出ル、又惕斎へヨル

（83表）・廿三日　松田、伏見屋来ル、古器見セル、赤塚へ参ル、留守、次、多へヨリ、次ニ岩下へ参ル、酒飯出ル、松田ゟ陶器三巻ノ再版本来ル、惕斎ル（ママ）金石索十一円ニテ求ム、岡部ゟ書来ル

・廿四日　右本ヘンケーへ為持遣シ申候、私ハ松田及大茂へヨル、川上、古川、大河内来ル、酒飯出ス、赤塚来ル、私松原へ参ル、小河来ル

・廿五日　サトウへ参り、同人ト同国ノフランクス氏トへ京製竹ノステーキ一本ツヽ贈ル、次、モンセートソウマレットへ参ル、留守、次ニ冨田へよル、産有ル由、春日大宮（83裏）に替ル由承ル、昼後、信楽、梅辻へ参ル、モンセー、同家内ノ氷ノ上走ルヲ初メ半蔵門内ニテ見受ル、奇也

・廿六日　モンセー及ソウマレツ氏へ陶器ノ五巻以テ行ク、次ニ福田へヨル、留守、次ニ近衛殿へ一寸尋ル也、山口ト金七ト来ル、次ニ岡本十郎、芦沢へ一寸参ル、夕方、弥吉懸り合ノ女ノ姉来りテテ（衍字）色々苦情承ル、岡部へ状出ス

・廿七日　大茂ゟ棚以テ来ル、預り置ク、昼後、松田へより、次ニ吉益へ参ル、留守、次ニ由井へ参り、赤ハタノ鉢一ツ贈ル、次ニヤキン（ママ）おりへ参ル、片岡へ状出ス、弥吉私方ニおクコト断り申遣ス、（84表）宅ゟ状来ル、先日ゟ母病気ノ由、又、安井ゟモ状来ル

・廿八日　村山来ル、古器持参也、地税、人力車ノ税為持遣シ申候、小川来ル、昼後、安五郎へヨリ、

手付茶ワン贈ル、次ニ諏訪へ参り、石ノ杯一ツ贈ル、次ニシーボルトへ参ル、留守、次ニジブスケへ参ル、留守、寄木ノ杖一本贈ル、嶌の家内来ル、松田ゟ陶器四巻再版二百部来ル、平山ト鹿嶌とへ状出ス

・廿九日　植木ヤ来ル、ペンキヤ今日ニテ終ル、(84裏)抱雀来ル、古陶見せル、小川五郎来ル、ハーレンスへ昨日ノ本二百部為持遣ス、加藤弘之ゟ古事ノ談ヲ語ル会社ヲ立テ、来ル六日、大学校ニテ集ル由申来ル

・三十日　シーボルト来ル、小川五郎へ状出ス、平山ニ而二字ニ来ル由申来ルニ付、少々早う参ル様申遣ス、岩田ゟ陶器本一揃取ニ来ル、終日雪ふる

・三十一日　サトウ来ル、棚見セ候処、不用、大内帳ハ四ツノ処、二ツ入用ノ由、陶器五巻二百部再版、松田ゟ来ル、今日、此算用金百円以テ参ル、(85表)酒被出申候、西京ノ宅へサケ四尾、タラ一尾廻シ申候、平尾来ル

横山松三郎
写真、同人
ノ細工ニテ、
年ヲヘテ
色ノ替
ラサル由、
銀エキハ
用ヒサルコト

(85裏)イタリア国ノコンシエルノ家内、公使カ此女ノ学問ノ為ニ日本陶器千二百種ヲ求メアタへ、付テハ
見分ヲ被頼持出参ル

此女廿才代ニテ
美人也、此国人
ハ黒カミテ、我国
ノ人ニ甚近シ、
音声モ似タリ

（86表）上野ノ内国博覧会ノ表門也、元本坊アトニテ如下、又平図如左

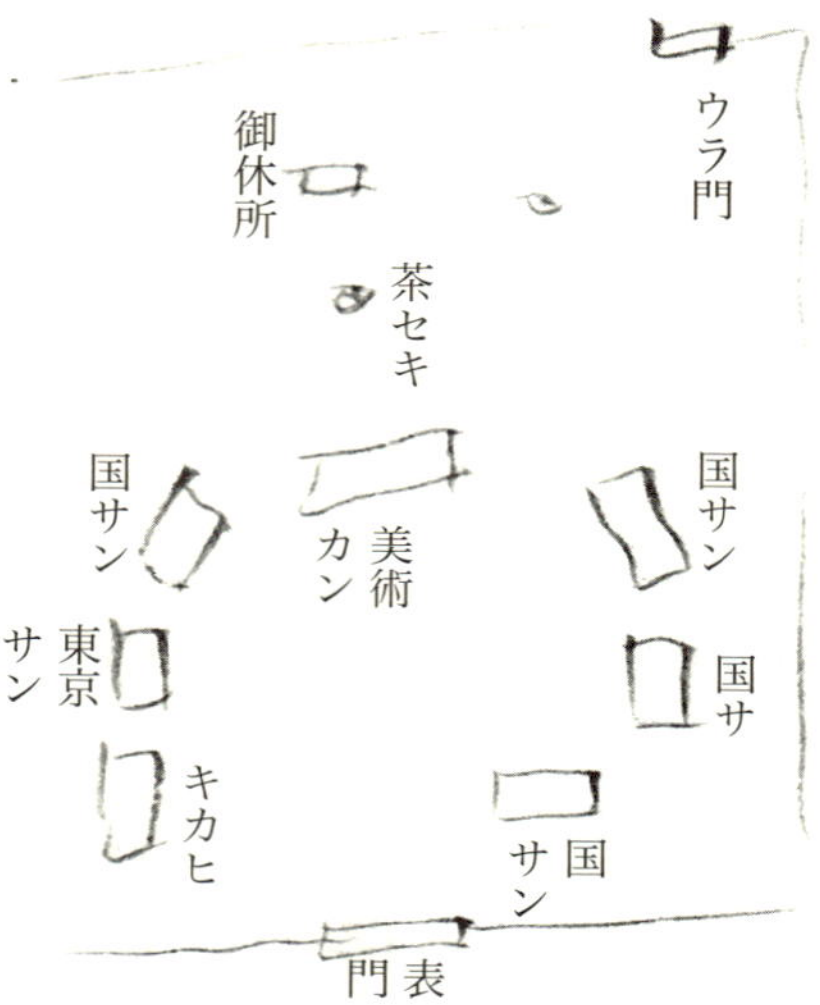

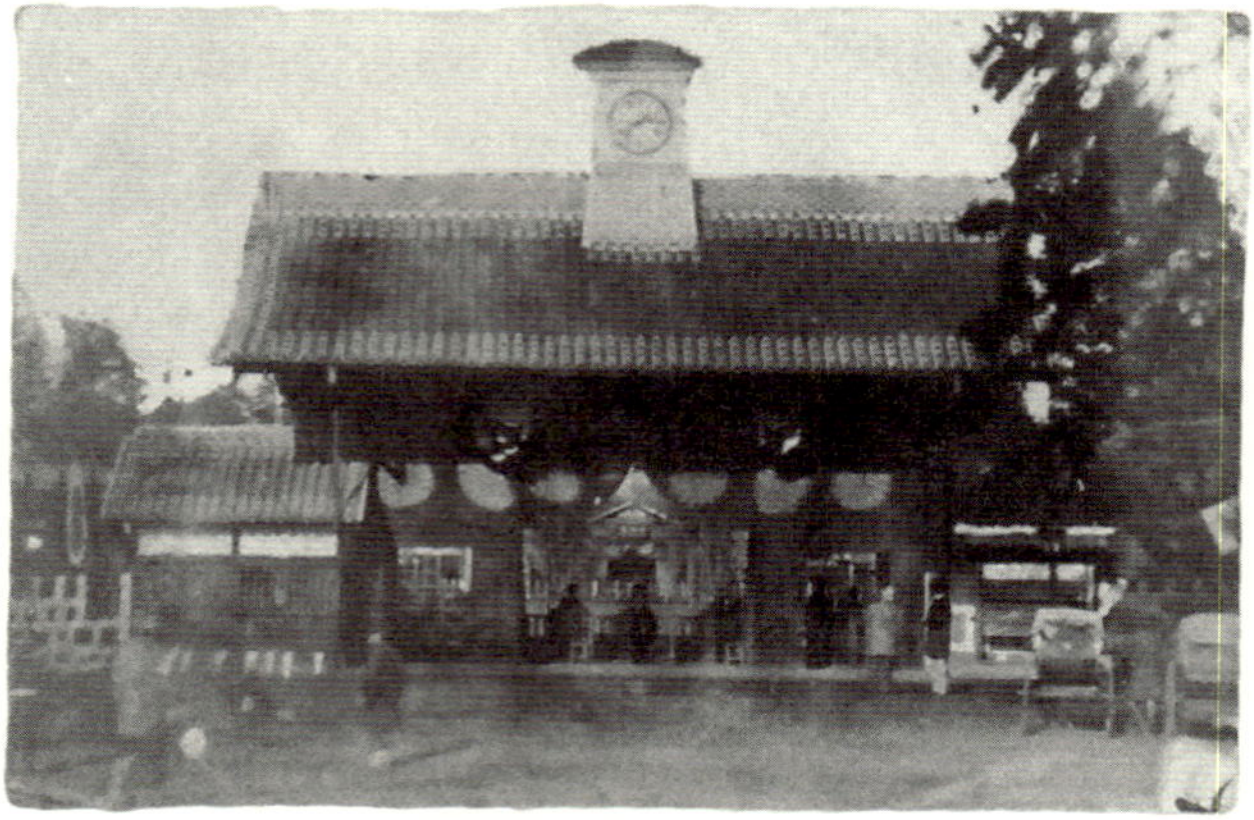

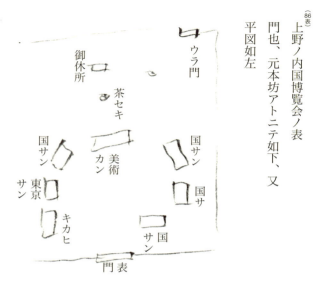

（86裏）上野ニ文部省カンカツノ
育レ教博物館ハ、山科
元行此家ヲ建ル時ニ
度々相談ニ見へ、見込
ヲ咄シ仕り、漸ク出来、
可ナリ宜シ
此館ニハ格別ノ物モ又
高名ノ人モ無キニ付、
人々一向ニ不参候事

（87表）明治十年三月ヨリ西ノ土蔵内家作仕ル、ニカイカヘノ上塗戸前ノハメ入レ、ヨロヒサンノ戸ヲ二階ヤ下ノ南ノロト仕ル、下ノ上ノマトニハカラス《ガラス》障子ヲ入ル、二階ノ手スリニ鉄ノ十文字入レ、又、書見ノ間ノ南ノマトト、ヘン所《便所》ノ南ノマトノ戸ハ鉄張りニ仕ル置ク等ニテ、此家作入用大略〆ル

惣〆九十四円四十六銭一厘也

(87裏)
金二円三十九銭八厘
十年十二月廿四日　蜷川式胤

証

金二円三十九銭八厘　西二一
右竹川丁一等煉化月賦何年何月分
本日上納候也
明治十年ノ
十二月廿三日
竹川丁六番地
蜷川式胤
東京府知事　楠本正隆殿

(88表)
元信アシニ雁画　二巾　十二円
光琳ワラヒノ画　一円二分
南丘ホケノ画　四円
一蝶　蛭子画　一円

常信　田家画　二円
文燐(文麟)ホタンノ画　二円二分
大津画　一分二朱
辻君画(ママ)　一分

吉益蔵品、鉄風炉、算ツブノ
如シ、上ニ穴廿八有り、甚古シ、
四五年ニモ見ユ

（88裏）

クス玉画　仁清茶埦　二円二分
御本　一円一分
渋画横スシノ大茶埦　五円
宗哲　古棗　一円
右三好丁ニテ一見ス
黄瀬戸茶入　二円一分
仁清茶埦　ホウツキノ画　印ノ上ニ有　十円
シヨウスイ　三分二朱
東中通水戸やニテ

御器形　同作　二円一分　金森書付
水指　二円
古蒔画　棗　三円二分
画瀬戸茶埦　二円
養草　二円二分

一巻　二巻　義津へ　山口へ

極　九十　八三　五六　十二　ヘーレンへノ本カ

薄　廿　二　図ノ数也

押　九　二十

黒　四十八　四十四

(89表)銀座四丁目　○ヤ　万や藤兵衛

池端ノ仲丁ノ小切レヤ　同　山本

同傘ヤ　同　犬山治助

元柳原　ヒチヤ　同　尾張や嘉兵衛

右近辺　同　福田や徳兵衛

住吉丁大国ヤ　同　善兵衛

村田や鉄五郎　紙や　同　日かけ丁

右ノ手前　同　□や義介

神田平永丁　同　伊勢平兵衛

局ノ小遣元刀や　伊勢久

岩城平長橋丁鈴木安江三男　勝沼徳憐

(89裏)城州八幡美濃山穿土所得　車輪石

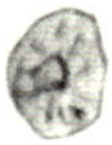

日本中ノ城ノ図　額名　聆濤客帖

外国ノ尺ノ始メ

足クワノ長ヲ尺トス、今モイタリア用ル、一足ニ足方々国同シ、クジラ尺ト云ハヒジノ長、呉服尺
ニ用ル、此レト云ハ、咫ノ寸ヲトイツニテハ一シウパン子ン

赤沢蔵品見ル方

祥瑞茶入　染付　後春慶　茶ワン
黒天目台　同　朱
衝立　根来

（90表）

竹次郎帰京付五十三ツ（キ脱）ノ油画ノ内望物
三条橋　クワナ　シウンサ（ママ）
亀山　祖母餅（姥ケ餅）

芦沢所持ノ内望ノ物
遠州シロト（志戸呂）水指　六円二分　大竈物茶入　五円
ヲリベ（織部）　三円□　上底茶入　二分
シカラキ（信楽）　シトロ（志戸呂）茶入　二分二朱　青貝香合　六円

彫高麗香合　　三円　　　赤画真葛
青シ（青磁）香芦

八幡ショブ□元ヲリヘ先
将軍家　三枚　　尾張　二枚　　同家元清水　一枚
同山神主清水娘ヲカメ家康へ出シ、其子尾州也

（90裏）
石油製前ノ見込
一日製十石余　　遠州油一石賃共　十四円五十銭
越後—　　四円　　十石製油入費カスニテ引替ヘノコト
減シ方遠—八分　越—六分　　十石利分二十三円
外国品二斗代此比四円六十銭

上田□神田ニテ一見　記
古瀬戸茶入　　十五円　　黄イラホ（黄伊羅保）　十五円
雲堂茶ワン　　千疋　　祥瑞香合　　三両二分
古サツマ茶入　千疋　　安南茶ワン　五十円
コウチ（交趾）　千疋　　高取茶入　　一円一分

コヒホ（ママ）　五百疋
御所丸茶ワン　千疋
（91表）
三好丁ニテ
画瀬戸茶ワン　二分二朱
大海茶入　二円一分
藤四郎茶入　二円
黄瀬戸茶入　一円
万古茶ワン　一円
道八茶ワン　一分二朱
京作水指　三円
ヒセン　一円一分
長嵜博覧会副社長
下り舟り丁小間物や
廣嶌縣下平民
住吉丁　醤油や

根来　三円二分
唐物風物　三分
唐物　五百疋
米一（米市）　一円　茶入
楽茶ワン　一円二分
シトロ水指　三分
伊賀花生　三円
藤四郎　一円一分
同上ノビセン
日下三隆
麻や幸八
岩城秀雄
妻フシ
かしま三代吉

（91裏）
煉瓦屋家税受取証
明治九年五月分　十円受取　同　六月分　十円受取
同　七月分　十円受取　同　八月分　十円受取　十月十五日半分
同三十日半分
同　九月分　三円　十二月一日受取　同　十年一月廿日　十円受取
二月一日　五円受取　同　三月一日　三円受取
同三月十八日　二円受取　同三月廿八日　五円受取
同四月十日　五円受取　同五月廿三日　二円受取
同六月二日　五円受取　同七月十二日　八円受取
同八月七日　四円受取　同八月
八十円トヘコウリ　ノ内十円受取
十一月廿六日　十月分四円受取ル　十月分月ふ　三円五十銭受取
十一月廿一日　十一月分半ハ四円受取　同十二月廿日　一円五十銭受取
同十二月三十一日　一円受取　十一年一月六日　四円受取
（92表）本所林丁三丁目五十二番地　竹林堂　竹内也
平川町貝坂上ル左カワ廣瀬方ニ　豊田

三番丁ロノ二番地　安岡百樹
三十軒堀一丁目六番地　石田
本銀金丁（ママ）一丁目九番地裏　平尾豊之助
通一丁目　若松漆器有り　黒井ヤ也
本郷春木丁二丁目十四番地　小堀政美
久松丁　廿六番地　川上宗順
下谷丁二丁目三番地　川上閑雪
木挽丁三丁目柳場通丁十三番地　左官
鍛治丁二丁目　シブヤ　三平
ヒ物丁　九番地　鈴木清兵衛方ニ　高木豊蔵（豊三）
宇田川丁　三番地　多田親愛
上野北大門丁十四番地　平松時厚

（92裏）蜷川式胤著　出板御届
観古図説　陶器部之三並四　大本ノ　一巻ツ、
明治十年五月出板
右ハ七百年前ゟ今日ニ至ル迄古書ニ見ヘル陶器ノ考証ヲ述タル書ニシテ、一切条例ニ背キ候義無候間、此度出板致シ度、此段御届申上候也

京都府
明治十年五月廿四日　著述並出板人
蜷川式胤
東京辰ノ口道三丁
二番地寄留
内務卿大久保利通殿代理
内務少輔　前嶌　密　殿

(93表)
観古図説陶器部ノ三　大本一冊
定価一円廿銭
右ハ明治十年五月廿四日御届申置候処、今般刻成ニ付、三部の納本仕候也
京都府
明治十年六月八日
蜷川式胤　印
東京辰ノ口道三丁二番地寄留
内務卿大久保利通殿代理
同　少輔　前嶌　密　殿
銭瓶丁一番地　高松為一
大手丁二丁目口ノ三番地　得能良介

（93裏）昨明治九年三月ゟ六月迄家作入用惣高百九十八円五十五銭
同　九月ゟ十二月迄――――　九十円九十二銭

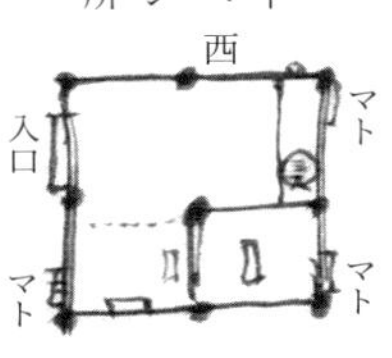

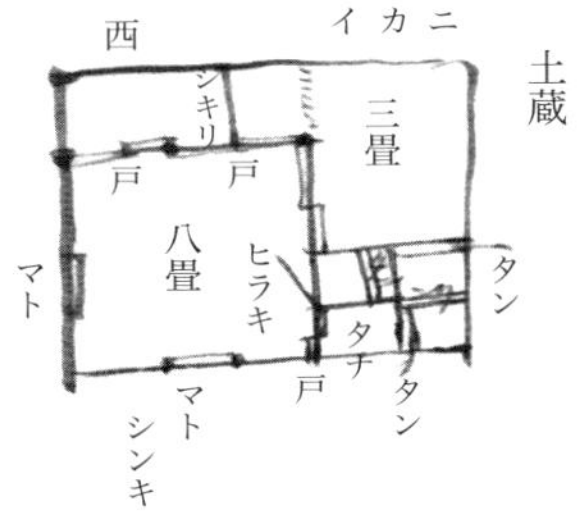

夏ノ分
下便所春造ル　又、本宅ノマトノガラス障子六ケ所
所作ル、又、戸前ノ表鉄板六ケ所造ル、間内天井ヘン
キ塗ル、客間也　　裏井戸口、中口、裏ノ勝手口、
奈良ニテ求ル建具　　湯戸場口等也
奥座敷、中座敷、表ノ
客間ノ開キニハメ付ル事、何れも縮メ中候
東ノ土蔵ヲ一ツノ庇ト、西ノ土蔵ノ庇シヲ造ル、西ハ鉄張り
冬　此西ノ土蔵二階東ニマトヲ明ケ、外かへヲ塗り、中ハ
二階中塗迄仕り、天井ヲ張り、間シキりヲ仕ル
下段モ間シキリ仕り、南ニマトヲ開キ候事
東土蔵ニ棚少々造り、北ノハシノ長屋天井一間張ル

(94表)

土蔵　下タン

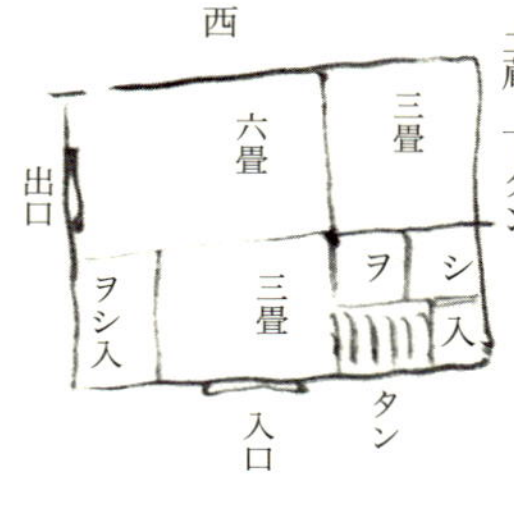

西土蔵二階戸鉄張ト茶間廊下西ノ小まとト
鉄張りヲ仕ル、居間ノ西ノ庇造ル、尤カラ
スマトニ上鉄張り也

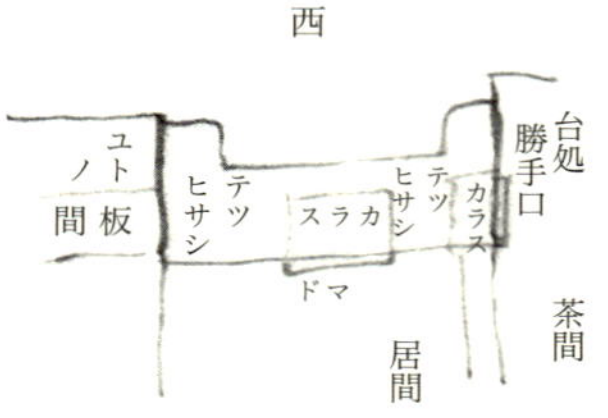

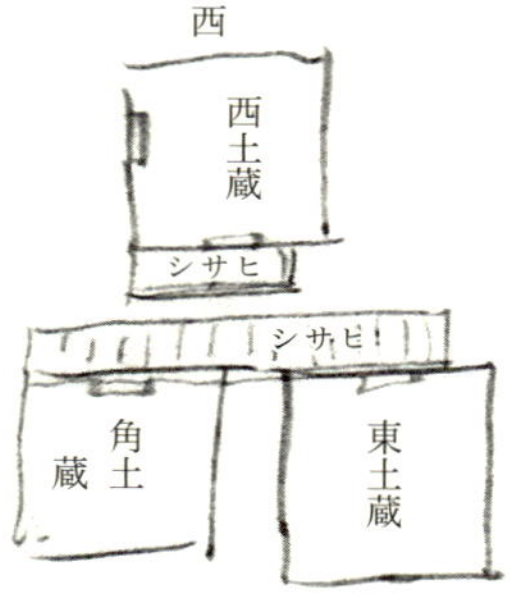

(94裏)

奈良ノ押重ゟ十一月廿九日申来ル

間中　ヌケザンノ戸　十七枚　代金　九円五十銭

間中　杉一枚　板戸　十枚　代金　八円五十銭

杉ノ四尺五寸巾戸　四枚組二枚ハギ　代四円五十銭

ヌケサン戸　二枚　　杉ノ一枚戸　二枚　　代二円五十銭ノ由

大坂払賃　　　三月十九日出、同廿九日着届　賃十五銭

右ノ処へ金子四円渡シ置申候

内重戸二枚　一円廿銭　鏡戸二枚　一円九十銭　賃ヲクリ二十五銭ノ由、十二月廿五日ノ受取

也

（95表）勢州朝明郡小向《ウブケ》村　万本焼（万古）　本家　　興　五左衛門

同四日市　中山孫七　山中忠右衛門（忠左衛門）　蔀　庄平（荘平）　小川半助也

駿河台東紅梅丁三番　　神田孝平

ヒ物（檜物）丁九番地　鈴本清兵衛方ニ　　高木豊蔵　仏学者

駿河台袋丁十番地　　間嶌冬道

奈良中筋丁　菊治ノ事　　米浪長之介

湯嶋三組丁　　五辻

湯嶋三組丁八十四番地　　横川

新桜田丁二十番地　　曲木如長

廣尾下豊沢村大聖寺七ハン地　　本や平蔵

長崎博覧会社員　　永見栄助

浅草代地新片二ハン　垂井重明
御地高倉　博覧会社幹事　竹久正助
アタコ丁一丁目七番地　湯川貫一
有楽一三丁目七番地　佐藤六兵衛
（95裏）横はま二百二ばん新地　伊太利亜人　ヘレーダ　内ニ古川亀次郎
古うし丁　夫　ウサ丁三はん　関沢
魯国ノ書記官　ロビン
馬喰丁四丁目廿番地新開丁清水や新七　茶キや
福岡縣久留米中竪丁　小林洋三
麻布本村丁三十二番　織田信徳
堺ノ博覧社ノ人　藤本荘三郎
銀座二丁六ハン地　山田杉茂
　英書記　マクラジ　サンマル　英ノ会計ソメイ
　英博物懸り　Ｆレッセル氏
三土代町《（美土代町）》二丁目一番　吉武
新丁南金六丁十四番　山田
本郷二丁目二十二番地　村山包吉
銀座二丁目六番地　山田杉茂

上野西黒門丁十二ハン　小中村清矩
（96表）横はま本丁通り先六十何ハン　ヘラルト新聞
不二見丁一丁目十二ハン　内藤豊長
同　四丁目六ハン　河野通政
サヌキ問や丁　玉風蔵谷（玉楮象谷）
不二見丁四丁目　岩下芦山トナリ
芝山内廣度院内ニ　王漆園
廣尾大聖寺ニ　本や平八
江州滋賀郡粟津村　柴田亘理
三州豊はしあくミ丁　元下男　影山庄吉
横ハマ八十五番　ウエト
青山南丁一丁目三ハン　諏訪
横ハマ間門丁三番　仏ノ新聞紙ヤ　エコテシヤホン　ルイス
浅草三筋丁七ハン　後聖（ママ）□院
四谷左門丁七十九番地　関沢
（96裏）円積率　七分八五四　円率　三一×一五九二六五
計　一×一×二一三五六　三四五二三三二〇七

山田仁左衛門記事ニ、同人寛永ノ比シャムロヘ行き、王ト成り、後状来ル由見ユ、又、津、斎藤拙堂ノ海外異伝ニモ引ケリ、嶋巣山小説記ニ有り

地租改正懸

　呉服丁一番地　　懸代　　伊井松之助

　平松丁十二ハン　　名倉藤三郎

　通三丁目四ハン　　飯塚八右衛門

浅草代丁　ウタヒ上手　法相（宝生）九郎

土用日　琵琶会竹逸宅ニ　古董（古童）　尺八上手

小弓上手　峯蔵　井上　兄　尺八

（97表）横ハマ本丁通り東ヨリ六十何ハン　仏ノヘラルト新聞

久松丁村松源二元宅　川上

　獨乙書記官　バロン・フオン・グートシュミット

日吉丁十二番地　かつ内　西村伊兵衛

深川諸丁三番地　石岸や　川村善兵衛

よし丁先丁大黒や善兵衛　刀鐙や　斎藤ト申候

入船丁四丁目一番地　仁和両替

本郷金助丁四十二番地　小川五郎
淡路丁一丁目台一番地　芦沢
小石川春日丁三番地　大黒や長右衛門方ニ　管
麹丁二丁目四番地　装束師　井上吉次
石川縣下越中国射水郡新湊放生津丁　矢野啓通
吉益正雄
八丁堀北嶌丁元町与力　松原
（97裏）下谷二丁目三番地　川上帰一
下六番丁三十七番地　岡部邸内ニ　榊原　考（孝）
浅草東仲丁七番地　内藤慎三
かや丁二丁目池ノハタ通六番地　古筆了悦
浅草代地新片丁二番地　垂井重明
乾也倅　石井重賢ト申候
飯田丁モチノ木坂　訳幹徳
長嵜縣官員柴田直義　会社永見栄治
御勝（御徒）丁一丁目五ハン地　木村政敏
木挽丁三丁目十五番地　左官　松五郎
下之番丁三十六番　岡部邸内ニ　榊原

神田錦丁三丁目一番地　華族学校ニ諸葛信澄

岡本則録

錦少路（錦小路）一丁目八番地内田屋八方ニ　ミカナギ

（98表）茶録　和漢茶誌　君台観左右帳記

廣古図

浅草畠山　西洋蠟燭作り　内藤新三

飯田丁五丁目十四番地武者小路内　土器目利人　赤塚　輯

浅草阿部河町九十九番地　茶キヤ　伊勢ヤ忠兵衛

横はま太田丁六丁目　今村ヤ

根津須賀丁十二番地　橋本源入

大坂呉服橋東詰横堀二丁目　片岡

瀬戸物一番地　天野義次郎　大橋兼吉

青山南丁一丁目ニテ雪窓

一番丁四十九番地　福田

上六番丁十九番　中村元嘉

金杉村二百四番　安楽寺横丁　榊原芳野

芝金杉川口丁九ハン　細井勇方ニ　荒井

・（98裏）十二月九日一円かし　一月三十一日一円かし　三月八日一円かし　五月一日二円かし　六月十九日
一円かし
・清之介　一月廿六日一円かし　○善吉二円二月一日かし
・源兵衛一円　一円五十銭　五十銭　四月六日一円かし　同十五日廿銭かし

茶録　君台観左右帳記　廣古図

会津家老田中三郎兵衛　天明比ノ人　蠟盛ンニス、又焼物も同様、元ハガモ（蒲生）氏郷始ル由

米人船乗ノ人　フラアンヨウ

（99表）濱松伝馬丁川口左又郎方ニ　片岡弥吉
山梨郡第一区柳丁ニ七ハン　岩下善蔵　結城無二三
村田ヤ鉄五郎　紙や　伊勢也久米
駿ヤ茂介　右ノ手前
住吉丁大国ヤ善兵衛
元柳原丁尾張や嘉兵衛　質や

右ノ近く　福田や徳兵衛
池端仲丁　山七　小切レや
同丁太山治介　傘や
銀座四丁目　万や藤兵衛
武者小路　杓師　元竹
六角堺丁やアタミ　袋物や　有古
三州豊橋鍛冶丁丁（衍字）　朝山庄吉
廣瀬郡長楽村杉岡太重郎宅ニ　江藤正隆
（99裏）大津伏見之間　宇治郡第一区勧修寺村　山口益彰
赤坂台丁四十七番地　遠藤廣宗
青山南丁一町目三番地　諏訪頼匡
滋賀縣下大津宿下馬場町芝屋丁駅　河内ヤ福め
赤坂丹後丁六十八番　吉武功成
本所林丁三丁目五十二番地　竹内
東本はし一丁目先石川ニイハル長ヤ元田安茶器有り
本郷生（壱岐）殿坂上　茶器ヤ
西京西殿丁四百九十番　平松時厚
三井希易

神明前木瓜や重兵衛　刺刀や

下谷二丁目三番地　川上帰一

下六番丁三十七番地　岡部邸内ニ　榊原孝

小石川牛天神下　住吉廣賢

椎之落葉　三

（表紙）

明治十一年二月一日ヨリ

同　　十一月三十日迄

九月六日東京出立、五畿内及紀

州、淡路、阿波、讃岐、備前、播

州へ参り、十一月廿三日帰東ス

（朱方印）「蜷川蔵印」

（朱方印）「宮道式胤」

椎之落葉　三

・（1表）明治十一年二月一日　赤沢来ル、シーホルト（シーボルト）来ル、同道ニテ小川五郎へ参り、獨乙公使ノ妾ニナル人三人見ル、次ニ小堀へヨル、留守、次ニ米人ヒールへ参り、次ニ平尾へ参り、上川越後ゟ帰り、石油器械一条咄シ承り、酒出ル、間蔦へもヨル

・二日　宅へ状出ス、小川へ参ル、留守、次ニステーボンへ参り、次ニタムソンへヨリ、次ニ三井へヨル、フセル、次ニ吉益へ参ル、赤塚来ル、平尾、銅器師来ル、花生一ツ渡置ク、赤塚へ参り、古陶色々一見シ、二ツ持帰ル

・三日　疋田及吉益来ル、吉益ニ飯出ス、サトウゟ使来ル、古陶三ツ返シ申候、大学へ参ル、加藤始十人余り（1裏）居られ、古事古器ノ談有り

・四日　松田へより、次ニ是真へ参ル、酒出ル、私留守へ平山来ル、虎次郎ゟ状と磨紙来ル

・五日　真レ是親子、門人、榛原五人来ル、古物見セ、酒飯出出（衍字）ス、赤塚、村上来ル、平山来ル、十二日、仏へ出立由也

・六日　十二字ゟ原町小堀へ参ル、同客十四、五人有り、十二字ニ帰ル、茶酒飯出ル、芸者二人来ル、シーホルト外同行一人来ル、本平来ル

・七日（2表）　小川来ル、観世へ安井ノ百足入ノ状とゝけ、岸本へより、中村へ参り、酒飯出ル也
・八日　ヘンケーへ参ル、留守、吹原来ル、仏国ノ出品ノ談有り、尾嵜来ル、古物見セ、酒出ス、平尾ト高嵜へ参ル、酒飯出ル、新建築ニテ美也、松浦来ル
・九日　ヘンケーへ参ル、留守、宗順来ル、酒出シテ、古物見セ中候、岡内外ニ一人来ル、古物見セ、酒出ス、ヘンケー来ル、平尾来ル、次ニ金松此度仏国参られ候間、古物見セ、酒出ス、吹原来ル
・十日　尾嵜へヨル、留守、四条殿へ参ル、留守、此度転居（2裏）ニナル先へ参ル、妾日也
・十一日　大雪、尾嵜へ参り、古物一見ス、小川来ル、辰男へ亡妻残雪ノ哥廻ス
・十二日　小川、川上、平尾来り、油機械直シ方見込承ル、赤塚来ル、片岡ゟ状来ル、弥吉ノ路費八円廻ル
・十三日　ヘンケーへ参り、本料受取方申置候、タムソンへヨリ、陶器本受取ル、刑部来ル、瀬戸ゟ掘出ル古陶三ツ一見ス
・十四日（3表）　松田へ参り、次ニ赤塚へ行キ、古瀬戸壺求メ、夜、ヘンケーゟ陶器ノ本料三百円来ル、武

四郎へ参ル、岩田へ参ル、留守

・十五日　赤塚来ル、平尾、三河ヤ来ル、社ニテ通りニ而西洋菓子始ル談仕ル、田中、芦沢来ル、飯酒出シ、古器見セル、次ニ通り煉瓦家一見ニ行ク、平尾、三河ヤ居らル、次ニ吉益ノ茶会ニ行ル（ク）、大人数也、松田へ陶器ノ成本料百円廻ス

・十六日　三条家ゟ古図三枚ト集古十種ト返ル也、（3裏）智恩院へ参ル、神之山ノ八三郎赤ハタトクリヲ贈ル 留守、曲木へ参ル、留守、植木鉢贈ル、ジブスケへ参ル、留守、

・十七日　高田へ参り、万古ノトクリ（徳利）ヲ贈ル、赤塚及小河へ参ル、留守、昼後、村山へ参り、赤ハタ（赤膚）植木鉢二ツ贈ル、次ニ古筆へ参ル、留守、梅沢へよル、留守、村上ト信楽ニテ古物四品求ム、竹次郎来ル、小油画五枚五円、中一枚三円二分払フ、高橋来ル、私留守、岩田ゟ陶説ノ代来ル、宇和嶌へ参ル、留守、小川来ル

・十八日　小川来ル、次ニ平尾、本多来ル、酒飯出ス、次ニ開拓使へ参り、次ニ松田へヨリ中候、地理局ゟ古書ノ目利致し呉れ候様申来ル、山本十五日帰ル、安井状廻ル

・（4表）十九日　松田へ参、五畿内写真種板一見シ、次ニ地理局へ参り、古書鑑定シ、昼後、原へより、次

ニ梅沢へより、帰ル

・廿日　太田来ル、小堀政休妻子ニ舎弟近藤ニ宿坊ノ僧、赤ツカ及古道（具脱カ）ヤト見へ、酒飯出シ、古物見セ申候、次、倉レ岩中殿へ陶器ノ五巻贈ル、奈良日学史レ修館ヨリ返ル

・廿一日　赤塚へ参り、藤四郎初代ルイ座（擂座）茶入求ム、七円二分（4裏）外ニ面取二ツ求ム、二分ト一分也、昼後、市ヶ谷片丁北条へ参り、古唐津茶入二十銭、石器三分、同土ノ模造一分ニテ求ム

此土ノ石キ甚見事

村山、本郷、小堀へ参ル、留守、松田へヨリ申候、夕方、小野来ル、酒飯出ス、木品見本五十品被贈候

・廿二日　獨乙公使へ参り、私ノ家ノ四半籠同国博物館へ贈ル、次ニグートトシミツ及ケンプルマンへ参ル、昼後、帰一郎へ参り、次ニ浅草へ行き、信楽へヨル、榛原へヨリ、植木鉢二ツ贈ル也

・（5表）廿三日　山本ゟ昨日届ケ来ル安井ゟ岩下へ参ルノ紙包持参ル、在宿也、昼後、智恩院へ参り、次ニ中通り道具ヤへ参ル、今日、平尾二度来ルニ付、一寸花入籠二ツ以テ参ル、留守、朝、地理局へ古文書目利へ参ル、宅ゟ頼ム紙包、平松殿ゟ青山御所ノ娘ノ方へ廻り、此人ゟ廻サル

・廿四日　ヘンケーへ参り、勘定ノ咄シ仕りテ、小野ノ木ノ見本一通りユツル、昼後、平尾、三川ヤ、仏ノ書記官六マロ来ル、古器見セル也

・（5裏）廿五日　松田へより、次ニ由井参ル、釜懸られ申候、片岡氏、はるゟ状来ル、キヨソ子《キヨッソーネ》外一人来り、古器見セル

・廿六日　松田参ル、抱雇来ル、酒出ス、青木へよル、留守、次ニ信楽へ参り申候

・廿七日　松田へ参り、次ニ深のへ参ル、留守、村上へ参ル、同シ、赤塚へ参ル、次ニ川上来ル、昼後、書籍館へ書見ニ参り、次ニ柏木へ一寸ヨル也

・（6表）廿八日　松田へ参り、赤塚へより、宗順へ参ル、夕方、キ子ソーへ夕食へ行ク、神武帝画高さきへかす

・三月一日　戸棚二ツ八円一分ニテ求ム、古器ヲ入ル、為、二字比ゟ青木来ル、楽咄シ仕ル

・二日　三等侍補鍋嶌直彬来りテ、新楽作ル咄シ仕ル、武永来り、度量ノ咄シ聞ニ来ル、次ニ小河来ル、次ニ小日向銅器師へ平尾ト参り、次ニ大小半へ行、留守也

(6裏)
・三日　湯浅、厚東来ル、古器見セ、酒出ス、昼後也、又、伏見ヤ来ル、古器見セる

・四日　山本へ油ノ集会ニ参ル、何レモ集ラス

・五日　藤兵衛来ル、昼後、同人方へ参り、天目茶ワン二円、紅花緑葉ノ楊茂作四円一分ニテ求ム、次ニ堀本へ参ル、釜懸り、小堀親子四人、赤塚参り、酒飯出ル

(7表)
・六日　ヘンケへ参ル、留守、石山寺ノ油画贈ル、次ニ博物館へ一見ニ参ル、掘出品見事也、昼後、赤塚へ参り、黒ノ古瀬戸茶入一円ニテ求ム、次ニ帰ル、山下及平尾来ル、松田へ一寸より申候

・七日　是真へ参り、次ニ信楽へより、古陶二品求ム、抱雀来ル、平尾、同縣ノ人来ル、古器見セ、酒出ス、太田来ル、一則作釦手釦ニ作ル、裏座金ニテ作ル、八円六十銭也、片岡ゟ弥吉ノ見込聞ニ来ル、宅ヨリ状来ル、私家内ノ人体申来ル、華族ノ桑原ノ妹ニ候、十八才ニテ余り若き故ニ見合セ

申候、外ニ同列ノ人ニ廿七計り人モ有ル由申来ル、岡本家内来ル

・（7裏）八日　釜藤へ参り、古芦屋ノブドウ画釜二円ニテ求ム、伊賀ノ古カセ餅香合一円ニテ求ム、昼後、文庫へ書一見ニ行キ、信楽及宗順へヨル、夕方ゟ間嶌へ参り、山本、小川ト共ニ油ノ談仕ル

・九日　赤塚へ参ル、同道ニテ村上へヨリ、古瀬戸茶入一円、面不取茶入二分ニテ求メ、次ニ太田へヨリ、又同道ニテ田畑（田端）梅亭へ参り、次ニ根岸へ廻り、昼食シ、次ニ伏見やへヨル、留守、次ニ三軒ヨル、道ニテ古唐津ノ茶入二十銭ニテ求ム、之ハ小堀ノ有ル通りノ物ニテ、其上緑薬り懸ル、甚珍ナリ

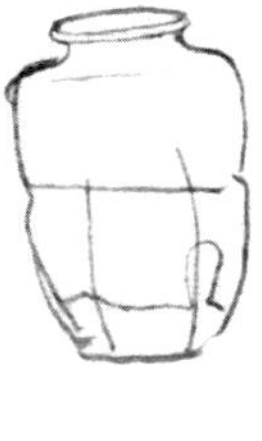

（8表）岡本来ル、次ニ小堀来ル、酒出ス、太田義ノ介来ル、留守中村上来ル、トヒノ久次郎来ルナリ

十日

・小川、樋口来り、油ノ談仕ル、昼後、博物館へ一見ニ参り、次ニ三井へ参り、古器ヲ一見シ、次ニ松田へより申候、トヒ来ル

・十一日　サトウーへ参ル、留守、次ニ岸本ニ而茶釜二ツ求ム、三分二朱、地理局へ参り、山下及弓長ニ面会候而、此間一円贈らるヲ断われ候へ共、先方廻シノ会、銭ニ困り候由ニ付、受テ帰ル、昼後、吉益へ参り、次ニ大茂ニテ乾山黒茶埦三分二朱ニテ求ム、瓦師来ル、次ニ竹角来ル、（8裏）ヘンケー来りテ、陶器五ホン訳（翻訳）不出来ノ再調へ被急申候、次ニ竹角へ古器見ニ参り、次ニ平尾へより、右ホ

ン訳、村上不出来ノ由申置候事、西京ノ宅へ状出シ、桑原ノ娘ノ義、断り申遣ス、修史館へ旧都ノ証書返ス

・十二日　吉益来ル、古物見セ、飯出ス、次ニ釜藤へ参り、松田へより、小河へ参ル、同人免官ノ様ニ一寸承ル、次ニ井上へより申候、ハーレンス社ゟ陶器五仏文廻ル、村上明日比来ル由平尾ゟ申来ル、道八水指求ム

・十三日　東京府へ煉化屋月賦納ニ行き、次ニヘンケへ参り、（9表）交趾花生図十枚贈ル、次ニ長五郎へ参り、上底（上底手）茶入三分ニテ求ム、次、田中へよル、病気、能勢参ル、留守、次、松田へ参り、写真手金二十円渡ス、留守へ能勢、小河来ル、岩田へよル、早帰国也、安部川丁ニテ織部茶入一円ニテ求メ、外水瓶一円一分、乾山茶垸一分二朱ニテ求メ、塩田より申候、次ニ太田へヨル、能勢、太田又来ル由、桜井ニさそわれ而寄（寄席）へ参、綱太夫ノ妓太夫ヲ聞ニ行ク、東京一番ノ人也

・十四日　村上へ参り、仏文以テ行キ、親子共面会仕ル、次ニ四条殿へ参り、酒飯出ル、夕方、平尾来、又、竹角来りテ、何モ商法ヲ開ク談仕ル

（9裏）
・十五日　六マロへ参り、昼飯出ル、次ニ伊人彫刻師へ参り、古器一見シ、夕方、松田来り、酒出ス

・十六日　赤塚へ参り、次ニ村山へより、夕方、ジプスケ《ジブスケ》へ参ル、留守、次ニ釜藤へよる、夕方、是
真親子三人来ル、酒出ス

・十七日　赤塚来ル、由井へ参ル、七字ゟ平尾へ向嶌へ参ル、道ニテ出合スシテ帰ル、夜十字ゟ外神
田ゟ出火、本丁迄来ル、平尾へ一寸尋、次ニ鳥大路へ尋ル、遠藤ゟ近日来ル由状来ル

（10表）・十八日　サトウへ参ル、古陶四ツフラクス《フランクス》氏へウ《ユ》ツル物ナリ、次ニ松田及川上へ参ル、次ニ高橋へ
よる、昼比ニ川上、小河来り、酒出ス、村上来ル、ヘンケーへ参り、次ニ青木へよル、飯出ル、平
尾来ル由

・十九日　書籍館へ一見ニ参ル、昼後、小石川戸嵜丁卅九番地高田舎ヘンケー同社七宝細工所一見ニ
参ル、随分美也、次ニ子ス《根津》ノ橋本へ参り、次ニ根岸竹二郎方へより、次ニ本多へよル、留守

・廿日　桂川へ参ル、吉益へ参ル、留守、松田ゟ写真種板八十二枚、小百七十八枚廻ル、夕方、松田
氏来ル、酒出ス、（10裏）博物館へ是迄献品ノ目録証書来ル、多田ゟ状来ル、品物合テ二百十三点也、左官
来ル、小川来ル

・廿一日　村上へ仏文早う出来ノ様状出ス、山形縣ノ山下ゟ状来ル、陶工ノ上工ヲ雇度由申来レリ、

吉益ヘヨル、平尾へ参ル、シーホルトへ参り、次ニ諏訪へ参ル、文ノ一見ヲ頼置ク

・廿二日　吉益ヘヨリ、日陰丁へ参り、昼後、浅草へ参り、夕方、平尾来ル

（11表）
・廿三日　宗順方へ参り、古器一見ス

　内海茶入　古瀬戸　　　画瀬戸

　ノンコ（道入）丸ニ赤ノ香合　　天目灰カフリ

　スンコロク（宋胡禄）香合　　萩ノ茶ワン

昼後、ヘンケー来ル、次ニ六マルト吉田来ル、陶器五仏文一見スレハ、一揃此本呉れ候様ニ被申候、

小川来、夕方、愛智（愛知）縣ノ天野実来りテ、陶器咄シ仕ル

・廿四日　赤塚へ一寸ヨリ、間嶌へ参り、此タ（ママ）油談ノ処、山本、小川来ラス、依テ帰ル、昼後、日陰

丁へ参り、次ニ松原へ参り、古器一見ス

　ノンコ香合　　　ノンコ黒茶ワン

　仁清茶入　　　天明ノアラレ釜

　金盛（金森）作火ハシ

（11裏）
・廿五日　村山、本郷、小堀へ参ル、本城、小堀ノ蔵品一見仕り度人ヲ頼入ル、付而ハ菓子料贈ル様

取計ノ談仕ル置、昼後、橋本へ参り、厚手茶入三円ニテ求ム、次ニ水戸金、信楽、梅沢へより、帰り道ニテ旅タンス一円一分ニテ求ム、夕方、山本、江夏、田村来ル、江夏同琴引かレ申候、近藤房楽来ル

・廿六日　陶器進歩見込、山形縣付ニ課山下政愛、石川、須磨へ申進セ候、日陰丁ニテ塗筥一分ニ朱ニ而求ム、昼後、赤ツカへ参り、中村来ル、古器ヲ見セル、次ニ山本へ参り、間嶌ト油談仕ル、(12表)平尾へ参ル、留守、ヘンケーら勘定書廻シ呉れ候様申来ルニ付、残金八百九十三円ト七十銭申遣ス

・廿七日　由井へ参り、日陰丁へ行ク、火箸二十銭ニテ求ム、了仲、諏訪、モーレー来ル、私留守、平尾へ行、ヲヘラン酒三ケ贈り、同道ニテ小日向銅器師へ仕上ノ物一見シ、次、河原田へより、酒出ル、次ニ小小(衍字)堀へヨル、酒出ル、十一字ニ帰ル、ヘンケーへ二、三、四、五巻陶器料付廻ス

・廿八日　建具ヤ来ル、次ニヘンケーら観古図説ノ料四百円来ル、川上へ参ル、次ニ赤ツカ来ル、次(12裏)ニ風呂(風炉)ノ《クハ》台求ム、四円二分、次ニ太田へ参り、次ニ松田へ金五十円石ハン盛大ノ事ニ付かし申候、次ニ観工場(勧工場)へ参り申候、内藤両人留守へ来ル也、夕方、平尾へ参ル、陶器ノ談仕ル

・廿九日　太田書林来ル、六マルへ参り、仏文原書トヨミ合ス、其処へ村上来ル、食出ル、次ニ仏文半ヘンケへ以テ参ル、金七来ル、留守へ本平へ一寸ヨル

・三十日　梅沢へヨリ、金七へヨル、何モ留守、平尾へ旧冬廻ル金百円返シ申候、夕方、同人来ル、
酒出ス、赤塚来りテ、円州(遠州)好棚二円三
分ニテ求ム、如左、諏訪ト川上ト状
(13表)出ス也

遠州好水指棚
桑作ニテ透ノ
鏡板シマ柹

・三十一日　金七来ル、ノンコ黒ノ梨地薬茶埦二分二朱ニテ求ム、十字ゟ六マロへ参り、陶説ノ仏文
トヨミ合シ、昼飯出ル、四字ニ終り、ヘンケーへ以テ参ル、凡三分一也、松田へより申候、小川来
ル、油キカヒ一条之(13裏)願ヒ叶ハスシテ先勝ノ由、私ノ煉瓦屋も改借やチント、コヲりヲク願ウ次第ニ
小川段取也、之ニ付、瀬川ト私病気ト云書付頼ニ行ク、岩城ハ今日、鹿児嶌ゟ帰宅也、留守へ英ノ
ソウマレツ氏来ル、宅ゟ状来ル、松田へ金二十円、写真本先かし仕り申候

・四月一日　古器求メニ行ク、石州流ノ茶事ニ用ル棚求ム、一円一
分、物桐ニテ左ノ柱白竹、小河来ル、田村、今日出立ノ由ニテ来
ル、昼後、赤塚へ参ル、夕方、竹二郎来ル、留守へ諏訪ト川上

来ル

・(14表)二日　平尾《高山氏》来ル、松田へ城ノ文廻ス、直垂同人ゟ被返申候、次ニ村上、大茂へより、次ニ川上へより、至一へ参り、そは出ル、夕方、赤塚来ル、留守へ金七モ来れり

・三日　私宅ト讃岐ノ松岡ト状出ス、岩下へ参り、山本、安井ゟ頼置ク同人短冊以テ帰ル、次、中村へ参り、同道ニテ白ケノ(ママ)道具ヤニテ、支那製炭取一分二朱ニテ求む、甚雅致有り、留守へ本多、平尾来ル、ヘンケーゟ仏文五原書急ニかへシ呉候様申来ル、小川来ル
(14裏)太田来ル、古キ鉄火箸ヲ、太田中子フカサセテ、班竹ノ柄ヲ柄ニシテ、上ノ方ケヅリカケニ仕ル好ヲナス也

鼠色ノ厚キ紙ヲシク也

・四日　六マルへ仏文原稿取りニ参り、直ヘンケーへ廻シ、松田城ノ稿廻シ、写真も廻ス、又仏文残、村上へ取りニ参ル処、留守也、三字ゟ中村、北畠、岡内来り、古器見セ、高藤来り、四人酒出ス、岡内ト北畠ト三合刀子ユツル

・五日
村上へ仏文取ニ遣シ候処、三葉来ル、次、同人来ルニ付残り有ル由、依テ下男同道ニテ取りニ又遣

シ候テ、ヘンケへ（15表）廻ス、大隈へ八日天子御立ヨリニ付、茶間ニ作ル為、朱天目堆朱台、若狭、遠州好棚、白磁花生、北畠借りニ見へ候間、かし申候事

・六日　平尾、本多来ル、田中屋ゟ古銅器作り来ル、見事、同道ニテ勧工場へ一見ニ参ル、次ニ榊原妾春来ル、酒出ス、六マルゟ明日止テ、日曜日ニ来り呉候様申来ル也

・七日　本多、平尾、私、田中屋へ参ル、留守ニ付、上野ノ花ヲ見ル、満花、次ニ本多へ参り、飯出ル、次ニ私大学校集会ニ参ル処、朝ノ間ニ相済由也、（15裏）次、松田参ル、酒出ル也

・八日　ソウマレツへ相撲ノ額贈ル、次ニ冨田ト山本へ岩下短冊以テ行ク、三条殿へ春日けんき（験記）以而参ル、文庫へ参り、次ニ梅沢ニテ古器求ム、川上へよル

・九日　文庫へ参り、高しまニ写シ頼ミ申候、平尾へ参り、田中やト談仕ル、夕方、間嶌へ参り、小川、山本、佐藤ト幸作一乗（マヽ）談仕ル、私ノ煉化屋談仕ル、十五日ニ坪明候由、東京府へ煉化税納メニ行き申候、松原へ参ル也

・（16表）十日　博物館へ一見ニ参り、次ニ松田へより申候、中村へヨリ、小西へ参り、酒出ル、赤つかへ参ル、村山へヨリ申候、シーホルト来ル

・十一日　平尾、本多ト田中屋へ参り、銅ノ談仕ル、上田来ル、煉化ノ屋ノモツレノ中人咄シ有レ共、断り申候、シーホルト来ル

・十二日　道やへ茶器一見ニ参ル、何モ宜敷物無之、村上へヨリ申候、内藤ゟ石灰ノ咄ニ人来ル、銅器師ノ内藤来ル、次ニ赤沢来ル、酒ト末茶（抹茶）出ス、夕方、小川来ル、飯出シ候

・（16裏）十三日　城郭ノ一本出版届、東京府へ出ス、六マルへ参り、陶器五巻残りよみ合す、之レヲヘンケー廻シ申候、平尾、本多、田中やへ可参候様申来レ共、右ノ義ニ付断り申候

・十四日　岡内へ咄シニ参り、古器一見シ、酒出ル、前田へ昼後参り、次ニ上野ノ花ヲ一見シ、次、川上へより申候、夕方、松田来り、西村ゟ被頼候而煉化屋ノ頼咄シ有れ共断り申候、シーホルト古物会及松田油画会弘告（広告）書来ル

・十五日　平尾、本多、田中屋（来脱カ）ル、銅器ノ談仕り、酒飯出ス、了中（了仲）来ル、昼後、吉益へ参り、三字ゟ間嶌へ油キカヒノ談ニ参、（17表）山本、小川、佐藤来ル、夕飯出ル、神武陵ゟ出ル土器ノ図、桃里へ贈ル状出ス、留守へ赤塚来ル

・十六日　赤塚へ参り、昼後、古陶、銅器三、四品求ム、次ニ向嶌へ参ル、花ハ少シ過クル、乾也へ

参ル、酒出ル、本窯築造ニ相成り申候

・十七日　由井へ参ル、大養寺書画テン覧見ニ行ク、人甚少シ、又、浅草ヘンへ参ル、古器求ム

・十八日　原町、小堀へ一寸参ル、平尾へ行ク、昼後、同人ト本多へ行ク、山本、間嶌、小川来ル、酒出ス、(17裏)油キカヒハ五百円取テ幸作方へ売ル談ニ仕ル、損分凡千円余ナレ共、見切方宜シト思ワル、越後ゟ樋口同品ノ□ンニ来レ共、是ハ見合方ニ仕ル也

・十九日　松田、忍不(不忍)池ニテ油画会、今日ゟ三日ノ間有ルノ処、私方ゟモ三枚出ス、釜藤へより申候、昼後、赤沢へ参ル、遠藤直道ゟ古器会仕ル由申来ル、夕方、藤嶌常文(常興カ)ト川口武一ト来ル、両人ノ咄シニ、鏡ヲ日ニ科(斜)ニ向候ハヽ、其光反写シテ、表ノ模様カケニ写ル由被申、甚妙ナリ、樋口来ル、朝、田中ヤ、平尾来ル、銅器咄シ仕ル也

・(18表)廿日　山本へ間嶌も参ル、石油機械ハ幸作へ遣スコトハ見合テ手離金三十円遣シ、右機械ハ樋口ノ咄シ越後へ廻ス約ニ仕ル、昼後、松田ノ油画ノ会ニ見ニ行ク、多分有レ共、義松ノ筆清水湊ノ不二ノ画甚見事、平尾来ル、小川来ル、私ノ煉化屋ハ引受人出来候而、廿四日ニ金ヲ棚賃出ス由ニ談シラレシナリ

・廿一日　本多、平尾、田中屋来ル、同道ニテ竹川丁煉化屋見ニ行ク、東門三間間口ノ家、月ニ九円ニテ、雑作六十五円ノ由、カル談ニ懸ル、昼後、シーホルトノ古物会ニ参ル、彼是人（18裏）見ニ参ル、次ニ藤嶌へ参り、カラスニ模様ヲクサラシ入ルコトヲ一見ス、酒出ル、同人ノ琴ヲ聞ク

・廿二日　平尾来ル、次ニ春斎　　　ヲツレテ来ル、古器ヲ見セル、次ニ北畠へ参ル、古器色々見セラレ候テ、酒飯出ル、岡内、北畠ゟ三合刀子ノ料受取ル

・廿三日　平尾、本多、私、田中屋へ参り、鋳物仕ル処ヲ一見ス、支軸巻一分一朱ト唐物棚一円一分ニテ求ム、次ニ建具屋へ一寸参ル

（19表）
・廿四日　小川来り、竹川丁私ノ屋ハ、改借人出来ニ付、三ヶ月家賃とゝこうり廿四円ト三ケ分ノ向ノ敷金廿四円ト受取ル、裁判所ハ事済ノ書付、小川被出、夫故ニ平尾、田中ヤ、本多へ申通シ、此四人□間持ノ家ハ、竹川丁東側ノ家ヲ借ル約ニ、平尾ト私ト懸合ニ参り、三間間口ニテ、地代共一ケ月九円ニテ、敷金ハ不入、家作ハ六十五円ト申事ニ御座候也、小川へハ手数料ニ四円遣シ置申候事、夜分、赤塚来ル、末茶出ス、雲堂茶ワン二円三分ニテ求ム、昼、小河来ル、酒出ス、近々一応帰国ノ由、赤沢来ル、末茶出ス

（19裏）
・廿五日　金七、伏見ヤ来ル、末茶出ス、田中ヤ、本多、平尾来ル、同道ニテ竹川丁ノ家見ニ参り、

雑作申付ル、手□ニ大工ニ聞合ス、松浦ゟ舎弟私方ニテ世話致し呉候様ニ申来ル、早々断状出ス、
昼後、平尾へ参り、次ニ夜、平尾来ル、カラス障子八枚九円十銭ニテ求

・廿六日　平尾へ参り、竹川丁借家ノ雑作、大工ニ申付ル、次ニ赤塚へ参ル、昼、本平来ル、昼後、奈良博覧社へ四合刀子二下ケノ料七円六十銭廻ス、次ニ建具ヤへより、次ニヘンケーへ参り、観古図説ノ陶器ノ引合ヲ仕り、算用残四百九十三円七十銭受取、次ニ金物師太田方へ参り、次ニ帰ル、又、ヘンケーゟ人来り、本ノ不足二巻一、三巻二ト(20表)銅器見セニ遣ス物ト渡ス、夜――一巻ノ陶器八品為持遣シ申候

・廿七日　平尾来ル、昼後、梅村、大茂へより古蒔画物求ムル、竹川丁ノ家見ニ行ク、岩下来ル、留守

・廿八日　建具ヤ及桂川へ参ル、留守へ平尾来ル、昼後、小河へ参ル、留守、井上へよル、次ニ松浦武四郎へ参り、次ニ至一へ参ル、留守、赤ハタ焼鉢二ツ贈ル、竹二郎へ参ル、留守、次ニ玉忠へ参ル、同シ、次ニ浅草辺へ古物買ニ参り、十品余り求ム、平尾へよル、留守ナリ、三十一日村上虎二郎ゟ磨(20裏)紙売弘メ度由申来り、望人無之ハ、角ノ象眼（象嵌）茶入レナレト捌ケ候由申遣ス也、昨日、地理局ゟ先日古書鑑定済幷不済、儀レ謝ノ一別申出ス様ニ申来ル、右已後ハ謝儀受取事断りの返書出ス

・廿九日　平尾へ参り、次ニ竹川丁ノ屋ヲ一見ニ行キ、昼後、後藤来ル、次ニ本多、平尾、私、田中

屋へ参り、私八百円、田中ヤへ廻ス、銅器二品持帰ル、次ニ赤沢へヨリ、茶酒飯出ル、今日も古器四品求ム、宅及安井ゟ状来ル、旧宝菩提ゟ私邸辺ハ邸地ニ相成ル由ニ付、譲状申出ス様ニ申来ル也、（21表）留守へ細谷来ル、所持ノ時計払ヲ宜敷ヲ求ムル、九円二分ヲイテ打

・三十一日（ママ）　玉忠へ参り、古器色々一見シ、浅草へ参り、古器ヲ求ム、赤塚来ル、次ニ竹川丁ノ雑作ノ致シ方一見ニ参り、次ニ間嶌へ参り、山本モ行キ、石油機械改幸作へ又遣スコトニ替ラレ申候テ六百円受り、残六百五十円ハ四ケ年賦ニ仕ル書付ニテ談シ定ル也、此具ノ作ルコトニ借金有り、夫レ払方夫々仕ル処、一ハイ之夕飯出ル也、金七口兀ノ建水、松原より取出シテ来ル、雪窓モ来ル由

二代目位ノ作ニ見ユル、珍也

・（21裏）五月一日　文庫へ参り、高嶌ゟ写シ物持帰ル、三条殿ノ被頼物也、信楽へ参ル、留守へ平尾、本多、来レリ、竹川丁へ参り、カンチ（寒雉）釜、道八建水求ム、内藤ト高埜栄二郎来り、古物見セル、平尾来ル、小川モ来レリ、至一、三州へ出立ニ付、参りテ、西京迄へ進メ、金子ハ用立候様ニ申置、是真へ一寸尋申候

・二日　芦沢及至一来ル、改西京迄出立ニ付、金子三十円かシ申候事、其替りニ東海道ノシロノ写真八十枚来ル約也、平尾来ル、芦沢来ル、茶出ス、昼後、置水屋トナルヲ二求ム、一円一分、至一へ

一寸尋テ、中落シス語ル、江藤家内昨夜来ル、今夜近付ニ一寸見ヘ申候事、佐藤来ル

・（22表）三日　雪窓ヘ参ル、留守、同人咄シノ片野ヘ参り、古画数巾一見ス、見事也、実ニ沢山也

隆信筆相撲画

昼後、宅ヘ金二十円廻ス、宅ハ邸地ニ相成ルニ付、地券出ス様府ゟ申来ルニ付、見セ候様景信邸ヤ私邸ノ儀、邸地ノ名目ニ相成ルヤ問合セニ申遣ス也、竹川丁ノ家一見ニ行ク、平尾、秋月来ル、近藤来レリ、松田ヘ一寸より申候事

・四日　シーホルトヘ参ル、同人此間武甲山下ヘ参り、穴居及古墓一見シ、図物上保石器ヲ見ル、三条殿（22裏）ヘヨり、春日ケンキ画巻受写シ以テ参ル、朝、高嵜ゟ状来り、人武（神武）天皇ノ画天覧ニ入レテ帰り、備前ノ官員、同国ノ求示仕ル人来ル由、且□泰玄仕ル由、談合有り、建具金物求テ、竹川丁ヘより、平尾も来レリ、昼後、松原ヘより、金七も参り、茶入ル

・五日　大学校ノ古物会ニ参ル、昼後　来りテ、新学仕ル談来ル、次、向嶌遠藤ヘ道具市ニ見ニ参り、次ニ乾ヤヘより、私見込花生ノ図一枚贈ル、次ニ竹川丁ヘよル、今日、平尾被移申候、虎次郎状来ル、此比仕事多計ニ付、其内ニ細工仕り候ハヽ、物品少々ニテモ廻シ可申候様申来ル、三条殿ゟ（23表）此間画巻ノ写料問合セニ来ル、至一見ヘ、此間用立候金子返シニ見ヘ、師範学校ノ用事出来候ニ付、西京行一寸見合ニテ、其内ニ手すキヲ待トノ事

・六日　岸本宿へ参り、同人ノ新楽ノ奏楽承ル処、大和舞ノ作り替へニ少々田舎風ノ哥ふりニテ、余り面白カラス、哥ハ万葉集ノ哥モ有り、釜藤来ル、昼後、松原来ル、古器見セ、酒飯出スナリ、次ニ竹川丁へ参り、次ニ岸本へ又聞キ参ル、赤塚御所ニ居ル娘つれ来ル、古物見せル、家内モ来ル

・七日　松浦、吉益来ル、片野来ル、酒飯出シ、(23裏)古器見セル、次ニ勧工場へ参り、朝日ニ面会ニ行、次ニ内国博覧会ノ残務へ参り、昨年出品物ノ礼料分配ノ義問合ニ参ル、次ニ吉益へ参り、次ニ区務所へより、地券改正ニ付調印ニ参り、次ニ竹川丁へ行き、次ニ高嵜へ参ル、留守、次ニキヨソ子ーへより、神武帝画像返ス、次ニ楠本へより、陶器産地ノ間合セヲ尋ニ参ル、高嶌来ル、画ノ写シ料遣ス、又、三条殿ゟ写シ料来ル

・八日　小川、宗順来ル、末茶出ス、六マロへ参り、陶器ノ二、三、四、五巻贈ル、昼飯出ル、昼後、平尾ヘヨリ、次ニ「仁清○」此印ノ茶ワン求ム

・(24表)九日　草レ浅へ行ク、高嵜来ル、次ニ岸本ノ宿へ参り、高嵜ト三河ヤへ参り、食事シ、又、岸本へより新楽ノ談仕ル、来ル十一日ニ学習院ニテ右大臣殿相聞候ノ処、俄ニ止ニ相成ル、次ニ竹川へ参り、次ニ松原へより申候、サトウゟ陶キノ三、四ノ仏文取りニ来レ共、未タ出来セサル返事遣シ申候、春日現記写料廻りニ付、受取候返事三条殿へ出ス

・十日　昼後、竹川丁へ参ル、本多、田中ヤ来ル、此家ノ雑作ハ六円余り入り、(24裏)一人前入用廿一円余り出金也、金ハ一ヶ月二百円ツ、本多ゟ田中ヤ廻シ、出来ノ品ハ何レモ竹川丁へ出シ、利益ハ入用引去りノ余り四人ニ分ツ

・十一日　平尾へ参ル、赤塚へ参ル、地税改正ニ付、区務所へ印ヲ押ニ参ル、私方ハ二番地カ四番地ニ変、二百五十坪二合四勺代百四十六円三十九銭ニ改ル

・十二日　サトウへ陶説四、五巻二巻廻シ申候、平尾外一人ト備前ノ見垣正香外一人来ル、酒出ス、昼後、山中へ参り、赤ハタ焼ノ植木鉢二ツ贈ル、明日、新楽聴聞催シ高嵜ニテ有ル由申来ル

・(25表)十三日　本多へ平尾ト参ル、竹川丁ノ普請ハ六十七円七十五銭懸り、雑作買取りハ六十六円ニテ、之レヲ三人ニ分チ四十四円五十九銭ツ、出スナリ、松田ヨリ城郭本廿五部出来ニテ廻ル、本多月々二百円ツ、田中ヤへ廻ス由ノ処、今日談ニハ見合セラル、甚不都合　　四字ゟ高嵜へ参ル、海軍省ノ小池、近藤、宮内省ノ鍋嶋、桜井外一人、式部局ノ丸岡、愛智ケン令安場外ニ二人来ル、酒飯出ル、岸本外六名、新楽ヲ奏シテ、互ニ謡ヲ入レ、舞モ一段有り、能ト大和舞ト央ハ也、庭ノツ、シ、藤見事、十一字ニ帰ル、宅ゟ状来ル

・十四日　本多、平尾ト田中ヤへ参ル、本多ヨリ金子出サレサルニ付、少々説まち〳〵ニ相成ルニ付、

尚互ニ考ヲ先持よりニカヲ尽シテ、開店ノ議ヲ考へ呉レト(25裏)申テ分レル、平尾来ル、同シク談ヲ仕ル、
□養ノ筆生花ツカヒ候人ニテ来ル、酒出ス、今朝クヒ違ニテ大久保内務卿ヲ切割(ママ)仕ル由、之人シテ
切り、自訴仕りシ事ニ聞ク、宅へ

置水屋ヲ
作ル、物杉也、
料五円二分

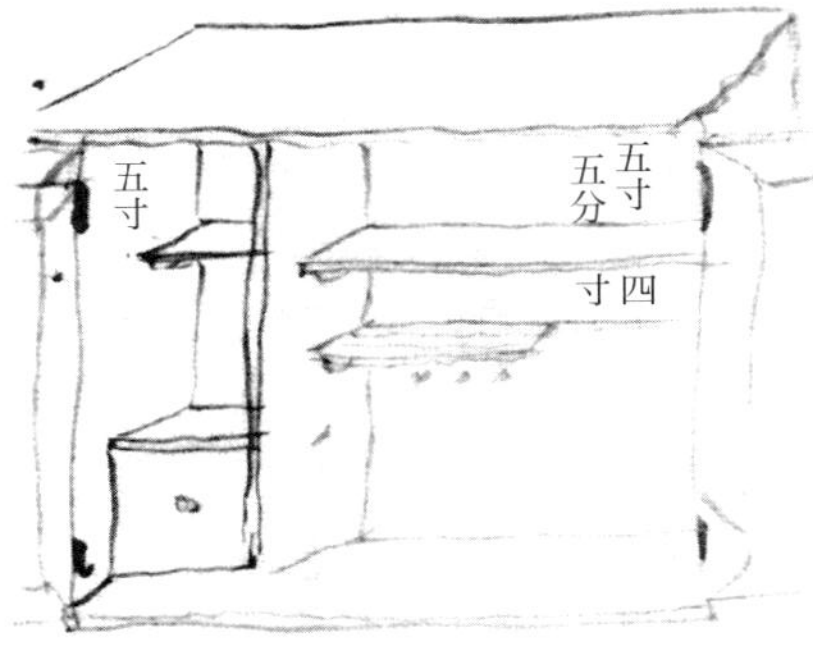

(26表)
・十五日　城郭部□□三冊納本ニ内務省へ出ス、次ニモンセーへ参ル、懐紙懸ヲ贈ル、家内カ日本楽
ヲ聞度由被申ニ付、土ヨウ日七日ニ参ル様談シ置ク、留守へ安井多嘉介、松浦克三郎来ル、岸本へ
参り、土ヨウ日ニ新楽モンセー方ニテ催ス由申置候事、吉益へ参ル、ヘンケーへ参ル、未夕不帰候、
弥吉来ル、酒飯出ス也

・十六日　松田へ参り、次ニ本多ゟ銅器取りニ八嶌来ルニ付渡ス、安井、松浦、中村忰来ル、酒飯出ス、長五郎来ル、又、吹原同ケン川上来ル、次ニ平尾へ一寸参ル

・十七日（26裏）　勧工場へ一見ニ参ル、古器求メニ参ル、又、芝ニテ釜求ル

・十八日　岸本へ一寸参ル、昼後、七字ゟモンセーへ参り、サトウ、ソウマレット食事仕り、岸本外五人、岡嵜来り、新楽ヲ仕ル、又、モンセーノ家哥琴ヲ仕ル、次ニ一統へ日本料理ノ酒出ル、十二字ゟ帰ル、雨風甚シ、一統洋楽カンシン也、山本来ル、川上へヨル、梅村へ一寸ヨル

・十九日　岸本早朝来ル、大橋、玉置ニ酒出ス、平尾へ一寸参ル

・廿日　サトウ氏へ音楽自他ノ合セ談ニ参ル、次、哥局へ音楽聴聞ノ聞合ニ参り、多野、芝ニ面会ス、次ニ岸本（27表）へ参ル、昼後、浅草へ参ル、道ニテ治光ノ和琴十四円ニテ求ム、次ニ松花堂好ミノ銅風呂三円一分ニテ求ム、何レモ古色、見事、平尾へ参ル

・廿一日　平尾、佐藤、飯塚来ル、七字ニサトウへ岸本ト参ル処、食出ル、自他ノ音楽考合セ仕ル、十二字ニ帰ル

・廿二日　赤塚、平尾、克三郎来ル、松田、岸本へ参ル也、松浦ヨリ状来ル、平尾へ古器数（ママ）廻シ申候、田中ヤ来ル、此度同社ノコトハ念離レ候ニ付、私方ゟ廻シ候金子（27裏）ハ返シ候由被申

・廿三日　平尾来ル、梅沢へヨリ、次ニ大茂ニテ古器五品求ム也、昼後、松田へヨリ、次ニヘンケーへ参り、次ニ平尾へヨリ、シプスケへヨリ、留守、道ニテアヒ申候

・廿四日　平尾、小河来ル、又、山科薩州ヨリ月始メニ帰り入来ニテ咄シニ、七島其外九州筋ノ土民ニ平家ノ落人処景有ルニ付、宮美（雅）ナル様勝ル由被申、岸本芳秀、御船島子、岸本武太郎、高原三代治ヨリ西洋子ト、見垣正香、佐々木元経ゟ玉子ト贈テ惣代ニ両人来ル、七字ニサトへ参ル、ソウマレツト三人夕食出ス、次ニ岸本親子見へ候テ、（28表）音楽ノ考へヲ互ニ仕ル、十二字ニ帰ル、昼後ニハモルレル並ニ平山来りテ、陶説ノシツモンニ来ル、付テハ日本ノ古陶百品ヲ百円ニテ集メ呉レ候様ニ被頼受合申候

・廿五日　ヘンケーへ参ル、城郭本一冊見セ候処、取ラレ申候、次ニ古陶廿品余り求ム、昼後、安井へ参ル、留守、岩城家ニ三線ノ清元望候処、五ツ計りヒカレ、見事、大橋娘舞ヲ舞、桜井家聞ニ来ル、何レモ酒出シテ楽シミ申候、十二字ニ終ル

・廿六日　安井ト克三郎来ル、酒飯出ス、昼後、九鬼、小早川上京ニ付、一柳ニテ末茶会ニ参ル、此

外七人集りテ、（28裏）燃水社ノ談ヲ仕ル、大隈へカシ置候天目茶ワン、桑台、藤四郎茶入、白磁花生、天目台、若狭盆等返ル、早州ノ五品一品ト鉄斎ノ画ト贈ラル也

・廿七日　松田へ参ル、北畠入来ル、宅ヨリ状来ル、岡嵜来ル、楽ノ咄シ仕ル、浅草へ古器求メニ参ル、弥吉来ル、改大坂へ一応参ル由ヲ申ス

・廿八日　松田へ参り、古器少々求ム、北畠へ参り、赤ハタノ鉢二ツ求ム、此間、唐物茶入博物館へ献シ候証書来ル

・廿九日　古器求メニ参ル、平尾来ル、松田へ城郭ノ本ヲ（29表）作ル残金五十七円渡ス、今日モ古器求ム、小川来ル

・三十日　今日モ古器ヲ又求ム、平尾来り、竹川丁家ノ為メニ金十五円廻ス、湯嶌へ参ル、留守、北畠へ三ケ月台廻ス

・三十一日　小川来り、持家ノ出入ニ付雑費一円五十一銭五厘渡ス、モルレルー参り、古陶百品集り候由、文部省ニテ申シ通ス、今明日ニ来ル由申サル、本多、平尾、矢島来ル、社ノ談ヲ仕ル、飯酒出ス、米ノ公使館へ参り、同国ノ博物館へ城郭ノ本贈ル、ステブンへ渡ス、赤塚、小河へ参ル、留

守、温知会ノ廻章来ル、金七来、建具へ参ル

（29裏）・~~五~~六月一日

・二日　八字ニ大学校へ古物ノ集会ニ行、本平来ル、昼後、古器求ニ参ル、岸本来ル、昼後、四条殿へ参り、角ノ植木鉢二ツ贈ル、酒出ル、楽ノ談仕ル

・三日　平尾へ参ル、楽工社ノ談仕ル、弥吉来ル、モルレル氏、平山来ル、古陶百品見セル、岸本へ奏楽聞きニ参ル、二字ゟ鍋嶌へ参ル、高嶌、西四辻、□本外五名来ル、新楽ヲ奏ス、（30表）酒出ル

・四日　鳥大路来ル、サトウゟ使来ル、次ニ平山来ル、古陶ノ百品目録認メテ帰ル、弥吉改出立ス、其宅ゟ廻ル金八円渡ス、先イキ切りノ様子ニ見ユル也、松田へ参ル、安井、観世参り、ウタヒ八番マひ仕ラル、面白シ

・五日　サトウへ参ル、外□ノ楽ヲ日本ノ琴笙等ノハカセ付テヲクラル、城郭ノ本英ノ書籍館へ贈り方同人へ頼置ク、同国ノフランクス氏ヨリ陶器ノ銘集ノ国々ヲ尋ラルニ付咄仕り、且此外ニモレ候分ヲ尋ラル、次ニモンセイへ参り、神楽ノ譜ヲ先日被問候ニ付一枚贈り置ク、次ニ獨乙公使へ参ル、留守也、次ニ（30裏）右ノ譜ヲ岸本へ以テ行ク、平尾及京ノ中西来ル、西京ノ毛植贈レ等、楽工社へ出ス様ニ談サル、酒出ス、次ニ古器求メニ行ク、

中ニ石器ヲ求ム、カブ□ノ丸ノ中央ノ小石孔ニテ、ツキ通ル、甚珍也、大サ二寸位、下ノ方ハ巾一寸、長八寸計り、
一則へ釦ノ彫、頼ニ行ク

・六日　本多、平尾来りテ、楽工社中ヲ本多分ケ度由ニ付、其談ヲ仕ル　○岡本但馬ノ男良太郎来ル、去ル三十日ニ着ノ由也、平尾へ参り、松田ヨリ、只今廻ル額十枚懸ケ、且又石版画百十枚、小学習字五組廻ルニ付、並へ方談シ、酒出ル、（31表）古器ヲ求ル

・七日　（ペン書）「松田夫婦と下女、門人、私と五人、岸本へ参り、新楽三段聞く、次ニ赤塚へ参り、村山、太田長右衛門外ニ一人目利会を仕ル、茶箱へ二十銭、松花堂ノ巾物二分一朱、尹部ツル付茶入二分、祖母懐茶入一分二朱ニテ求ム、松田へ参り、是迄注文仕りシ古受取不残持参候而、改正ノ帳面ニ引合ル

・八日　松田へより、浅草辺へ買物ニ参り、次ニ一則来ル、酒飯出ス、次ニ芝辺へ買物ニ参り、数々求ム、小川来ル、九鬼へ参ル、先日出立ノ由也

・（31裏）九日　松田へ参り、古陶数々求ム、次ニ又昼後求ムル、是真門人ト来ル、次ニ小河へ参り、次ニ中

村へ参ル、留守、次ニ岸本へ参ル也、奈良会社ゟ状来ル

・十日　小日向高嶌へ参り、高麗ノ観音以而帰ル、次ニ村山へより、次ニ上野下へ参り、次ニ芦沢へよル、次ニ平尾来ル、昼後、山口金次郎へ参ル、へーレンゟ被頼候図物ハ、是迄ニ廻り候金丈ノ図ニテ、此後ハ止ルトノ由、ムロン咄ニテ改雑約ナレハ、本人ノ状ノ参ル様申置ク、山口及石野も此度へーリー、へーヘン氏へ久々参ル由なり、次ニ山本へより、中西も品々取ル様小川ニ頼置ク

・十一日」(32表)　小川来ル、古陶品々求ム、松田へより、是迄頼置候品ノ払ヒヲ同人立替置く五十円三分払フ処、六円余り不足ニ付廻ス、夕方ゟサトウへ岸本モ参ル、留守也、赤塚へ参ル

・十二日　古器求メに参ル、次ニ岸本へ参ル、留守ニ付、岡嵜へ参ル、楽人来り、宿ニテ奏楽有ルノ処、存外ツリ合宜敷、之迄ニ無キコト也、次ニ酒出ル、芸妓二人来ル、次ニ岸本親子来ル、奏楽始ル、甚盛ニテ、十二字ニ帰ル

・十三日　古器求メニ参ル、川上へよル

・(32裏)十四日　岸本へより、村山へより、次ニ教育博物館へ参り、観古図説城郭部一冊、陶器図一枚、田善ノ銅板二枚献品ス、先比献品ノ介魚鏡石ノ証書来ル、文部省へ参り、平山ニ面会シ、陶器集りシ由申置ク、平尾へ参ル

・「（ペン書）十五日」若州荒木ゟ筥出来ニテ西京ノ宅へ来ルニ付、代二円廻ス、「（ペン書）吉益へ参ル、次ニ大茂、陶器ヤへ参ル、
昼後、平山、モルレル氏来り、古陶見セル、次ニ浅草へ参り、古陶求ムル、松田へより中候

・（33表）十六日　岸本へより、次ニサトウへ参り、次ニ山中へより、植木鉢二ツ贈ル、昼後、中村へより、
次ニ岩下へよ□□□次ニ平尾へ参り、廻シ置古陶四ツ持帰ルナリ

・十七日」　岸本へより、次ニ松田へより、次ニヘンケーへ参り、英人ノ作ル日本ノ図集ノ本ヲ贈り、
次ニ六マルへ参り、西京制ノ杖一本贈、昼食出ル、次ニ下高輪ノ佐藤へより、次ニ金具やへよル、
昼後、間嶌、吹原へ参り、次ニヒールへよる、夕食出ル、松浦、吹原、留守へ来ル、松浦状来ル

・（33裏）十八日　岩下外一人来ル、古陶見セル、山本来ル、松浦来ル、古器少々求ム、勧工場へ参ル、ヘン
ケーへ参ル

・十九日　小河来ル、岸本へ参ル、古器求ム、中村参り、克三郎一条安井ニ咄シ承り、次ニ松田へ同
人世話義頼ニ参ル、暮れゟおたき、おとみ、岩キ夫婦ト寄セへ参り、紋左衛門シウロク聞ニ行行（衍字）、
三味線実ニ妙也、十二字半ニ帰ル

・廿日　村山へ参り、次ニ草レ浅辺ニテ古器求ル、安井、松浦来ル、昨夕ノ松浦ノ咄シ仕り、次ニ

（34表）酒飯出ス、昼後、獨乙公使館へ参り、ケンフルマンニ城郭図説同国書籍館へ廻シ方ヲ頼ミ置ク、佐野へより、次ニ石田へよル、病気也

・廿一日　ヘンケーへ参ル、山下博物館へ参ル、石田へよル、病気ニテアハズ、克三郎今日ゟ松田方へ職習ヒ行ク、赤塚へ参ル、若州荒木へ筥代二円今日出ス

・廿二日　松田へより、昼後二字ゟ観世へ参ル、松田、安井、辻、大倉参ル、舞謡鼓聞きくれ、暮迄一見シ、酒すし出ル、甚見事、曲木来りテ、当九月、伊太利亜ニテ東洋学問ノ博（34裏）覧有ルニ付、私ニモ出シ呉れ候様被申

・廿三日　建具、ヘンケー、ジフスケへ参ル、何レモ留守、平尾へよル、昼後、三条殿へ参り、陶説四、五呈ス、小野へ参ル、留守

・廿四日　由一へ参ル、西京扇一本贈ル、次ニ一則へヨリ、次ニ桂川へヨリ、懐中ロウソク贈ル、昼後、畠山古物会ニ参ル、同人出品

古鈴

天正年中
燈籠

黒釜
銅

古机

（35表）樋口出品　雷扯　宝丹出品　信玄燈提ノ柄鉄

（ペン書）「文政年中木幡《山シロ》ヨリ

掘出ス

旧寒松院　多田

房泉蔵

凡一尺五寸

凡七寸

市川万庵

蜷――

シーホルト

柏木探古

横山月舎

玉川

井上竹逸

奥原所胡

栗本鋤雲

松浦馬角斎

福田鳴鶩

楓川亭釣古

大養寺　　　　樋口趨古
（35裏）高木法古　　　成島柳北
外ニ　鬼頭久吉　　小林新兵衛

・廿五日　勧工場へ買物ニ参ル、」夜十字ニ西となり工部省営繕局ノ普請場表十二間巾七間丸太満ちたル処出火ニテ、居間ゟ三間離れ、風向ゟ軒ニ燃付、驚きテ戸前ヲ夫処れ（ママ）ふさき申候、次第ニ盛ニなり、人々かけ付、消防方も見へ、紙幣局ゟハ尤早うシテふせかる也、二字ニ終り、三字ニ役々引かる、先々安心ニテふせる、然ルニ又モへ上ル、巡査等防カル付、火と思ワル手たひニ来ル人ニ酒飯出ス

・（36表）廿六日　追々と近付ノ人々見舞ニ来ル、夕方又、礼ニ二、三軒舞ル、手たひ（ママ）ニ来ル人ニ飯酒出ス

・廿七日　終日見舞受ル、礼ニ参ル、昨今屋根消防方損シさせ候処、直ス也、昼、安井、観世ニ飯酒出ス、曲木来りテ、伊太利亜国ノ博覧会ニ出ス物器ノ義ニ付談ニ来ル

・廿八日　見舞ニ来ル人々ノ先へ礼ニ行ク

・（36裏）廿九日　屯所へ私方屋根損シサセ候ニ付、何とカナラヌ物や書付出シ候へ共、不聞入申候、昨夜、

小川来りテ、楽工社ノ見込悪シキニ付、是レ彼被申、依テ今日平尾ニ申候而、共力ノ談ニ仕ル、今日も見舞ニ来ル人々ノ内へ礼ニ行ク、笙松田へ返ス、弥吉十九日着ノ由ニテ状来ル、竹造方へより、一曲承ル　〇伊太利亜国ニ於テ当九月、東洋ノ博覧会有ルニ付、集古十種ノ人物ノ部五冊、浪花帖五冊、山城旧図八枚、本一冊、観古――城部一冊廻シ申候

・七月一日　中村へ参ル、川上来ル、今夕モ礼ニ行ク

・(37表)二日　曲木来ル

・三日　文部省へ参ル、モルレル、平山ニアヒ、二字ニ来りテ、陶器一見サセ申候、中村へ参ル

・四日　平山来ル、番号札ヲ付ル咄シ仕ル、三井来ル、酒飯出ス

・五日　平尾へ参り、小川、神長四人松田へ参り、酒のむ

・(37裏)六日
ミカキ、佐々木今日乗船仕ル由ニテ来ル、古器見セル、小河来ル、之レモ十日ニ帰省仕ル、安井同船仕ル打合セ申置候、二字ゟ亀岡、山口ノ馬屋原　来ル、古器見セ、酒出ス、ヒール来ル

・七日　平尾、小川、神長申分出来ニテ、小川来り咄シ仕ル、依テ平尾へ咄シニ参ル、同人神長へ参ル由被申、今日、大学ノ集会ニ参ル

・八日　平山来ル、村上、岸本へ参ル、昼後、乾也へ参り、乾山ノ伝ヲ問合セ、次ニ薬法ノ古書ヲかル、（38表）竹内、井口来ル、若州荒木ゟ筥代着ノ由状来ル

・九日　平山、モルレル来りテ、陶器廻シ方ヲ談ス、本多来ル、ヘンケー来ル、赤ツカ来ル、酒飯出ス、小川へ参ル、平尾ト社ノ談ヲ仕ル

・十日　安井出京ニ付、中村へ参ル処、早出京ニ付、ステーシン《（ステーション）》へ参り、面会仕ル、松浦も参り居申候、平尾へ一寸より申候、直引、私大ヒニねつニテ、瀬川ヲ頼ミ服薬仕ル

（38裏）・十一日　井口来ル、京松浦ゟ近火見舞状来ル、今日ハ少々心よく申候、片岡ゟ状来ル

・十二日　至一来ル、面会セス、宅ゟ状来ル

・十三日　小川、平尾来ル、社ノ談ヲ仕ル

・十四日　モルレル方へ陶器半ヲ廻ス、梅辻へ参り、隣家火事ノ為、私方屋根アケサレ候談ヲ警視局へ参り方頼置

・十五日　モルレーへ廻ス可キ陶半ヲ廻ス

(39表)・十六日　佐野常民方ニテ岸本ノ楽催シ有ルニよひニ来ル、二字ゟ参ル、客九人ニテ、庭ヲ一見ス、風景見事、咄シノ出来ルテンシンキ（電信機）ヲ見ル、音楽聞テ、酒飯出ル

・十七日　北畠へ参ル、三ヶ月台先日ユツル料三円二分受取、大隈へカシ置候利休ノ杓今夕不知申候、酒飯出ル、梅辻留守へ来ル

・十八日　モルレー、平山来ル、陶器九十五品ノ料(39裏)百三十円受取申候

・十九梅辻へ参ル、留守、曲木へ城郭本一冊廻ス、モルレルへ一字ニ私よはれニ参ル、平山も参ル、陶器咄シ有り、小川来ル、半井真澄来りテ、護王神銅像ヲ作ル談セラル、平尾へ参り、社ノ談ヲ仕ル

・廿日　深川コム紙師へ参ル、昼後、小川来ル、小河へ扇ノ刀持行ク、ヒールへヨル、私陶器ノ本ノ事、洋人ノ新聞ニ見へ候ヨシ、間嶌へよる、松田へ参ル

・(40表)廿一日　乾也へ参ル、鹿嶌ヨリ状来ル、石版ヲ開キ度由也

・廿二日　岡本十郎来ル

・廿三日　坂本ノ道忠へ参ル、次ニ善養寺へ行キ、乾山ノ墓銘一見ス

・廿四日　古筆へ参り、次ニ鈴木へ参ル、次ニ松浦へ尋ル、昼後、平尾へ参り、次ニヘーアへ参ル、留守、ヘンケーへ尋ル、高嵜、岸本へもよル

・(40裏)廿五日　諏訪へ参り、城郭部本画計りノ本贈ル、夕方、吹原へ参ル、留守也

・廿六日　小川来ル、岩倉及山科、由井へ参ル、又、扱所へもより、水戸地税、車税等納ムル也、平尾、吹原、シーボルト、小河忰等来ル也

・廿七日　平尾へ参り、小川、神長等ト日本ゴムノ製ノ談ヲ仕ル、夕方、赤塚へ参り、古瀬戸茶入二分二朱、天目台一分ニテ求ル、三品敬仁親王薨去也、廿六日

・(41表)廿八日　夕方、樹下へ参ル、松田へよル、由井へ参ル、宅へ状出ス、安井、松浦へも

・廿九日　石はしゟ運転社出金一条ニ付、懸合ニ二人来ル、谷森へ参ル

・三十日　城郭本一冊売れ候ニ付、勧工場へ受取ニ参ル、シヒホルト来ル、不日北海道へ参ル由也、夕方、平尾へ参ル、同人来ル、石はしゟノ人両人今日も来ル、由井来ル、ヘーアへ参り、一則作桜花手釦二ツ贈ル、十四、五円ノ品也、銀代金画金是也、松浦ゟ状来ル、安井ノ無事、三十一日着ノ由也、長嵜（41裏）博覧会社明年迄品物かし呉れ候様申来ル

・三十一日　岡部へ状出ス、片岡状来ル、五辻へ参ル

・八月一日　平尾、楽工舎ノ勘定金出ス、岡丁良三郎へ参ル、内田へ尋、早帰国也

・二日　江夏ト平尾へ参ル、小川、神長モ来ル、今日、親王葬式也

・三日　川上へ参ル、昼後、松田及小川へ参ル、東京府ヨりよひ状来ル

・（42表）四日　東京府へ参ル、役人不参、松原へ参ル、□奥《小川》へよル

・五日　東京府へ参ル、日比面会ニテ、賞状銀盃被渡申候、如左

京都府平民
蜷川式胤

天産、工芸、々術、史伝ニ属スル新古之物品、総計二百十九品ヲ博物館へ献納候段、奇特
之儀ニ付、為其賞銀盃一ケ下賜候事

（42裏）明治十一年八月

東京府廰

（印）

右奉書二ツ切ノ紙也
銀盃凡渡二寸　深四分
内ニ桐ノ紋毛彫有り

平尾へより、至一へ参ル、此度被写候不二ノ景色五十計り一見ス、中ニモ原ノ不二ノ西へ尾ノ長ク
引ク処一ハン見事也、次ニ甲州ノ猿ハシ也

・六日　四条殿へ参ル、留守、次ニ松田へよル、十二字ニ平尾来ル、二字半ニ道ニテ酒井ト申方ノ氷
袋ノ商フ談ニ行ク

（43表）・七日　由井来ル、ヘンケーへ参ル、大写真一枚廻ス、昼後、赤塚へ参ル、霜葉茶ワン三分ニテ求、
長五郎ノ品、仁清鏡餅香合一分ニテ求ム、岡部ゟ状来ル、男子死去仕ル由也

・八日　吹原へ参、尾州縣令及勧業所行、観古図説五巻二部廻シ申、二円廿銭受取申候、小川来ル、又桂来り、運転社ノ談ヲ仕ル、夕方、烏大路へ参ル、留守

(43裏)・九日　三井来ル、古物見セル、次ニ烏大路へ行き、運転社ノ成行きを聞きニ行ク、次ニ松田及平尾へ参ル　○去り《ママ》廿六日午後五字ニ岡部ノ男子お《ママ》痢病ニ而死去ニ付、くやみ状出ス　○多野永子へ五円証書返シ申候

・十日　平尾へ参ル、四条殿へよる、夕方、赤塚来ル、烏盞茶碗二円ニテ求ム、夕飯出ス、勧工場ニテ急須廿三銭、タカヤサンノ箸三銭五厘ニテ五ツ求ム

(44表)・十一日　浅草へ参ル、茶ワン楽々園ト吉向ト求、二朱ツヽ、瀬戸桶挟間辺ノ掘出シ三ツ二分ニテ求ム、是真五人つれニテ来ル、酒出ス、夕方、赤塚へ参

・十二日　遠藤へ参ル、岸本へもよる

・十三日　平尾、ヘンケー、ステーホンへ参り、相馬急須二求、五銭ニテ求む

(44裏)・十四日　相馬急《急須》二銭ツ、ニテ三十九ケ求ム、十二字ゟ多田、細谷、長濱、大橋、桜井来ル、博物館

へ物品献納ニ付、天子ゟ贈ラル銀盃ニテ酒出ス、四字過ニ帰ラル、又、古物も見せ申候、次ニ小川へ右急須廻ス、宅へ状出ス、松田へよル、是真へ参ル

・十五日　サトウへ参り、右急須一ツ贈ル、又一ツ京新発明ノ画付急須二、特山（ママ）茶碗一ツ、フランクス氏へ廻シ方頼置、次ニ岸本へ一寸より申候、昼後、平尾へ右相馬十九品、光琳盃廻シ、次ニステーホン、ヘンケーへ参ル、次ニ平尾来ル、次ニ（45表）遠藤来り、トンヒ仕立直シ出来八十銭也、村上来ル、古器色々一見ス、宇喜多、近衛殿へ参ル、玉置外へ移ル

・十六日　花井来ル、古物見セル

・十七日　西四辻来ル、古器見セル、小川来ル、飯出ス、昼後、赤塚へ参ル、御□□嶌へ同居セラル

・十八日　庄司へ参り、昼後、ジブスケへ参り、次ニアンテルソンへ参ル、留守、平尾来ル

（45裏）
・十九日　西四辻へ参り、次ニ赤沢へ参ル、昼後、平尾へ赤ハタ鉢八ツ廻ス、次ニ英公使へ参り、次ニ中村へヨリ申候

・廿日　朝、吹原来ル、尾州博覧会へ十九点廻ス、十三点ハ常備へ納ル也、吹原ニ渡ス
昼後、平尾ト納富へ参り、新製ノ西洋窯一見シ、出来上りノ品ヲ色々一見シ、河原ニもあひ、陶器

ノ咄シ仕り、又承ル、所ハ小日向江戸川そへ通り、出来上りハ新工風ノ物も有れ共中等也

（46表）

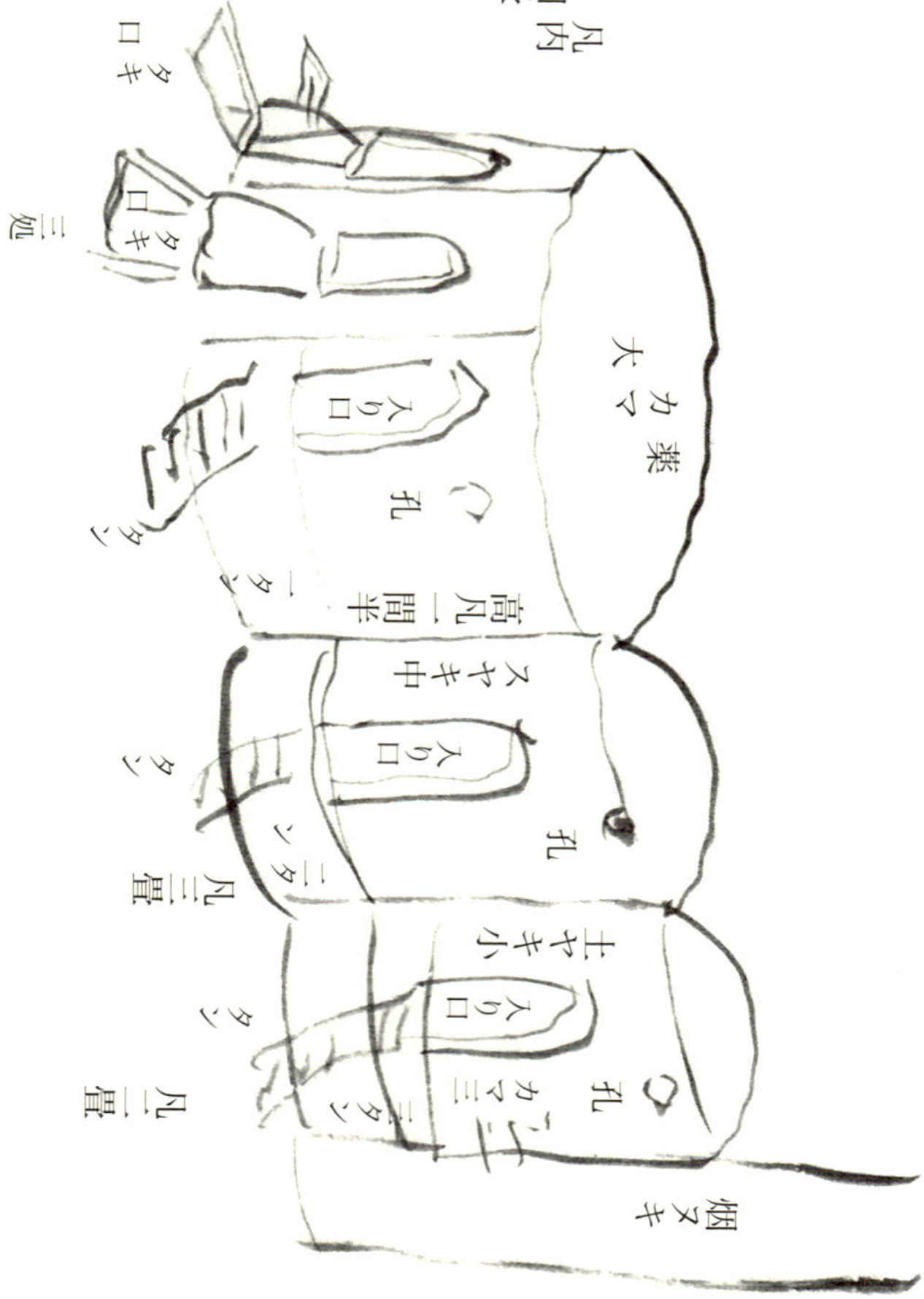

（46裏）

・廿一日　博物館へ一見ニ参り、平尾へよる、赤塚へ参ル

・廿二日　美濃ノ石屋来りテ、色々咄シ承ル、シブスケ古物見ニ親子来ル

・廿三日　東京府へ参り、煉化家ノ問合ニ参ル、美濃太鼓石五十一〆五円ニテ求む、北畠へ参り、谷森へ行き、飯出ル、赤塚来ル、鎌足画三分一朱ニテ求ム、飯酒出ス、夜、歩兵賞テン一条ニテ大ヒニソウトウス□見ニ行、廿四日也、堤来りテ、小金カマ

・廿四日　平尾へ参ル、勧工場へ参ル、人力払物十一（47表）円三分ニテ求ム、岩倉中殿へ参り、次ニヘンケーへ参り、次、ステーボン、由井、桂川へより、次ニ古筆へ参り、飯出ル

・廿五日　平尾へ参ル、昼後、橋場井上良吉（良斎）ノ陶器細工見ニ参ル、是真へよる、今日廻され候私ノ尺ノ裏ノ黒塗りニ明治十一年八月蜷川式胤宮道式胤ノ印、金ニテ入タル、此料二分也、酒出サル

・廿六日　平尾へ参り、昼後、岸本へ参り、吉益へよる（47裏）

・廿七日　宮川行、由井へよる、赤塚へ参ル

・廿八日　平尾へ参り、次ニ教育博物館へ参り、次ニ亀井へより、松田へ参ル、人見来ル

・廿九日　岩倉殿へ参ル、桂川へ参り、吹原へ参り、小川来ル

・三十日　天子御巡幸ニテ、八字ニ御出立、拝見ニ中筋へ参り、綴れ一見シ、次ニ宮川へ参り、□ノ毛植□三円二分、チン十一円八十銭、花枝一円　(48表)求メ、平尾へ廻シ、朝日へより、次ニ人見へ尋ル

・三十一日　六マルへ参り、陶器一巻贈ル、曲木へヨル、昼後、小河へ参ル、廿四日帰京也、芦沢へ参ル、留守、宮川へヨル、十郎へよル、夕方、家内ト見、ブトウ贈ラル、至一来ル、明一日、温知会延日ノ由、加藤、濱尾ゟ申来ル

・九月一日　岩城、紺や丁へ移ラル

・(48裏)二日　東京府へ九、十、十一、十二月分煉化月ふ納メ申候、平尾へより申候

・三日　平尾へ参ル、小河来ル、松田来、石阪私方へ帰シ方申置ク、小川来ル、両人ニ酒出ス、納冨へ参り、竹本へ廻り、陶器場一見ス

・四日　岩下へ参り、山本へより申候、桂川へ参ル、岩倉へよる

・五日　桂川へ参ル、山本、平尾へもよる、曲木へ参ル、改同人ト明朝出立ノ約仕ル、赤塚足病ニ延日ス、同人へ先出立ヲ申遣ス、佐藤、四条殿へ状出ス

・(49表)桜井、大橋ゟ金米糖（金平糖）来ル、大橋ゟ半円計買入呉候様ニテ受取、ソウメン出ス、小河、平尾来ル、楽工社ノ条約印仕り、書付受取、平尾ゟ同社ノ出金五円受取申候

○おたきへ金十円渡シ置申候、小河ニハ印紙、名前、紙五枚渡し、借家賃取立、且上野博覧会出品ノ義ニ付、見料分配不来一条ヲ調方頼置申候、十二字ニ山本来ル、宅ノ小用聞置

・六日　嶌来ル、一ケ月家税受取、六時半宅ヲ出立シテ、ステーショウニテ曲木氏待合シ、七字ノ車ニ乗ル、神奈川迄廿五銭、之ゟ(49裏)小田原迄乗合馬車賃八十五銭、藤沢ノ若松ヤニテ中食ス、六銭五厘、小田原《三字半》小伊セヤゟ湯本迄人力賃十二銭五厘、小川や《五字過》ニテ泊ス、茶代十銭、泊賃十八銭五厘、朝夕湯三度入ル

・七日　三嶌迄駕籠賃八十銭、箱根ノ山木ヤより《太郎次ニ》伊太利亜公使ト一寸談ヲ仕ル、中食ス、三嶌ゟ原迄人力賃十一銭五厘、渡辺ニテ泊ス、原ノ渡辺ニテ泊ス、茶代十銭、泊料十九銭三厘、原ゟ蒲原迄人力車賃十九銭

（50表）

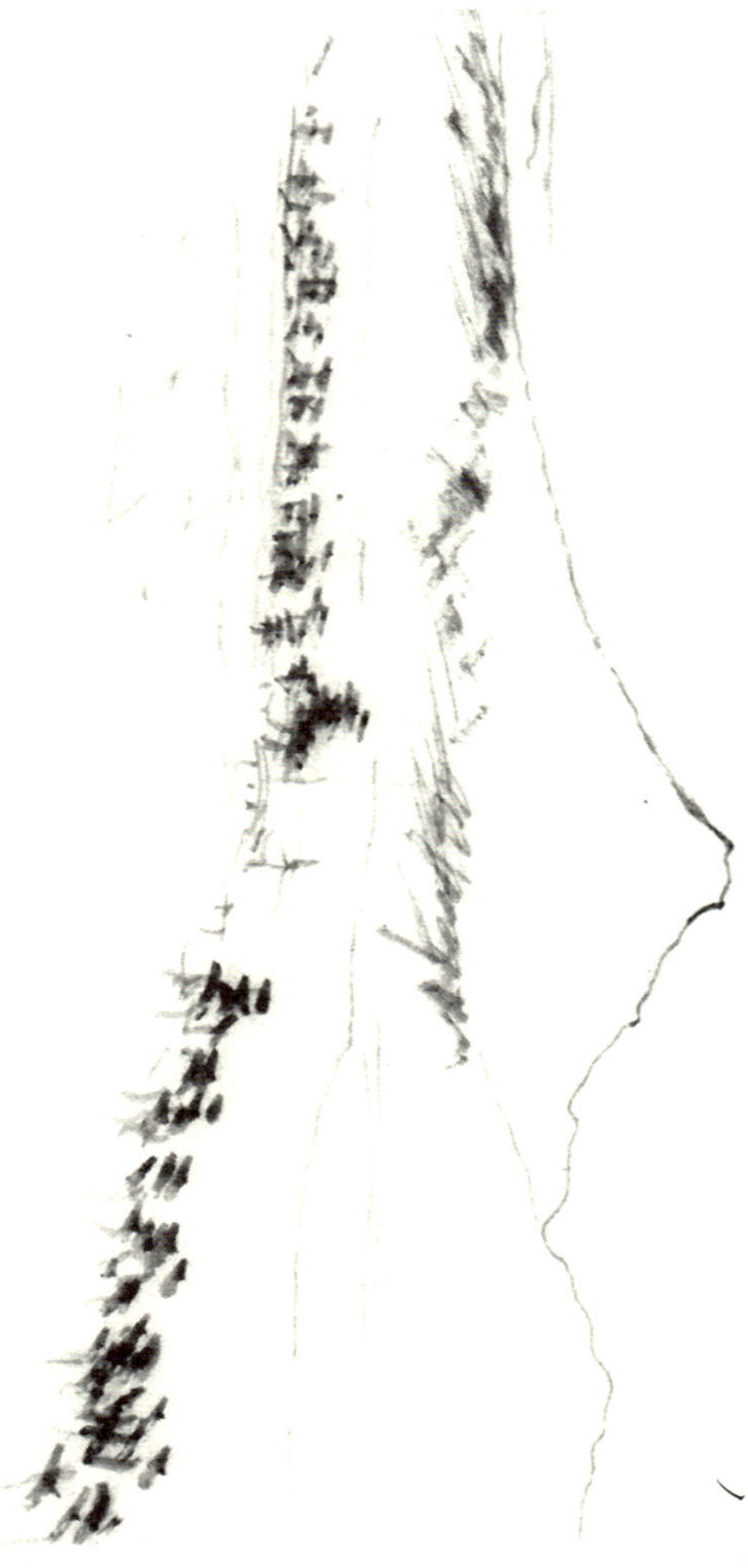

（50裏）
・八日　大橋ノ向ノ不二山ヲ南ノ砂山ゟ見ル、誠ニ見事也、此山ノ南か田子ノ浦ニテ、白砂ニ丸石有り、小松原ニテ古ヘノ赤人ノ哥ヲ思ヒヤラル、也、不二川ノ不二も見事、此川ニ水高シ、渡シ賃六銭三厘、倉沢ニテ中食ス、六銭五厘、浦ノ景も見事、奥津ゟ府中迄馬車ニテ十四銭也、府中ゟ岡部

迄人力賃十五銭、明治八年取懸りシうつのや（宇津ノ谷）峯ノクル貫も出来ニテ、始テ通ル、ちん二銭二厘、岡部わちかひや三郎兵衛ニテ泊ル、賃十六銭七厘

・九日　金谷迄人力賃二十銭、志戸呂ノ焼物窯ヲ見ニ行ク、鈴本兼四郎あひ、細工場及窯ヲ見ス、（51表）之レヘノ上下駕こ賃廿銭、金谷ゟ日坂迄ノかこ賃二十六銭、次ニ懸川迄人力賃十二銭、不二ヤ文蔵ニテ泊ス、泊代十六銭五厘、茶代五銭

・十日　懸川ゟ袋井迄人力賃十二銭、袋井ゟ見付迄車賃八銭、見付ゟ濱松迄廿銭、天龍川橋長六百四十六間三尺、濱松中食四銭、濱松ゟ入野村迄八銭茶代、之れゟ同蒸気船ニ乗ル、賃九銭、新居ゟ二川迄十銭車賃、二川ゟ豊はし迄十一銭、此地ノ升や蔵七郎ニテ泊ス、茶代十銭、十三銭泊料、うなき二十二銭

（51裏）
・十一日　豊橋ゟ赤坂及岡嵜迄人力車賃三十三銭、岡さきゟ地りう（池鯉鮒）十六銭十六銭（衍字）、わ違ヤニテ泊ス、茶代五銭、とまり十五銭

・十二日　鳴海ゟ宮迄六銭車賃、宮ノ桔梗ゟ濱迄車賃一銭五厘、蒸気船ニ乗ル、八字出帆、十字ニ四日市着、船賃十六銭、四日市ノ濱ゟ同町迄車賃六銭、中食七銭二厘五毛、四日市ゟ石薬師迄十二銭車賃、之ゟ庄野迄四銭賃、之レゟ亀山迄九銭車賃、之ゟ関迄八銭、門事屋ニテ泊ル、茶代五銭、泊

賃十六銭

・(52表)十三日　関ゟ坂下迄車賃十五銭、土山迄二十銭、水口迄七十(ママ)銭、石部迄十六銭、草ノ元濱迄十八銭、渡シノ蒸気船賃三銭、大津ゟ三条迄十八銭、水口中食六銭五厘、山中ニテ林少輔ニ行往(ママ)、木屋丁三景楼ニテ曲木泊ス、私ハ帰宅ス、車賃六銭

・十四日　昼後、曲木へ参ル、酒出ス、次、同道ニテ集産局へ一見ニ行ク、次ニ私、飾虎へ参ル、酒出ル、茶入廿本計求ル約仕ル、次ニ又、曲木へよる、肉飯出ル、片岡、岡部へ□□□□□状遣ス

・(52裏)十五日　曲木来ル、同道ニテ東福寺へ参り、次ニ宅ニテ酒飯肉出ス、明日帰帆ノ由被申候、夕方、松浦へ参ル、夜、安井、おちへ及松浦舎弟来ル、吉岡へ参り、法事志贈ル、小川、平松ゟ状来、伊東へよる

・十六日　藪内、柚木、冨永へ参り、法事志贈ル

・十七日　藤森へ参ル、永楽へ参り、菓子、雑器五、陶器画二枚贈ル、次ニ平松殿へ参り、同道ニテ下鴨相模ヤニテ昼飯ヲ仕り、雨天ニテ祇園ニテ楽ミ(53表)帰ル

・十八日　藤森へ参ル処、兄帰省ニテあひ申候、次ニ僧坊村ノ藪治郎右衛門へ参り、土器古説問合ニ参り、次ニ宝塔寺前土器ヤ平右衛門方ニテ土器ヲ求メ、又、同所松春ト申風呂師ニテ火入コンロ、五徳ヲ求メ、東京平尾へ廻ス、次ニ極楽寺村渡部へ土器ノ古説問合セニ参ル、次ニ吉川こまへ法事志以テ行ク、藪内村塩友方ノ雇故ニ此内へ預け帰ル、昼後、田中村ノ藤木へ菓子、雑キ一ツ、メリ安ノ本一冊以テ尋ル、桂宮へより、御茶屋ノ由来問合セ置キ、次ニ粟田ノ帯山へ参り、(53裏)同人ノ家ノ由来尋置ク、次ニ宝山へ参り、新古窯ヲ一見シ、家ノ伝ヲ聞ク、次ニ岩倉山丹山へ参り、家伝問合シ置ク、丹山、宝山、帯山ヘハ陶キノ画二枚ツヽ贈ル、丹山ヘハ又タカヤサン箸一ツ贈ル

・十九日　土居跡私畑一見ニ行キ、次キ執行、安井、杉野へ尋ル、昼後又、雑キ五、新形団扇一本以テ中村徳兵衛へ尋ル、夕飯出ル、昼、白サトウ、鼻緒以テ龍之進ヲ尋ル也　○昼、岡本孫左衛門ゟ使来り、昨年差出シ候荷物、名瓦類粉失(紛失)ニ付、替りトシテ金十円受取、自然見出シ候ハヽ、右品ト(54表)金ト引替候証書遣シ置也

・廿日　朝、摂州古曾部ノ陶窯へ参り、細工場一見シ、由来ヲ聞ク、次ニ桜井村ノ陶窯へ参り、同シク一見シ、由来ヲ聞キ、山嵜ニテ昼飯ヲ仕り帰ル、山本へ参ル、タガヤサン箸、鼻緒贈ル、夕方、弥吉、おちま殿見へ申候、秦来ル

・廿一日　丹山親子外ニ一人来ル、酒出ス、次ニ伊東、本多ノ後家来ル、酒出ス、又、山西傘ヤ来ル、

夕方、平松殿子供三人、家従一人来ル、酒出ス

(54裏)・廿二日　錺虎来ル、藤木来ル、今日親共ノ法事ニ付、安井、藪内、松浦、冨永、執行、柚木、吉岡、念仏寺来ル、弥吉、おちま殿へ飯酒出ス、夕方、吉川来ル、飯酒出ス

・廿三日　道八へ参り、ハシ、ハナヲ贈ル、陶器ノ由来ヲ聞ク、昼後、墓参りシ、三宮寺へ参り、ハシ、ハナヲ贈ル、次ニ駒井、竹内へ参ル、同シク贈

・廿四日　蔵六方へ参り、細工物数々求、清信院へよル、(55表)祇園ノ永楽へ参ル、留守、次ニ粟田丹山へ参ル、同道ニテ古一ノ大日山ノ窯ヲ一見ニ参ル、錺虎、藪内、柚木へ土産贈ル、又、近藤同同シ

○曲木、十八日乗船ニテ無事ニ帰宅ノ由也

・廿五日　弥吉ト同車ニテ北野、平野へ行き、次ニ金閣寺へ参り、次ニ鷹峯橋本へ尋、次ニ水莖尋、両家共同在ニテ土産ヲ贈ル、水莖ハ不替古器ヲ集メラレ申候

・廿六日　蔵六、六兵衛へ参ル、次ニ高台寺霊屋時雨亭、傘亭一見ス、田村へよる、村上へもより申候、安井、(55裏)執行、松浦へ土産贈ル、次ニ岩根へ尋ル

・廿七日　温知会廻章トおたきゟ状来ル、村上へより、藪内、内田へより申候、おるそ来ル

・廿八日　槇村、伊藤、竹角へより申候、夕方、山本徳兵衛来ル

・廿九日　近藤、石原来ル、勝村、藪内、永楽、浅久、槇村へ参ル、朝、安井、西八条へ参ル、おちま、弥吉両人今朝帰ル

（56表）・三十日　蔵六、三木、粟田へ参ル、近藤へより申候、夕方ゟ安井、駒井、竹内條之助酒ニテよふ、次ニ兵部（ママ）多来ル、永楽へ参ル

・十月一日　鳩居堂へ参り、桂宮へ多琴茂へよる、永楽へ参ル

・二日　村上へより、多久田来ル、酒出ス、勧業場へ参ル

・三日　勧業場へ参り、粟田陶工七右衛門参ル、（56裏）村上来ル、酒出ス、夕方、鳥羽や、伏見ヤ酒ニテよふ、龍之進も来ル

・四日　中村へより、同道ニテ長福寺へより、次ニ天龍寺へより、釈迦堂、大覚寺、廣隆寺へ参り、

建物ノ年暦問合ス、サガノ八軒へ参り、土器ノ沿革問フ、山中へ参り、古物色々一見シ

支那琵琶　シンチウ青貝ノ象眼有

治定箏　　土ノ石剱頭土鈴

古陶　三　アブミ鉄　二

交趾花生　二　銅矢根　二

古硯箱

(57表)・五日　鞍馬へ参り、道筋ノ谷川ノ赤岩珍也、帰路ニハ幡枝ノ木村ノ元ノ丸太夫へよりテ、土器ノ伝を承り、次ニ平松殿へより、酒出ル

・六日　昨日、内田死去ニ付、二十銭贈り、次、大工へ尋、又、夕方来り、酒出ス、今日、左官ニかへヌラス、夕方、安井、松浦へよル

・七日　大津ノ北錦織村ノ大所内へ参り、古へ都ヲ思ヒヤル、甚地形宜シ、次ニ柴田より、次ニ雀谷(57裏)陶窯ヲ一見シ、次ニ石山へ参り、寺ノ縁起ヲ書抜ク、什物ノ釈(ママ)ヲ一見シ、柳ヤニテ泊シ、寺へ一寸尋、又、色々咄シ承ル、十三日ニハ御幸ノ由承ル

・八日　又一山ヲ一見シ、此平里西岡分へ参り、次ニ勢田(瀬田)陶工へより、次ニ北ノ大江村へ参り、次ニ

柴田へ又より、昼飯出ル、次ニ堀江へ参り、次ニ粟田ノ丹山へより、夕方帰ル、榎、藤木□来ル、酒出ス、留守中、清水ト柴ノ老人来ル、藤木来ル、酒飯出ス、榎も来ル、酒出ス

・九日　岡本、お龍へ尋、次ニ中村へ参り、山中へ（58表）廻ス陶書五巻ト神楽笛三管預け、同道ニテ雨森へ参り、次ニ板倉へ尋、古玉、拓錫、水滴ト宣徳香芦（香炉）ト一見シ、次ニ香山へ参り、江馬ト同道ニテ木ヤ丁花茶会九席参ル、何れモ古物珍器也

精雅堂蔵品

古シヤク無文　鴫図山水　一巾　二巾位巾

黄玉筆洗　青ロウカン　曲玉　二寸位

水晶花生　七寸位　本キウリ

大コ石（大湖石）　一尺五六寸

 印木花急ウス　三　道八――　三

久太――　三

清森堂　烏丸御池下ル　宗海

桂花堂

（58裏）

一　大コ石　籠文庫

梨花　峯花

赤筆洗　古銅壺

水晶花入　八寸位
澄源
鳩居　東梅堂
紅ハン玉筆洗　古銅器
大コ石　紅玉耳　七寸位
水晶花入　花文有　凡七寸
策山
銅観音　八寸位　ロキソウ　水晶花入　六寸位
キスイ　長宣
水晶花入　四寸位　大コ石　八寸位
蒔絵飾棚　青玉蓋物
大我秋竹

（59表）

・十日　藪内へ参り、古器色々一見シ、安井へ参ル

・十一日　高雄山へ参り、堂ノ年暦問合シ、次ニ槇尾寺へ参り、同シク問合シ、次ニ栂尾寺へ参り、同シク問合、古陶少々一見シ、昼飯出ル、此辺紅葉未夕染ス、次ニ御室へ参り、同シク問合シテ、帰ル処、松浦重教死去也、藤木来ル、酒出シ、飯出ス、一寸尋、又、安井へ参り、同道ニテ松浦ニ

テ没スニシ（ママ）、又三重贈ル

・（59裏）十二日　松浦へ参り、色々談シテ取計テ五吉川（ママ）来ル、次ニ昼後、近藤へ尋、村上へ参り、酒出ル、又夜分、松浦へ尋ル、おつる来ル、飯出ス、カベノ上塗ニ来ル

・十三日　松浦へ参ル、十二字葬式ニテ、念仏寺迄ヲクル、此寺ゟ大谷ノ火ヤへ贈（送）ラル、宅へ山本、藪内、おつる、柚木ノあね来ル、松浦ノ香資廿五銭贈ル、天龍寺へ問合置シ門ノ年暦ノ返書来ル

・十四日　山本へ観古――五冊かし置キ、五郎三郎へより色色（60表）一見シ、家ノ由来承り、石版図二枚贈ル、次ニ中西へより、幹山茶碗五ツ贈ル、多へよル、留守、次ニ桂宮へ参ル、次ニ四条はしきわニテ中食シ、次ニ祇園ノ南ノ植キ物一見シ、次ニ円山へ参り、次ニ高台寺ノ古巾物一見シ、次ニ都をとりを一見シ、次ニ建仁寺ノ巾物一見シ、次ニ村上へよル、何れも招魂祭ニ付、無代ニテ見セ申候事

○都ヲドリハ、右ノ向ニ三味線六人、左ノ向ニ六人、三人ハ大鼓、三人ハ小鼓、一人大ツ、ミ、此六人有ル時ニハスリ鐘ヲ持替ル、何れも高座也、ヲトリ子ハ十三人ツ、左右ゟ出ル、凡一時間也

・（60裏）十五日　天龍寺へ此間ノ礼状出ス、山本へ昨日ノ本ヲ取りニ行ク、次、岩倉殿、一昨夕当着ニ付、

一寸尋申候テ帰ル、安井、松浦へ参ル、今日、冨永来りテ、桂亭ノ図、京記二冊、右ノ宮ゟ家扶小川ニ被頼テ持参也、安井ニ移（写）シ方頼置申候、其枝ゟ状来ル、又、長嵜博覧社ゟモ来ル、又、留守宅ゟモ来、其枝、松浦克三郎留守宅へ状出ス

・十六日　大和へ出立、伏見迄車賃十四銭、玉水迄廿八銭、郡山迄一分、法隆寺迄十二銭、大黒ヤニテ泊ス、法隆寺本坊へ参り、諸堂由伝問合シテ記ス

（61表）
・十七日　シキ山（信貴山）麓迄車ニテ行キ、右ノ山迄歩行シテ、志貴山ノ宝寿院へ参り、一山ノ由来年暦問合シ、明治五年、家伝長曾加部（長曾我部）守本尊比沙門天、此寺へ贈ル処、届き候由今日承ル、次ニ麓ゟ元ノ宿迄車ニテ帰ル、道ニテ古銅器ト古陶求ム

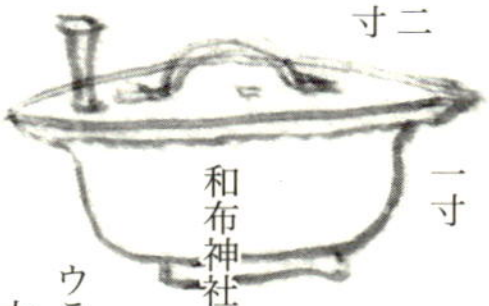

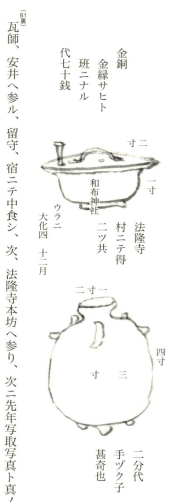

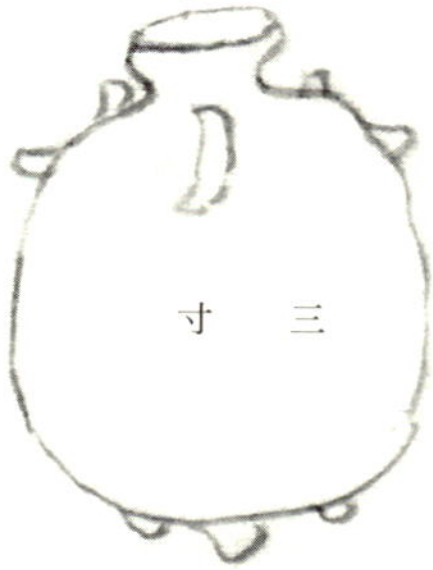

（61裏）
瓦師、安井へ参ル、留守、宿ニテ中食シ、次、法隆寺本坊へ参り、次ニ先年写取写真ト真ノ堂塔ト

引合シ、次ニ車ニテ三井ノ法林寺（法輪寺）へ参ル、留守、次ニ歩行ニテ法起寺へ参り、両寺ノ年暦由来問合シ、次ニ安井猶次郎、右本坊ニテあひ候ニ付、一寸参ル、人形等ノ細工一見シ、右寺ノ鳥仏師ノ作人形写シ、一ツ贈ラル

此作甚奇ニシテ雅有り、仏師ノ作ニモ非ス、世間ノ人形作ニモ非、妙大也

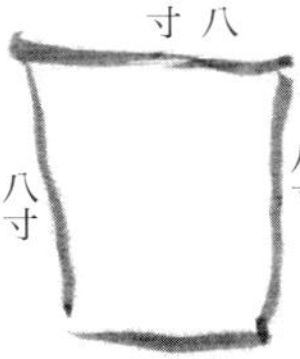

(62表)宿払ヒ廿八銭、茶代十銭、車賃三十二銭、次、法起寺ニテ承ルニ付、小泉ノ出張丁岡本信澄方ニ三井ノ井ノ瓦所持ノ由承ルニ付、よりニあり、古瓦一見シ、二分ニテユツリモロウ、瓦青黒色、太子ノ時ノ物ト云、兼テノ望、漸ク手ニ入ル

郡山迄車十銭、奈良大黒屋迄八銭、夕方着ス

・十八日　橋本へ参り、西洋手拭一ツ、鼻緒、摺物ト贈り、次ニ植村へ参り、摺物ト手拭ト贈ル、般若寺へ寺内見ニ行ク、植村ニテ此寺ノ建物由来問合シ、次ニ博覧会所へ参り、東寺中玉一ツ、(62裏)魯トトルコ戦争画一、摺二通り、善吉銅板二通り等ヲ常備ニ贈ル、次ニ大仏博覧所へ一見ニ参り、次ニ

上司へより、摺物トタガヤサン箸、鼻緒贈ル、飯出ル、八幡宮ノ建物由来問合ス、次ニ吐園(杜園)へ参り、筆立ノ五寸ト摺物ト贈ル、次ニ道具屋十軒計り見ニ参ル、何レモ摺物一枚ツ、贈ル、灰治来ル、酒出ス

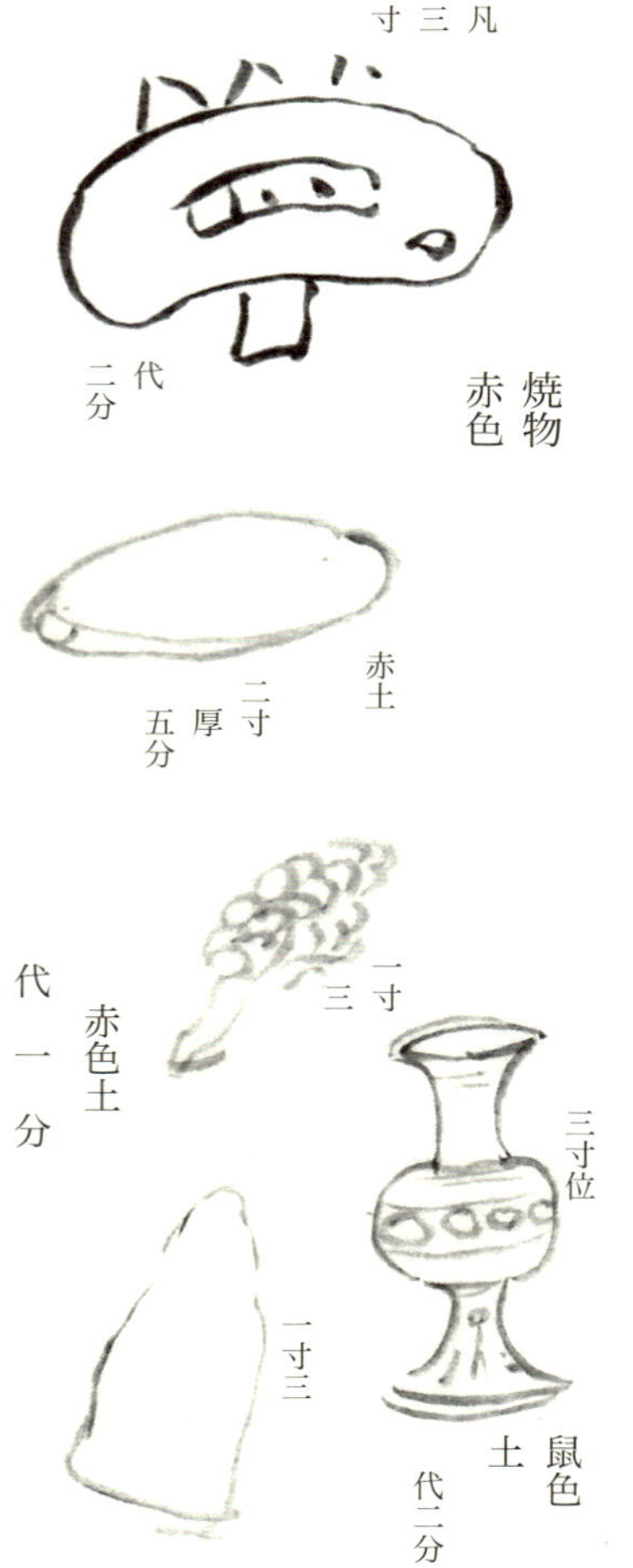

灰治来ル、酒出

(63表)焼物石剱頭石――焼物ノ供物及花入、砂張皿一分、吹玉ノ飾皿、金銅ノヨウテク切レ等求ム、一円一分、

・十九日　橋本へ参り、瓦ノ咄シ仕り、次ニ龍松院へ参り、先住ニ咄シ承り、次、惣持院へ参り、東大寺建物由来承り、昼飯出サル、次ニ平松へより、次ニ二月堂、三月堂、開山堂、八幡宮等一見シ、次ニ春日社へ参り、不動堂田中ニ不斗面会ニ而、社ノ由来承ル、次ニ又、奈良中ノ道具ヤ一見ニ参ル

（63裏）

龍松院ハ三月堂ノ仏ノ欠五ツ計贈ラル、夕方、鳥井外ニ社中一人吐園、橋本怜来ル、買物見セ、酒出ス

・廿日　朝倉へ参り、興福寺ノ建物由来ヲ聞キ、次ニ灰治へ参り、三輪升一分二朱ニテ求ム、次ニ不退寺へ一見ニ参り、次次（衍字）西大寺へ参り一見シ、次ニ菅原天神、喜光寺一見ニ（マヽ）、昼飯ヲ仕り、次ニ赤ハダノ井上へ参り、十円丈小植鉢注文仕り、五円渡シ置、色々由来ヲ聞キ、次ニ招提寺、薬師寺ノ（64表）由来ヲ聞合ス、夕方、今日（マヽ）法華寺へ参り、岡山へより、右古堂跡ノ磚求ル談ヲ仕り、此磚東京へ廻

シ方ノ義頼ミ入レ置ク也

・廿一日　朝、此間中求ル物箱ニ入レテ、通運社へ持参ニテ、京ノ宅へ廻ス、賃四十三銭五厘水谷川へ一寸尋、次ニ極楽院へ参り、不退寺ノ由来問合シ、又、小山田へ参り、鼻緒ト摺物贈ル、古器色々見ル、次ニ新薬師へ参り、古仏ヲ一見シ、宿ニ帰りテ、払一円四十銭茶代二十銭此地出立ス、朝、吐園来ル、丹波市ノ弥吉方ニテ灰治ニ面会、次ニ内店へ参り、此内ニテ

一寸

小山田蔵

土鼠色
径三寸
厚七分

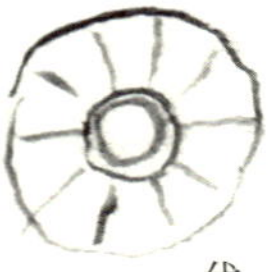
代十銭

土瓶
色同

代二十銭

（64裏）

土人偶　色前ニ同シ

代五十銭

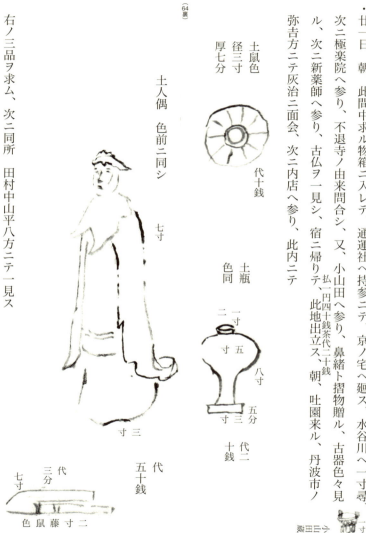

二寸藤鼠色

右ノ三品ヲ求ム、次ニ同所　田村中山平八方ニテ一見ス

（65表）次ニ桜井村岡本へ参ル、留守、次、塩利へ参り、鈴及高坏ヲ求ム

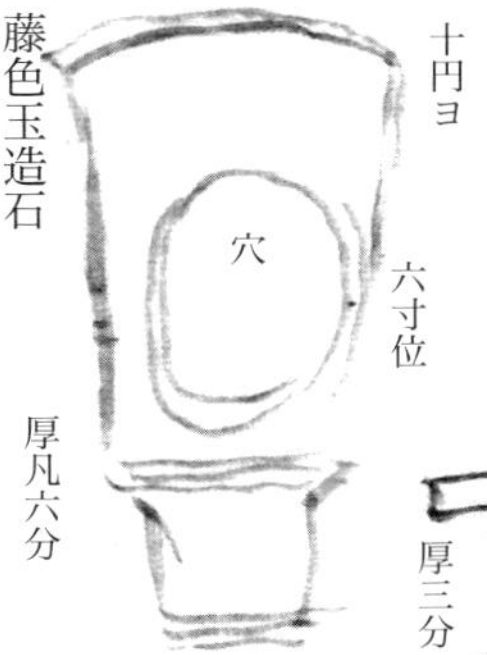

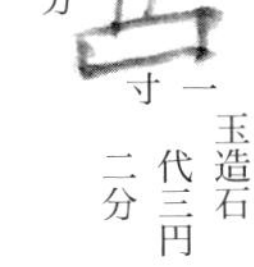

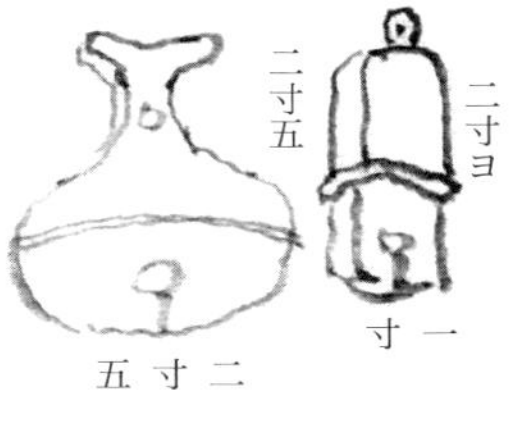

堅三輪北三嵜ノ丑寅茶園三、四年前開ク時出ル

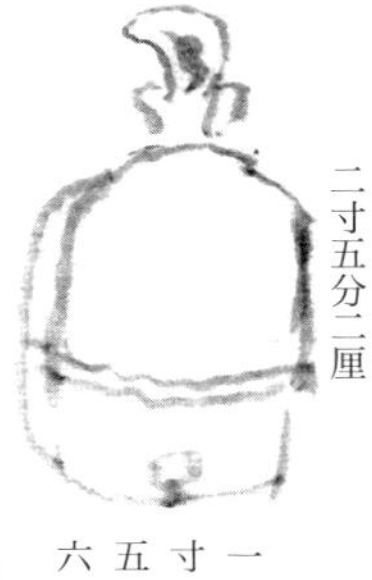

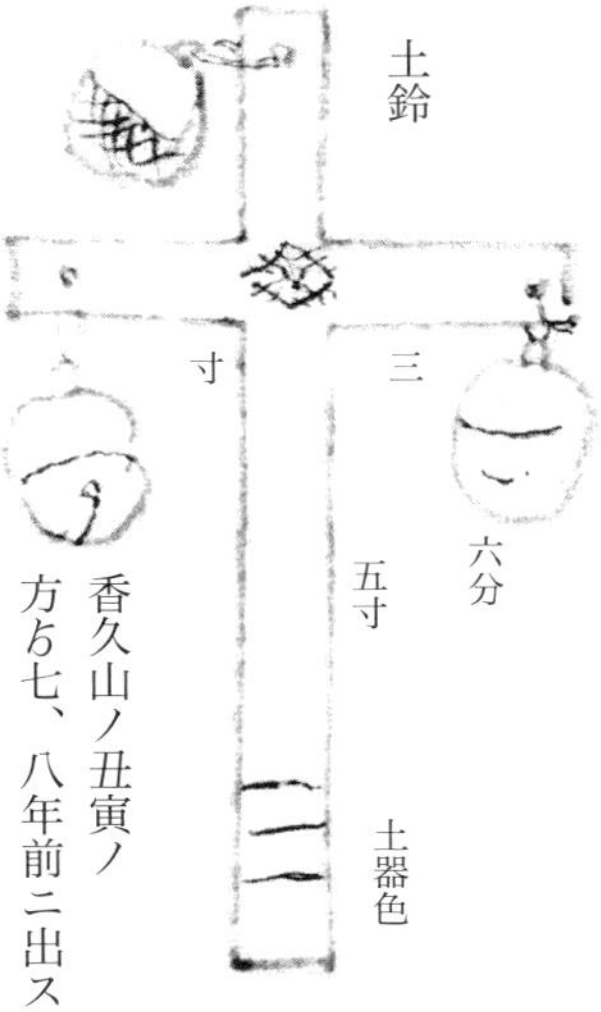

（65裏）桜井村西入口玉ヤニテ泊ス、夜、塩利来ル
・廿二日　耳無山ヲ右ニ見テ、八木へ参り、岡本桃里ヲ尋子、国分寺ニ居ル金米糖贈ル、此親類岡本
花橘方ニテ土笛、土鏡台付ナルヲ見ル

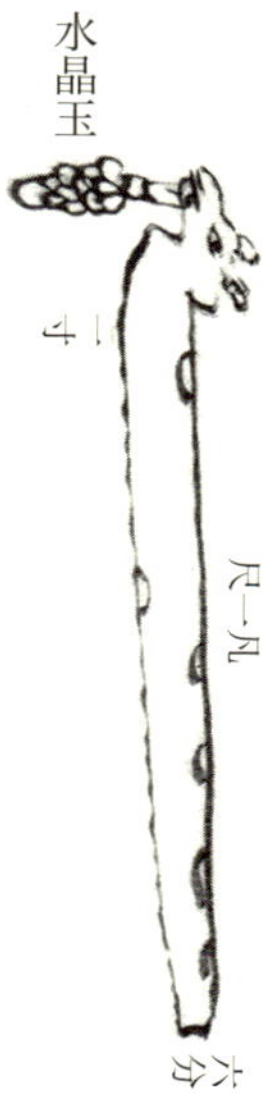

土器ノ上極采色
土鼠色
代八円ナレハ払ウ由

五十年程前、橘寺ノ下瓦村ゟ出ル、右寺ニ有りシ物ト云
次、飯高村之推古帝都ノ地ヲ一見シ、次ニ宮古村ノ孝霊イホ戸宮（廬戸宮）都跡ヲ尋、次ニ廣瀬村ノ百斎宮跡ヲ尋、
次ニ百斎村（百済村）ノ百斎寺（百済寺）ヲ一見シ、次ニ曲川村ノ安閑帝ノ金橋宮（勾金橋宮）跡ヲ尋、次ニ是迄車賃一分
（66表）池尻村へ参り、益田池跡ヲ見、次ニ南裏ノ山ノ上ニ池ノ碑台ヲ遠望シ、次、久米ヲ見テ、次ニ田中
村ノ舒明帝ノ田中宮跡ヲ尋、次ニ木殿村ノ廃薬師寺跡ヲ尋、次ニ石川村ノ石川精舎跡ヲ尋、次ニ和
田村ノ大野丘塔跡ヲ尋、次、軽村ノ軽寺並イ徳帝（懿徳）ノマカリサノ宮（軽曲峡宮）跡ヲ尋、又、同所孝元天皇ノ境原（軽境原宮）
跡ヲ尋、次、応仁帝（応神）ノ豊明宮（軽島豊明宮）同所跡ヲ尋、次、小山村ノ廃大官大寺ヲ尋、次ニ豊浦村ニユハル田（小墾田宮カ）
宮並豊浦寺跡ヲ尋、次ニ飛香村ノ　恭帝（允恭）ノ遠飛香宮（遠飛鳥宮）並飛香寺、又、孝徳帝（皇極）ノ飛香川辺行宮（飛鳥川辺行宮）跡ヲ尋、
次ニ南浦ノハニヤス（埴安）池ヲ尋、次、香久ノ　ヲ尋子、次ニ池内ノ神功皇后ノ稚桜宮（磐余稚桜宮）及御子（御厨子）甕栗宮跡
ヲ尋テ、宿ニ帰ル、此出ル時ニ耳無山ノ木原ノ　帝ノ行宮尋、帰路ニ塩利へ一寸よる、又、古陶
三ツ求、誠無類ノ石器ヲ一見ス、如左　之迄車賃廿九銭

（66裏）

青鼠色右
代四十二円
以上ニ払ヒ
度

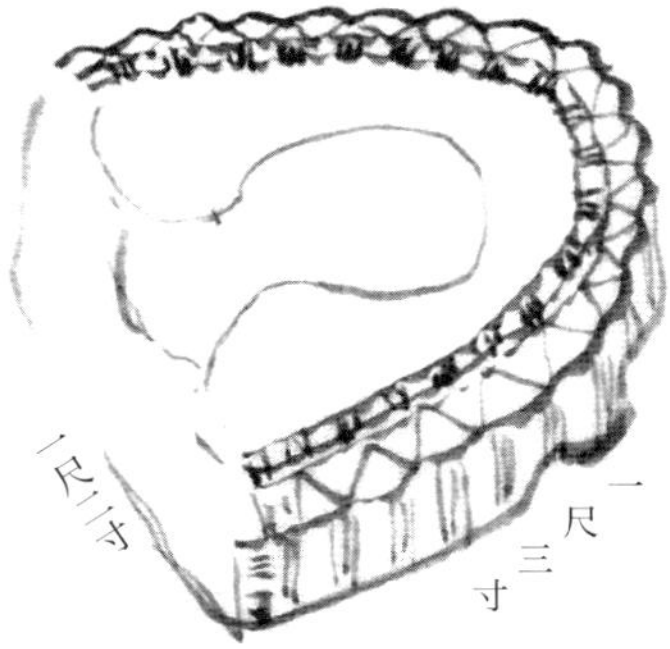

誠珍ナル物ニテ、聞モ見モセヌ古器ニテ、マクラト云見込人々有ル由、貴フ可キ品也、車輪石ノ作柄ナリ

（67表）右求ムル処ノ品、塩利夜来りテ、筥ツメ仕ル、此又右同所ゟ出ル

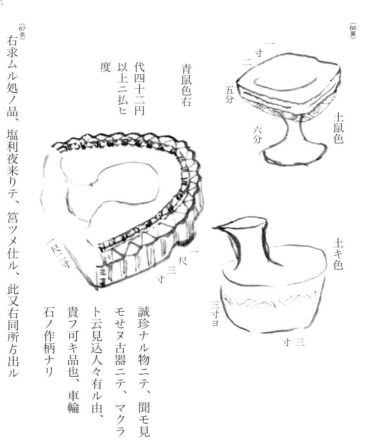

（67裏）
・廿三日　塩利へ一寸参り、岡本へ参り、蔵品一見スル処、段々珍物ニ付、所望仕り、入札シテ、家家ら本人ノ八木迄問合シテ頼ニ、之ニ付、出立見合シテ、黒崗村ノ雄畧帝ノハツセ朝倉宮《泊瀬朝倉宮》跡ヲ尋子、村東ノ北ノ森セト村内老人ノ咄シ、次ニ出雲村ノ武列帝《武烈》ハツセナミキ宮《泊瀬列城宮》跡ヲ尋ル処、村内老人ノ説ニ、村ノ中央ノ北ノ森ナリト云、次ニ初瀬観音へ参ル、之迄車賃八銭、次ニ金や村ノ欽明帝ノ志紀《磯城》嶌金刺宮《嶋金刺宮》、次ニ三輪村東崇神帝ノシギノミツガキノ宮《磯城瑞籬宮》跡ヲ尋、次ニ三輪社へ参り、明日ハ神事ナル由、古川ヲ尋ル処、奈良ニ居テ、神用ヲ務ムル故ニ居スシテアワス、西村田美《田々美》旧神官面会ス、次テ

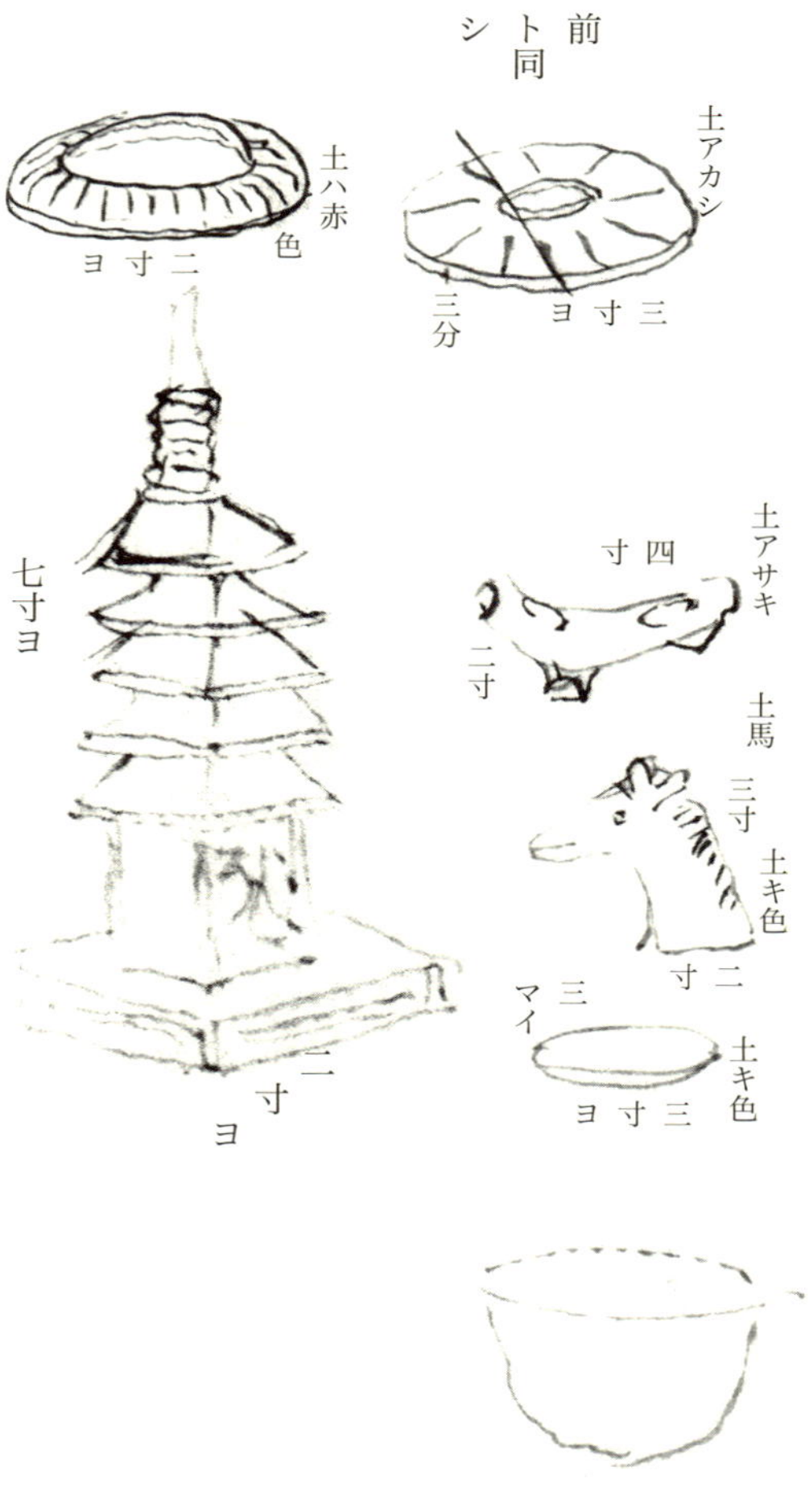

岡本ヲ尋ル処、蔵品物望ニ談スル由、是ニ付廿五品十銭ツヽ、大石器方十五銭ト一分二朱ト、曲玉一円、土印神字彫二分、此外白曲玉一、加テ五円二分払テ、筥(68表)ツメニシテ、昨夜ノ筥ト飛脚ニ出ス、代三十五銭七厘也、西京ノ宅ヘ廻ス、右品物左如シ、之迄車賃十五銭、宿払三十六銭、茶十四銭遣

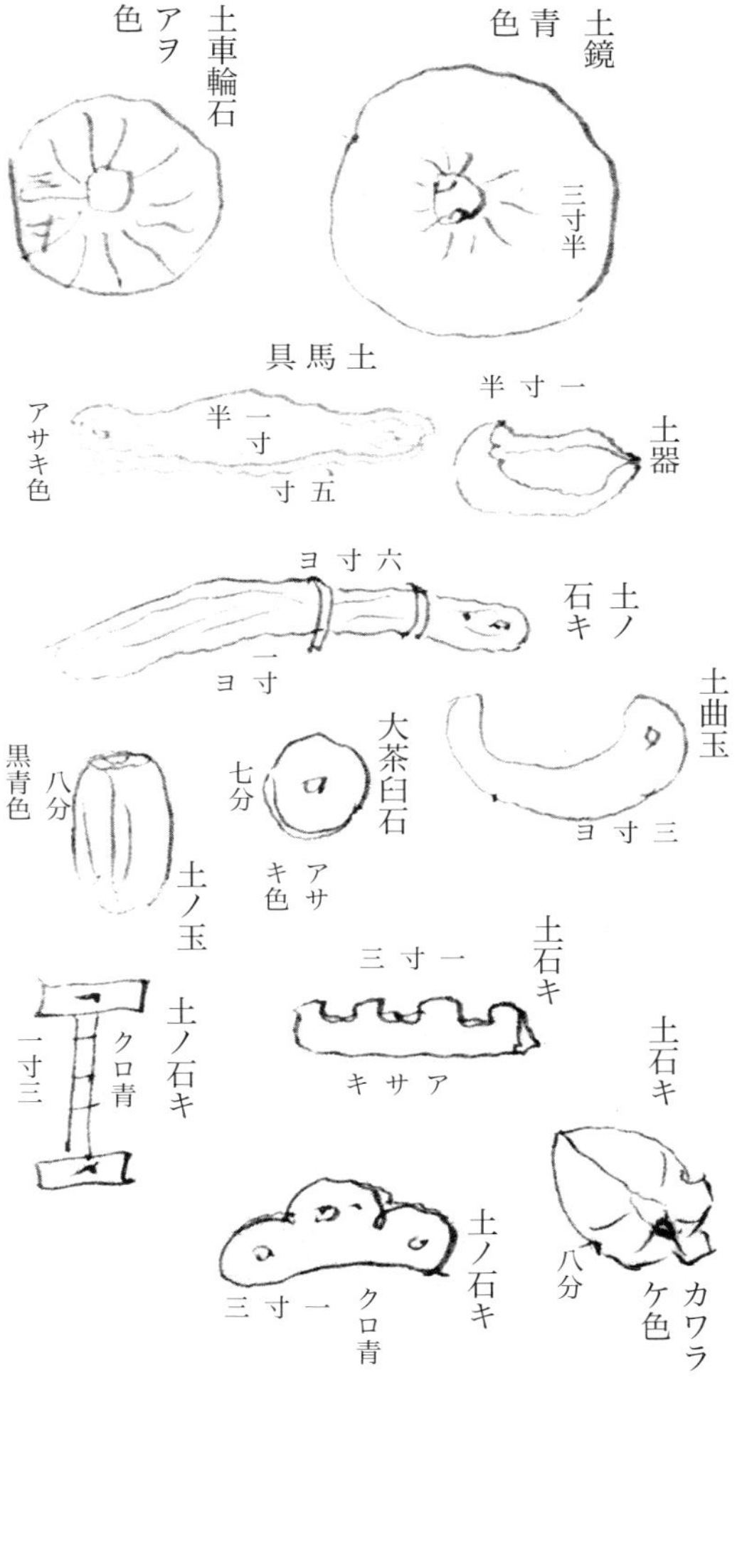

（68裏）

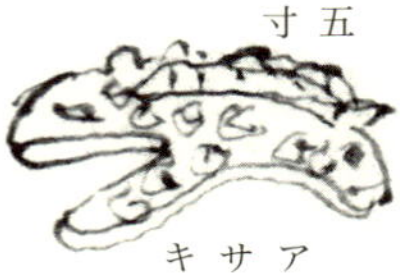

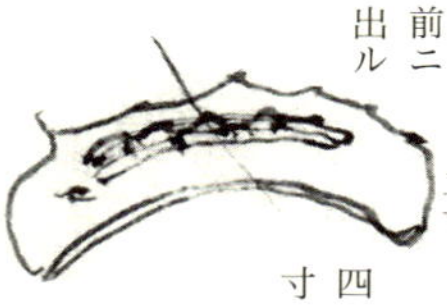

（69表）次ニ舒明陵ニ用ヒシ本石三十銭ニテ塩利ニ求メ、大坂片岡へ廻ス、賃廿銭渡シ置ク、凡一尺五寸方位ニテ、厚凡一寸位、又古陶一ツ、手ノ付タル物求ム、又、東ノ道具ヤニテ二ツ求ム、如左

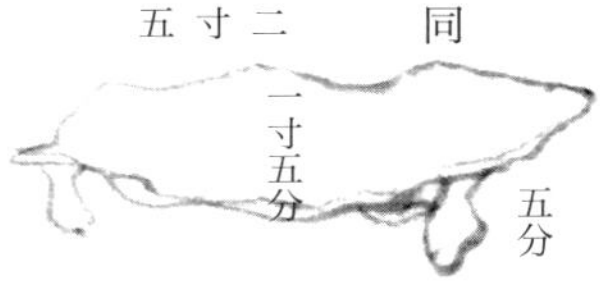

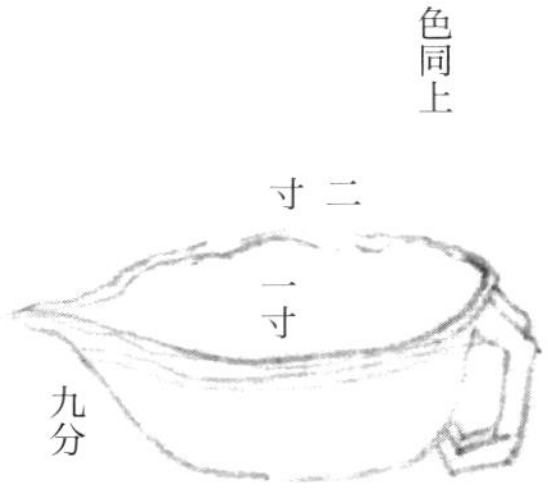

次ニ谷村ノ若桜社ヲ尋、次ニ上宮村太子ノ上宮寺跡ヲ尋、次ニ安部文殊（安倍文殊）長門村　ヲ尋、次ニ岡寺ニ参ル、之迄十五銭車チン、次ニ橋寺へ参り、次ニ土佐参ル、車チン十五銭、　屋ニテ泊ス

（69裏）・廿四日　土佐ゟ五条迄車賃四十銭、宿払十七銭、此宿ノ横ゟ西へ入、吉備ノ前ヲ通り、戸毛ゟ五条ニ至ル、車賃四十銭、次、橋本ニ至ル、二十銭、次ニカムロニ至ル、車賃八銭、之レゟ紙屋ニ至ル、駕籠賃四十五銭、次、之レゟ高野ニ至ル、カコ賃三十五銭、之ゟ日暮レテ常喜寺ニ着ス、此高野山ノ中等ノ寺ナレ共、甚新建ニテ心よし、且料理物も甚清ラシ

・廿五日　金堂、舎利堂、四社明神、大門一見ニ行ク、何レモ大ナル物ニテ手ヲ尽セリ、且山内ノ紅葉モ有レハ、一シヲ山サヒテ、仏前ノ香キモ奥ユカシケレ、又、集議所モ一見セシカ、本願寺ニ近シ、次ニ奥院ノ道スシモ旧（70表）大名ノ大石碑ニテ、大方大ナル物ハ寛永比ニテ、其先々ゟ仕向無キ方多シテ、

甚見ルニ忍ヒス、尤大ナルハ大和大納言ノ碑ニシテ、台石ハ畳敷ノ一枚石也、大師ノ廟所ハ大樹茂りテ、如何ニモ深々トシテ、前ニハ燈明殿ニ数百ノ明り有りテ、天子山稜モ及ハサル姿也、参詣ノ人々モ拝スル趣只ナラス見ユ、次ニ元ノ常喜院ニ帰り、大師共物（供物）料百疋ト親共ノ月牌料五十銭ト寺ノ泊料百疋ト贈ル、此度此山ノ麓迄不斗参り候ニ付、意外ニ登山仕りシ也、次ニ紙屋迄人足ニ賃持為テ下ル、人足賃十二銭五厘、次ニ紙ヤゟ明寿村へ出ル、駕籠賃三分、山ノ木立モ檜ヤ杉ノ林ニテ茂りシカ、紅葉も交わりテ、イト（70裏）、目スラシケレ、明寿ゟ粉川村へ車賃廿八銭、玉ヤニテ泊ス、賃十六銭

・廿六日　粉川寺（粉河寺）へ一見ニ参ル、此寺も大ヒニサヒタリ、次ニ根来寺へ参ル、車賃廿銭、此寺モ元ハ大地ナレ共、今今（衍字）ハ大ヒニ衰ヘテ、寺中モ空院多シ、此土地モ甚面白キ所ニテ三面山也、岩出ゟ和哥（和歌山）へ車賃十二銭五厘也、三丁目藤源ニテ泊ス、此宿大ニシテ食事ノ加減モ甚ヨシ　○平尾、小川、私宅東西へ状出ス

・廿七日　太田村ノ宮井左十郎ノ紀州焼キ一見ニ参り、色々品替りヲ一見シ、次ニ紀三井寺へ行キ候、前ハ海面（71表）ニテ、土地高ク、甚宜シ、西へ入江ヲ渡りテ玉津嶌へ参ル、入江ノ中央ニシテ、小山ハ岩ニテ別シテ面白シ、次ニ権現社へ参ル、之レ高見ニテ、徳川ゟ手ヲ尽セリ、次ニ五百羅漢ノ前ゟ引取　○和哥城ハ美ニシテ樹木茂レリ、天守ハ残りテ四方ゟ望ンテ、風景有り、外廓ハ石垣計り残ル、此車賃廿五銭也　○宿ニテ昼飯仕り、西浜ノ御殿ト呼レ候処へ参ル処、御庭焼セシ窯跡モ無ク畑ト

ナリ、右ノ方ノ吹上ノ濱テ帰ル、次ニ元寺田南条畑田ツノ焼物セシ窯ヲ一見ス、本人ハ神戸出張ノ由、次、滅法谷畑邸ノ窯ヲ一見シ、宿ニ帰ル、車賃十六銭、宿賃三十一銭二厘払、宿ハ正木つると而才子ノ女ニテ、物こと行とゝき申候、三十余り也、次、加田迄参り、(71裏)車賃十五銭、粟嶌ノ地見はらし宜シ、正木ニテ泊ス、此内も見はらし宜シ、宿賃十八銭也

・廿八日　此内ゟ小船ニ六人乗り、淡路へ渡る、波高、雨有りテ、何れも困ル、由良ノ宿ニ付ケハ、雨甚強シ、船賃十二銭、宿ニテ昼飯仕ル、七銭也、人足ニカバン為持、須本(洲本)へ参ル、人足賃賃(衍字)十二銭五厘、道筋々か高下ノ浜道山道ニテ甚悪シ、須本ハ人家モ存外宜シ、城跡ハ石垣残りテ建物モ少ニ見ユ、沖津ヤニテ泊ス、泊賃十六銭

(72表)・廿九日　伊賀野ノ淡州焼ノ賀集三平及眠平(珉平)方へ参り、窯及細工場一見シ、三平方ニテ高盃五十計注文ス、手付金二円渡シ置ク、事外手広ニ見ゆ、次、道筋ニ山稜二ケ所見受申候、二字ニ福良へ着ス、之迄車賃三十二銭、道筋何れも余り宜シカラス、之レゟ乗船ス、賃八銭、西風ニテ波高ク甚渡り兼る、漸ク四字半ニ阿州岡嵜ニ着ス、之レゟ木津ニ至ル、車賃五銭、次、板東ニ至ル、車賃十二銭、道、大谷村ニ後(ママ)土御門院ノ火葬場ヲ見受ル、此地ニ壺ヲ焼ケリ、松葉ヤニ泊ス、泊賃十二銭

(72裏)・三十日　大寺迄車賃八銭、次ニ坂本ゟ大坂ノ峠讃州堺ヲ越テ坂下ヲ通り、次、引田ヨリ檀浦ニ来レハ、山陵及佐藤氏ノ馬碑及源氏ノ門跡ヲ一見ス、次、八嶌(屋島)ヲ見テ高松ニ至ル、檀浦ノ前、志度ニ廻

テ志度焼ノ由来聞合ス、高松迄車賃八十銭、松葉屋ニ泊ス、泊賃

・三十一日　矢嶌《（屋島）》ノ陶器ヲ作ル内へ参り、次、高松ノ堀川へ行き、城内一見シ何レモ矢倉残り、鹿ノ城ナレ共カヘ白シキ美ナリ、次ニ蔵谷《（象谷）》ノ内へ参り、漆器ヲ一見シ、宿ニ帰ル、此車賃三十銭、十二字ゟ金比羅へ参ル、夕方着ス、森やニ泊ス、手広テ美ナリ（73表）、此処甚盛ニ見ユ

・十一月一日　早朝、金比社《（金比羅社）》へ行、道筋屋を並へ色々ノ物品店ニ並フ、社内石ヲ重子甚尽セリ、本社ニハ奉供《（供奉）》中ニテ奏楽ヲ聞ク、社ハ新立ニテ此二月ニ出来ノ由、イトモ美也、元ノ宿ニ帰、泊チン廿七銭七厘、神官ノ松岡ヲ尋ル処、留守也、次ニ昨日ノ道ヲ帰ル、上下車賃七十銭也、旧知事茶屋今公園トナル、之へ一見ニ行而、相応ニ広シ、次ニ貝口稲荷社へ行き、次ニ利兵衛《（理平）》ノ陶器細工一見ニ行き、宿ニ帰ル、泊賃四十銭五厘、茶代十銭、次、此内ヲ出立シテ蒸気宿へ参ルノ処、□フ子出ス、（73裏）依テ元ノ松葉ヤへ帰ル、次ニ古道具ヤ一見ニ行キ、志度焼ノ岡田へ参りテ由来ヲ承ル

・二日　象谷宅へ又行ク、此地ノ道具ヤニ而、古利兵衛ノ作茶垸白ト黒色ト二ツ求ム、白十五銭、黒十銭、何も高字ノ印有り、町ノ西ニ当ル八幡宮へ参ル、随分宜シ、宿賃廿銭払フ、内町ノ田中ヤへ参ル、車賃三銭、此丁ゟ蒸気船ニ乗ル、賃三十銭、夕仕度四銭、八字半出船ス、風無クシテ甚シスカ也、十二字ニ備前三番《（三蟠）》へ着ス、ハシ船前後廿三銭ツヽ、三番ゟ馬車ニテ岡山ニ参ル、此賃八セン、岡山西中嶌津山ニテ着ス、二字也

・(74表)三日　七軒町岡嵜へ参ル、同道ニテ神統事務局へ参ル、三垣、三舩、佐々木、山本ニ面会ス、岡サキ酒出サル、是迄車ちん六銭、次ニ縣廳及城内へ一見ニ参り、舟へ町山下へ参ル、留守也、宿へ帰ル、車ちん廿銭、宿払十三銭、茶代十銭遣ス、次ニ香登へ行ク、車ちん廿三銭、之レゟ片上へ参ル、車ちん三銭、此道ニ尹部ノ焼物店数々見ル、岡山城天守、矢倉等モ今ニ残ル、ゑひすヤニ泊ス

・四日　尹部村森方へ参り、新古窯及品物ヲ一見シ、又由来ヲ承ルテ、元ノ宿ニ帰ル、此車賃十二銭、泊払十七銭払フ、次ニ三石へ(74裏)へ(衍字)参ル、車賃十五銭、次、有年へ参ル、車賃十六銭、三石ノ西ノ左ノ奥ゟ蠟石出ル由、又、三石ノ東シゟ白石ノ取出ス山見へ申候、之レゟ有年迄山ハケシ也、有年ゟ片島迄車賃十銭、之レゟ正条へ車賃十一銭、次ニイカルカ(鵤)へ参り、勝ヤニテ泊ス、泊賃十八銭五厘

・五日　姫路へ参り、東山焼キノ窯二ツヲ一見シ、石版図二贈ル、次ニ城内通り天守ヲ一見シ、尾州ノ天守より見事ニテ形モ宜シ、次ニ曾根ノ松ヲ一見シ、次ニ石宝殿ヲ一見シ、此近山ハ大石計りニテ見事也、次ニ高砂へ参り、相生松一見シ、尾上ノ鐘ヲ一見シテ、神楽笛ト調子ヲクラブル処、黄鐘律(75表)ナリ、神宮皇后ノ三かんゟ持帰りノ鐘ト申

セ共、予カ考ニハ唐比ノ物ト見ラル、
高砂ノ勝ヤニテ昼飯ス、十一銭、次ニ玉枕（手枕）ノ松ヲ見テ、明石ノ西新や丁井筒ニ泊ス、泊賃廿銭

・六日　人丸ノ社ヲ左ニ見テ、まひこの濱ニ来ル、此地松原ハ播州第一ノ景ニテ、松ノ形モ面白ク、沖ノ方ハ淡路有りテ、(75裏)左右ニ遠小帆見ヘテ、大ヒニ楽シミ申候、扨又此地ノ窯ヲ一見シ、由来ヲ聞ク、次ニ一ノ谷及須磨ノ景ヲ見テ神戸ニ来ル、中食ス、一円二分、次ニ南条和田右衛門ノ紀州焼ヲ一見ス、之迄ノ車賃一昨日ゟ一里五銭ツ、テ一円三十銭払フ、又乗車迄ノ賃十五銭払フ、蒸気車ニ乗ル、大坂迄三十銭、次ニ十三ノ吉向窯ヲ一見行、焼テ無シ、次、岡部ニ参ル、車賃十五銭、東京ノ紙入一ツ贈ル、お冬ニ一円贈ル、此宅ニテ一宿ス、お春ヲ益助ノ後妻ニモラヒ度由被頼ル

・七日　早朝、片岡ニ来ル、車賃四銭、高原及空堀通堀止ノ窯ヲ一見ニ行テ、由来ヲ聞ク、吉向堀(76表)止ニ住居セシ故ニ由来ル（ママ）承ル也、此車チン二十銭、片岡ニテ宿ス、お春エン段ヲ咄シ仕ル、夕方、お只来ル、博物場へ一見ニ行キ、三角面会ス、東京ゟ出品ノ品々、一応返し呉れ候様ニ申置ク

・八日　博物場へ参り、高野山ノ竹及高野ホウキ、東寺牛王、高野ゟ大師名号摺物、金刀比羅ノ土鈴、其外国々ノ石類献シ、私著述ノ観古――城郭本二冊出品ス、次、天王寺へ参り、古瓦ノ一条、寺へ問合シ、次ニ玉岑へ尋、次ニ堺縣へ参り、縣令サイシヨウ（税所）、参事吉田ニ面会シ、令ゟ本ノ代一円受取り、次ニ中食シ、七銭 是迄車賃廿五銭、次ニ藤本へヨリ、タンツウ（緞通）織一見シ、次ニ一里南、市村ケン

令宅へ参り、古鏡、車輪、古銅(76裏)ノ掘出シ品、数々一見ス、何レモ見事、古陶モ多分有り、又、天竺仏モ見事ナル有り、夕飯酒出ル、鐵斎モ来レリ、次ニ元ノ車ニテ岡部へ参ル、賃三十銭也、お春一条ハ片岡ニテ考へ置候トノ由、岡部ニテ申置ク、今夜、岡部ニテ宿ス

・九日　堂明ト同道テ支那人ノ方へ参り、植木鉢求、寺ニ問合ス、次ニ私渡辺舁へ参り、一寸面会シ、次ニ上等裁判所へ参り、安井ニ面会シ、次ニ白山ヲ尋ル、住所不知、次ニ小西ト云内ノ支那陶器聞合ニ行キ、次ニ安井ノ宅へ参り、菓子十一銭ノ箱贈りカシ置ク、東寺ノ西ノ地面取返シ方談(77表)ス、酒出サル、小原へ参ル、留守、次ニ片岡ニテ泊ス、姉おちま申さるゝニ、是非妾ヲ置ク様ニ、外ニ一両人有ルニ付、段々被進候間、一寸一見シテ、其上ト申さるゝニ付、上京之一日延シ申候、安田へ尋、道ニ矢野あひ候テ、安田行見合ス

・十日　安田へ参ル、留守、次ニ鹿嶌へ参ル、石版ノ咄シニテ、銅板師へ同道ニテ、色々談ス、次ニ岡部へ参ル処、おちま殿も被居候而、一見スル妾ハ明朝見セ候様ニ先方咄シ有り、夫故ニ岡部ニテ又泊ス

・十一日　朝又おちま殿見へ、昼比ニ妾つれ来り、廿(77裏)四才ニテ十人揃ノ人也、お只殿酒出サル、おちま殿も引取れ、又も引取ル、道ニ西横堀ノ陶器ヤへより、次ニ幸橋裏ノ陶窯一見シ、由来ヲ聞キ、次ニ片岡へ参ル、車賃廿銭ナリ、妾ノ給料ノ事ニ付、おちま殿岡部へ問合ニ参ラル、夕方、弥吉ト

御霊ノ社へ行ク

・十二日　お只殿見へ申候、私、大和ゟ取寄候石、東京へ廻シ申候、昼後、又お只殿妾ノ給料ノ事ニ付見へ、中人中介ノ申分ニ、料三円ニテ十五円ノ支度金ニテハ相談不出来由申候ニ付、此返事ニ見へ候間、弥吉申ニ、中介ノ咄シフリ悪きニ付テノ事故ニ、明日又おちま殿談ニ一応参られ候様との事故ニ其談ニシテ、(78表)私ハ梅田迄出ル、車ちん四銭、次、植村ニ面会シテ、同道ニテ気車ニ乗ル、四十銭、暮れニ京着シテ帰宅ス

・十三日　安井へ参り、子し三本贈ル、頼置候写シ物何れも出来、次ニ中村へ参り、幹山ノ蓋物贈ル、昼飯出ル、山中へ廻シ候陶器ノ本五冊代六円十銭受取、管(ママ)三本返ル、車賃五銭上下、次ニ昼後、小川へ参り候処、東京ノ小川昨日帰ル由、桂宮ゟ同庭園記二冊此内へ返シ、九条豆一升贈ル、相宗へより、先日頼置候懸緒ノ組方ニテ茶色羽織緒三懸求ム、六分、次ニ冨永へ(78裏)参り、元仏光寺官ナル女家内ニ小川ゟ申来レ共、断り申置、次ニ平松殿へ参ルノ処、賀茂入口ニテあひ帰り、次ニ粟田丹山ノ内へ参り、九条豆一升贈ル、陶器本四冊持帰ル、又同所と清水ノ陶器ノ記かル、黒茶碗ヲクラル、此車賃一分、次ニ夕方、安井へ参り、酒ト餅出ル

・十四日　幹山へ参り、陶器本四冊廻ス、五円十銭受取、雍印善悪見ル、器トヒー　氏不二山写真ト贈ル、次ニ粟田ノ宝山へ参り、陶器由来承ル、次ニ平松殿へ参り、酒飯出ル、次、同道ニテ祇園

菊見ニ行キ、酒のむ、夕方、山川へ一寸より、次ニ離れ而帰宅す、中村待兼テ帰ラル

・(79表)十五日　醍醐ノ於多福庵へ参り、石入りの急須求ム、三分、次ニ同所平井へ尋、酒飯出ル、次ニ宇治ノ朝日焼ノ由来聞合シ、次ニ平等院ノ由来も同寺ノ天台宗ノ院ニテ聞合ス、次ニ帰ル、此車賃五十五銭、平松、安井夫婦、伊丹、おすミ、中村、今川来ル、酒出シ、銘々雑楽ヤラ、おとり舞等セシ故ニ夜ふける、大坂ゟおちまとのも見へ而、大坂ニ而同人周旋ノ女、枚(毎)月給五円ニテ三十円前かりニテ私妾ニ来ル由約セラル、又、お春ヲ岡部へノエンタンハ片岡両親ハ承知ナレ共、本人ハ論アリテ不進由、先方へ返シ呉れ候様ニ被中候

・(79裏)十六日　北岩倉へ参り、実相院ニテ古へノ岩倉焼ノ窯等ヲ聞合シ、山鼻ノ平八ニテ中食シ、十四銭也、次ニ新田ノ国分へより、酒出ル、次ニ聖護院ノワク子ルへ一寸尋テ、帰ル

・十七日　中村来ル、おちま殿帰坂せらる、次ニ藪内へ参り、おつる殿へ菓子贈り、次ニ新立ヲ一見シ、大樋焼ノ印尽シ返ス、次ニ田内へ参り、菓子ヲ贈ル、次ニ六兵衛へ参り、陶器本二冊返シ、菓子贈ル、片岡住吉ニテ売ル見本被頼、十品此辺ニテ求、又、此間粟田ニテ一ツ求ム、次ニ丸山ノ(80表)橋ノ坊ニテ大坂町人の売立ノ道具見ニ行キ、次ニ永楽へより、次ニ香煎廿箱求ム、四十五銭、次ニ大橋ゟ頼ル一釘八箱五十二銭、三条ニテ求ム、此車賃三十五銭、夜、宅ノ書付調ヲスル、此時宮野娘おゆみ来ル、宮野邸ノ事ニ談セラル

・十八日　自宅ノ書付調ヘテ、土蔵ニ入ル、駒井来ル、先ノ養子ノ手廻り物、残り居候方付方ヲ頼マル、昼後二字迄荷物ノ込方仕り、三字三十分ノ気車ニ乗り、大坂ヘ夕方参ル、岡部ヘ参り、お春のゑん断り申候処、お只立腹也、次ニ片岡ヘ参ル、弥吉とおちま殿、直、中助方妾ノ中人故ニ之レヘ（80裏）参ラレ、前かしノ金三十円、先ノ書付トヲトリ、且明日八字四十分ニ出立ヲ申置候処、之レハ仕度出来兼候ニ付、十二字迄延シ呉れ候様ニ付、此通シ致さる　○お春ハ彌岡部ヘ方付ル事ニ相成れ共、私断り候あとニテ残念也

・十九日　岡部ヘ私参ル処、両人共留守、妾おさた一条ノ礼トシテ一円贈ル、又中助方ヘハ昨夜一円一分、おちま殿おくり置れ申候、片岡ヘ私かへり候ハヽ、お只見ヘ候事ヲ甚立腹ノまくれニ無理ナル事ヲ被申、取あす申候　○片岡ゟ取替ヘノ妾ノ廻シ金三十円、中助方礼金外ニ入用トシテ二円、片岡ヘ車ちんトシテ一円渡ス、（81表）一字ニ中助おさたをつれて来ル、酒出ス、次、二字私トおさたと出立シ、此車ちん六銭、気車ニテ神戸ヘ着シ、船会社安藤迄人車十銭、荷物預テ二人つれニテ楠社ヘ参り、次ニ船製作所一見シ、誠ニ見事、次ニ福原遊女町通り参ル、此車賃二十二銭、次ニ歩行テ西北山ノ温泉ニ入り、宿ニ帰ル　○此宿ニハあひ客モ無ク、二階ノ事故ニおさたと始テ盃ヲ取替ヘ取分◐談ヲシつひニ◐◐ス

・廿日　お定ト布引ノ瀧見ニ行キ、次ニ丸山温泉ヘ参ル、湯ヤヘノ払九銭、◐談ヲ仕ル、昼後、宿ニテ◐談ヲ仕り楽シム、夜◐◐◒ス、昨日出船ノ処、明日ニ延ル

・(81裏)廿一日　宿賃一円九十五銭、安藤嘉兵衛へ払、又船賃十一円、之又払フ、一字ニ玄海丸へ乗船ス、此船普請ノ出来タニテ宜敷申候、乗込も凡四百余人也、七字ニ出帆ス

・廿二日　誠ニ晴天ニテおたヤか也

・廿三日　朝、横濱へ着船ス、お貞ハ始ノ渡海ニテ大きによひ申候、横濱ノ本丁四丁目森善ニ着シ、朝飯ヲ仕舞、湯わき候ニ付二人つれニテ入ル、多人数故に有れ共不斗奇也、次ニ薫香ノ吉田へ参ル、色々古(82表)器ヲ見ル、中ニ焼物古硯見ル、明時代ニテ見事、家内も出ラル、次ニワクマンヘヨリ、次ニ外国人ノ店ヲ一見シテ、宿ニ帰り、昼飯ヲ仕ル、此内ノ払七十五銭、内三十銭ハハシケ代、次ニ十二字気車ニ乗り、一字新はしへ着シ、之ゟ人力車二架ニ乗り帰宅ス、車賃十二銭也、大橋ハ月始ニ下谷へ被移、又、嶌ハ先月廿日書置テ外へ移ラル、此跡へ両家紙幣局へ出ル人、間無ク移ラル由なり、◐◐◐ス、今日、本多、平尾来ル、桜井へ奈良足袋一贈ル、おたきへも足袋一足、かね筆一本贈ル

・廿四日　平尾へ参り、品物ノ着、算用向等を一見シ、深草焼ノコンロ一五銭、三木棗一十二銭、園《(ママ)》平徳利二本十八銭ナリ、之ヲ持帰ル、山本へより、山本及安井ゟノ封物届ル、松田へ参り、香煎一箱、か子筆二本(82裏)贈ル、酒出ル、松浦ゟ金子十二円及安井ゟ状、克三郎へ渡シ、次ニ駒井ノ状、松田ニ渡ス、次ニ小河へ参り、安井ノ短冊渡シ置ク、そは出ル、又、松田ニハ清丸《(清麻呂)》ノ像出来ニテ、三

枚持帰ル、◐◐◐◒ス、お貞三味線ヲ引、大橋へ尋ル、奈良足袋一、金と比良（金刀比羅）ノ箸一贈ル、奈良ノ
岩井ゟ団扇着ス、江藤へ香煎贈ル
・廿五日　昼後、区務所へ参り、帰東ノ届仕ル、次ニ中村へ安井ゟノ届物ニ参り、次ニ観世へも安井
ゟノ封物届ニ行ク、松田ゟ菓子来ル、（小川来ル、酒出ス、◐◐◐◒ス、江夏来ル、
香セン贈ル、又煉化家租二ケ月料ト滞ノクズシ料二円と受取
・廿六日　大工家内来ル、東京府ゟ地券引替ニよひ状、此間来ル、罷出ル処、古新引替ニ而、証印仕り、
此料紙一銭二厘及区入費ヲ納メ、水戸ノ事ニ証印ヲ区務所ニテ仕ル、（83表）曲木へ参り、足袋一、香セン
一贈ル、次ニ岩倉様へ参り、帰京ノ見舞、且私ノ帰ルヲ申込、平尾来り、酒出シ、赤沢来ル、次ニ
本八丁堀忠兵衛へ参り、平尾ノ見込銀行一条ノ談テ、裏辻も来ル、先年名義揃、納本ノ受取、博物
館ゟ来ル、◐◐◐◐ス
・廿七日　松田へ参り、清麻呂出版ノ文字入れ方咄シ仕り、次ニ針筆（ママ）四品求メ帰ル、◐◐●◎ス、宅
へ状出ス
・廿八日　松浦迄安井ゟ被頼候短冊預置、次ニ西尾へ参り、色々咄シ仕り、平松殿ゟ被頼候状届け、
次、川上へ尋、火たきニ而、門人も多分被参候而、（83裏）ウツミ豆腐ノ飯酒出ル、西京ノ香煎贈ル、小河
及大橋家内留守来ル、曲木ゟ此間贈物礼状来ル、◐◐◎ス

・廿九日　岡本十郎へ菓子以テ行ク、桂川へより、次ニ松原へ参ル、何れも香セン贈ル、次ニヘンケーへ尋ル、次ニ平尾へ奈良団扇以而参ル、夜分、十郎家内共さん巻以テ来ル、三鬼ハ此間出立也、佐藤ゟ状来ル

・三十日　ヘンケーへ参ル、観古図説ハ仏国ニ於テ買手無き由被申候、次ニ築地ノ区務一寸参ル、(84表)高輪ノ佐藤へ状出ス

(84裏)

西京ノ山鼻

何モ常々閑ニテ、山ノ形ト云、川ト云、雅致有リテ、何ト無ク心ヲ慰サメテ、物ヲワスル心ちスル

（85表）紀州加田粟嶌

此前ハ海ニテ、向ニテ嶌有リ、此向ハ淡路嶌ニテ、舟ノ出入も多ク有レト、甚なかめ宜敷申候

（85裏）紀州和哥浦

イモリ山

此山ハ山計リニテ、其左ニハスカヒニ嶌ニナリテ、塔ト拝殿様ノ物有リ、前ハ海ニテ風景宜敷申候

（86表）紀州和哥浦ノ
東照現検（権現）
高見ニテ見晴シモ
有リ、又、社も美麗
ニシテ見事なり

（86裏）讃岐金刀比羅社
ノ本堂

此堂ハ金ヲ尽シテ
建タレハ甚宜シ、
社も同様石段等
モ見事

(87表)
大坂ノ川筋ニハ
相替ラス北国ノ
大船数艘有
リ、夫レニつれて
当地も繁昌也、
元来市中ニ川
多分有ルニ付、
平等ニ便利
宜シケレハ、物ノ
代物も平キン
スル也

（87裏）

播州舞子ノ濱景

播州ニハ松ノ名所多分有レ共、此地ニ正（勝）ルワ無シ、向ニハ淡路嶌近クニ有リテ、右ノ向ニハ四国ノ山ヲ望ミ、左ノ向ニハ紀州ノ山ヲ望ミミ、前ハ数艘ノ船往来シテ、甚雅致有リ申候

(88表)東京鈴ハト云
芸妓ニテ、年
ヨリノ中ニモ
当時ノ日本一
ノ由ニ付、此処
ニ入ル

(88裏)東京ヨシ丁ニ
奴ト云芸妓
有リ、甚美ニ
シテ有名ナレ
ハ、此処ニ出シ
置ク也

(89丁表は空白)

（89裏）十一月十四日　五セン物 四銭五厘　相馬急須　壱

九月一日　六十 ホ十銭　大コ石　三

二日　十　ホ六三銭　同　一

九月廿九日　七十五銭　画唐つ（唐津）　一

十七日　十五銭　人形手□　一

三日　二十四銭　立角中　一

十四日　五銭　相馬キウス（急須）　一

〆　一円十九銭也　一円七銭七厘　十二月三日　受取

十一月十一日　五銭　相馬――　一

三日　同　同　一

同　同　同　一

四日　二十四銭　尾州鉢　一

同　五十三銭　横角ハチ　一

〆九十二銭也　八十五銭五厘　同上　受取

（90表）楽工社ニテウレ候品覚

（90裏）一金三円　十一月分　家税　浅野貞英入

一　一円三分　――　小野原入

（91表）大坂第三大区十小区　本田三番丁三十一番地
赤路新助
十一年十一月十八日　同　さた　廿四年二ケ月
私妾

・（91裏）八円　去ル四月分家税　濱田滞り分　受取
同　第十月分　――　同
同　第九月分　――
同二円　クスシ受取　同一円六十五銭屋根繕ヲ払フ

巡見ノ時先々ニテ求ム品
記
・一円七十五銭　二疋鹿透団扇　五十本　三五カヘ
同　箱代　十三銭　同三十銭　飛脚賃
〆二円十八銭
十月廿七日　岩井
同　届方　六銭五厘　岡田

（92表）
一赤ハタ焼植木鉢　十円ノ注文ノ処へ金五円渡シ置ク
受取　十銭　十月廿日　　　　井上忠次郎

記

一金八円　　　ステキ廿本
一金二円二分　象眼入ノ菓子箱二
十月十四日　〆十円五十銭　　村上虎次郎

記

一九十銭　五徳三十組　大十三　中十　小七
一手付火入　五十銭　数十
一十銭　コンロ　二　○大坂迄ちん八銭　九銭五厘　籠代
〆一円六十七銭五厘　九月十八日　松本五三郎

（92裏）

記

・二円五十銭　十二銭五厘ツヽ　夏目（棗カ）　廿
・三円五十銭　六角茶入　二
・一円五十銭　香呂　一

・七十五銭　ふた物　一

〆八円一分　九月廿四日　三木

記

・八十銭　青磁徳利　十

九月廿四日　中村佐七

記

・八十四銭　廿八銭ツ、　三　れん方ろん《（ママ）》　上セいし《（青磁）》

・四十銭　廿銭ツ、　二　同　きゐらほ《（黄伊羅保）》

（93表）・四十銭　廿銭ツ、　二　同　セいし

・十五銭　同　きゐほ

・三十銭　十銭ツ、　三　久子　きゐほ

・四十銭　八銭　五　（ミシマ　キイラホ　徳利

・十銭　ミシマ　急ウス

・十五銭　上セいし　木部ろ

・十銭　　木部ろ

・十銭　五銭　二　ミシマ　小中

・五銭　ゆさし　きゐほ
・廿五銭　白きく　きうす
〆三円廿四銭　九月廿六日　蔵六

記

・六円十六銭　廿二銭ツ、　廿八　茶入　フリキ
（93裏）・三円八十銭　三十八銭ツ、　十　タハコ入
・一円三十銭　六銭五厘ツ、　茶上戸　二十
・六十銭　三十銭ツ、　二　錻茶入
・六十銭　一　同　六角形
・六十三銭　九銭ツ、　七　茶出し
〆十三円〇九銭　十月二日　村上
箱代　二ツ　十銭

記

・一円五十銭　五十　三七　朝日宝瓶
・一円　一分　五十　二五　壺中天——
・三十八銭　大十　古曾部　安南——

・八十銭　五本　十六　久山花生
・一円二十銭　百　古ソヘ　カシラ　ワン
(94表)・七十五銭　三組　久山石上鉄
〆五円八十八銭　十一月十日　福田喜兵衛

記

・桂庭図　十九枚　陶器考　二　七十一枚
・古紙代　一〆二反　写し料　合六十銭　安井

記

長やかし候人　相沢　保昌
惣代人　呉服丁二番地　伊井吉之助
同丁　十六番地　吉村勘兵衛　ニ替ル

△(94裏)第五　前会ニ於テ、予メ演説或ハ朗読スヘキ者一人ヲ撰ンテ、後会ノ演説員ト定ム可キコト
但シ、所見書ハ成ル可キ丈各員モ毎会之ヲ出スヘシ、尤モ演説或ハ朗読スルトセサルハ、各自ノ適意ニ任ス可シ、且ツ其所見書ハ只問題ノミヲ拘ケニ社員ニ質疑スルモノタルモ妨ケ無シ

第六　所見書ハ各員ヲシテ随意ニ異見ヲ容レシムヘキコト
第七　所見書ハ各人ノ望ニ応シ、自宅ヘ回達スヘキコト
第八　都テ本会ノコト《（ママ）》件ハ社員三分ノ二ノ決議ニテ之ヲ定ム可キコト

（95表）

温知会改正規則

第一　本会ハ必定第三日曜日ヲ以テ、年々四月ゟ十月迄ハ年前第八時三十分ゟ十二時迄、十一月より翌年三月迄ハ第九時ゟ午後《（ママ）》第十二時三十分迄相開ク可キコト
　但、毎年七、八ノ両月ハ休会、且ツ会日ノ大祭日祝候等ハ若右ノ節ハ第四□ノ日曜日ニクリ替ヘキコト
第二　社員ハ会費トシテ、出席ノ有無ニ拘ラス、毎会必ス十銭ヲ出スヘキコト
第三　無断欠席ノ者ニハ、必ス金二十銭出サシムヘキコト
第四　予メ定メタル時限ゟ一時後ニ出席スル者ニハ、別ニ金十銭ヲ出サシムヘキコト

△

（95裏）

楽工社ノ入用

家作引受　六十六円　一分二十二円
同　仕ル分　二

（96表）

温知会

加藤弘之　服部一三　濱尾新　寺内粂明

麻布兵衛丁二　冨田銭之介（鐵之介カ）

神田佐久間丁一丁目廿一　柏木貨一郎

龍岡丁イ二十　横山由清

牛込仲丁二十一　那河通亭（那珂通世カ）

浅草小嶌丁十七　黒川真頼

上野西黒門丁十二　小中村清矩

浅草北清嶌丁廿一　佐藤祐識

本銀丁二丁目十番　樋口光義

浅草東三筋丁十六　木村正辞

加藤弘之ヨリ著述物被聞候ニ付、如左答フ

（96裏）

好古類従　廿五銭　ミノ紙

弩機考　一　同

飾剱要方　一　同

度量権衡図説　三　同

宝器図集　一　大本

玉石――　一　ミノ

服制備考　二　大本
古器物図考証　四　竪　ヨコ
徴古図説　十　同
観古図説　六　大本
此外十五名　□波渡来船見聞写記
参考図集　二　□□□備考　一
雛形図集　一　博覧会物品図
磨製斧　一　諸□弁　一

（97表）
松浦辰男ノ致サルアク行ノ分料
升一升蠟一匁六分聞二匁　又蠟三匁ニテハ湯由
仏国一メートル　七度　日本二リントートル六十五度
三分一　日本ノ尺ニ一厘ヨ　シンチウ尺ニテ縮ム
正倉刀子　四円五十銭　改三円八十銭
一合刀子　一円七十五銭　改一円五十銭

神田錦丁一丁目十番地　　江夏利兵衛

（97裏）明治十一年、書見間ゟ中間トノ間ヲ口ヲ付、棚ヲツル、又、西ノ土蔵ノ南カヘト角《スミ》土蔵ノ西カヘノソンシヲ塗、便所ノ南戸ト書見ノ間ノ南戸ト廊下ノ南マトノ戸ノ内ヘシヒクヒヲ入ル、此入費□

惣十四円五十二銭八厘

ヘンシキヤ八円六十銭　外九円七十九銭

同一月、中間、書《見ノ間》ノカヘ塗りト、書見間南戸、便所南戸、廊下南上ノ戸、西土蔵ノ南ノ上下ノ戸トシヒクヒヲ入レ、且又、玄関ノ石段広ク直シ、庇シモツキタシ、鉄ヲ張り、南ノ廊下ノ外ニ庇ヲ作り、廊下□□（障子）リ上ヘ鉄ヲ張り、右ノシヒクヒ入ル、戸ニモ鉄ヲ張り、玄関ノ戸ニモ張ル、南ノ庇ニハカラス消子ヲ作り、右ノ戸何レモツクル也

此入費金〆七十四円四十六銭

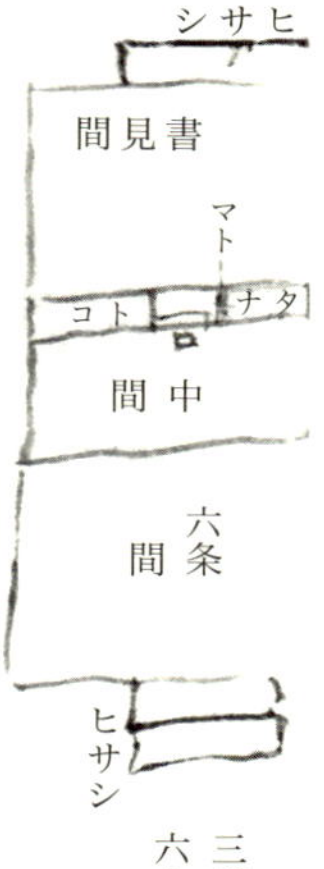

（98表）出板御届

蜷川式胤著

観古図説　城郭部之一　大本ノ一冊

明治十一年四月出板

右ハ城郭ノ考証ヲ述ヘタル書ニシテ、東京城ノ写真ヲ入レタル書ニシテ、一切条例ニ背キ候義無之間、此度出板致シ度、此段御届申上候也

京都下平民
著述者出板人　蜷川式胤　印
東京辰ノ口道三丁
二番寄留

明治十一年四月十三日

内務卿
大久保利通殿

（98裏）観古図説　城郭部ノ一　大本一冊
定価三円

右ハ明治十一年四月十三日御届申置候処、今般刻成ニ付、三部ノ納本仕候也

京都府下平民
蜷川式胤　印
東京辰ノ口道三丁二番地寄留

明治十一年四月十五日

内務卿　大久保利通殿

銭瓶丁一番地
大手丁二丁目五十三番地

本所柳原丁一丁目十三ハン
新□社

日本橋通三丁目十四ハン　　丸ヤ善七

（99表）明治十一年六月廿五日夜、隣家焼失ニ付、私方本宅ノ屋根、消防方ニアラ□□坪方三十坪程瓦ワレ、

損ス直シ方

〆廿□（五）円八十銭、瓦ハ何レモ宅ニ有り候

外ニ方々手入費、且畳南間取替

〆十二円十六銭

椎之落葉　四

（表紙）

明治十一年十二月一日ヨリ
同　十三年一月三十一日迄

（朱方印）「蜷川蔵印」

（朱方印）「宮道式胤」

椎之落葉　四

（空白ページ）

・（1表）明治十一年十二月一日　平尾へ参り、同道ニテ西沢へ参り、同社ニナルコトヲ談ス、湖東焼ノ茶碗一ツ贈ラル、次ニ和田へ参り、次ニ曲木へ参り、河村ト云人ト洋食ニテヨバル、岡部、片岡へ状出ス、又、弥吉ゟも状来り、大坂区務所ツメ拝命由ヲ申来ル

・二日　朝、小川来ル、同道ニテ江夏、米蔵方へ参り、鹿児島士族ノ禄券求方ノ談ニ参ル、昼後、平尾へ参り、楽工社ノ勘定仕り、九、十、十一円（ママ）ケ月分不足分一人ニ付十円　出ス、酒出さる

・（1裏）三日　奈良岩井団扇料二円十一銭郵（便脱）ニ出ス、由井、吉益へ参り、香せん贈ル、次ニ中村へ参り、奈良足袋一足贈、酒夕飯出ル、留守へ黒田来ル由

・四日　平尾へ参り、楽工社ハ家へ本多へユツル談ニ咄シ仕り置ク、夕方、高野来ル、又、山本ノ老母来ル、菓子ヲ贈ラル、宅ゟ状来ル、備中ノ山口八及本多ゟ状来ル

・五日　佐藤来ル、お貞ノ金付具求ム、一円一分、次ニ柴田参り、奈良足袋一足贈ル、次ニモルレルへ参り、三木作陶キ一ツ贈ル、（田中有美ゟ状来ル、綾少路柳馬場東入ル）楠公備後三郎（2表）写シテ、便ニ出サル、料一円七十銭也、山ホウ、日かけかづら、万年草、高野産、博物館へ献ス証書来ル、◐

・六日　赤塚へ参り、香せん一箱贈ル、（朱書）「◐」ス

・七日　勧工場へ参り、（朱書）「●ス」、松田、楽工社ニテ売上ノ金渡ス、小野、疋田来ル、酒出ス

・八日　曲木来ル、酒飯出ス、又、山本来ル、又、山本へより、◐ス、木野丸太夫、紋太夫、土器説、
先日被廻ニ付、礼状両家へ出ス、◪ス、雅楽稽所ニ於日課舞ノ開キ、十日ニ有ルニ付、私ニ見物ニ
参ル様、丸岡《莞爾》ゟ状来ル

・（2裏）九日　平尾へ参ル、（朱書）「◪」ス

・十日　十二字ゟ雅楽稽古《ユノイ》所仕へ参り、初神楽祥神舞り、次に、次ニ〇サイバラ次ニ万歳楽、次ニ貴徳楽、次ニ西
洋楽、次ニ君カ代、次ニ西洋楽、次ニ洋食出テ退出ス、□之此式部ノ官員等数人参り、又、雑人モ
見物ニ来レリ、◐ス、諸国石十五品博物館へ献ス

・十一日　納富ゟ白磁観音取返ス、十二字ゟ又雅楽警古（稽古）所へ参ル、神楽ハ過テ、還城楽、納曾利、
楽龍王、洋楽見テ帰ル、（朱書）「●」宅ゟ荷物三着ス

・（3表）十二日　平尾来ル、飯酒出ス、おたきノ娘来ル、奈良足袋一足贈ル、由井へ参ル、◐ス◒

・十三日　小杉来ル、池田へ参ル、飯酒出ル、人見来ル、酒出ス、キーソ子ー《キヨッソーネ》来ル

・十四日　小川来ル、江州ノ人、楽工社へ入社仕り度由被申、四条殿へ参ル、留守

・十五日　大学校へ参り、温知会ニ出ル、昼後、平尾（3裏）へ参ル、小川ニ江州人来ル、同社ノ咄シ仕ル、中川来ル、酒出ス、曲木来ル

・十六日　キツソー子来ル、今夕参り呉れ候様ニ被申候、昼後、平尾へ参り、区務所へ人力車ユツリ受ノ書付之印ヲモラヒ、多へ参ル、留守也、六字ゟキヨウ子子ーへ参ル、曲木ト夕飯出ル、銅水入一贈ル、山本へ一寸ヨル

・十七日　楽工社ノ家及本多元家来ニ百廿円ニテユツリ候ニ付、廻シ置候器物少々持帰ル也、宅ゟ状来ル、宇喜多来ル

・（4表）十八日　町田来ル、器物少々見セ申候、龍吟堂へ一寸参ル、お貞ト香レ《ママ》江家内ト浅草へ参ル、◒ス

・十九日　宇喜多来ル、又、曲木来ル、同道ニテ観工場《勧工場》へ参り、又、同人宅ニテ昼飯出ス、次ニ赤沢へ参ル、茶酒飯出ル、◉御室へ取調呉れられ候礼状出ス

・廿日　斉藤、平尾へ参り、荒木来ル、亀井来ル、酒飯出ス、江夏家内トお貞神田へ参ル、●

（4裏）
・廿一日　岩下へ参ル、留守、次ニソーマレツへ参ル、同シ、次、湯浅へ参り、同道ニテ鳥尾へ行き、
古器色々一見ス

　青磁瓜龍花生　　卣

　花器　銅　　漢鏡　大

漢印　二　　明金象眼（象嵌）花入

シャク

次ニ赤塚へ参ル、ソバ出ル、◒蔦移ル届出ス、宅ト御室へ状出ス

・廿二日　赤塚へ使ヤリ、次ニ村山へ参ル、釜藤へ参り、祖母懐銘茶入レ求ム、斎藤へより勧工場へ
ブリキ物出品ス、「●（朱書）」由井納会ニ行、（5表）印贈ル、田中ゟ楠公備公三郎写シ廻ル、◎ス

・廿三日　昼後ゟ小堀へ参ル、酒飯出ル、濃茶出ル、次ニシルコ出ル、赤塚、赤沢、前田、友古参ラ
ル、宅ゟ荷物二箱、戸四枚着ス、平尾来りテ、楽工社家ユツル料ノ分百四十円受取、此日ツクナヒ
金六円一分ト雇人ノ金一円一分同人ニ渡ス、◐

・廿四日　斎藤来ル、ブリキ細工物かし申候、□□十ユツル、小川来ル、松田へ懸合ノ咄シ承ル、観

工場へブリ（5裏）細（キ脱）工物出品ス、◐

・廿五日　観工場場（衍字）陶器類出品ス、田中義一へ金一円七十銭画料廻シ申候、竹川丁へ石版類廻シ申候、宅ゟ二箱、戸一包来ル　○観古図説四冊天子へ献置候、移（替カ）りニ奉書、紬一反五分香川ゟ廻ル、「（朱書）◒」

・廿六日　不快、フセル、平尾ゟ状来り、大坂福田ゟ陶器廻ルニ付、三菱社へ取ニ参ル様申来り、直ニ取ニ遣、三包来ル、岡本十郎来ル、ツクタニ贈ラル、曲木来ル、仏人ゟ被頼候而刀見度由被申、明日ニ約ス、平尾来ル、竹川丁屋本多ニユツルノ処、同人先（6表）ニ談シ候、銅器店ニテ平尾モ老骨被遣故ニ、立腹ニ被申、大和井上ゟ陶廻ス由申来ル

・廿七日　仏人、曲木来ル、刀ト古器見セル、岩下、石田へ参ル、留守、サトウ来ル、留守中ニテアワス、文部省へ参り、モルレルニあひ、観古図説五巻ユツル、三十日ノ十字ニ来ル由也、◐◒

・廿八日　之迄用ル一人乗人力、倹印（検印）府へ返シ申候事、大坂ノ福田へ陶器無事ニ着由申遣ス、又、香川へ返物被下候礼状出ス、教育博物館ゟ城郭本石版画献納証書来ル、勧工場へ（6裏）陶器ヲ出ス、山本へ参り、三井焼一贈ル、酒出ル、平尾へ参り、花生籠二預ル、小川来ル、松田へ懸合一事承ル、小堀転宅由申来ル、◒

・廿九日　「◒」（朱書）教育博物館へ昨日の受状出ス、又、小堀へも出ス、楽工社ノ印平尾ら廻ル、空気枕同人へ廻ス、竹川丁家ノ手数料一円、小川ニ贈ル、岡本十郎へ空豆一升、芋葉一袋贈、小河、ヒールへ参ル、次ニ芦沢へ参り、朝日急須一贈ル、松浦へ三井焼急須一贈ル、神田来ル、◐◐三浦老母移ラル

（7表）
・三十日　モルレル、平山、大和辺ニテ集メ持帰ル品一見ニ来りテ弁解ス、陶器本五冊ユツル、陶キ二ツ、団扇一本贈ル、平山ニハ陶キ二贈ル、右本弘メ方談ス、平尾来ル、曲木へ参ル、此間仏人ニカシ候大刀返ル、曲木ト日陰丁へ一見ニ行ク、◐◒

・三十一日　「◉」（朱書）三浦老母外へ移ラル、十二月廿三日、後払分、

日用品　十九円三十二銭一厘　◐◒
雑払　四十三円四十五銭八厘　三口合
お貞払　六円八十一銭一厘　外一円九十銭加フ　六十九円六十三銭七厘

入金分
煉化（煉瓦）屋払分　四十円
（7裏）
家税分　二十二円　三口合
売品分　八円六十銭　七十円六十銭

(8表)・十二年一月一日　キーソ子ー礼へ参ル、昼後、岩倉、キウソ子ー、ベーア、ヘンケー礼ニ行ク、「◒(朱書)」小河へも行ク

・二日　ジブスケ礼ニ行ク、「◒(朱書)」◐釜藤へよる

・三日　釜藤来ル、古器見セ、酒飯出ス、宗順来ル、酒出ス、シフスケ(ジブスケ)来ル、サトウへ参ル、次、村山へよる、川上へ朝急須一贈ル、◉●◒五条殿へ参ル

・四日　高田来ル、盃二贈ラル、神田来ル、古物見セる、米人ニ古物一見致し度、且日本国博物館ニ頼まれ候由ニテ(8裏)ゆつり受度由、近日同道ニテ参ル様ニ被申候事、山科、山本ヘヨリ、川上作竹花生以テ曲木へ参ル、斎藤へ一寸より申候、川上宗順礼ニ来ル、酒出ス、◉◒お貞ト地蔵へ行ク、金子着由西京田中ゟ状来ル、赤ハタ(赤膚)ゟ陶キ七品贈ラル

・五日　「◒(朱書)」赤塚来ル、平尾へ参ル、酒出ル、次、四条殿へ参ル、酒出ル、赤ハタゟ陶キ十五俵着、代十円六銭、賃二円四十銭ト三十銭払フ、◒◒

・六日　木村定五郎ゟ家税以テ来ル、事比良(金刀比羅)松岡外一人、同所博覧会ノ為ニ来ル、グツメツ外一人来ル、四人ニ古キ見セ申候、明三字ニ米人モース、訳者一人古キ見ニ参ル、(9表)神田ゟ状来ル、留守へ中

村外二人来ル、赤ツカへ参ル、宅ト安井へ状出ス、「◎」《(朱書)》◒◒宅ト安井へ状出ス

・七日　神田、モース外一人来ル、古物見せ、著述物ユツル也、米国博覧館《(物カ)》へ廻ス為メ、少々陶キヲ頼まれ申候、「◒」《(朱書)》◒◒

・八日　松田来ル、酒出ス、野村、萩野来ル、モースゟ本取ニ来ル、獨乙書記官へ参り、次ニソウマレツへより、谷森へ参ル、◒◒◎栗田ゟ年頭状来ル

(9裏)・九日　平尾来ル、酒出ス、吉益、宗順、梅村へ参り、朝日ノ急須一ツ、贈ル、高橋へ三井ヤキ急須贈ル、神田ゟ本料三円九十銭廻ル、密甘一箱贈ラル、芦沢来ル、古器見セル、梅村ニテ尹部焼神代水指二円ニテ求ム、サトウゟ十二日昼食ニテまねかれ申候、松浦、金谷ゟ年祝状来ル、◒◒観世へ安井年玉届

・十日　小川来ル、酒出ス、大学校参ル処、モース帰宅、平尾へ参ル処、留守、モルレルへ参り申候、岸本へ朝日急須贈、サツマ画付茶入、末廣山ノ鉢、鉢風呂《(風炉)》求、一円二朱、竹二郎へ参ル、ソハ出ル、朝日急須贈ル、　片岡三人、堀江、柴田状出ス、(10表)◎●片

・十一日　大学校ノモースへ参り、陶キ本八冊廻ス、又、内務用度司へ一冊廻ス、由井、桂川来ル、

古物見セル、桂川ニハ酒出ス、◒◒尾州博覧会ゟ物品返ル

・十二日　備山口、肥藤へ状出ス、サトウへ昼食ニ参ル、外ニ二人参ラル、山井へ参り、井上へ回り、岡本へヨリ、宝提菩院尋ル、サトウへ蔵六徳利、三木棗、赤ハタノ台贈ル、フランクスへ赤ハタ台付、尹部湯ノミト廻シ方頼ム、淡路加集（賀集）陶キ細（ママ）礼状出ス、大坂鹿嶌へ石版（10裏）社談スル由申贈ル、久留米小村年詞状出ス、永田ゟ年詞状来ル、勧工場ゟ十四日談度キ有ルニ付、参り呉候様申参ル、◒◒

・十三日　東京府へ煉化屋月ふ（賦）六ケ月分十四円三十八銭納ル、松田へ参り、周平徳利贈ル、酒出ル、大坂白山来ル、岸本来ル、◐◒

・十四日　加藤ト大学備品陶キ本、城本五冊廻ス、勧工場へ参ル処、稲荷社ノ勧ケイニテ出品物売高百分ノ一出シ呉候様ニ付、三銭出ス、大和井上へ鉢代（11表）残五円六銭、大坂ノ加藤へ向け廻ス、夕方、松原茶会ニ参ル、百疋贈ル、十字ニ帰ル、諸国ゟ持帰ル品八品博物館ニ献ス、◒由井へ相馬急須贈ル、◒

・十五日　克三郎籍ノ世話ニ付、司馬ゟ十銭礼来ル、安井ゟ状来ル、是真外子共二人、竹真来ル、酒出ス、夕方ゟ吉益茶会ニ参ル、百疋贈ル、十字ニ帰ル、◒◒

・十六日　山本へ安井ノ状以テより、曲木参ル、ルス、次ニ斎藤へより、次ニ釜藤へより、植木鉢（11裏）求

ム、二分、次ニヘンケーへ参り、出雲焼多分注文ノ次第咄シ仕り、次ニ観古図説及古陶ハ仏国ニ而不残捌ケ候へ共、損分由申来り、何レ廿日後ニハ細カニ知レ、夫迄私ノ同シ本捌き候事見合シ呉れ候様ニ被申、残金百円も同シ、次、道ニテ曲木ニあひ、同道ニテ帰り申候

・十七日　夕方、赤塚来り、酒出ス、宅ゟ状来ル

(12表)・十八日　内務省陶キ本代取ニ行、手形渡り、之ヲ以テ大蔵省出納局へ引替ニ参ル、山田来ル、抱ク(ママ)ワクへ参ル、留守、朝日急須贈ル、次ニ松浦へより餅出ル、安井ゟ被頼候短冊以テ帰ル、次ニ神田へより、本代一円参りシヲ返シ、フカキ(ママ)茶入一贈ル、屋も新建出来ニテ美也、種田織三ゟ明日モースへ参ルコト廿一日ニ申来ル、片岡ゟ状来ル

・十九日　大学校集会ニ参ル、三人ゟ集ラス会止、加藤洋酒、菓子出ス、抱クワク来ル、酒飯出ス、勧工場稲荷祭ニテ此三日間多人数人参ル、私々も今日参ル、ハレ着、タヒ、手拭求、◒◒(12裏)

・廿日　雪ふる、◒◒◎

・廿一日　五二郎来ル、種田来ル、三字ゟモースへ参ル、種田モ来ル、六兵衛ト日光写真三枚贈ラル、私ゟ古陶三贈ル、宅ゟ状来ル、◒◒◒

・廿二日　松浦来ル、古器見セル、竹真来ル、菓子ト塩菜是真贈ラル、又、箪篥ノ移(替カ)りニ入ル笙かす、近衛殿ト土御門殿へ参り、高田へフリキ《ブリキ》茶合贈ル、(13表)岸本へより、次ニ松田へ参り、松浦ノ籍替ル咄シ仕ル、夕方、曲木へ食事ニ参ル、七郎ゟ状来ル、◐◒

・廿三日「◒」(朱書)大坂加藤ゟ金子着由申来ル、五城金光寺八条来ル、昨日菓子贈ラル、釜藤へフリキ細工物廻ス、龍吟堂へフリキ茶合贈ル、石田へ参り、周平徳利贈ル、竹真ゟ笙被返、金子是真ゟ贈ラル、◒◒

・廿四日　古筆へ参り、朝日急須贈ル、浅草寺東ニテ古瀬戸茶入四銭ニテ求ム、◒「◒」(朱書)、夕方、曲木、(13裏)江夏来ル、酒飯出ス、京へ状出ス

外白土ニ筋アリ、内ハ
黄ト柹薬アリ

凡二寸

・廿五日　半井来ル、東大寺弓図被返申候、岸へ参ル、留守、水野へより、次ニ諏訪へ参り、フリキ茶合贈ル、茶入一求ム、十銭、◒

・廿六日　小河来ル、酒飯出ス、吉益来ル、酒出ス、古器見セル、(14表)赤塚へ参ル、◒◒克三郎来ル

・廿七日　(朱書)「◒」堤へ参ル、留守、乾ヤへ参ル、◒◒◒、松田へより申候、嵯峨へよる、本ノ作方松田談ス

・廿八日　(朱書)「◒」宗順へ参ル、◒◒

・廿九日　赤路ゟ状来ル、地税一円八十―、車税六円、区務所へ出ス、釜藤へフリキ茶入四、茶合一預ル、次、松田へより勧工場ゟ代物渡様申来ル、◒◒

・(14裏)三十日　江夏来ル、勧工場へ印以タセテ文蔵遣ス、売品代三円五十一銭被渡申候、(朱書)「◒」◒◒◒編集物ニ漸ク取懸ル

・三十一日　赤塚来、飯出ス、岸本へ参り、前田へよル、◒◒◒

二月一日　大学校へ参り、モース陶キ集ル由咄シ、三日来ル由、芦沢へ参ル、留守、是真へ参ル、酒出ル、コソ（古曾部）へ茶ワン十贈ル、平尾来ル、「◉」（朱書）◒◒

・（15表）二日　大茂ニテ唐土唐薬ニテ作ル瀬戸古壺二円七十銭ニテ求、藤四郎ニ見られ申候、カキト紫色ナリ、一ハ乾山、見事ナル茶ワン、一円廿銭ニ求、次、高はしへ参り、油画一見シ、豊田へ一寸より申候、久留米ノ小林ト阿岐良ら状来ル、◒◒

凡四寸余

・三日　芦沢へ参り、右壺見セ候処、同様申され候、次、岸本へより、次、村上へより申候、昼後、モース（15裏）、種田来ル、同人望陶器三十二品、同国博覧所ノ為ノ陶器三十一品見セ、気ニ入り申候、代一口廿五円受取、此次ノ日より□□□来ル、今日も陶キ学問咄シ仕り申候、◒◒◒

一月ノ勘定出分

日用払	十九円九十七銭二厘
雑用払	三十八円八十銭
お貞払	一円四十三銭八厘
〆	六十円二十一銭
物品売分	四十円三十一銭
家税入	十五円二十五銭

〆　五十五円五十六銭

・（16表）四日　桂川へ参ル、飯出ル、川上来ル、◒◒◒◒

・五日　勧工場へ毛植物、杖、陶キ為持遣し申候、吉益へ参ル、戸棚、陶キ求ル也、西九条太左衛門次男、榎次男尋ニ来ル、陶キ三之模改印刷局へ出版五丁分頼申候事、宅へさけ三本、たら一本上し申候、片岡のり五、中助三、岡部へ九、赤路三贈り申候、◒◒◒◒◒

・六日　赤塚へ参ル、吹原、間嶌よる、大樋ヤキ、安達ヤキ求ム、ヘンケーゟ観古——仏国ニテ売候処、（16裏）損料千五百フラク（ン脱）ニ付、何程カ償却カシ候様申来ル、◒◒

・七日　区務へ民費出ス、斎藤及竹川丁へより、次ニヘンケー、タムソンへ寄ル、松岡来ル、○○

・八日　赤塚来ル、飯酒出ス、片岡、安井、七郎へ状出ス、○ヘンケーへ参り、観古図説及此図ニ入ル陶キ及海上保護料、雑費四千◎四十五弗八十七セント、右仏国売却三千弗、□万五千フランク、但一弗五フランク也、差引千◎四十五弗八十五セ（衍字）セン不足、此外四千弗利子トシテ五百弗余也、此ハーレンス社（17表）何程カ右損替出シ呉候様ノ処、私方ニモ同人ノ咄ニテ、官ヲ引テ、著述物ニ取懸ルカ宜候付ニ付、引シテ二ケ年此金二千円、外ニ取調へ地方へ昨冬出ル費五百円也、何レモ損有り、依テ受取残百円ヲ受取ラスシテ済スコトニ致シ度由申込候処、先承知也、右本今ゟ外方へ売テ宜敷由也、茶入四トヒニ一ツ求ム、次ニ宗順へ参ル、永楽伝記贈ル、◒◎

・九日　陶キ四求、小堀へ参り、珍蔵品友ニ一見させ度由申込候処、承知也、おたき宿へ行、昼後、松原へ参り、小堀ノ蔵品一見、(17裏)同道ノ義、吉松ニも咄仕り置申候、大学校ゟ本料八円十銭相廻、◒◒

・十日　マース《モース》氏来ル、同人へ廻ス陶キ三十三品持帰ラル、ヒル酒《ビールカ》六本贈ラル、陶キノ弁解申候処、コト〳〵ク書取ル、大学校ノ備品ニ二十円丈ノ陶キ入用ノ由被申、金刀比良社へ行ク、此間博物館へ献品六点ノ受取来ル、◒◒◒

・十一日　「◒」(青書)マースゟ陶キ取りニ来ル、三十二品渡ス、村上ニテ茶入一、古皿一求ム、マース氏へ参ル、(18表)色々陶キ目利仕ル、凡六十半、夕食出ル、種田も参ル、観古図説同国ニ於テ出版致シ度由被申、承知仕ル処、免許状呉レト申付ル、右本売上りノ何分カ廻ス由申さる、◒◒◒

・十二日　「◒」(青書)◒赤塚、宗順、佐藤来ル、酒飯出ス、佐藤ニ観古——二、三、五ユツル、赤塚ト吉益へ参、同道ニテ三人大河内へ参り、遠州所持水手鉢、火鉢、多ハ古盆ヲ一見シ、道ニテタ飯仕り、帰ル、おたき帰ル、赤ツカト堀江へより申候事、◒◒木村ゟ画受取書、家税来ル、水の来ル

・（18裏）十三日　勧工場へ参り、私方出品杖、高価ノ由被申候事、平尾来ル、淡路ゟ高盃来ル由被申候、直落手候印書、局人より預置候、仏文四、五日ノ内ニ出来由、大学校へより、加藤ニ局ノ備品廿円余り陶キ集呉候様ニ被申候事、村山へより、次ニ五品陶キ求ル、西四辻、小堀へ状出ス、岡部ゟ状来ル、◒◒

・十四日　知恩院来ル、古キ見セル、マース、種田来ル、此友人古陶五十円ノ処、集呉候様被申、承知候、膳所ノ柴田家内妹及兼松来ル、（19表）酒飯出シ、見物ニ参らる、次ニ私高田へ袴仕立ニ以テ行き、次ニ藤森及雪斎、片岡、ヘンレーへより申候、次ニ古陶四求ル、◒◒◒

・十五日　膳所客哥頼方へ参られ申候、安岡来ル、清万兄摺物二枚廻ス、吉益、由井へ参り、廿日小堀参ル様ニ申候、古陶七品求ム、◯◯

・十六日　古陶十品求ム、赤塚昼参り申候、夕方、榎、ハナヤ来ル、西四辻ゟ閑日を為知候様申来ル、◒◒、温知会止ノ由申来ル

・（19裏）十七日　小河来ル、車筏《ママ》かし申候、吹原来ル、モース、種田来ル、古陶目利仕り申候、古陶一求ム、神田へ参り、飯出ル、◯◯

・十八日　桂川、松原へ参り、廿日小堀へ参ルコト咄シ仕り申候、三井へ参ル、留守、古陶五求ム、萩原へ参り、古キ一見シ、ソバ出ル、英国ゟ状来ル、ハナヤ来ル、赤沢へ小堀へ参ル、同道状出ス、英ゟノ状ニハ、之迄色々品物贈りシ礼ト、何カ礼ニ品物贈度由申来ル、〇◒

（20表）
・十九日
赤沢ゟ明日ハ小堀行差支ノ由申来ル、小川来ル、モース、種田来ル、又、古陶目利致シ遣し申候、一皿贈ラル、次、同道ニテ大学校へ参り、備品廿六品廻ス代廿四円四十銭也、加藤、濱田モ一見仕りシ也、岸本へより、次、赤塚へよル、古陶四品求ム、ソハ酒出ル、六丸ゟ仏国領事古キ一見ニ同道ニテ廿二日来ル由、且求メ度段申来ル、ハナヤ、北川徳七同道ニテ来り、私受人ニテ右人世話仕ル由咄也、大学校ゟ古キ他受取ノ証書廻サル、◒◒◒

・廿日　柴田家内尋ル、留守、勧工場へ参り、平尾（20裏）名付シ置献（ママ）十銭、直一郎申入置、鉄八大タラヒ一円十五銭ニテ求、シーホルト《シーボルト》来ル、川上ヲサソヒ小堀へ参ル、桂川、松原、吉益来ル、色蔵品一見ス、二分菓子料贈ル、古陶三ツ、古漆キ一求ム、紙幣局ゟ仏文摺物堤ニ廻ル、四条殿ゟ輪届由申来ル、小堀五十銭贈ル、◒◒

・廿一日　大学校へ一寸よル、次、村上、大茂へより、宗順来ル、柳原ヤキ贈ラル、松原来ル、此二人酒出ス、次、吉益来ル、川上ト古キ見セル、次、古陶八求ム、赤塚へ参ル、酒出ル、静蔵、瀬川来ル、◒◒西京ノ榎ゟハナヤヲ頼ム状来ル

（21表）・廿二日　曲木参り、観古――三仏文読合頼置ク、外務□□、六丸仏領事来り、古陶見せる、賀集へ陶キ着由申遣ス、四条転居ノ由承ル返書出ス、◒◒◒柴田妻子共来ル、明日出立由ハナヤ来り、受印頼れ承知ス

・廿三日　風強シ、福田帰国ニ付、無心ニ付、三十銭遣ス、左官見舞ニ来ル、◒

・廿四日　植村ゟ岡山煉化十余ニテ、二円廿と申来ルニ付、此代ニテ求様申遣ス、森川ノ細工物細束（催促）ニ遣ス、静三来ル、曲玉、管十円処（21裏）種類取揃テ、マースへ大学校ニテ渡ス、此局ノ備品ノ書付、用度懸りへ渡ス也、古陶十二品求ム、松原へより申候、来月二日、温知会ノ談シ度由大学校ゟ申来ル、夜、赤塚来ル、古瀬戸茶入求ム、三円、◯

・廿五日　兼松明日出立ノ由ニテ来ル、半井来ル、大学校へ参り、陶キ廿六品代二十四円四十銭受取、次ニ吉益へ参ル、種田来ル、明朝、マース来ル由申来ル

・廿六日　宅ゟ餅、カキ餅、手拭、足袋来ル、片野来ル、梅花贈ラル、古画見セル、種田、モース来ル（22表）、古陶目利仕り遣ス、玉代十円、古陶代廿五円受取、府議員撰札以而区役所へ出ス、古陶十五品求ム、黒田へ参り、古陶一見頼込、曲木へより、平尾へよる也

・廿七日　疋田来ル、モース友望ノ陶キ五十五品マースへ廻ス、代五十円受取、三字ゟマースへ参り、陶キノ咄シ仕り、夕飯、種田外一人ニ出ル、諏訪ゟ菓子来ル、了仲来ル、古キ見セル

（22裏）・廿八日　「◒」（朱書）古キ廿品求ム、勧工場ゟ品物代二円四十二銭受取、小河来ル、此月勘定如左

廿円九銭六厘　日用払

四十七円七十四銭　雑用払

五十六銭　お貞払

〆出分　六十九円二十六銭

十五円二十銭　家税入

百四十円十銭　本陶キ代入

十字過、又下来ル、宅へ状出ス

・三月一日　六丸へ尋、山本へ陶キ本四冊廻ス、勧工場へ参ル、四字ゟシーボルトへ参り、内藤ト共ニ夕飯出ル、◒

（23表）・二日　温知会出ル、宅ゟ状来ル、◒

・三日　マース、種田来ル、古陶五求ム、宗順へよる、下女来ル、◒

・四日　英人及小木曾来ル、曲木へ参り、仏文本以テ帰ル、次、煉化カシヤへより、次、米公使館へより、観古陶キ四巻同国博物館ノ為メニ贈ル、ステーボンへ渡す、松田へよル、又、英人来ル、御所ノ御殿ノ名咄シ仕ル、龍元堂来ル、色々器械渡シ申候、紙幣局へ観——仏文以テ行ク、◒(23裏)◒

・五日　伊達来ル、古物色目利頼ニ来ル、吉益へ参り、膳所書付贈ル、陶二求ム、○◒

・六日　大学校へ参り、マースニ好陶キ持由ヲ申ス、二字ニ宅へ以テ行ク、メクラ二人来り、音楽男女二人合シテ聞セシヲ共ニ承ル、○◒○

・七日　田中へ参り、色々茶キ一見ス、祖母懐紘一見ス、(24表)土荒トロクロ宜シ、薬シローノ毛ノ如クシテ光り有、底迄懸ル、陶キ一求ム、○◒

・八日　陶キ四求ム、青木へよる、◒◒観知会二日比程ヶ谷ニテ仕ル由承ル

・九日　伏忠来ル、古陶見セル、酒飯出ス、おた今日帰ル、竹川丁家税受取、陶キ一撥(ママ)求ムル、○◒
琉球朱椀十人前遣ス

・十日　マース来ル、陶キ目利仕り遣ス、小河来ル、(24裏)昼飯酒出ス、陶キ十二品求ム、◒

・十一日　松原、三井へよル、留守、古陶一求ム、観世へ安井状届ル、○

・十二日　種田来ル、神武陵ゟ出ル陶キヲ以テ、ツクはへ写真取りニ参ル、半井来ル、◒雅楽局へ参り、外国人入門ノ義問合ス

・十三日　芦沢へ参ル、病気、次ニ陶キ三求ム、小堀へよル、金七へもよル、雅楽局より昨日ノ問合ノ答来ル、○◎

（25表）
・十四日　マース妻子四人、外男一人、女二人、子共一人、種田来ル、古キ見セル、芝ノ陶キ所一見ニ参ラレ候ニ付、書状書テ贈ル、松原へより申候、時計出来ニテ、小河へ以テよル、夕方、お藤外二人女同道ニテ来ル、酒飯出ス、三味せん引、おとりせり、川上へ今日一寸よる、●平尾来ル

・十五日　高田ゟ袴仕立テ以テ来ル、吉益へより、宗順、高ハシへよる、○○●

（25裏）
・十六日　菅井忰来ル、小川、曲木へ参ル、留守、勧工場へよル、蔵レ土屋トノ間ノ鉄板屋根張ル、
◒◒◒

・十七日　宗順来ル、古キ見セ、酒飯出ス、青木へ出火見舞下男遣ス、陶キ四求、大学校ノ集会ニ出

ル、〇◒勧工場へ参ル

・十八日　マース、種田来ル、陶キ目利仕り遣ス、陶キ代残六円五十銭受取、陶キ四ツ求ル、波多長屋ニ来ル、〇◒

(26表)・十九日　陶キ三ノ仏文紙幣局ニテ出来、五十冊十五円七十五銭払フ、赤沢へ参ル、サトウへよル、留守、桂川へ参ル、〇◎

・廿日　水野来ル、古キ見セル、英公使館へ参ル、サトー退出後ニ独乙公使へ参ル、ルス、シフスケへ参ル、留守、曲木へよル、戸田五郎外一人来ル、陶キ一箱三求ム、◎

・廿一日　マース古陶目利遣シ申候、外一人と二古キ見セル、同道ニテ大学校ノ陶キ列品出来候ヲ(26裏)一見仕ル、水野へ参り、古キ一見ス

鍍金古冑　　天平宝字銘壺
長鈴　　漢鏡　四
大鈴　　三鈴

外五、六品一見ス、見事、妻君モあひ、油画書レ申候、次ニ英ノ公使館へ参り、サトウニ陶キ三仏文九冊廻シ、一冊同国博物館へ贈ル、次ニ中村へより申候、◎

・廿二日　山本来ル、サトウゟ陶キ三巻仏文十冊代六円為持来ル、橋本来ル、獨乙公使館ケンフルマンへ陶キ三巻ト同仏文同国博物館へ贈り方頼ム、陶キ六求ム、陶キ四巻仏文活字ニ注（27表）文ス、○

・廿三日　松嶌、曲木、松原来ル、大工来ル、蔵中ノたなノ段造ラス、◒◒

・廿四日　岡嵜外両三人着由状来ル、小河来ル、松原来ル、古キ見せる、松浦来ル、陶三求ム、◒◒
◎

・廿五日　尾嵜来ル、四条殿へイチコ贈ル、陶キ五求ム、◎

・（27裏）廿六日　岡嵜へ参り、博覧会解説、工芸志料求ム、◒○

・廿七日　蒸気器直シ出来帰ル、松浦へより、次ニ柏木へより、夕飯出ル、見事土偶一見ス、◎○

・廿八日　マース来ル、陶目利遣ス、本平、渡辺、安藤来ル、勧工場ゟ金子受取、夕方、山本へ参り、
南岩倉死去由山本ゟ申来ル、○◒○

・（28表）廿九日　南岩倉殿死去ニ付、五十銭香資贈ル、青木□へ参ル、盃百計目利仕ル、酒出ル、村山へよ

る、〇◒

・三十日　古田へ参ル、上野ノ花ヲ見、次、マースへ参り、陶キ目利仕り、次、夕飯出ル、〇管ゟ状来ル

（28裏）

・三十一日　小堀へ茶会ニ参ル、太田、此内ノ寺、コソン、私四人也、安藤来ル、安井ゟ状来ル、◎

〇雑費　二十四円三十六銭三厘

雑用ヒ　六十三円二十三銭八厘五毛

お貞分　一円十九銭

〆　八十八円七十九銭一厘

本陶キ代　五十三円四銭五厘

家税　十三円五十銭

〆　六十六円五十四銭五厘

・四月一日　お貞、上野向シマへ花見ニ遣ス、疋田、松浦来ル、◎

・二日　小はンす（半使カ）求ニ出ル、マース来ル、亀井へ参、上野ノ花一見す、〇〇

・（29表）三日　吉武、安藤来ル、川上、小堀へ参ル、◒○◒

・四日　岡岡《（衍字）》来ル、向嶌へ参ル、本や蔦六右衛門来ル、陶キ一求、◎

・五日　マース陶キ以テ尋ニ来ル、吉益へ尋、次、鍋嶋へ参ル、留守、本平へ参り、箱一求ム、ラクーサへ参り、夕飯出ル、◎

・（29裏）六日　勧工場へ参ル、川村、曲木参ル、王子花見ニ参ル、赤塚西京ゟ帰り、忰土器以テ来ル、十二字京橋き《（ママ）》焼失、松田、宮川、川はた見舞ニ参ル、○西京へ状出ス

・七日　六マルへ参ル、次、アンデルソン及ラグーサへ参ル、留守、古陶一求ム、川村へ参り、陶キ八品一見シ、不残目利当ル、金岡画一見ス、赤ツカへ参ル、留守、平松舎弟多和田来ル、◎

・八日　平松弟来ル、九鬼へ参り、赤塚へ参り、西（30表）京ゟ持帰り物四品求ム、◎赤塚夫婦来ル、酒出ス

・九日　村山へ参り、古陶二求ム、◎◒

・十日　大学校へ参り、観古図説一及外二図マース氏へ廻ス、教育博物ノ備品廿五円陶キ集メ呉候様

同人咄シ也、陶キ九、琵琶一面求ム

・十一日　マース来ル、又、ヘンケ来ル

・（30裏）十二日　シブスケ及ヘンケーヘ参ル、留守、ラグーサヘ参り、陶キ四、五廻ス、大学ヘ陶キ三十品以テ参り、マースヘ廻ス

・十三日　釜藤来ル、古キ見せ、乾同道ニテ赤ツカヘ参ル、酒出ル、次、松田ヘ参ル、酒出ル、◎

・十四日　田中、堀江、建具ヘ参ル、◎

・十五日　山本ヤヘ参ル、次、シーボルトヘ参ル、夕飯出ル、○◎

・（31表）十六日　土州平尾来ル、観世ヘ安井ゟ来ル乞物二ツ廻ス、日本橋東出火也、◎○○

・十七日　「◎」（朱書）温知会ヘ出ル、松田来ル、酒出ス也、永楽ヘ状出ス、◎○

・十八日　建具ヘ参り、次、勧工場ヘ参り、次、山本及釜藤ヘ参ル、陶キ三求、小堀ヘ参ル、○◎

・（31裏）十九日　松田へ参り、同道ニテ家見ニ行ク、印刷局ゟ来ル仏文二冊、曲木へよみ合頼ニ行、植木鉢一贈ル、遠藤へ相馬キウス《急須》一贈ル、和田来ル、◎、古陶四求ム、◎○

・廿日　戸棚出来ニ付、勧工場へ出ス、佐田来ル、小河来ル、斎藤へより、次ニ中村、小川へ参ル、両家ニテ酒出ル、◒◒

・廿一日　岸本、佐藤、松田、釜藤へ参ル、白山、種田来ル、○○

・（32表）廿二日　大学校へ参ル、左官二人来ル、○○

・廿三日　サトウへ大和哥譜廻シ、同国フランクス氏へ淡路高杯一贈ル、村山来ル、古キ見セル、○
○◒

・廿四日　民費出ル、古筆へ参ル、勢田ヤき《瀬田焼》茶入一贈ラル、片岡七郎状出ス、◎○

・廿五日　村上へ参り、小河へよる、陶キ一求ム、◒（32裏）○

・廿六日　曲木へ参り、仏文二冊持帰り、紙幣局へ廻ス、本平来ル、酒飯出ス、古物見セル、赤塚へ

参り、酒出ル、上野ニテ平安社ノ会ニ参ル、十郎へより、夕方見へ申候、桜井外へ移ル、〇〇

・廿七日　「◒」（朱書）松田へ参り、駒井荷物立合ニテ一見シ、宅へ廻ス談仕ル、賃せんニ懸ル麁物ハ払テ、運ちん費ニ仕ルコト、四字半ゟマースへ参り、夕飯出ル、◎◎、不二丸ゟ洋楽ノ案内状来ル

（33表）・廿八日　たえ外一人来ル、古物見せる、上野博物館一見ニ参り、竹二郎へ見舞ニ参り、菓子ヲ贈ル、町田へより、神田へよル、留守、大原へクヤミニ行ク、五辻へ参ル、留守、おとき殿へかんさし贈ル、駒井へも状出ス、〇〇

・廿九日　元聖堂へ京ノ奏楽聞ニ参ル、十二曲アリ、〇〇

・三十日　教育博物館ニテ陶キ備品代受取

（33裏）陶キ三求、斎藤ニテブリキ細工持帰ル、〇〇

日用払　十六円五十銭八厘
雑用払　二十三円七十七銭
お貞払　二円二十銭六厘
〆　四十二円四十八銭四厘
陶キ本代　三十円七銭

家税　七円六十二銭
〆　三十七円六十七銭

・五月一日　乾也へ参ル、「◒」(朱書)久留米小林ゟ先日贈物礼状来ル、○

・(34表)二日　石来ル、松田ゟ駒井へ廻ス金来ル、曲木へ仏文ヨミ合セ頼ニ行ク、次、楠本へ参ル、○◎

・三日　赤松ノ書画会一覧ニ行、小堀へよる、勧工場ノ人二、三人、元花頂宮(華頂宮)家従来ル、古物見セる、次、シーホルトへ参り、夕食出ル、外一人来ル、出版物ノ談仕ル、◎

・四日　北村、曲木来ル、平安社廻状以テ賀川へ参り、谷森へ入社金三円廻ス、松原へよる、楽焼一(34裏)求ム、◎松田来ル、博覧会札料(礼料カ)証書下ル

・五日　北庭へ参ル、留守、次、神田よる、夕飯出ル、○お藤来ル、雑楽スル

・六日　「◒」(朱書)岡本へ参り、次ニ北畠へより、小川へよる、中村へよる、何も留守、○重野へよる、留守、三道帰国ノ由ニテ来ル、松田へ参ル、新八来ル

・七日　岡サキ帰国由ニテ来ル、宅ゟ状来ル、宅近辺ノ人二人来ル、岸へ参り、陶キ一求ム、◎宅ゟ
状来ル
・八日（35表）　修史局へ参り、管ニ面会ス、勧工場へよる、斎藤ニテ四十銭持帰ル、北村へ参ル、次ニ川上
へ尋ル、畳八枚求ム、◍○
・九日　「◎」（朱書）中西来ル、宅、駒井、榎、村上へ状出ス、赤塚へより、次、村上へ参ル、陶キ一、金
物求ム
・十日　区役所参ル、お貞送籍来レ共、受取難ク由ニテ西京へ廻ス由被申候事、竹二郎へ参ル、「◒」（朱書）
○
・十一日　建具や来ル、○◎廣瀬長ヤへ移ラル
・十二日（35裏）　松田、竹川丁へ出ル、○○
・十三日　高田、中村へ参ル、○○◎半井来ル

・十四日　曲木へ仏文一贈ル、扱所へ妾ノ問にて参ル、入矢《（入谷）》乾山寺へ参ル、細川へよル、◎シトロ《遠州》、勢田《江州》、コソ《セエツ》へ、八代《ヒコ》、細川、万古、茶陶キ図贈ル、陶キ三求ム

・十五日　大学校集会へ参ル、赤塚へ陶説数々贈、○○◎

（36表）
・十六日　奈良古磚十着ス、竹二郎今朝死去由申来ル、仁和寺《京》、丸太夫《京》、永楽《同》、竹川《イセ》、藤満《京》、蔵六《同》、六兵衛《同》、坂《長門》へ、太良尾、嶌田、由井へ陶器図贈ル、宝山《京》、錦光山《同》、同シ、丹山へ同シク本四冊廻ス、イ太利ア人へ同本四巻、二、三、四仏文廻ス、又、同国人四仏文廻ス、仏国ノ東洋学校へ三本仏文贈ル、ジス助《（ジブスケ）》へ渡ス、○○◎

・十七日　西尾、川嵜、乾ヤ、冨田、長嵜会社、道八《京》、宮井《キ州》、加集《アワシ》、大仏《ホトケ》、陶キ図ヲ贈ル、亀井竹二郎くやみニ参ル、香資贈ル、赤塚へよる、小河来ル、（36裏）○○○

・十八日　松田へ参ル、獨乙国博物館へ陶キ四巻、同仏文贈ル、森《ナルト》、安岡へ陶キ図贈ル、醍醐殿へ参ル、ハーレンスゟ陶キ本売捌クコト不平状来ル

・十九日　五世田《（五姓田）》へより、赤沢へ参り、陶キ図贈ル、吉益へ参ル、宅ト安井、片岡へ状出ス、○◎小河来ル、右ハーレンスへ答書出ス

・廿日　高橋へ参ル、山本、平尾へ参ル、白山来ル、小河二男来ル、松田へよル、画贈ル、○◎

(37表)・廿一日　玉楮《サヌキ》、塩利《ヤマト》、京岩倉、赤ハタ《ヤマト》、雀谷《江州》、吉向《大坂》、舞子《ハン州》、岡田《サヌキ》、利兵衛《同》、矢シマ《同》へ陶キ図贈ル、床次来ル、油画見せる、宅ゟ状来ル、◎

・廿二日　(朱書)「◒」鉄車求ム、二字、亀井へ参り、一七日ニテ酒飯出ル、十三人ノ客、十字ニ帰ル、○○

・廿三日　小堀へ参ル、大工来ル、工人コヒノ(ママ)一軸車造ル、宅へ廿円廻ス、○◎

(37裏)・廿四日　山城ノ朝日へ　同伏見松本、備前尹部、同山科太多福庵(於多福庵)、摂州桜井へ、京藪内へ陶キノ図ヲ贈ル、古筆へ参ル、茶入贈ラル、礼ニ菓子料進ス、ペンカラ来ル、古物見せル、松井喜三郎昨死ス、香資三十銭贈ル、○○◒

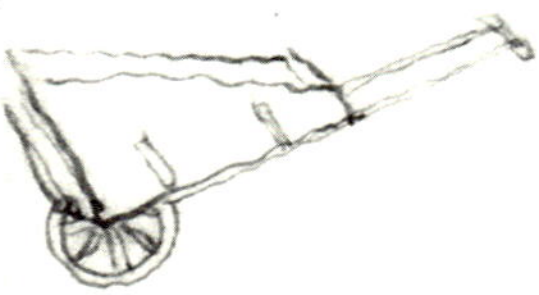

・廿五日　京中村、同精雅、同来山、同鳩居、同平右衛門、同サカへ陶キ図贈ル、二字ゟ中村、平安社集会ニ参ル、百五十人計、酒飯出ル、○○、平尾来ル

・廿六日　白山、疋田来ル、平尾来ル、酒出ス、嶋田へ参ル、酒出ル、吉益へ参ル、道八ゟ状来ル、

片岡ゟも状来ル、◎○

・（38表）廿七日　はまへ参ル、和蘭公使館へ参ル、コンシール居り、同国博物館へ陶キ三巻、同仏文贈ル本ヲ頼ミ申候、次ニ尾州七宝店へ参り、平尾等ニあひ候而談ス、仏ノ領事へ参ル、留守、◎◎香夏（ママ）来ル、酒出ス

・廿八日　「◎（朱書）」曲木、松田へ参ル、宅ゟひとつ物来ル、●○

・廿九日　大和岡村京画（ママ）道八へ状出ス、是心（是真）へ参ル、酒出ル、ツクバへよる、◍

・（38裏）三十日　間蔦へよる、留守、植村へ古煉化石代及うんちん五円廻ス、○○○

・三十一日　平尾、七宝師来ル、◎◎

出分

日用品　十八円六十三銭七厘

雑用　四十九円八十三銭七厘

お貞費　八円六十二銭二厘　外七円五十五銭

〆　八十四円六十四銭六

入分

本陶キ代　七円二十六銭

家税　十円八十三銭ト八円　〆　二十六円〇九

・（39表）六月一日　池田へ平尾、七宝氏、私参ル、宅、駒井へ状出ス、◯◎

・二日　大河内へ参ル、高橋へよる、松田へもよる、川嵜来ル、酒出ス、茶入一求ム、疋田、明朝北海道へ出立ノ由状来ル、◯◯

・三日　宗順へ参ル、私陶説贈ル、酒飯出ル、此間画贈りシ礼状、清雅ゟ来ル、竹川《イセ》ゟ万古説来ル、「◎」（朱書）◯◯平尾来ル

・（39裏）四日　釜藤へ陶キ図贈ル、堀井へよる、曲木へよる、◍

・五日　高松ノ玉椿ゟ陶図贈りシ礼状来ル、古曽部ノ五十嵐ゟモ来ル、吉益へ参ル、◯

・六日　松浦来ル、酒飯出ス、土蔵南石垣築、蔦テ木柵仕ル
万々（ママ）茶入求ム、藤四郎作ニテ、近来求ル内ニモ形色合宜し、銘神花と云

（40表）

・七日　曲木来ル

・八日　レチーへ参ル、城ノ大写真七十三枚本廿三円ニテユツル、　ニテ本料受取、宗ノ倉懸来ル、大和ノ塩利ゟ状来ル、長嵜ノ会社ヨリ目録来ル

（40裏）

・九日　池古煎茶会十二席参ル、色々珍キ有り

出雲花生　古銅卣

上形手耳　青玉水滴

水晶花入　瑞濤（ママ）図巾物

村山へ参ル、◎◎、平尾来ル、陶キ一求ム

・十日　平尾へ参ル、次ニ伊太利亜公使へ参り、陶キ本四巻と三、四仏文ト同国博会所へ廻シ方頼ム、

次ニ区務所へ参り、次ニ松田へよる、田中へ参ル、カヒレウ（ママ）求ム、〇竹二郎志来ル、マンシウ（饅頭）

・（41表）十一日　ツク波へ参り、茶入二写真ニ取ル、芦沢へ参り、死去ノクヤミ申候、陶キ二求ム、長嵜博覧会社へ物品目録来ル礼状出ス、大和小南へ石キ図来ル受状出ス、由比来ル、◎◎◎◎

・十二日　由比へ参ル、転居ノ内も可也、〇〇◎来木へ盃三贈ル

・十三日　河村へ参ル、竹川丁ニテ家税五円丈受取ル、〇〇

・（41裏）十四日　桂川へ参ル、松原へ参ル、赤沢来ル、井一求ム、〇〇

・十五日　水野来ル、吉益へ参ル、「●」（朱書）⦶⦶　〇〇

・十六日　風鈴三求、山サへ参り、風鈴一贈ル、次、サトウへ参り、同一贈ル、同国人同内ニテ贈ル、陶キ四巻十一冊売ル、おたき来ル、菓子来ル、風呂敷外二品返礼ス、〇〇

・十七日　亀井、小河、松田、ヒールへ参り、風鈴贈ル、松田、小野、小中村留守、ヒールニテ夕飯出ル、「●」（朱書）◎◎宅（42表）ゟ状来ル、駒井ノ金子受取出来ル、片岡へ状出ス

・十八日　吟ユウへ参り、風鐸贈ル、佐野へも贈ル、「◉」(朱書)小野来ル、昌山ゟ古物会状来ル、○○

・十九日　古物会見ニ行、由一来ル、温知会へ参ル、シーボルトゟ考古説畧廻ル、○○○

・廿日　水野忠精、同忠幹、忠敬、松本平吉来ル、古物見セ、先ノ三人ニ酒飯出ス、曲木、石細工人、建築ト山本トニ風鐸贈ル、安岡来ル、(42裏)○○○

・廿一日　松田へ参ル、昼後、床次へ参り、油画色々一見ス、サトーゟ本代来ル、松島来ル也、○○

◎

・廿二日　南岩倉殿百日志菓子来ル、小嵜ニ参り、大荅宮(大塔宮)兕一見ス、見事、次、神田へ風鐸贈ル、小野へも同し、ソバ出ル、至一へ同贈ル、○○○

・二十三日　川上へ参ル、風鈴一贈ル、シーボルトへ参ル、風鈴(43表)一贈ル、夕飯出ル、墺国トサキソントへ博物館へ陶キ本贈ル、○◎◎平尾来ル

・廿四日　平尾へ参り、次ニ吉益へよる、サトウ、アンテルソン来ル、古物見セル、マース長嵜ゟ帰り、来ル、「◉」(朱書)○○

・廿五日　池端へ頼政六百年ノ書画会ニ参り、古書画多分見る、吉益へ参ル、留守、又昼後、参ル、
七字ニ曲木へ夕食ニよはる、津田仙来ル、昼飯酒出ス、○◎山田へ平安社廻状廻ス

（43裏）
・廿六日　岸本へ風リン贈ル、大学校へ参り、古キマース氏持帰り品々一見ス、○○

・廿七日　築波へ参ル、留守、平尾来ル、○○○

・廿八日　大学校ニテ神武陵ゟ出ル土器ノ代受取、村山へより、風鈴贈ル、書画ノかん定会一見ニ参
ル、松浦へ参ル、丹同（ママ）来ル、○○

・廿九日　曲木　　来ル、モースへ参り、夕食出ル、「◐（朱書）」（44表）天文台ニテ月ト金星ト遠鏡ニテ一見ス、
教師　　案内ス、風の一時間ニ早遅見る器ヲ一見ス、安井ゟ菓子来ル

・三十日　建具へ参ル、陶キ十一品求ム、赤沢来ル、赤松、間嶌へ参り、風鐸贈ル、赤塚へよる、一
昨日帰宅候、○

出分
日用品　十七円四十一銭七厘
雑用品　五十二円五十六銭九厘

お貞入費　四十一銭八銭一厘　外　十六円五厘

〆　八十六円四十七銭二厘

入分

（44裏）陶キ本代　五十八円八十銭

勧工場　六円

家税　十~~七~~（朱書）「九」~~円五十銭~~

〆　（朱書）「八十三円八十銭」

・七月一日　四条殿へ参ル、風鐸一贈ル、高はしへよる、丸大夫ゟ陶キ図贈ル礼状来ル

・二日　平尾へ参ル、火はし求ム、陶キ一求ム、加藤弘之来ル、古物見セル、三合刀子代三円八十銭

奈良会社へ廻ス

（45表）・三日　白金ノ薩摩邸ノ内田ヲ尋ル、松田へ参ル、サトウゟ五日ノ昼食ニよびニ来ル、◎◎

・四日　（朱書）「◎」赤塚へ参り、西京ゟ持帰りノ品一見ス、風鈴贈ル、柏木へ参ル、同贈ル

・五日　サトウ氏へ昼食ニ参ル、松葉ラン鉢贈ル、次、山井へ参り、多老母ニあひ、大和舞図本かる、

○

・六日　高はしへ参ル、柏木へ参り、風鐸一贈ル、○来木へ参ル

（45裏）・七日　平尾参ル、尾張松岡ゟ状来り、彌、七宝社其々社人ニスル、東京府へ煉化税納ム、米ノ先大
統領ニ煉兵一覧ノ由也、次ニ扱所へ水戸費、民費、地税納ム、モース外一人来ル、古キ見セル、本
陶キ代受取、岸本陶キ二求ム、由井へ参り、風鐸贈ル、◎四条殿ゟ藤堂蔵品見セさる由申来

・八日　勧工場へ参り、陶キ五求ム、大坂高原ト見ゆる茶ワン、意外ノ出来ニテ固シ、

五寸

○○

（46表）・九日　戸金物求、村山へ参ル、五世田来ル、◎

・十日　赤塚へ参り、陶キ一求メ、次、大学校へ参り、マースニ用事申、次、知恩院へ参ル、留守、
平安社通来ル、岩倉中殿へ尋、風鐸一贈ル、◎

・十一日　築波へ参り、古キ写真仕り、同文（ママ）きた由ヲ冨永、朽木ト承り申候、○

・十二日（46裏）　マース外一人、米女人一人、日本人一人古物見ニ来ル、平尾外一人古物見ニ前ニ来ル、赤塚来ル、陶キ四求ム、◎

・十三日　川上へ参り、模様からす納一見ニ参り、酒出ル、◎

・十四日　赤ツカへ参ル、サトウ与仏文二、三、四廻ス、マースへ陶キ五十四品廻ス、◎松原へ参ル、風鐸贈ル

・十五日　東はしきわへ写真取ニ行、昼後、松本石丁（ママ）（47表）へ支那画見ニ行ク、吉益へ参り、マースへ行、夕飯出ル、陶キ見利仕ル、本代陶代五十五円十銭受取、◎平尾来ル

・十六日　平尾集会ニ不快ニテ不参ス、榎来ル

・十七日　白山来ル、川嵜来ル

・十八日　平尾来ル、此三日不快

・十九日（47裏）　由一来ル、吉益へ参り、同道ニテ大橋へノ　　へ参り、会社ノ談ヲ仕ル、◐

・廿日　吉益娘昨日外二人来り、古物見せる、陶キ一求、◯

・廿一日　桂川へ参ル、風鐸贈ル夕方、赤塚へ参ル、夕飯出ル、ナ良家来ル、松田参ル

・廿二日　松浦、マース来ル、岩下へ参り、風鐸贈ル、安岡へより、多へよる

(48表)・廿三日　松浦、マース来ル、古キ見セル、平尾、ヘンケーへ参り、次ニステーボンへ参り、陶キ五巻同国博物館へ贈ル、マースへ参り、古キ見利仕ル、九谷鉢贈ル、夕飯出ル、天文方へ参り、風鐸一贈ル、英ノ女へスカシ団扇贈ル、◎◎

・廿四日　平尾外一人来り、赤塚来り、飯酒出ス、安岡来ル、神田、古筆へ参ル、陶キ二求ム

(48裏)・廿五日　吉益へ参ル、村山へ参ル、十郎へ酒一ひん贈ル、岡部状出ス

・廿六日　松浦へ参ル、古器色々一見す、(朱書)「◎」

戈

戚(ママ)

白玉

・廿七日　平尾外一人来ル、古キ見せ、酒出ス、マース来、陶キ目利仕ル、三品ユツル、片岡十七日
二字焼失ノ由申来ル、土蔵残ル

（49表）・廿八日　茂来ル、小堀へ参ル、風鐸一贈ル

・廿九日　赤塚来ル、松田、釜藤へ参ル、シーボルト来ル、◎

・三十日　小川来ル、片岡焼失見舞状出ス

・三十一日　上等裁判へ参り、中村ニ面会ス、宅ノ火災保険ニ要図、扱所へ書出ス、○○

（49裏）
日用費　十四円三十八銭二厘
雑用費　四十円三十八銭八厘
お貞費　一円五銭五厘
〆　五十五円八十二銭五厘
家税　十九円
本陶キ代　百~~□~~十九円~~四~~八十六銭
〆　百三十八円八十六銭

・八月一日　「◎」（朱書）、中村へ参ル、次ニ赤塚へ参ル、大学校ゟ神武陵ゟ出とうき図ニハシ書付ヲ五十部廻ル

・二日　勧工場へ参り、久典外二人来ル、古物見せ、神楽二曲承り、酒出ス、赤塚及（50表）マース来ル、曲木へ尋、小川病人尋ル

・三日　高峯来ル、酒飯出ス、至一来ル、マースへ参ル、漆器廻ス、夕飯出ル、◎

・四日　平尾来ル、「○」（朱書）

・五日　吉益へ参ル、赤塚来ル、西京ノ宅地伝へ同所戸長へ書出ス

（50裏）・六日　大学校へ参ル、マース、種田来、漆器代受取ル、又、陶キ五十品廻ス約束仕ル、神田来、石器五ツ貸ス、松田へ参ル、是真へ参ル、酒出ル、茶贈ル、司馬ゟ状来ル、安井ゟ又状来ル

・七日　水野忠敬殿へ参ル、次、陶キ一求ム、松田参ル、諏訪へ参ル、酒贈ル、雪斎及シーボルトへ参ル、修史局へ参り、管面会ス、次ニ又来ル

・八日　マースへ参り、古器目利仕り、又廻シ、夕食出ル

・(51表)九日　◎

・十日　ソーマレツ来ル、古器見セ、二品廻ス、佐久間、松原、小河来ル、古器見セル、佐々木、岸本来ル

・十一日　畳やへ参ル、松田へ参ル、◎

・十二日　ソウマレツへ参ル、風鈴一贈ル、陶古六、城本四(51裏)廻ス、陶キ代受取、赤沢来ル、サトウ、アンテルソン外一人来ル、古キ見セル、文会社へ三冊廻ス、●◎

・十三日　サトウゟ油ノ談ニ人来ル、ソウマレツゟ陶キ望状来ル、岸本へ参り、観世へ安井届持参ス、松田へ参ル、陶キ四、漆器一求

・十四日　陶キ四、七宝一求、松浦へ参り、英人ゟ人来ル、古器見セル、宅屋図区役所へ出ス

・十五日　松田へ参り、文会社へ本廻ス、マースへ陶(52表)キヲ廻ス、ソウマレツへ古陶望ノ承知状出ス、

◎

・十六日　○◎、川嵜、遠藤ヲ内務省へ尋

・十七日　松田へ参り、平尾へ参ル、多夕奥州へ出向候由、釜、陶キヲ求ム、○

・十八日　松浦参ル、古キ見セル、遠藤来ル、次ニ九鬼来ル、古キ見せる、宗順へ参ル、◎

・(52裏)十九日　赤沢へ参ル、夕食出ル、南井来ル

・廿日　南井へ参ル、留守、赤つか来、昼飯酒出ス、古キ見せる、マース来ル、古キ目利仕ル、村山へ参ル、古キ四品求ム、◎

・廿一日　南井へ参ル、シーホルトゟ使来ル、赤塚へ参ル、夕飯出ル

・廿二日　シーホルトへ昼食ニよはる、曲木へ仏文よみ合頼、マースへ夕食によはる、(53表)竹峯来りテ、若松写真、陶キ贈ラル、◎

・廿三日　江夏ノ子共ノ祝ニ付酒ニよはる、「◎（朱書）」
・廿四日　桂川へ参ル、夕方、古筆へ参り、金子、酒贈ル、夕飯出ル、○
・廿五日　つくばへ参ル
・廿六日　曲木へ参り、仏文よみ合出来候ニ付、（53裏）印書局、至一廻ス、吹原へ参り、陶キ二預り帰ル、
◎松田へ参り、遠藤来ル
・廿七日　大学へ参り、寺内本二冊廻ス、赤つかへ参ル、神田、松浦へ参ル、十郎外一人来ル、◎
・廿八日　松田へ参ル、マース代一人来ル、古キ見せ、此間陶キ代来ル、又、松田へ参ル、岸本、又
竹工へ参ル、写真求ム、○◎
・（54表）廿九日　マースへ陶器図五枚、お貞ニ為持遣シ申候、三宅（ママ）ニ陶キ五品廻シ申候、とうキ三品求ム、
松原へ参ル、マース西のはし（ママ）へ参り、神武帝キ図、風鐸贈ル、赤ハタ、井上へ状出ス、○○○◎
・三十日　松田へ参り、本代廻シ、陶キ七品求メ、金具鉄求ム、ニクロト（ママ）来ル、著述本一冊贈ラル、

私ゟも神武キ図贈、三条、岩倉中へも図贈ル、◎

・三十一日　マース来ル、陶キ十品廻ス、宅ゟ状来、◍（54裏）

日用品　十八円六銭

雑用品　二十七円三十（三円十八銭二厘入）四銭五厘

お貞費　一円十七銭二厘

〆　四十二円七十五銭九厘

本陶キ代　百九十円一銭五厘

家税　十七円七十五銭

〆　二百七円九銭

・九月一日　マースノ陶キ代、大学校へ受取ニ遣ス、松田へ石版画、楽工社へ出品ノ残品返ス、文会舎来ル、古物見セル、◍

・（55表）二日　「◍」（青書）川上来ル、曲木へ参り、マクラト作本贈ル、松田、朝湯堂へよる、金物求、○御はまニ花火ニ付、小野原両人、波多三人来ル、酒出ス

・三日　「◍」（青書）マース氏今日乗船ノ由、○

・四日　「◎《(青書)》」松田へ参ル、田中へ参ル、宅、松浦へ状出ス

・五日　吉益へ参ル、「◎《(青書)》」伊丹へ参ル、病気、次ニ人見へ参ル、酒出ル

・(55裏)六日　「◎《(青書)》」小河へ城図返ス、赤塚へ参ル

・七日　遠藤来ル、菓子贈ラル、築前《(筑前)》ノ人巾物見せニ来ル、シトロ、堀江、丹山、藤本へ問合ノ状出
ス、帯一陶キ六求ム、知恩院尋ル処、早帰京、〇〇

・八日　「◎《(青書)》」坂本来ル、忠賀へ参ル、岩瀬へ参ル、　、ス

・(56表)九日　英人ゟ陶キ聞書ニ来ル、大館仏像目利ニ来ル、松田へ参ル、酒出ル、印刷局へ仏文取ニ参ル、
「◎《(青書)》」

・十日　〇英人来ル、陶キ見セル、◎片岡状出ス

・十一日　大館来ル、出石陶社ゟ状来ル、〇〇

・十二日　両日大雨、◎

(56裏)・十三日　○○

・十四日　ブリンクリゟ此間陶キ三十点望マレ申候、サトーへ参り、仏文八冊廻ス、釜トへ参ル、陶キ六求、又、外ニテ三求ム、フリンクリゟ又問合状来ル、松田へ参ル、○

・十五日　サウマレツへ参ル、留守、吉益へ参ル、陶キ一求ム、◎○出石陶社へ状出ス

・十六日　松田へ参ル、赤塚へ参ル、野村ゟ石版問合ノ(57表)返書出ス、◎○

・十七日　陶キ五求ム、由比へ参ル、上野へ参り、騎射一見ス、◎○

・十八日　竹川、ナラ、永楽へ状出ス、宗順へ参り、次ニ大学校集会ニ参り、陶説致ス、次ニ高嶺へ参り、マースへ廻五ノ仏文廻し而、飯出ル、◎○

・十九日　古物会ニ参ル、白山来ル、赤塚来ル、酒飯出ス、(57裏)○○◎

・廿日　金物へ参ル、鈴求、○

・廿一日　平安社ノ出会ニ参ル、●曲木来ル

・廿二日　サウマレツへ参り、五仏文廻ス、岩あてニ参ル、るす、平山へ仏文三、四、五巻、モルレルへ廻シノ方頼ム、松浦来ル、英人へ陶キ八品廻ス、ラグザベニーへ仏文ノ五廻ス、可丁（可亭）へより、画草子ヤへよる、◎

・（58表）廿四日（ママ）　昨日の陶器、濱田返ニ来ル、陶キ二求、ツク波へ参り、白山へよる、◎

・廿四日　赤つか来ル、山本へ参り、松田へよる、井戸かわ二作ル、◎

・廿五日　片岡ゟ状来ル、安井ゟも来ル、神田へヒチリキ、筌直しニ参ル、吉益へより、夕飯出ル、トキレウ一求ム

・（58裏）廿六日　ブリフリンク外《リ》米人来ル、古キ見セル、米人□同シ、吹原来ル、シトロ（志戸呂）ゟ状来ル、◎

・廿七日　陶器五求ム、濱田来ル、陶キ代廻サル、長嵜縣荒木来ル、出品物ノ損シノ談仕ル、赤塚来

ル、同道人ニ写シ物頼ム

・廿八日　片岡へ状出ス、克二郎来ル、陶キ七求ム、◎

（59表）・廿九日　松田へ参ル、吉向へ参り、先代ノ事問合ス、「◎」（青書）宅へ状出ス、小野原へ酒出ス

・三十日　荒木へ参ル、吹原へ参ル、◎

日用費　十四円五十八銭七厘

雑用費　五十三円八十八銭七厘

お貞費　七十八銭五厘　外三円廿七銭五厘

〆　七十二円五十三銭四厘

本陶キ、勧工場　五十七円八十五銭

家税　十一円七十五銭

〆　六十九円六十銭

・十月一日　○○勧工場へ参り、ブリンクリ来ル、古キ見セル

（59裏）・二日　赤ツカへ参ル、次ニ陶キ四求ム、フリンクへ陶キノ代付廻ス、大学校へ状出ス、○◎お琴来

ル

・三日　陶キ十三求ム、吐園（杜園）悴来ル、岩倉ノ悴へ此間キウス二ツ、御□一本贈ラル礼ニ参ル、文会堂ゟ花代来ル、◎

・四日　吉向へ参り、水指一求、外ニ陶キ五求ム、○○◎

・（60表）五日　印刷局へ名板ノ聞合ニ参ル、陶キ七求、ヘーアへ尋ル、○○

・六日　清水や若者来ル、禾天目求、之迄ノ内ノ上品也、赤塚へ参り、祥瑞茶碗求ム、「○」（青書）○○

・七日　陶キ四求ム、松田へより、次ニ遠藤へ参り、楠本へより、博覧会札料ノ分配一条ニ付問合ニ参ル、波多外へ移ル、◎◎夜分、赤塚来ル

・（60裏）八日　遠藤、松浦来ル、管ニ陶説廻ス、陶キ六求、宅ゟ状来ル、橋本へよる、留守、◎樹下来ル、ルスへ

・九日　獨乙公使書記官へ参ル、留守、松原へ参り、笹屋へよる、○○

・十日　ブリンクリー使来、陶四廻ス、金刀比良へ参ル、◎○マナセ来ル、赤沢及津田来ル

・十一日　松田来ル、十年博覧会出品礼料ノ一件ニ付、府ゟよはれ候而其模様咄シニ来ル、酒出ス、(61表)直瀬、村上来ル、古キ見せる、フリンクーゟ昨日トウキ代来ル、管来ル、次ニ堀本来ル、古器見セる、酒出ス、◎

・十二日　遠藤へ参ル、羽織ノヌイ出来ス、獨乙書記官へ参ル、近ク帰国由、神武陵ゟ出ルトウキノ図贈ル、公使へも、ブリクリーへ参り、色々陶キ一見ス、次、同道ニテアンテルソンへ参ル、又、画色々一見ス、樹下来ル、酒出ス、神田ゟ石器返ル、菓子贈ラル

・十三日　陶キ四求ム、ブリンクリーゟ油画二枚贈ラル、松浦へよる、写真二枚頼ニ参ル、(61裏)○○

・十四日　高橋来ル、一昨日ノ油画一枚かし申候、赤沢へ茶事ニよはる、山本、新藤、堀江外一人参ル、堀江、山本、□外人よらる、中野ゟ茶きノ写シ出来ス、◎

・十五日　松田へ参り、おたきへより、りや(ママ)キより贈ル、堀田へ参り、遠藤へ写物頼ミ行ク、○◎赤ハタゟ状来ル

・十六日　吉益来ル、古キ見セ、酒飯出ス、獨乙書記官(62表)ゟトウキ本取ニ来ル、○◎

・十七日　金子来ル、獨乙書記官へ参り写真贈ル、ルス、曲木へ参ル、留守、土ヤへ参り、次ニ陶キ二求ム、宅へ状出ス、○◎

・十八日　金谷五郎三郎来ル、白山、次ニ遠藤雪窓来ル、薄茶来ル、管来ル、陶キ文返サル、津田外外国人三人来ル、古キ見せる、薄茶くわし（菓子）出ス、○○

・十九日　松田ニサソワレ、能一見ニ行ク、能五、狂言五(62裏)一見ス、見事、留守へ曲木来ル、○○◎安井ゟ状来ル

・廿日　松田へ参り、次ニ陶キ二求ム、吹原へ参り、陶キ一先日ノ替ニ贈ル、東京府ゟ博覧会出品ノ義ニ付よひニ来ル、○○○

・廿一日　東京府へ参り、海福面会ニテ、松田ト出品ノ調へ有ル、博物館へ一見ニ参ル、陶キ五求ム、赤ツカへ参ル、飯出ル、志戸呂、蔵六へ状出ス、獨乙公使館ゟ本代来ル、○◎

・(63表)廿二日　エヒヤ来ル、はや見、マル岡、本松夕方来、平尾帰ル留守へ来ル、○松田茶入二贈

・廿三日　平尾へ参り、松田へよる、小堀へ参ル、◎○

・廿四日　川嵜ニ面会ニ大蔵省へ参り、古筆へ参ル、濱田来ル、古キ目利仕ル也、○○

・(63裏)廿五日　高橋来ル、油画取替かす、菊二郎来ル、吉益へ参ル、茶贈ル、外国人二人留守へ参ル、松田よる、◎○

・廿六日　はまた来、紀州ヤキ返サル、アンテルソンへ参ル、光琳盆、時代手筥贈ル、次ニブリンクリーへよる、シブスケへ又よる、◎○◎

・廿七日　紙幣局本料以テ行、手筥求ム、是真へ参ル、酒出ル、◎○

・(64表)廿八日　観世来ル、酒出ス、小河来ル、次ニ是真悴二人来、酒出ス、○○◎長嵜縣地球義損シ候懸合状出ス

・廿九日　石や来ル、松田へより、次、松原へ参り、茶合贈ル、陶キ三ツ、七宝蓋置求、日本製ノ古物、長サキカ、留守へ人見、田中来ル、○○○
◎陶キ本出版届、府へ出ス、鷹松へ金子かし置候サイソク状出ス

（64裏）・三十日　小河来ル、川嵜留守へ参ル、米人メンテンホール《（メンデンホール）》へ尋ル、●仏領事陶キ望メル問合出ス、
大坂博物場へ出ス
日用品　十五円八銭
雑用品　六十六円十八銭六厘
お貞費　三十八銭三厘
〆　八十一円六十四銭九厘
陶キ本ノ料　三十四円二十五銭四厘
家税　七円~~七円~~七十五銭
〆　四十二円・・四厘

・三十一日　田中へ参り、次ニ亀井へ尋ル、吹原へよる、◯◯

◯

（65表）・十一月一日　西四辻来ル、古キ見せる、次、四条殿来ル、琴見せる、村山、赤塚へ参ル、下男来ル、

・二日　渡辺ゟ陶キ本代問合状来ル、返書出ス、神田へ参り、笙、ヒチリキナラシ出来ス、良吉へよる、赤塚、乾也来ル、酒飯出ス、◯陶キ一求ム、前日夕ゟ嶌来ル

・三日　竹川丁酒やへ参ル、松田へよる、西四辻へ尋ル、古キ色々一見シ、酒出ル、小西へよる、●●●

（65裏）
・四日　川嵜ゟ香合贈らル、酒出ス、石来ル、安井ゟ状来ル、○◎

・五日　吉益へ参ル、陶キ三求ム、○◎

・六日　小河、狩野来ル、大学校へ参り、メンテンホールへアヒ、音楽究理ノ器カヒ一見ス、内藤へ一寸尋、次ニ青木へ参ル、◎

・七日　嶌田咄シニテ勝へ参ル、思フゟ少人也、煉化屋、油ヤへ一寸よる、○○アカハタ、安井、吹原状（66表）出ス

・八日　植木ヤ来ル、夕方帰一来ル、酒飯出ス、次ニ宗順へ参ル、◎○○松田へ尋ル、平尾来ル、渡辺来ル、古キ本見セル、陶二、懸物一求ム、獨乙公使へ参ル、陶キ五巻同国博物館へ贈り方頼ム

・九日　赤沢へ参ル、柹贈ル、○

・十日　高橋へ参り、宮川へよる、○◎

・十一日　青木へ参り、酒夕飯出ル、古筆、宮、金七、間しま参ラル、◎とうき一、銅キ一、漆キ一、緒一求ム、(66裏)◎宅へ状出ス、安井へと

・十二日　是真親子二人来ル、酒飯出ス、返ル物茶杓、茶ワン出来ス、陶キ一求ム、曲木へ参ル、太田へよる

・十三日　矢野、小河、平尾来ル、矢野外二人同道ニテ十六日横はまへ参ル談仕ル、高松旧知事及納富へ参ル、小河ニ飯出ス、◎○

・(67表)十四日　曲木来ル、神田和琴出来ス、松田へ参ル、宝山牛童子置物求ム、甚雅致アリテ美也、○○

・十五日　吉益へ参り、松田参、夕方、シーボルトへ参り、同道ニテスイツル領事ノ芝ノ持家へ参り、夕食出ル、西洋ノコキウ(胡弓)数キヨク(曲)聞ク、赤ハタゟ状来ル

文鎮

銅器　渡雲作

甚雅作

・（67裏）十六日　矢野、冨永、柚木、私同道ニテ横ハマ廿五ハンコキンヘ参ル、昼食出ル、陶器色々一見ス、
次ニ私三軒尋候ヘトモ、何レ留守ニテ帰ル、留守ヘ平尾、赤ツカ来ル
・十七日　赤シヘ廻ス金、郵便ヘ出シニ参ル、松岡、高松ら来ル、
藤四郎茶入求ム、之迄ノセン（煎）
ヘイ手（餅手）ト同シ薬作アリ
ナリ、薄作ニテ見事
・十八日　高はし油画返シニ来ル、（68表）古筆来ル、松田老母来ル、太田陶説廻ス
傘求ム
・十九日　赤沢ヘ参ル、夕飯出ル、◎
・廿日　松田ヘ参ル、平尾来ル、酒出ス、会ツ（会津）ノ塗物及陶キ社ノ咄有り、竹川丁家ノ隣家ノ普請ニ付、
一見ニ参り、曲木ヘよる、温知会ニ参ル、◎○
・廿一日　曲木より、次、芝山内お貞、下女一見させ、（68裏）次ニ泉岳寺、次ニ海安寺紅葉、次ニステーシ
ヨンニテ待合セ、曲木家内、外国人見ヘ、同道ニテ品川ノ硝子製造局細工一見シ、見事、次ニ品川

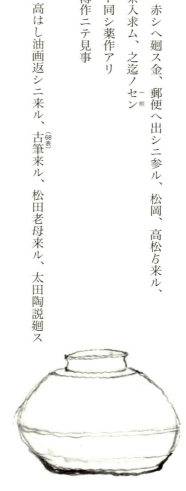

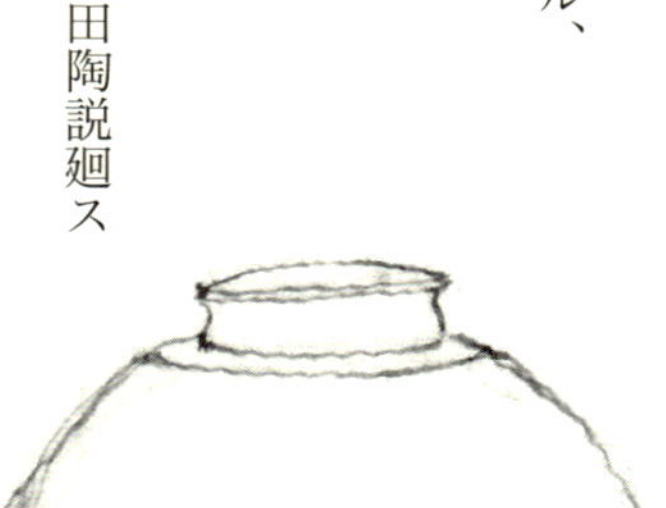

ゟ気車ニ乗り、新はしニテ夕飯仕り、帰宅ス、◎○

・廿二日　赤塚来ル、松田へより、次ニ陶キ二求ム、金井ゟ古器目利致し呉候様申来ル、フリンクリーゟ陶キ取替呉候様申来ル、仏領事ゟ同国セーブル制造所ゟ蔵品陶キ先日求ルト云ハ、通ベンノ間違ニテ、一、二品ニテ寄附仕候事候、右所ノ新物ニニ（行字）テ、礼仕ル由申来ル、◎○

・（69表）廿三日　剱会ニ参ル、書画会ニモ参ル

行平刀　吉光短刀
秋廣刀　則国刀
兼光刀　郷刀
則重短刀

金刀平（金刀比羅）ノ博覧ニ出ス品々返ル、◎○

・廿四日　金刀平社ノ人来ル、本代受取、◎○

・（69裏）廿五日　吉益へ参り、本借替ル、次ニ金井ゟ申来ル具足、下谷へ見ニ行、義貞ノ着用ノ離レ物之欠有り、酒出ル、次、金井同道ニテ弁天ニテ夕飯出ル

・廿六日　金刀平へかシ候地球儀ノ損シ料来ル、はま田来ル、小野原外へ移ル、師範学校へ参り、高峯ニ画本返ス、村山、赤塚へよル、安井ゟ状来ル、○◎

・廿七日　小河、鈴木来ル、仏国領事、同国陶キ製造局陳列ノ為メ、所望ニ付、(70表)二十品贈ル由申遣シ候処、今日一見ニ見へ、家内、通弁来り、相渡シ申候、付テハ所蔵ノ古キ見セル、◎

・二十八日　奥来ル、古器見セル、平安社会状廻ル、春ノ親類及兄、下男親来ル、神田来ル、◎◎

・廿九日　奥、小河、松岡来ル、陶キ一、漆キ一求、●◑

(70裏)・三十日　讃岐金刀比羅社へ神楽笛寄附、松岡へ以テ参ル、陶キ十二品求、宅へ状出ス、◎

日用品　十六円九十三銭六厘
雑用品　六十円三十二銭一厘
お貞費　五十六銭
〆　七十七円八十一銭七厘
家税　七十七円三十一銭　外七円
本陶キ代　十五円二十八銭二厘
〆　二十九円五十九銭二厘

・十二月一日　時計師来ル、赤沢来ル、飯酒出ス、師範学校へ参り、高峯ニ面会ス、次ニ赤塚へ参ル、
◯◯

（71表）
・二日　濱田来ル、画巻返ル、赤塚来ル、宅ゟ状来ル、森村及平尾へ参ル、陶キ、鉄キ一求ム、松田
参ル、◎◯

・三日　大川来ル、サトウへ参ル、留守、タムソン及丸ヤへ参ル、次、是真へ本返シ、酒出ル、吐園
ゟ状来ル、◯

・四日　タムソンへ参り、本ノ表題認方頼、赤塚、藤波来ル、古物見セ、酒出ス、米人フエノロサへ
参り、夕飯出ル、古画ノ目利ヲ仕り、返ル、◯◎

（71裏）
・五日　赤塚来ル、四条殿へ参ル、◎◯松田へよル

・六日　柏木へ参り、本返ス、足利氏ノ時ノ判金ヲニ《ママ》見ル、
文字無ク横筋計り、裏石川西洋ノ山手形ト同シ、色白シテ
見事、◯

・七日　若井へ参り、曲木及ソウマレツ、五姓へより、小西へ行ク、陶キ二求ム、片岡ゟ状来ル、(72表)◎○

・八日　金ヤゟ状来ル、勢田、雀ケ谷、赤ハタ、古ソへ、桜井、太田へ陶キ由来問合セ状出ス、朝、ソウマレツへ陶キ一以テ行ク、宅へ金子廻ス、安井へ状出ス、築波、信楽、梅村、伊達へよル、○◎

・九日　神田参り、夕飯出ル、陶キ一求ム、吐園へ金五円廻ス、○○

(72裏)・十日　丸善へ著述本三部ツ、廻ス、神田へ陶キ一贈ル、小川、山本、川はた、曲木へより申候、ソウマレツ、奥、赤沢来ル、○

・十一日　大学校へ参り、メンテンホールニあひ、日光器一見シ、加藤ニ面会シ、陶説渡ス、赤塚へ参り、飯出ル、仙へ状出ス○

・十二日　吉向へ参り、色々陶キ一見シ、岸本へより、陶キ二求ム、松浦へよル、大坂博物場ゟかし置候物品返ル、松田へより申候、◎○

地球運転器　　英陶キ

（73表）
種まききかひ　透エとうろ
笛　西洋ビワ
青貝入画　天子沓
袍　三　平緒
大仏瓦　笛
平緒

・十三日　赤つか来ル、岩倉中殿へ参ル、次、五生田へ参ル、そは出ル、河はた、曲木へよる、留守、◎○

・十四日　川上来ル、酒出シ、古物見セル、山口へより、帰国ノ由、留守へコキン来ル、○

・（73裏）十五日　陶キ六巻刻成ニ付、内務省へ三部納本ス、師範学校へ参り、高峯ニモースへ廻ス本五冊渡ス、吉益へよる、留守、◎○

・十六日　大河内、小林外一人来ル、古器見セル、谷森親父及赤塚へ参ル、留守へコキンソ来ル、明日参り呉れ候様申置候事、古陶目利仕り呉候様、其品々ウル見込ノ由也、○

（74表）会津天守

上ノ天守ハガモ（蒲生）氏郷ノ作シ物ナリ、下ハ加藤清正ノ作りシ物也、上ノ方ハ形ト云宮美ニシテ、戦国中ノ人ナレトモ思ヤラル、ナリ

名古屋天守

(74裏)
・十七日　はま夕、コキンへ参ル、古器数々目利仕ル、昼食出ル、和蘭公使館へ参ル、留守也、雀ケ谷ゟ先日問合候通り申来ル、獨乙公使来ル由、◎

・十八日　コキンへ参ル、昼食出ル、目利仕りシ礼ニ十五円贈ラル、陶キ本九冊ユツル、同又預置ク、ワクマンへより、次、シトンへ参ル、帰国中也、エコセシヤホンへ参ル、佐久間へよる、古曾部ゟ此間問合ノカリ答来ル、宅ゟ状来ル、長嵜勧業課ヨリ状及此間地球儀直シ料廻ル、仏領事へ参ル、○

（75表）

神武陵、文久三年修覆ノ
時出ル土器五十余品、何レモ
元ノ如ク納ル、此品岡本桃
里催ニ出ニテ、ノコシ置処ノ
品ナリ、其後譲り受ク、
手ツク子ニシテ、モロク、色黒
シ、土細ナリ

・(75裏)十九日　松田、勧工場へ参ル、第一銀行へ受取ニ参ル、松原へ参り、納会ニ小河、中村来ル、◎

・廿日　サトウへ参ル、留守、印書局へ参ル、赤塚来ル、同道ニテ神谷納会ニ行キ、賀川、高嵜へよる、留守、次、大田へより、陶キ本五冊廻ス、岩倉悴ゟ状来ル、◎

・廿一日　岩倉中殿へ目利物ニ参ル、小野原来ル、コキン不来申候、レヒー来ル、著述物捌方談仕ル、(76表)二十部ツ、廻スコトニ致シ申候、○◎

・廿二日　サウマレツへ陶キ一、本四廻ス、ブリングリーへ陶キ十九廻ス、陶キ一求ム、由井納会ニ参ル、仏新聞社へ本何レモ十五ツ、廻ス、宇川へ状出ス、○

・二十三日　陶キ一求ム、濱田留守へ来ル、ステーホン、ヘーアへ参ル、留守、伊太利ア人へ二軒尋ル、博物館へ石色々献ス、東京府へよル、○

・(76裏)二十四日　ハーレンスへ本ノ仏方ニテ売弘メ、且一ヨリ五迄ノ算用ノ義、ヘンケー氏へ相談済ノ由返書出ス、　淡路ト大坂ノ片岡へ状出ス、お春女学校へ出ル由也、吐園金子落手由申来ル、仏ノ新聞紙社ゟ一昨日廻シ候本落手由申来ル、鉄鏡一求ム、甚珍物ナリ

　左ノワキニ建久六年

四月トホル
右ノワキニ形部大夫
宗清謹作トホル　明珍ノ二代目也
（77表）松田ヨリリヤキヨウ（ママ）来ル、◎
・二十五日　讃州岡田へ状出ス、ハマノ百四十三番へ受取来ル返書出ス、宅へ状、金出ス、松浦へ参ル、谷森へ参り、夕飯出ル、濱田来ル、フリングリーゟ陶キ代廻ル、紀州宮井ゟ状来ル、◎五辻へ袍三、平ヲ一、笛一返ス

凡四寸
厚三分

・二十六日　金子来ル、新右衛門丁辺ゟ出火、築地迄ヤケル、戸ヤ、瀬川、松原、桂川、ヘーア、桜井、米公使へ尋ル、◯
（77裏）夜、山本、中村上京ニ付同道ニテ来ル
・二十七日　吉益へおけ火事見舞ニ贈ル、勧工場へ参ル、小河へリヤキウ贈ル、ブリクリンへ参り、支那、日本ノ名陶二十品、油画ノ礼ニ贈ル、吉益、斎藤、瀬川、嶌田へ見舞ニ参ル、羽倉へよる、◯◎
・二十八日　松田へ参ル、藤波参ル、留守、綾小路へよる、次、村山、メンテンホールへ参ル、中村

へよる、る守也、森川留守へ来ル、〇
・(78表)廿九日　吉茂来ル、松田へ参り、出版物代廻ス、ブリンクリーへ夕食ニ参ル、◎〇山本へより豆贈ル
・三十日　曲木へヨル、留守、ソウマレツ同シ、赤ツカ同シ、中村、辻、山本来ル、酒出ス、〇
・三十一日　川上へ参り、本代廻ス、陶キ一求、中村へ参り、酒出ル、〇
日用品　二十七円七十五銭二厘
雑用品　二百四十八円十二銭三厘
お貞費　一円二十銭七厘
〆　二百七十七円八銭二厘
(78裏)
家税入　十一円五十銭
本陶キ代入　百三十七円八十六銭
〆　百四十九円三十六銭
〆出分　一千三十九円五十二銭
入分　一千〇二十一円四十九銭一厘
過　十八円〇二九也

・(79表)十三年一月一日　戸田五郎、河ハタ、平松来ル、岩倉大臣、小河へ礼ニ参ル、○宮井ゟ陶説廻ル

・二日　辻、中村来ル、桜井、カン、小川、山本、中村、川ハタへ参ル、○

・三日　高田来ル、シーホルト、キウソ子ー、ヘーアへ、藤田、小野原へ参ル、◉五辻来ル

・四日　五辻、諏訪来ル、加賀邸米人へ三軒参ル、赤ツカへヨル、留守、無人嶌石一求、和田来ル、
(79裏)◉

・五日　赤ツカ、奥来ル、風雅(風邪)ニ付フセル、山井来ル、竹工来ル、野口来ル

・六日　濱田、小川来ル、フセル

・七日　フセル、紀州ノ宮井へ状出ス

・八日　○

・九日　金井来ル、フセル、金古(ママ)来ル、中村、山本老母、奥来ル、中村へ西京宅へ廻ス物以テ行カス、
(80表)仏ノ領事館並コキン年賀状出ス、吉益来ル、波多、宇野来ル、柴田、岡部、片岡へ状出ス

・十日　奥へ参ル、柴田二人来ル、植木ヤ、長ヤ来ル

・十一日　辰男来ル、釜藤来、釜見セ、酒飯出ス、◎宅へ状出ス、境川、岡田ゟ状来ル

・十二日　英代理公使夫婦、サトウ来ル、古キ見セル、五辻、伊丹参ル、留守、松浦へ参ル

（80裏）
・十三日

・十四日　松原来ル、酒出ス、ホットマン外一人来ル、三人ニ古器見せる、坂本、野口へ参ル、五世田来ル、◎

・十五日　サトウへ行ク、本廻ス、大学校へ陶説廻ス、松田へ参ル、十郎へ菓子贈ル、山（ママ）、近衛、高田、土御門、藤波、金井参ル、茶入一求ム、高はし来ル

（81表）
・十六日　亀井植木鉢一贈ル、竹工ハ二贈ル、赤ツカへへ（衍字）参り、ちり取贈ル、◯

・十七日　四条へ参ル、酒出ル、妾岑胡弓を引、由井へ茶会ニ参ル、◎煉化月フ府へ納ル

・十八日　山本トシーホルトへ参ル、松田、高はしへより、平安会ニ出ル

・十九日　松原初会ニ参ル、建くやへより、◎○大学校ゟ(81裏)モース氏著述二部贈ラル由申来ル、サトウゟ陶キ六一分、此書ノ内ノ陶キ少々代料下ケ呉候様申来ル、少々引キ候処、承知ノ由也、津田、ジキソン、ホールスへ本廻シ呉候様申さる

・廿日　ホールスへ本一揃廻ス、ジキソンへ陶キ一揃廻ス、陶キ四求ム、平尾へよる、◎

・廿一日　陶キ廿四サトウへ廻ス、赤ツカへ参ル、酒出ル、陶キ二求ム、岡本良太郎来ル、仏新聞(82表)社ゟ来ル、◎

・廿二日　○陶キ四求ム、サトゟ陶キ代来ル、陶キ三遠山ニ贈ル

・廿二日　松田へ参ル、大学校ゟマース氏著述物二部贈ラル、陶キ四求ム、サトウヘフランクス氏へ贈ル陶器キ五廻ス、村山へ参り、茶酒飯出ル、◎○

・廿三日　川上へ参ル、酒出ル、茶杓、陶キ一求申也、◎

・(82裏)廿四日　伊丹へ参り、次、岩下へより、酒飯出ル、五十嵐、三渕、小林へ状出ス、次ニレヒーへ出ス、ハーレンスゟ観古図説ノ口銭申来ルニ付、返書出ス、宅へ状出ス、コキンソへ留守へ来ル、◎膳所ゟ状来ル

・廿五日　諏訪へ尋、ハシ、缶つめ贈ル、遠藤へより、次、堀本へより、酒出ル、◎○

・二十六日　松田へ参り、岡部ゟ状来ル、師範学校へ参り、高峯へあひ、赤つかへより、是真へよる、(83表)酒出ル、陶キ四求ム、大和、丹波、市辺ゟ出ル古陶求ム

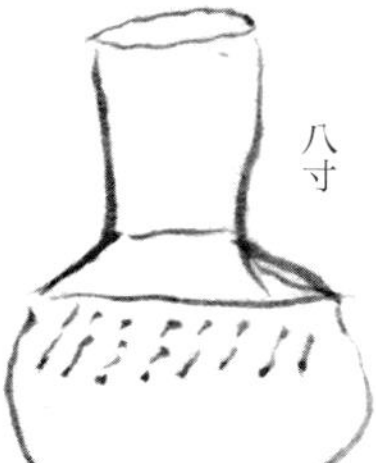
八寸

・廿七日　内藤来ル、古物見せる、陶キ三求ム、●

・廿八日　西方来ル、大学校へ参ル、メンテホール刀、楽器ヲ見セル、次、陶キ二求ム、惕斎来ル、大坂博物場へ状出ス、○○◎白山来

・廿九日　惕斎、松原へ参ル、小川へより、田中へ(83裏)参ル、留守、松田へ参り、平安社懸合仕ル、片岡ゟ状来ル、弥吉冬免官由宮井ゟ状来ル、○○

・三十日　村上、吉益へより、可亭へ参り、人形一求、外陶キ一求ム、長嵜博覧会社ゟロウソク器筥

代廻ル由申来ル、◎

・三十一日　平尾来ル、桂川来ル、酒出ス、古キ見セル、○○◎

（84表）

日用品　十二円四十二銭五厘

雑用品　四十一円七十七銭九厘

お貞費　七十七銭

　　金　五十四円五十七銭四厘

陶キ本代　七十四円四十銭

家税　　十三円二十五銭

勧工場　四十三銭七厘

　　合　八十八円八十七銭

（84裏）

本郷旧加賀邸内文部省用地
同省雇米人マース氏官邸ノ図

（85表）

二代藤四郎作茶入、
卯月八日十之内藤
四郎ト名ス、
同地祖母懐茶入
祖母懐ト名セリ

（85丁裏は空白）

（86表）十一年冬、大和ニ於テ得ル処ノ土鈴三、浅草内簗波ノ写真セシ物、初物土器色、余二ツハ黒鼠色ナリ

（86丁裏から87丁表は空白）

（87裏）

十二年
三月

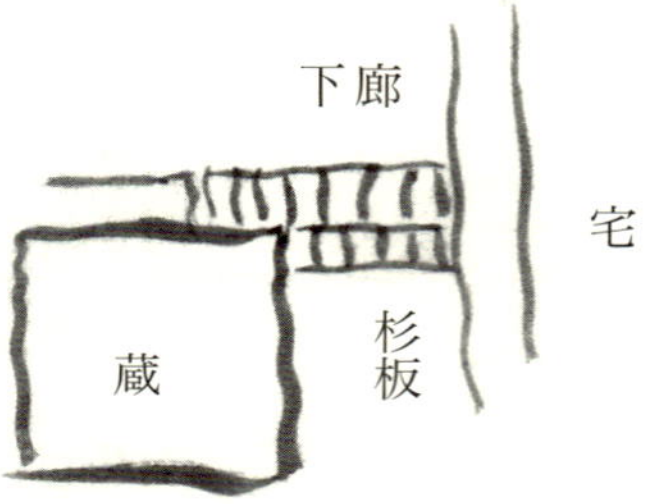

十二年
五月

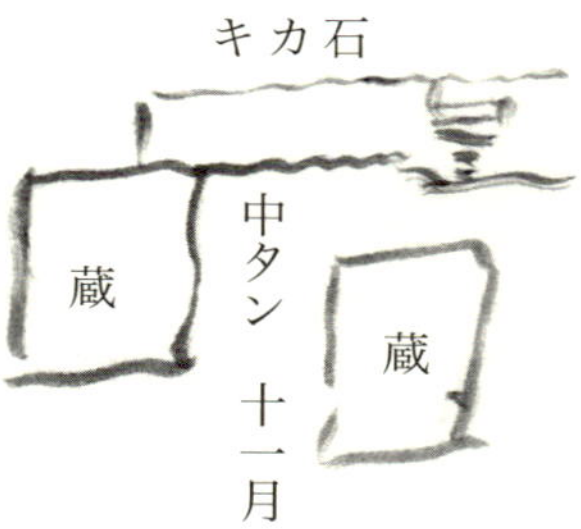

十二年
十一月

十二年
十一月

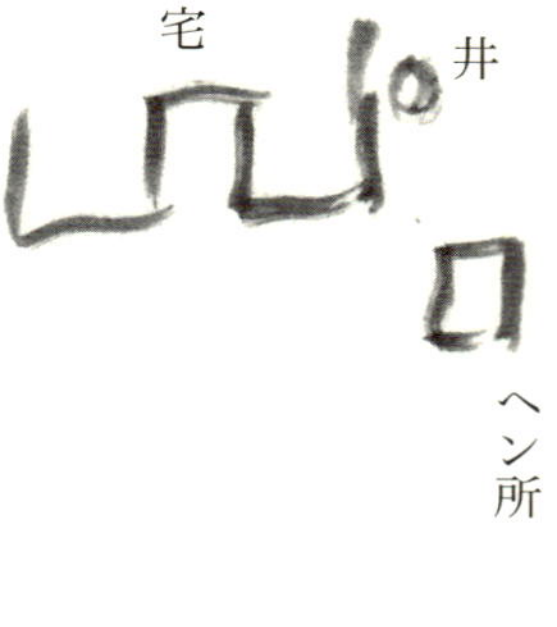

（88丁表は空白）

一（88裏）　十二月十八日　コキン　目利礼　十五円入
一　同　陶キ二三四五六（仏文）　九円十銭入
一　十九日　長嵜博覧会損シ料　六円五十銭
一　廿二日　ソウマレツ　陶キ六四　城四　陶キ一　七十三円
一　二十五日　ブリンクリー　同代　六十一円八十銭
〆　百三十七円八十六銭
一十三年一月　マース　陶キ六巻五　七円五十銭
一　十六日　サトウ　陶六二　三円入
一　十九日　津田　城一　三円入
一　廿日　ジキソン　陶キ六　仏文四　城一　十三円十銭
一　同　ホールス　同　六　同　四　十円十銭入
一　二十三日　サトウ　陶キ二十四代　四十七円八十銭入
〆　七十四円四十銭
一（89表）十二年十二月分　三円　浅田入　廿八日
一同　五十銭　廣セ　三十日
一同　一円七十五銭　植木ヤ　二日
〆　五円二十五銭
一十三年一月分　三円　浅田　三十一日入

十二年

十二月分　九銭二厘　へい

十三年一月分

一　四十三銭七厘　勧工場

（89裏）~~一　九月三十日　十一円廿八銭二厘　建具や~~

十月分

一　一円七十五銭　江夏

一　三円　浅田

一　二円五十銭　小野原

一　五十銭　廣瀬

〆　七円七十五銭

十一月分

一　一円七十五銭　江夏

一　三円　浅田

一　二円六銭　小野原

一　五十銭　廣瀬

〆　七円三十一銭

（90表）十二月分

一　三円　二十八日入　浅田

一　五十銭　三十一日入　廣瀬

〆　三円五十銭

一遠山二小豆色角長二　松田、亀井大一　小野原小　波多大

一面角長　竹二　二

一桃鉢　遠山　一

（90裏）九月十五日　△

一　九銭　金物

一　十八日一円廿銭　西土蔵　カラスシウシ《ガラス障子》入ル代

一　廿日七十銭　金物

一　廿四日十一円廿銭　井戸かわ二代

一　廿七日　金物

一　三十日　十一円廿八銭二厘　宅ノ戸　建具や

一　十二月十三日十三円　石代

一　十七日十二銭八厘　蔵南中段　ヤ子土代

一　二十八日一円二銭六厘　へん所裏　瓦師

一　三十日 三円　とひ

一　九円五十六銭六厘　同上　石ヤ

一(91表)十二月六日 一円五銭　畳代

一　十二月十四日 七十銭八厘　長や　畳ヤ

一　同 三十一日 五十一銭七厘　大工

一　十三年一月廿九日 八銭　車力ちん

〆　五十三円五十二銭七厘

合　百二十九円七十二銭七厘

一(91裏)　九月七日　英人フリンクリ　二十二円　陶キ二ツ廻ス

一　同　十四日　サトー　八円六十銭　仏文　五巻八

一　廿二日　ベー　七十銭　仏文　五　一

一　同　ソウマレツヘ　二円八十銭　同　四

一　廿一日　フリンクリ　十六円八十銭　陶キ

一　廿八日　勧工場　五十六銭九厘入

〆　五十八円七十五銭

一　七円廿九銭　十月二日　文会堂　トウキ　城本五

一　十五円六十銭　ブリンクリー　陶キ四代

一　廿一日　　獨乙公使館ら　　八円六十銭　同　本五　仏四
　〆　二十一円四十九銭
一　二円七十七銭四厘　　十一月五日　　勧工場
　〆　三十四円二十五銭四厘
（92表）一　五円九十四銭　　十一月十日　内考古説畧三　一円三十五銭　文会
一　七円十銭　　松岡　　廿四日　　刀子、陶キ二三四五代也
一　三十日　　二円二十四銭二厘　　勧工場
　〆　十五円二十八銭二厘

十月分　　四円　　十二月一日入ル　　竹川丁
同　同　　四円　　同　　二十七日入ル　　同
十一月分　　四円　　十三年十七日入
同　　四円　　十三年廿五日入
（92裏）七月七日　　モース　　陶キ本　　五円十銭　　二三四五
同　　同　　同　十四品　十五円
同　十二日　同　同　二三四五　五円十銭　二三四五
同　十五日　同　陶キ五十五品代　五十円入

同　廿二日　同　同　二代　一円
同　同　同　私写真代　二円二分
同　廿三日　同　トモ女　陶キ一　三十円入
同　廿七日　同　モース　同　三　五円二十銭
同　廿九日　五円九十六銭　勧工場ら
〆　百十九円~~四~~八十六銭
一　三十五円　八月六日　マース　漆キ　六品
（93表）
一　八月六日　四円五十銭　陶キ二　高峯
一　三日　マース　七十銭　写真二代
一　十二日　サウマレツ　五十七円四十銭　陶キ二仏文四
一　廿八日　マース　五十三円　陶キ代
一　三十日　十二銭五厘　勧工場
一　三十一日　マース　十二円廿銭　陶キ十品
一　九月一日　文会舎　十二円四十二銭　本
〆　百九十円一銭五厘
（93裏）
一　六月廿九日　三円　浅田入　れん化八円入
一　同　三円五十銭　江夏入

一　三十日　二円五十銭　小野原入

一　同　五十銭　廣セ入

「一（朱書）　同　一円五十六銭　波多」

〆　十七〔九〕円五十三銭（打消線朱書）

一　七月分　二円五十銭　入　小野原

一　一円七十銭　入　江夏

一　三円　浅田

一　壱円五十銭　入　波多

一　同　五十銭　入　廣瀬

〆　十一円

（94表）一　八月三十一日　三円　浅田入

一　同　一円三分　江夏入

一　同　二円五十銭　小野原入

一円二十五銭　廣瀬

五十銭　波多

〆　九円七十五銭

一　九月分　百七十五銭　江夏

一　二円五十銭　小野原
一　三円　浅田
一　同　波多
一　五十銭　廣瀬
〆
一　七月七日　一円五十銭　波多入
(94裏) 四月五日　マース　二円十銭　陶キ一　同仏文二三
同　廿二日　同　五十銭　同　一　仏文一
同　廿九日　一円八十五銭　勧工場受取
同　三十日　教育——　二十五円六十銭　陶キ三十四
〆　三十円五銭
五月八日　四十銭　斎藤受取　茶入代
同　十六日　カベケー　三円十銭　陶キ五　伊《仏》文二三四
同　廿九日　勧工場　三円七十六銭　受取
〆　七円二十六銭
一　六月八日　ヘケーニテ二十三円　城ノ大写真本
一　同　四円四十銭　陶仏二三四　画三四五

（95表）一　同十六日　　サトウへ　七円七十銭　同　四　仏文十一
内国博覧会松田出品高千八百七十五円七十五銭、一円ニ付配子十一銭二厘割、松田分二百十円八
銭四厘、私出品高千二百円配子百三十七円六十七銭六厘

六月廿一日　八円十銭　サトウ　陶キ四五　三部ツヽ
同　廿七日　一円二十銭　川嵜　同　二　一冊
同　二十八日　十四円四十銭　大学校　同四百八十枚
〆　五十八円八十銭

（95裏）

入分

一月　神田　三円九十銭　観古――陶キ　三四五　三巻
同　モール　拾円卅銭　同　二三四五　四巻
同　同　同　同　同
同　十□日　同　三円　同　城　同　一巻
同　十二日　大学　五円十銭　同　陶　二三四五　四巻
同　同　同　三円　同　城　一　一巻
同　十三日　内務　一円四十銭　同　陶　五　一巻
同　十五日　松浦　十銭　籍ノコトニ付贈ラル

同　三十日　　三円五十一銭　　勧工場賞(売カ)品代

〆　四十円四十一銭

二月三日　モース　廿五円　陶キ　三十品代

同　十二日　佐藤　三円九十銭　同本　三二五　三冊

同　十九日　モース　古陶　二　一円八十銭入

(96表)(朱書)「二月廿五日　大学校」　二十四円四十銭　陶キ廿六代

同　廿六日　マース　十円　玉代　十二

同　同　同　廿五円　陶キ三十四代

同　廿七日　マースゟ　五十円　陶キ五十五代

〆　百四十円十銭

一　二月廿八日　　二円四十二銭　勧工場売品

一　三月十日　マース　二十五円　陶キ代入

一　同　十八日　同　七円　同

一　三月廿二日　山本ゟ　十二銭五厘　取替返ル

一　同　サトウゟ　六円　陶キ仏文十冊

一　同　廿八日　四円五十二銭　勧工場ゟ受取

一　同　三十日　マース　八円　陶キ代

〆　五十三円四銭五厘

(96裏)十二月二十三日　二円五十七銭六　西土蔵大工
十二年一月十三日　二円四十銭　居間　畳や
同　一　一円六十銭　畳八代
十二年三月十六日　四円九十二銭　土蔵宅ノ間渡りノや子　鉄板代
三月三十一日　二円七十七銭五厘　大工
同　五月三十一日　七十二銭六厘　畳や
同　同　二円五十銭　とひ
同　一円四十四銭五厘　大工
同　六円三銭　宅や子　左官
同　石ヤ
同　八円二十銭　蔵南石カキ　石代
同　六月五日　三十一銭　釘
同　同　六日　三円四十四銭　同上　石や
同　一円　外二円かし　とひ
一(97表)六月十五日　六円六十八銭六厘　大工
一　七月十五日　九十五銭　石カキ上木サク　大工
一　同　五円八十銭五厘　宅や子　左官
一　一円四十銭　金具

一　八月十八日
一円五十銭　　西ノ土蔵下間　畳代

一　同
三円九十六銭二厘　　大工

一　十銭　　釘

一　三十日
□(七カ)円六十七銭　西ノ土蔵下間　金物

一　三十一日
一円廿六銭五厘　　畳や

一　九月二日
十八銭　西土蔵　　金物

一　同
三円十八銭二厘　　左官

一　九月七日
十六銭　△　同上　　金物

一　同　九日
一円六銭

〆　七四六円二十銭　〇三

(97裏)
二円二分　十二月分　小野原入《カコシマケン》　清実(ママ)

三円　十二月分　浅田入

一円七十五銭　同　江夏入

〆

一　一円七十五銭　一月分　江夏入

一　三円　一月分　浅田入　(青書)「〆十二円二十五セン」

一　二円五十銭　同　小野原入

一　一円七十五銭　二月分　江夏入
一　三円　同　浅田入　〆　同上
一　二円五十銭　同　小野原入
一　三円　六月分　浅田入
一　二円五十銭　小野原入　〆五円五十銭
一　○波多入
一（98表）　○江夏
一　三円　浅田入
一　二円十二銭　波多入　〆七円六十二銭
一　二円五十銭　小野原入
一　江夏
一　一円五十銭　五月分　波多入
一　二円五十銭　五月分　小野原入
一　三円　同　浅田入　〆十円八十三銭
一　三円五十銭　三、四月分　江夏入
一　三十三銭　廣瀬
一　六月廿九日　六円　勧工場

（98裏）
十二月二十三日
四十円　楽工社ユツル分配金、平尾ゟ受取
　六円一分　社ツクナヒ金　一円一分　社店番給渡
十五□（破損、円カ）五十七銭四厘ツ、　ツクナヒニ出ス
　十一円七十七銭八厘
十三円六十七銭五厘　九　十　十一月分　不足
九月分　一円七銭一厘
十　八十五銭五厘　〆　一円九十七銭一厘
十一　四銭五厘

一　四月廿三日
　六円　戸棚代　文次郎

（99表）
竹川丁　木村定五郎
十一年十一月分　八円　煉化屋家税　十二月十日比　受取
　十二月分　八円　一月六日　受取
十二年一月分　八円　二月十二日　受取
　二月分　｜　三月九日　受取

三月分　｜　四月十八日　｜

四月分　｜　五月十六日　｜

五月分　六円　六月十三日　｜
　　　　二円　同　廿日　｜

六月分　二円
　　　　六円　七月九日入　六円　廿日入

七月分　八円　八月廿日　受取

八月分　四円　又　四円入　九月廿一日入　十月九日

九月分　四円　三円　十月廿九日入

同　一円　十二月二日入

(99裏)十二月四日　クランカ《コソヘ》（クラワンカカ）茶ワン　十五　四十五銭

同耳　七　七十銭

十月五日　赤ハタヤキ　十円六銭　賃二円四十銭　コアケ三十銭

一　八十一銭　大コツホ　九本　代一本　九銭　一淡路ヤキ

一　九十銭　小――　十八本　代一本　五銭ナレ共七銭也

船賃　三十銭　持込ナシ　十五銭

本代　一円六十銭　　預ル　五月二日

為井物品払　金三円十六銭

荷物賃　九十四銭　二円五十銭　画書ハコ代

（100表）松本火入相馬急須　小堀へ　贈ル　由井

大和三井焼　——　山本ト　松浦へ贈ル　高ハシ　柏木

朝日ヤキ　——　古筆　芦沢　川上　赤ツカ　吉マス

宗順　梅村　岸本　竹二郎

目平作（木米）　徳利　モルレル　平山　四条　松田　石田　柴田

蔵六　三嶌徳利　モルレル　サトウ

五徳　平山

団扇　モルレル一　高サキ五　佐の五

三木棗　サトウ

□□茶ワン　柴田へ十　おタキ五

朝ヒ同　ハシ本　小野原　マース　かんこう（ママ）人一

フリキ茶入　神田　松田二

同　茶合　高田　龍吟堂　尺八

相馬　一　おタキ　遠藤　波多

（100裏）淡路高つき　サトウ

奈良団扇　　　マース二　　高サキ五　　佐ノ五

「（鉛筆）□　三組　霊雲寺前　――　五り

同　湯シマ切通　　　唐宅（ママ）前　　――寺

一月十五六日　春日局所持品出ル」

椎之落葉　五

（表紙）

明治十三年二月一日ヨリ
同　十一月二十九西京へ向出立
同　十四年二月三日帰東ス
同　　二月二十八日迄

椎之落葉

（朱方印）「蜷川蔵印」

（朱方印）「宮道式胤」

五

・（1表）明治十三年二月一日　長嵜博覧会社ゟ蠟燭製造器受取、菊亭殿へ参ル、先公君得面会、当主ハ北海道出役中也、醍醐殿へよる、留守、中村へよる、酒出る、安井ゟ状受取、藤波殿へよる、茶酒飯出る、○

・二日　岩倉山作金欄手水指求ム、美作也、大河内へよる、留守、○○

・三日　勧工場へ参り、松田へより、開拓使博物場ニ而豆求ム、米国公使館へ参り、同国博物館へ陶キ三巻贈り方仕ル、曲木へより、茶入一求ム

・（1裏）四日　釜藤外尾張人来ル、古キ見せる、二字比ゟ菊亭殿ノ君下女待外ニ福沢重生来ル、古キ見セ、酒出ス、◎

・五日　高橋、小堀へ火治（火事）見舞ニ参ル、柴田、シドロ（志戸呂）、堀江、雀谷、宮井、コソへ（古曾部）へ出版ノ陶キ図贈ル、又、器物求ル、先日ノ大茂、浅草見付外、信楽、梅沢、浅草内ノ道具屋へ陶キ図贈ル、小河ニテタ飯出ル、◎

・六日　川上へ見舞贈ル、村山へ陶キ図贈る、（2表）赤つかへよる、宅ゟ状来ル、陶キ一求ム、奥来ル

・七日　近藤及同国ノ人ヘ尋、古器五、六品見ル、内タンケイ《(端渓)》硯一見ス、見事、
次ニ曲木ヘ参ル、外国人一人、日本人四人夕食出ル、後、三味せん、琴曲有り

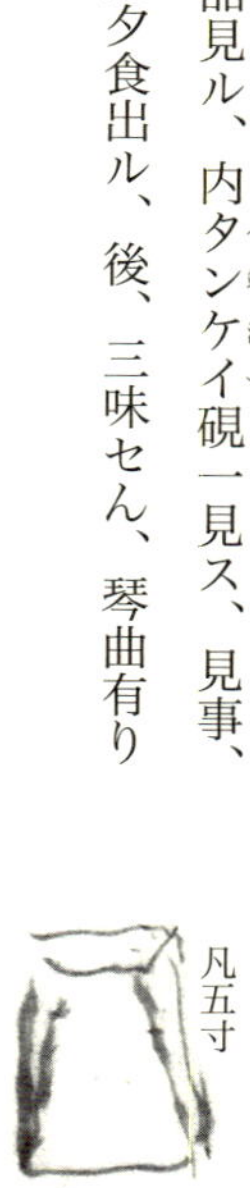
凡五寸

・八日　北畠及米人ヘ参ル

・九日　松田ヘ参り、赤沢ヘ行、夕食出ル、岩代ノ東郷陶工ト桜井陶工ヘ陶キノ図贈ル

・十日《(2裏)》　尾張道くヤヘより、堀本日本陶説贈ル、ナルセヘ参り、香口《(香合カ)》贈ラル、近藤ヘ陶キ図贈ル

・十一日　奥来ル、古経切ゆつる、浅草見付手前ヘ陶キ図贈る、吹原ヘ参り、同図贈ル

・十二日　安井ヘ廻ス一封岩下ゟ来ル、安井ゟ状来ル、光淋《(光琳)》印押シ来ル、藤波ヘエン鉄《(ママ)》植贈ル、忠吉ヘヘ《(衍字)》留守、陶キ四求ム

・十三日《(3表)》　獨乙人ニ参り、陶キ図贈ル、留守、金七来ル、酒飯出シ、天目二、台一、かこ一、川上来ル

・十四日　溝口来ル、古キ見セ、酒出ス、岸本ヘより、橋本ヘより、ルス、アトキンソンヘ参ル、同シ、イウインクより言葉ヲ残ス器一見ス

・十五日　小堀来ル、酒出ス、清水古陶求ム、昨日、古
ミソロ《御菩薩》鉢求ム、膳所ち国分ヤキ来ル、信楽土ニテ、熊
川風ノ薬也
(3裏)山本へより、留守、近藤同シ、釜藤へより、次ニ吉益
へより中候、薄作ニテ、仁清ノ如シ、清水印有

・十六日　近藤外一人来ル、古キ見セ、酒出ス、小河同
シ、服部外画師来ル、宅へ金子廻ス、安井へ行、岩下
廻シ物廻ス、溝部へ参ル、酒飯出ス

・十七日　晩コ堂親子来ル、古キ見せ、酒出ス、由比へ
参り、陶説贈ル

(4表)・十八日　秋月、伊丹、赤塚来ル、古器見セ、酒出ス、フリンクへ参り、陶キ六ツ廻ス

・十九日　温知会ニ出ル、甚不参、宅ち状来ル

・廿日　松田へ参り、次、田中より権兵衛茶ワン三ツ、見事、次、晩香堂へより、酒出ル、近藤、堀

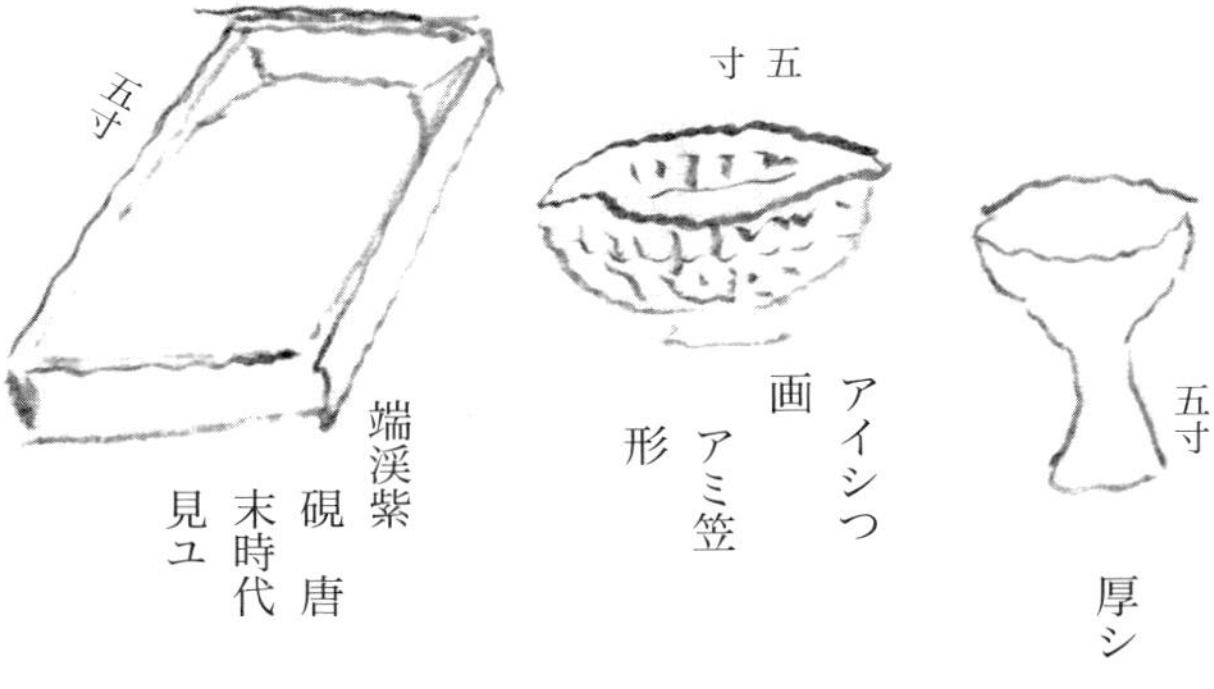

本よる、留守、小野家内来ル、酒出ス
（4裏）
・二十一日　横山義門、金刀平（金刀比羅）博覧会付物品かりニ見へ申候、倉田ヤへ参り、次、村山へより、次、
赤ツカへより申候、陶キ二求
・二十二日　フエ子ローサ（フエノロサ）来ル、中村来ル、酒出ス、昌平へ書画会見ニ行ク、次ニ西四辻へ参り、次、
松浦へ参ル
・二十三日　金刀平博覧会ニ物品貸シ申候、夕方、堀口へ参ル、昼、文庫及梅沢へより申候
（5表）
・二十四日　勧工場へより、外務省、シーホルト（シーボルト）、近藤よる、朝、外国ノ近藤及西京ノ中村又来ル、
昼後、一寸尋申候事
・二十五日　大学校へ参り、飛騨ち掘出ス土器一見ス、次、五条殿へ参り、次、長へより、古硯一見
ス、次、日下部へ参り、又一見シ、シーボルト、近藤へより、留守、次、晩香堂へ参り、玉子善悪
見ル機贈ル、次、得能へより、著述物見せる
・二十六日　貞ヲ菊丁殿へ遣ス、つうキ（ママ）茶入上ル、勧工場へ参ル、小堀、間嶌へ参ル、留守、（5裏）赤つか

へより申候

・二十七日　中村、近藤、谷藤へ参ル、とうき一人丸(人丸焼)求、安井来ル、克三郎へ博覧会之付出シ方頼

・二十八日　中村来ル、松浦頼、博覧会出品ノ願書出シ方頼ム、玉章へ参り、川上へより申候、シーホルトゟ来ル二日夕食ニよひ状来ル

・二十九日　遠藤来ル、陸軍教師通弁横山来ル、古物見セル、観世へ安井状ト為替届ル、(6表)川嵜ト桜井へ陶図贈ル、宅へ状出ス、西尾へ参り、筆法咄仕ル

日用品　二十二円六十四銭八厘
雑用品　五十六円三ツ拾七銭二厘
お貞費　九十九銭五厘
〆　八十円・・一五
陶キ本代　二十六円五十銭
家税入　九円二十五銭　　勧工場　五円十六銭八厘
〆　四十円九十一銭八厘

・三月一日　山科来ル、酒出ス、芝ノ陶工へ音羽ヤキ図一贈ル、とうき一求ム、宮井へのり三折、仏

製ノ透画ノとうき一枚贈ル、下男衆出ル、(6裏)植木ヤ長屋出ル
・二日　勧工場へ参ル、大蔵省朝日詰所へ参ル、次ニ赤塚へ参ル、雪(ママ)ノ釜懸ル、茶酒出ル、村山へ参ル、留守、平尾来ル、竹来ル、下男
・三日　玉章へ参、画出来ス、タムソンへ参り、シヲリ押画贈ル、夕方、シーホルトへ夕食ニ参ル、松田へ参、平尾へよる
・四日　松原へ参り、次ニ加賀邸米人へ二軒参ル、留守、倉田ヤ、岸本へ参ル、宅及安井ゟ状来ル、長ヤ波多来ル
・(7表)五日　コキグ(ママ)へ参り、光淋盃贈ル、次、レヒーへ参り、昼食出ル、次、ヲートルへ参ル、黄□丹(膽礬)ハン薬有ル古尾張焼求ム、凡八百年位也、甚珍敷也

凡六寸

・六日　中村来ル、昼飯出ス、小堀へ参ル、留守、次、赤塚へ参り、コンフ砂糖懸贈ル、次ニ間嶌へ参る、留守へ高峯来ル、マース(モース)ノ娘写真廻ル
・(7裏)七日　安井来ル、吉益、堀本へよル、留守、ゲリーへよる、小西へよる、留守、赤塚来ル、酒飯出

ス、水野へより申候

・八日　藤波へ参ル、道具色々一見シ、茶酒夕飯出ル

・九日　金七来ル、吉益来ル、古器見せ、酒飯出ス、師範学校へ参り、高峯ニあひ、モースへ廻ス陶キ談仕り、武四郎へより、次、米人へより、画談仕ル

・十日　神田及博覧懸来ル、古物見セル、獨乙人(8表)尋ル、留守、タムソンへ参ル、次、中村へより、又、外務ノ獨乙人へより申候、宅ト桜井村へ状出ス

・十一日　鈴木来ル、古器見セル、博物館へ槍一本納ム、溝口へ参ル、次、大河内へより、仏具色々一見ス、赤塚へよる、陶キ二、漆キ一求ム

・十二日　大河内ゟ菓子来ル、赤沢来ル、酒出ス、山科へより、陶キ一求

・十三日　吉益来ル、飯酒出ス、赤塚二人来ル、(8裏)小堀へ参ル、柴田ゟ状来ル

・十四日　中村へよる、タムソン来ル、留守

・十五日　吉益へよる、次、松田へより申候、堀口来ル、古キ見ル、留守へサトウ来ル

・十六日　豊田来ル、中村来ル、タムソンへ参ル、ホンヤク咄仕ル、赤ツカへ参ル、柴田陶キ代廻ス、油画贈ル

・十七日（9表）　松浦来ル、川上へより、古筆へより、箱書付一見頼ム、遠藤来ル、陶キ二求ム

・十八日　中村、安井来ル、サヌキ博覧会へロウソク機廻ス、サトウ、西尾、英公使へよる、留守、温知会無シ

・十九日　松田、勧工場へ参ル、津田来り、持屋かす談仕ル

・廿日　松田へ参ル、サトウへよル、米人へ参り、陶キ二廻ス、倉田や、村山へより申候

・廿一日（9裏）　米人来り、古画談仕り、仏人レヒー著述著及商法ニ付談シラレシ也、山口来ル、ペールー国へ参り、ヘーレン氏一条談仕ル、了悦へ目利持参シ、赤塚へよル

・廿二日　赤ツカ、外国人来ル、古器見せる、中村、小川へ参ル、留守、村上へよる、陶キ払フ新聞

ヲ出ス方、はまノエコセジヤホンへ正書廻ス

・二十三日　川上へより、小堀へ参ル、宅へ金子廻ス

(10表)・廿四日　近藤、中、小川へ参ル、留守へ松浦、冨永、小川来ル

・二十五日　サトウ参ル、留守、山井へより、次、小河へより、酒出ル、留守へヘンケー来ル、内藤来ル

・二十六日　小堀へ参ル、古キ色々一見ス、とうき一求ム、古筆へかん定物以テ行ク、松浦来ル、赤つかへ参ル

・二十七日　外国人尋、病院一見ス、次ニ(10裏)小川へ参ル、酒出ル

・廿八日　カンベ、サク《ラ》セン、曲木、外国人男女来ル、古物見セル、古筆へ二軒参ル、上野花開、赤ツカ来ル

・廿九日　遠藤来ル、酒出ス、米人及曲木、小川へよる

・三十日　レヒーへ参り、陶キ三十二、漆キ七廻ス、受取来ル、仏国へ廻ス条也、観古図説三揃うれ、代ノ内、新聞広告出ス料引、残金（11表）持帰ル、新はしニテ松浦帰宅懸あひ申候、学校へ参り、高峯ニあひ候、陶キ六求ム

・三十一日　紙幣局ゟ著述物求ル由談来ル

・四月一日　乾也へ乾山作目利ニ参り、向嶌花ヲ一見シ、陶キ二求メ、赤つかへよる

日用品　十七円六十五銭一厘
雑用品　二十三円九十四銭四厘
お貞費　六十九銭五厘
　合　四十二円二十九銭

（11裏）

本陶キ代　四十二円三十四銭
家税　十三円
勧工場　二円三十六銭五厘
　合　五十七円七十銭五厘

・二日　溝部来ル、酒飯出ス、印刷局ゟ本代廻ル、吉益、村上、小川へより申候

・三日

・四日　松本正足来、同道ニテ三河やへ参ル、陶キ二（12表）二（衍字カ）求ム、松原へより、青木へよる、留守

・五日　津田来ル、飯ト酒出ス、陶キ七求ム、津田ト支那大臣へ参ル、酒夕飯出ル、甚奇ニシテ味ヨシ、宅ヨリ状来ル、遠藤来ル

・六日　小堀へ参り、次、赤つかへ参り、とうき一求、中嶌、多川来ル、石ハンヤノ談仕ル

・七日　溝部来ル、吉益来ル、酒飯出ス、多川外一人来、（12裏）溝部、田中、小川へよる

・八日　吉益来ル、茶入五ツかし申候、小野原来ル、上野美行会（美術会）一見ニ参ル、三嶌ノ神宝手箱、見事、次、大河内へよる、留守、此内ゟ向シマノ桜一見ス、見事、中嶌へ石板機かし申候

・九日　小倉、梅本及吉益、田中、釜藤外一人来ル、古器見せる、三人ニ飯酒出ス、コキン外一人来ル、古キ見せる、ブリンクへ参り、陶三品廻ス

・（13表）十日　支那副大臣所ノ一人、仏マヒテー、津田来ル、古器見せる、濱田来ル、ブリンクゟ陶キ料来

ル、おちま殿ゟ状来ル

・十一日　秋山、赤塚へ参ル

・十二日　とうキ求

・十三日　堀江へ参ル、酒出ル、宗ノクリ求

（13裏）
・十四日　山本へ参ル、吉益来ル、赤塚ゟ空中作茶ワン求ル、松田へよる

・十五日　日比谷大神宮へ神楽笛一奉納ス、曲木へ参ル、留守、勧工場へ参ル、とうき三求ム、松田
へ石ハン機かし申候

・十六日　溝部へ参ル

・十七日　菊丁殿後家外ニ高畑家内、娘ト来ル、古キ見セ、酒出ス、陶キ六求、谷森、山本母来ル

（14表）
・十八日　此間笛一管奉納受取書並ニ今十一字ニ参拝ニ参ル、大教正鴻雪爪へ千家尊福ゟ案内来ルニ

付参ル、馳走出テ、神供式一見シ、能一見ル、次、宅ヘコキン来ル、同道ニテ上野ニテ食事シ、美術会一見シ、同道ニテ宅ノ古キ見セル

・十九日　はまノレビーへ参り、仏国持参ノ古陶三十三、漆キ二、玉類九ツ、石キ五ツ、モースノ本付古陶欠九、骨四、装束本五冊、化石六廻ス、受取来ル、昼食出ル、同道ニテ同所（14裏）博覧会一見シ、帰ル、煉化持家借シ方ノ一札、津田ゟ受取ル

・廿日　とうき六求ル、十郎来ル

・二十一日　ヘンレ来ル、秋山、赤つかへ参ル、宅へ状出ス

・二十二日　小河へよル、間嶌へよる、留主（留守）、とうき一求ム

（15表）・二十三日　平安会ニ参ル

古瀬戸ニ見ユ

二寸五

・二十四日　雅楽局へ参ル、神楽出ル、雅楽、小供楽有り、桂川へ参ル、飯出ル、とうき一求む

・二十五日　楽遊管弦、サトウへより大和舞普内国博物館へ贈り方ヲ頼む、小柳来ル

・二十六日　秋山へ参ル、次、陶キ二求、間嶌、赤つかへ参ル

（15裏）
・廿七日　上野観古美術会一見ニ参ル

平治物語　本多忠鵬蔵　伊勢山田品トツ、キノ物ニテ見事

伴大納言画巻　酒井忠道蔵　見事

信貴源鏡　松平定教蔵

興福寺　東金堂十二天板仏　奈良博覧社

太子伝巾　行光筆　上ノ多田孝泉蔵

浮世画　松浦詮蔵

銅牙　福田鳴鵞蔵

池田蔵《ヒセン》　漢銅キ

（16表）
建長寺什物　織田有楽ノ膳椀

　筥嵜蔵

黄色湊焼平茶ワン　工商会社

濱田焼片口　同

志賀焼茶ワン　同

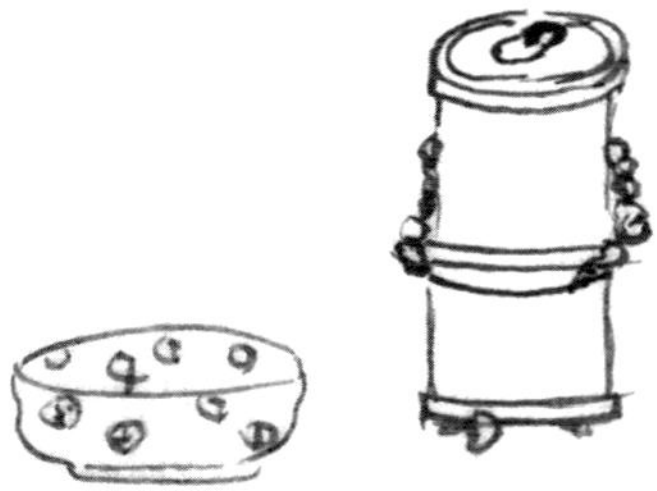

六寸

木原焼皿　松浦詮

早岐焼　同

中野焼水指　同

存星角茶入盆　前田　加賀

為家硯筥　同

存星硯筥　硯　同

鮐皮盞　天目　同

同　梅花　同　天目　同

曜変天目　同

（16裏）

黒色甚美ニテ光強シ、小豆位ノ星荒目ニ有り、玉虫ノ如ク光ル　同

静端ヤキ《（賤機焼）》天目　田沢蔵

朝野《（浅野）》五郎茶ワン　倉又蔵

同　水指　同

宗意茶入　同

一尺計手筥　徳川慶勝　尾張

三嶌高麗茶ワン　同

曜変天目　星　同

サメ皮ノ如ク小ニテ、少シ白ク並ヒスキ無シ　同

白天目　麁　同
宗無肩衝　大茶入　同
　形ヨシ、土細ク、薬沈ミ、黒ナマコ色、古シ
唐丸壺茶入　形麁、ワルシ、薬アメ色
（17表）苫屋文リン《（文琳）》茶入　同
　形ヨシ、中時代、薬《アメ》、中、土細
靭茶入　同
　形ヨシ、薬中《カキ》、《貫入カヽル》藤四郎也
茜ヤナス《（茜屋茄子）》茶入　同
　形悪シ、アメ薬、土細
筒井茶入　同
　形ヨシ、薬中《カキ》、《黒ケイ》藤四郎
安徳帝辛櫃　厳嶌蔵　見事
同　鏡　筒付　見事　同
古サツマ三嶌水指　工商——
六兵衛急須　朝日外
（17裏）•二十八日　墺国サキソン国ノ博物館ノ為メニ陶キ四巻、仏文ト贈ル、シーボルトへ渡ス、墺国公使

ニモあひ申候、次、菊丁殿へ一寸ヨリ、次ニ藤波、波多へより、次ニサトウへよル、古物ノ写色々
一見ス
・廿九日　赤沢へ参り、次ニ四辻殿へより、琴ヲ一見ス、琴治定作、銘菊音、見事
・三十日　古筆ゟ箱書付ト定書ト廻ル
(18表)
・五月一日　来ルヘンケー、之レ迄ノ本ノ出入ハ流シテ、今之ニ新タニ条約仕り度由ニテ、仏人観古
図説ヲ求メシ人一、二ケ月ノ中ニ来ル由、其時ニハ本条約仕り度候間、夫迄仮約条如左
二ケ月先本条約取結義ニ付、仮約条書
一　私方ニテ観古図説売弘メサルコト
一　同本ヲ再板セサルコト
一　横濱ニ於テ売捌キニ出シ置候本ヲ取返スコト
明治十三年五月　　　　蜷―――
ヘンケー様
(18裏)
日用品　十九円二十二銭二厘
雑用品　八十六円十六銭五厘
お貞費　八十六銭

合　百六円二十四銭七厘

本陶キ代　八十七円四十銭　一円七銭五厘　勧工場

家税　七円五十銭　　石版かし料　二円五十銭

秋山へより、淀肩衝一見ス、見事、是真参ル、酒出

・二日　上野へ柴田真次郎ニ面会ニ参ルノ処、不来ニ付帰ル、了悦へよる、菊丁殿へ参り、古器一見ス、酒出ル

太閤ゟ贈ラル朝鮮酒入　蒔画有り

同　銀ノ舟形花入

同　竹花入　利休作

（19表）

同　茶杓　利休作

大吉《（ママ）》琵琶

菊――

松――

伽羅ヒン《（迦陵頻）》琴

とうき銀透　ヒセン

唐物皿

田中、岩下、レウトン、獨乙公使へ尋ル、留守、曲木へよル、十三日魯国へ出立、吉益へよる、レ

ヒーへ状出ス、依頼ノ本売捌方見合呉候様申置候也

・三日　とうき六求ム、師範学校へ行、高峯ニマース氏へ贈ル画廻シ方頼置、（19裏）同人日本陶キ数品本国へ持帰り、夫婦二人、子供ヲシテ箱ゟ出ス処ヲ日本ゟ目鏡ニテ私望見ルノ図、同人ノ子供ノ写真廻ル

・四日　可丁（可亭）へ参り、同人中比ニ帰宅ノ由、神道事務局へ此間馳走礼ニ行ク

・五日　植木求ム

・六日　小堀へ参り、次ニ小西へより、夕食出ル、次ニ間（20表）へ参ル、山本、垂井来り、幸作ゟ石油機売候年フ金百五十円来ル、四人ニ分ツ

・七日　小西、秋山来り、古キ見セ、酒出ス、次ニ山本へ参り、次、伊丹へヘンケー氏ト参、束レ約ノ義ヲ相談ニ参ル、とうき二、目か子（眼鏡）求ム

・八日　薬師ニ而植木求ム、宅へ金廻ス、青木酒ル（ママ）

・九日　浅草へんへ参ル、伊丹へ参ル

・（20裏）十日　通りへ参ル、波多、今日外へ移ル、朝日、赤塚来ル、酒出ス

・十一日　秋山、赤つかへ参ル、谷森へ古図廻ス、とうき一求ム

・十二日　辰ヲ来ル、酒出ス
○△ツヒ朱盃　古天明釜
楊茂香合

・十三日　田中へ参ル、酒出ル、古キ見セラル
玉香炉　楊茂香合
（21表）清正へ参り、堀江へよる

・十四日　レヒーへ参り、陶キ八十四、百三十五円ニテウリ方ニ決ル、ハーレンス、コキン外一軒よる、植木六本求む、松田参ル

・十五日　亀井竹《竹二郎》一周忌ニ付、油会有り、二枚出品ス
松田家内　同老母
和田山水　亀井忍ス池

（21裏）・十六日　常円寺、沢渡来ル、次、加茂来ル、酒出ス、田中来ル、米人来ル、画法咄仕ル

・十七日　上野美術会へ参ル、霍堂ニアヒ申候、川上へよる

・十八日　岡本来、飯酒出ス、招魂社へ行き、外へ一寸より、次、置物買、藤波と同道シテ帰り、三人ニ酒出ス、福井へ釜ノ鐶贈ル、大学校ノ寺内へよる、高はしへよる

（22表）・十九日　松田へよる、竹二郎碑代四十二円余、此間集ル金四十二円余、メンテホール《（メンデンホール）》へ参ル、留守、神へ色本返シ、陶キ一贈ル

・廿日　小河来ル、松田来ル、酒出ス、松田ゟ明治十年博覧会出品ニ付札料《（礼料カ）》分配金、府ゟ被渡候ニ付、松田受取テ、廻サル也

出品高　千八百七十五円七十五銭　松田分

千二百円　蜷川分

附与金　百三十五円六十七銭八厘　同

同　二百十二円八銭二厘　松田分

分合　一円ニ付十一銭三厘〇六五ワリ

（22裏）利子　十二円三十六銭四厘　松田分

七円九十一銭　　蜷川分

合テ　百四十三円五十八銭八厘受取申候

右ノ出品ニ付、箱代持込費、人足賃、番人出ス弁当費合五十八円六十銭也

此三分一　十九円五十三銭松田へ渡シ申候

和田ニテ竹二郎油画かり申候、次、小川へ松田ゟ右金一昨年廻ラサル咄シニ付、懸合ヲ頼ム札（礼）トシテ二円贈ル、酒出ル

・廿一日　秋山へより、吹原へ茶碗同国人へ贈り方頼む、赤塚へよる

（23表）

・二十二日　五生田（五姓田）へ参ル、留守、藤波へよる

・二十三日　平尾、矢野ゟ状来ル、平尾へ参ル、昨夕帰ル、酒出ル、相馬焼数々持帰ラル

瀬戸ノ菊花天目茶埦求ム、土白ノ細ク、地柹色、銀金気有、黄薬ノナタレアメ栞黒ケイ有、見事、珍敷也

（23裏）・廿四日　五生田へ参ル、留守、田中へ参ル、古器色々一見ス、外ニ両人来ル、酒出ル、曲木来ル、廿七日魯国へ出立也

・廿五日　平川へ参ル、曲木、吉益へ参ル、留守

・廿六日　平尾、稲垣来ル、古キ見セ、酒出ス

・廿七日　松田へ金以テ行、宅へ金廻ス、上野美術会一見シ、陶キ三、曲物一求ム、野口来ル

（24表）・二十八日　胡弓求ム、因幡作也、濱田来ル

・廿九日　はまレヒーへ参り、漆器本廻ス受取来ル、昼飯出ス、宮川へよる、松原へ参ル

・三十日　濱田来ル、上野博覧会見ニ行、四条殿へよる

（24裏）・三十一日　フリングへ参ル、留守、ジブスケへよる

日用品　二十二円十一銭四厘

雑用品　百二十九円二十三銭四厘

お貞費　一円二十六銭五厘
〆　百五十二円六十一銭三厘
本陶キ、石油機ウル料、博覧会分与金合テ　百八十三円五十二銭八厘
家税合　十三円
〆　百九十六円五十二銭八厘

・六月一日　梅沢へよる、稲垣へよる
・二日　メンテンホールへよる、高峯ニモースノ六ノ日本ノ本ト朝セン国図贈ル、由比へよる、お藤来ル、酒飯出ス（25表）
・三日　宮井へ状出ス、小堀へ参ル、因幡作胡弓求ム、安井、松浦ゟ状来ル
・四日　鳥井へ一合刀子代廻ス、森川へ状出ス、岩下へ参ル、留守、五姓田も同シ、益レ吉同シ、山本、岡本へよる、陶器一求む、是真へ芋贈ル也
・五日　宅ゟ状来ル、五姓田へよる

・（25裏）六日　宅、安井、松浦、赤路、高峯へ状出ス、管へ参り、陶キ図贈ル、赤ツカへよる、漆子供膳来ル

・七日　竹川屋雨もり見ニ参り、次、平尾へ参り、とうき見ニ挽引丁（木挽町カ）へ見ニ行、松田へより、酒出ル

・八日　村上へ参ル、笛求ム、夕方、出火ニ付、田中、菊丁、岩下へ尋ル

・（26表）九日　宝寿院へ尋ル

・十日　岡本へより、津田へよる、昨日、チへ出シ候書木レ土懸ニテ預りニ相成申候事、獨乙ラクプジークゟ一書来ル、私ノ名前も入り申候

・十一日　青木へ参ル、六、七人来、人ニテ奏楽有り、岡本、肥藤来ル

・十二日　肥藤来ル、酒飯出ス

・（26裏）十三日　田中来ル

・十四日　宅ゟ状来ル、平尾来ル

・十五日　津田ゟ家税敷金来ル、岡本来ル、村上へ参ル、往来券一昨年持来ル物、今日宅へ廻ス

・十六日　金井、赤塚へ参ル、今朝、天子御出立也

（27表）
・十七日　古筆へ参り、米人へよル、陶キ一求ム

・十八日　西村来ル、シーホルトへ参り、次、ブリンクへ参ル

・十九日　神谷へ参ル、次、赤沢へ参ル

・二十日　ブリンク来り、古キ見セル

（27裏）
・二十一日　濱田来ル、赤塚へ参ル、松田へ参ル

・二十二日　サラセンへ参ル、同道ニテ外へ行、岩キへよる

・二十三日(日)　岡本来、飯酒出ス、高ハシ、川上へよる、小林へ画贈ル、琴平社ゟ出品証書来ル

・二十四日　小河、小西へ参ル

・二十五日　西村来ル、釜藤来ル、古キ見セ、酒飯出ス

・廿六日（28表）　釜藤、松田、江夏、赤つかへ参ル

・廿七日　岩根次男来ル、赤塚来ル、酒飯出ス、西四辻、忠賀、藤波へ参ル、留守、陶キ二求

・廿八日　松野、山田へ参ル

・廿九日　桂川、ヘーアへ参ル、留守、暢斎へよる

・三十日（28裏）　荒木へ参ル、油画色々一見ス

日用費　二十三円四十九銭五厘

雑用費　三十八円六十五銭三厘

お貞費　八十五銭七厘

合　六十三円〇〇五

本陶キ代　九円八十一銭八厘

家税　十五円
勧工場　三十三銭
合　二十五円一四八

・七月一日　松田、赤塚へ参ル
・(29表)二日　村山、米人ノ処へ参ル
吉兵衛作銘彫茶入
求ム、甚珍也
・三日　惕斎へ参り、鈴木、秋月参ル、留守、山本へよる、松田へよる
・四日　中嶌ゟ人来ル、松浦来ル、先日ゟ大和へ参ラル、高ハシへ参ル
・(29裏)五日
・六日　小堀へ参ル、深川ゟ陶十三廻ル、井口へ参ル、宅へ金子廻

・七日　フエノロサ来ル、古画ノ伝ヲ咄ス、赤沢来ル、酒飯出ス、宮本来ル、古器見セル、建具ヤ、
松田へ参ル、陶キ一求ム

・八日　外国二人来ル、藤波へ参ル、酒飯出ル、（30表）片岡ゟ状来ル

・九日　松浦へ参ル、西京辺ゟ持帰ル古キ一見ス、重のへ参、ルス
漢古印　鈴  八角
文明舛
岩倉怦殿へ参ル

・十日　平尾来ル、小河来ル、酒飯出ス、重野へ参ル、留守、松田へ参り、桂へより、次、吉田へ参
り、尺八由来聞、次、端松へよる、ヘンケーへ状出ス

・（30裏）十一日　アキラ来ル、酒飯出ス、赤ツカへ参ル

・十二日　濱田来ル、安五郎来ル、江夏へ状出ス

・十三日　田中へよる、小西へ参ル、修史館へ参ル

・十四日　仏人へ行、村上及松原へ参ル

（31表）・十五日　松田へ参り、米人へ参り、玉三求メ、小西へ本かし申候、田中へ本六冊廻ス、ヘンケゟ状来ル、観古――談ス、仏人支那ゟ着ニテ、月末来ル由返書也

・溝部へ尋、赤ツカへ団扇二本贈ル、田中ゟ本代廻ル、平尾来ル

・十七日　霊雲寺虫払一見ス、仏画十巾計ヲ見ラル、平安社株券引替ニ参り、深川及カキカラ丁へ陶キノコトニ付平尾ト参ル、酒出ル

（31裏）・十八日　岡本母来ル、川上へ参ル

・十九日　平尾外二人来、陶キ咄有り、古キ見セ、酒出ス、濱田へ古陶十品かし、団扇二本、ブリンクへ三本贈ル、松田へより、煉化へ参ル、宅ゟ状来ル

・廿日　勧工場へ参ル、小河へ参ル、留守

・廿一日□部（ママ）青来ル、古キ見セ、平尾へ参り、とうき三求ム

・（32表）二十三日　サトウへ参ル、団扇三本贈ル、一字半ニ天子遷幸ニテ、外桜田ニテ一見ス、伊万りヤへ参ル

・二十四日　西村来ル、古筆へ参ル、陶器箱書付ノ物持帰ル、仏国ノ平山ゟ状来ル

・二十五日　松田へより、辰男へ参ル、芝へよる

・（32裏）廿六日　小川来ル、酒出ス、柴田、鳥居へ状出ス、赤塚、松田へ参ル

・二十七日　辺レ渡へ参ル、同道ニテ北代へ参り、酒出ル

・二十八日　竹川丁へ参ル、ブリングへ陶キニ廻シ、陶キ書ノ弁説仕ル、榊原へよる

・二十九日　宅ト岡部、矢田へ状出ス、ブリンク来ル、外一人
同道、渡辺へ参ル、吉益へ画贈

・（33表）三十日　松田、宗民（宗珉）、小西へ参ル、
瑞レ祥皿求ム、見事

一尺二寸

・三十一日　小堀来ル、ブリンク来ル、古キ見セる、仏人、ヘンケト来ルノ処、延引ス、陶二求ム

日用品　十六円六十九銭二厘

雑用品　六十九円三十三銭九厘

お貞費　一円五十九銭七厘

　合　八十七円六十二銭八厘

家税

(33裏)

陶キ本代　七十五円六十銭入

勧工場　六十八銭~~六~~八厘

石版損料

・八月一日　赤塚来ル、堺春慶茶入求ム、小河、赤塚へ参ル

・二日　北代来ル、榊原へ参る、竹川丁家、府ら見分有り、隣家ノトエ付方悪キニ付、申置レ候由承ル

(34表)

・三日　サトウへ小道具、銅キ調へ廻ス、小堀へ参り、在中庵物求ム、畠山ニテ吹玉二求ム

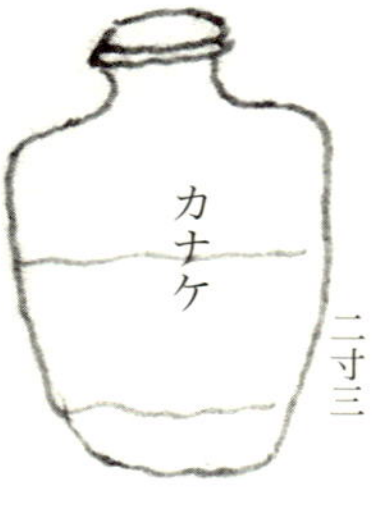

・四日　平尾来ル、遊古来ル、片岡へ状出ス、田中へ参ル、留守、団扇三贈ル、次、藤波、中林、高嵜へ参ル、アワス、シーボルトへ参ル、岩倉殿へよる、仏国ら平山ノ返事、竹村へ廻ス、宅ら茶来

ル、小堀ゟ棚廻ル、桜井来ル、鳥居ゟ刀子代受取候由申来ル

・（34裏）五日　ヘ子ロサ《フエノロサ》来ル、古画見セ、小河来ル、松田及外行、吉良来ル

・六日　宗珉外一人来ル、古キ見せる、宅へ金廻ス、赤ツカへ参ル

・七日　陶説、寺内へ返ス、朝日へより、安井ゟ陶キ一来ル、柴田ゟ陶キ代廻り候様申来、赤塚来ル、
松田へ参ル、武峯来ル、モースゟ陶キ聞合セ来ルニ付弁解ス

・（35表）八日　川上へ参ル、酒出ル

・九日　渡辺清来ル、松浦、松原、松田へ参ル、亀井へよる

・十日　平尾来ル、七郎ゟ状来ル、岡部ゟ状来ル

・十一日　赤塚へ参ル、松本、鏡ノ習方廻ス

・（35裏）十二日　平尾、彫（ママ）来ル、酒出ス、鈴木来ル、竹川丁へ参ル

・十三日　信楽へ参ル、陶キニ求む

・十四日　深川ボタン丁一番地桂川茶室ハ此度出来候テ、六角ノクスや也、茶人ニ是迄六角ノ好ミ無シ、甚妙也、土地も甚面白し、如図、次、青木へよる

（36表）

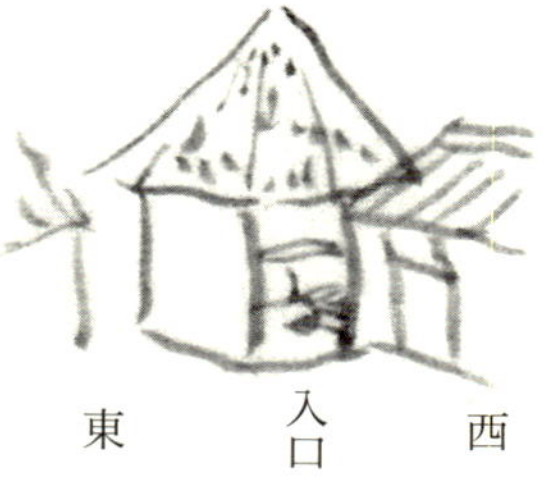

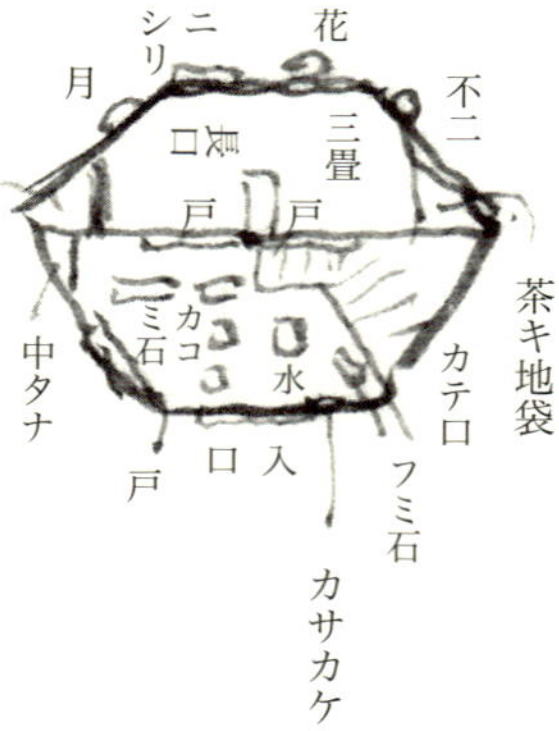

・十五日　松田へ参り、博物館見ニ行、平尾へ参り、酒出ル

・十六日　松田へ参り、彫へ平尾ト参ル、酒出ル、小野来ル、下男出る、寅替ニ来ル

（36裏）・十七日　桂来ル、印度人ノ演舌聞ニ行ク、ヘーアへ参ル、留守、渡辺へよる

・十八日　メンテンホールへ参り、種銭贈ル、松浦へよる、赤つかへ参り、茶入求

・十九日　安井トハーレンストへ状出ス、山井来ル、酒飯出ス、赤つか来ル、赤沢へ参ル、宮本ゟ状来ル、サトウゟかし候宝鐸ノ写真来ル

（37表）・廿日　松浦へ参ル、ハーレンスゟ返書来ル

・廿一日　赤塚へより、川嵜へよる、両国花見（花火カ）ニ行

・廿二日　渡辺、ヘンケへ参り、赤塚ト同道ニテ上野ノ月ヲ見る

・廿三日　吉良来ル、ブリンクへ参り、陶キ二廻ス

（37裏）・廿四日　平尾来ル、ヘンケ、仏人外一人来ル、著述本引取談有り

・廿五日　右ノ本代付廻ス、渡辺、松田、丸善へよる

・廿六日　平尾来ル、酒飯出ス、大内来ル、古キ見せる、赤塚へ参ル

・二十七日　榊原外一人来ル、次、平尾外一人来ル、（38表）古キ見セ、前二人酒出ス、京人来ル、濱田来ル、村上へよる

・二十八日　赤沢来ル、高峯来ル、松田へ参り、白山へ参り、酒出ル、四条へ参ル、飯出ル

・二十九日　吹原へ参り、陶キ一ツ替事仕ル、次、村上へよる、松田外一人小林来ル、酒出ス

・三十日　陶キ商人来ル、平尾へ参ル、松岡来ル、三人陶キ製談仕ル、松田風呂湯ワカシカス

・（38裏）三十一日　勧工場ゟ杖、多葉入取返ス、平尾、松岡来ル、陶談仕ル、松浦来ル

日用品　十八円二銭

雑用品　四十九円四十四銭一厘

お貞費　六十三銭五厘

合　六十八円〇九~~五~~六

家税　二十一円

本陶キ代

合

(39表)九月一日　平尾へより、次、大内へ参ル、赤塚へ参り、飯出ル

・二日　平尾、大内、松岡、鈴木来ル、陶談仕、酒出ス、小西来ル、ヘンケーへ状出ス

・三日　サクセン、仏人来ル、伊万利や来ル、柏木へ参ル、留守、松浦へよる

・四日　赤つか来ル、観世来ル

(39裏)・五日　高橋へ参ル

・六日　松田へ参ル、ブリンクへ本返ス、竹川丁家へよる、平尾来ル、ヘンケーゟ明日一字本談仕ル由申来ル

・七日　村山来ル、古キ見せる、ヘンケーへ本売捌呉候談仕ル、然レ共ミクセス、松田へ本ノ代問合ニ私参ル、高峯、マースゟノ金子持参也、種銭贈ル

（40表）・八日　宅へ金廻ス、観世へ本返ス、勧工場へ参ル、橋本へよる、陶キ蠟印求ム、支那製、時代余程古シ

・九日　村山、吉益来ル、古キ見、酒飯出ス、濵田来ル、赤沢へ参ル、西四辻へよる、ヘンケーへ陶キ□銭申遣ス

・十日　松嶌へより、大養寺へより、濵田へよる、竹川丁、（40裏）釜藤へよる

・十一日　徳大寺家扶来ル、平尾来ル、赤塚へ参ル、肥藤、小野原家内、岡本二人来ル、酒出ス、サミセン引

・十二日　平尾来ル、同道ニテ勧工場へ参ル、村上へ参り元村上ニ而、次ニヲカへへ参り、種贈ル

カンチ（寒雉）釜　六円　　宗四郎風呂　六円

宗偏（宗徧）茶ワン　五十円　　珠光青シ　十五円

平安社廻状来ル

・十三日　海運橋陶商人来ル、大内へ参ル、留守、（41表）大蔵省朝日へあひニ行、ブリング来ル、ツクバへ参ル、松田ゟインキ料廻ル

・十四日　平尾、大内来ル、吉益、朝日へ参ル、留守、松田へより、白山へよる、留守、本平来ル、清水谷来ル

・十五日　勧工場へ参り、次、ツル波（クカ）へ参り、次、岸、大路へ参ル、懸銅求ム、ヘンケへ書出ス

・十六日　陶商人来ル、ヘンケ、ヒンク夜八時ニ来り、著著（衍字）述物売捌ノ談仕り、蔵品見、二十品被（41裏）望申候、宅ゟ状来ル

・十七日　一字ノ車ニテ横（濱脱カ）へ参り、ベンケ、ヒンク氏ト著述物捌方ノ条約談仕り、昨夜二十品廻シ代受取、十字過ニ帰ル

・十八日　松田へ参り、次、勧工場へ参り、私売品陶商人へ世話方ヲ頼ミ、ヒンク、ヘンケへ条約書廻ス、とうき八求ム方一見ニ行テ

・十九日　赤塚来ル、酒飯出ス、村上へ参ル、棚求ル、江（42表）夏へ移ル

・廿日　濱田来ル、陶キ一求ム

・二十一日　三角へ参ル、知レス、橋本、吹原来ル、酒飯出シ、古キ見セル、赤塚へ参ル、ソハ出ル、ヘンケー氏ゟ条約書廻ル、印ハあとゟ押由申来ル

・二十二日　寺田、白山、陶商人、平尾来ル、松田参ル、濱田来ル、川嵜へ参り、本返ス、次、(42裏)井上へよる、赤塚来ル、丸善ゟ本返ル、金子廻サル

・二十三日　三角へ参り、先年大坂博物場へ出シ候品の損シノ償金取ル談ト、五品計り納メ品トヲ以テ参ル、小野原家内来ル、江夏ノ家内も来ル、文会社ヨリ石考説畧代以テ来ル

・廿四日　濱田来ル、松田へよる、宅ト清水谷トハーン(レ脱)ス社書出ス、古筆へ参ル

・(43表)廿五日　ハーレンス社へ本廻ス

・二十六日　松田へ参り、次、玉川堂へ画見ニ参ル

・二十七日　南京人へ参り、吉益、村上へよる、山本、吉田来

・二十八日　平尾来ル、南京人へより、東久世へより、竹川丁、堀本へより、次、仏人、サラセンへ

よる、陶キ一求

（43裏）・二十九日　田中へ参ル、銘剱ヲ見ユ、酒夕飯出ル

天座　行平

新藤五　短　景光

来　短　古備前　十三本

大一文字　合テ　三十本見ル

・三十日　フリンク来ル、古キ見セ、時代々料認ラル、川嵜へ参ル

日用品　十七円三十三銭七厘

雑用品　四十五円二十八銭五厘

お貞費　六円六十銭

合　六十四円二十二銭二厘

家税　十四円九十五銭

三円

石ハン

勧工場　一円七十六銭六厘

（44表）本陶キ代　百四十円五十三銭六厘

合　百五十八円四十八銭六厘

・十月一日　ハレレンス社へ参り、楽々園作人形、ヒンク氏廻ス為以テ行ク、金子受取、コキンへ参ル、次、夕食外ニテ仕り、帰ル

・二日　松田へ参り、ブリンクへ参り、陶キ廻ス

・三日　太神宮へ書画会見ニ行ク、川上へよる、次ニ秋山へより、茶入求ム、安井ゟ状来ル、留守へ田中来ル

(44裏)
・四日　昨夜二字ゟ大風ニテ、植木ヲタヲシ置テ、近辺タヲレ申候、岩公へ見舞ニ一寸参ル、寺田へ参り、村上よる、南ハン建水求ム

七寸

・五日　大内来ル、西条、是真、田中へ風見舞状出ス、諏訪へ陶キノ本廻ス、菊丁殿へ見舞ニ参ル、刀剱数々一見ス、酒出ル

・六日　濱田来ル、陶キ代来ル

(45表)
・七日　濱田来ル、松田、小河、赤ツカへ参ル、諏訪来ル、陶説以来ル、酒飯出ス、徳大寺ゟ後醍醐帝影返ル、清水谷来ル

・八日　平尾来ル、榎来ル、大内へ参ル、酒出ル、陶キ一求ム、宅ト安井へ状出ス

・九日　平尾来、勧古場（勧工場）へ参ル、小河へ状出ス、太田来ル、伊万（里脱）香炉求、見事、又、和鏡求ム、千年
（45裏）余ノ物也

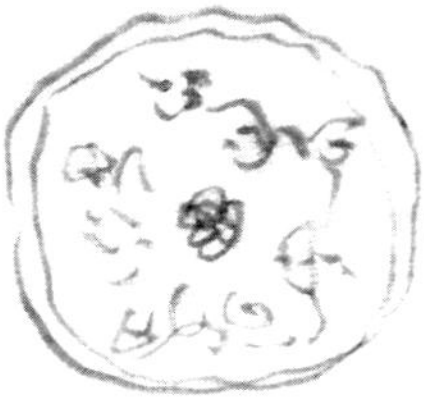

・十日　平安社会議一見ニ参ル、寺田へよる、留守、陶キ二求、雀堂へ一寸よる、赤塚へもよる、ハーレンスへ状出ス

・十一日　小河ト画一見ニ参ル、とうき三求ム、町田ゟ巻物返ル、平尾へ参ル、酒出ル

（46表）・十二日　勧工場へ参り、松田へ参ル、又、村山へ参ル

・十三日　上野へヤソノ大会ノ様子一見ニ行、小堀へよる

・十四日　勧工(場脱)へ陶キ出シ、松田へよル、平尾来ル、酒飯出ス、神戸ヘノ状平尾認、秋月、シーホルトへ参ル、留守

・十五日　濱行、ハーレン社ニテ本代受取、エコソ新聞ニテ(46裏)本取帰ス、ハーレンス社へ廻ス此代も受取、コキンヘヨル、目賀田、諏訪来ル、一書出ス

・十六日　白山三人、本平、橋本来ル、小堀、小西、服部、神田、五姓田へ参ル、本陶キ四求ム

・十七日　米人及遠藤並ブリンク外一人来ル、新聞紙社人来ル、今村来ル、酒出ス、何レモ古キ見セル、岡本来ル、諏訪へ参り、杖、金子贈ル、小野原へ参ル

(47表)・十八日　ブリンクへ書状出ス、松田へ参ル、玉章へより、宅へ金子廻ス、陶キ四求ム、平尾へより、(一脱カ)至へよる

・十九日　平尾、龍吟堂へより、修史館へ参り、重野へ面会シ、次、田中へ百万塔贈、菊丁へ油画ノ摺物贈ル、藤波へより、次ニ小河へより、次、大内へ参り、とうき二持帰ル

・廿日　師範学校へ参ル、高峯ニアヒ、松浦へ参り、山本、森村へ参ル、柴田へ状出ス

・(47裏)二十一日　平尾来ル、松田へ参り、次、秋山へよる、大内来ル、酒出ス、陶キ代渡ス

・廿二日　松田油画二枚廻ス、由比へより、次、鈴本へより、酒出ル、七宝一見ス、本一求ム、昨日レヒーへ陶キ廻ス、社(礼カ)状来ル

・二十三日　サツ人へより、竹川丁へ参り、平尾へより、松田へよる、とうき一求ム

・(48表)二十四日　松田油画会ニ参ル、色々有り、竹田丁(ママ)狩野画会ニ参ル、色々一見ス、高松、岡田ゟ状来ル、平尾へよる、ブリンク来ル

・二十五日　シーホルーへ本代廻ス、高嵜へよる、留守、住吉や、平尾来ル、濱田来ル

・二十六日　米人へ画談ニ参ル

・二十七日　濱田来ル、村山へ参り、米人二人へ杖贈ル、楠本、金子来ル、陶キ四求メ、宅ゟ状来ル

・(48裏)二十八日　岡本十郎来ル、此間為知候上野墓地甚宜敷由申サル、古筆、楠本来ル、青木、赤つかへよる、留守、とうき一求ム

・二十九日　山本来ル、酒飯出ス、勧工場へ参ル、岡本へより、青木、府川へ参ル、夜、お藤来ル、とうき一求、松田へよる

・三十日　大野、本一冊以テ行、次ニ藤森へ参ル、次、山本へ参ル、酒出ル、ブリンク来ル

(49表)
・三十一日　松浦へ参ル、ブリンクニ《ノミノコキリ》求む

日用品　十八円十三銭三厘
雑用品　九十二円五十四銭六
合　百十一円六十七銭
お貞費
本陶キ代　三百六十七円二十三銭
家税　十三円
石板器ソン料
合　三百八十円〇二十三銭

・十一月一日　平尾来ル、小野原家内、お貞、下女、王子紙製造一見ニ参ル、中村へよる、団子坂菊一見ス、飯酒道ニテ食ス

（49裏）
・二日　鈴本利吉来ル、古器見セ、酒飯出ス、松田へ参ル、岡本へより、同道ニテ上野墓見ニ行ク
・三日　フリングへ陶キ四廻ス、松田へ参ル、酒出ス、成セへよる、赤松ゟ状来ル
・四日　本平来ル、酒飯出ス、成瀬来ル、酒出ス、古キ見セル、小林へ参ル、切レ類多ク一見ス、酒出ル
・五日　松田へ参り、平尾へより、酒出ル、和田へカク縁好書ト画求ム
（50表）
六日
・吉益来ル、古キ見セ、濱田来ル、陶キ料廻ス、溝部へ参り、次ニ竹本へより、新工風（工夫）ノ窯一見ス、夏比、熊ト申者ノ考へ向ゟクリ入レテ焼ク、三尺計りノ処ニテ、ヤケ候ハヽ、クリ出ス一種ノ製也
・七日　米人へ参ル、留守、松浦へより、鉢木へより、酒出ル、七宝談仕ル、柴田ゟ状来ル、宅へ状出ス、是真来ル

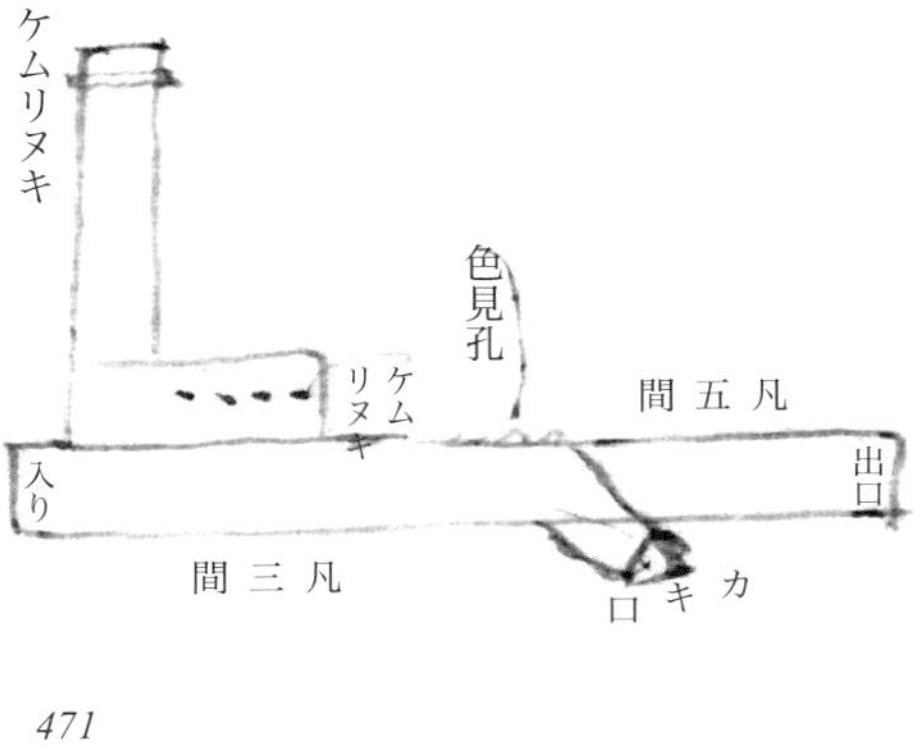

（50裏）・八日　柴田、扱所、赤松へ状出ス、松田へ杖贈ル、写真師堀へキ物写シニ参ル、高田へ杖一本贈ル、サトウへ参ル、留守、四条ゟ状来ル

・九日　矢中（谷中）墓地、扱所へ参り、上野ノ奥ノ墓十坪求メ置ク、是真へ参り、杖贈り、酒出ル、次ニ清元哥方菊寿太夫来り、同道ニテおい之方へ参り、同人ノ哥ヲ聞ク、場工場（勧工場）へ不足品ノ取調へ度由ノ書付出ス、小野原家内昼食ニヨフ、獨乙公使、書記官ト来ル、古キ見セル

・十日　平尾、鈴木来ル、七宝ノ談仕ル、酒飯出ス、松田へより、次、写真師へ参り、陶キ一求メ、榊原へ本返シ、杖一贈ル、小川へモ贈ル、濱田（51表）来ル

・十一日　獨乙公使食事ニまねかれ候ニ付、参ル処、留守也、帰ル、墓地々けん受取ニ参り、次ニ竹斎へより、川サキ、吹原へよる、留守

・十二日　柴田へ状出ス、写真シへ参り、次ニ菊丁へより、次、サトウへ参り、杖一本贈ル、次ニ出石花入廿六本求ム、柴田忰来ル

・十三日　川嵜へよル、留守、吹原へよる、松田へ参ル

（51裏）・十四日　小川、フリンク来ル、米人へ参ル、留守、高橋へ参り、雑記四巻求ム、堀江へ参ル

・十五日　上州神官来ル、次、濱田来ル、次、鈴木、平尾来ル、榊原ト同道ニテ菊丁殿へ参り、刀剱一見ス

太閤ゟ贈ル鎊太刀　信国

則重　短　見事

此外十本有り

とうき一求ム、赤松、宅、勧工はゟ状来ル

（52表）
・十六日　勧工場へ参り、次、内務へ出板ノ納本仕り、大蔵へ参り、川嵜ニあひ、平尾、鈴木来り、七宝ノ談仕り、松田へ参り、次、とうき一求メ、吉田ノ香会ニ行ク

・十七日　勧工場へ陶キ出ス、瓦シ来ル、陶キ七本、松田ゟ出来、不残廻ル、代廻ス、釜藤、扱所及伊太利ア公使へ参ル

・十八日　平尾、鈴木兄来ル、酒出ス、七宝談仕ル、ハーレンス社へ本廻ス、花入持帰ル、高峯来ル、マースノ好懸物談ニ来ル、川上へ参ル、濱田来ル

（52裏）
・十九日　菊丁家扶来ル、赤沢へ参り、懸物三、陶キ一求ム、鈴木、茂七来ル由、平安社大会来廿八日由申来ル、桂ゟ状来ル、松田へ参ル

・廿二（ママ）日　木村家税受取、榊原へ参り、濱へ参り、漆器、陶器、本代ヘンケー氏ニテ受取、土居杖一本贈ル、コキンへ多ハコ入贈ル、レヒーへより、次、中村へより、夕食出ル

・二十一日　茂七、鈴木来ル、平松へ参り、道ニテ懸物七求ム（53表）

・二十二日　ハーレスへ陶キ出ス、松田へ参り、冨三郎来ル、岡本来ル、田中ゟ状来ル、学校へ高嶺ニアヒニ参り、松浦へよる、寺社局ゟ状来ル

・二十三日　榊原へ参り、マースへ廻ス懸物、高嶺ニ渡ス、川はたへより、次ニ田中へ参り、三、四人米人ニテ剱刀目利始り、酒飯出ル

・二十四日　井上及松田へ参り、赤つ（か脱カ）へ金出し、（53裏）岡本来ル、小野原へよる、ブリンクト濱十六番へ状出ス、小河来ル、谷森、赤松へ状出ス

・二十五日　松田へ参り、金子廻ス、ブリンクへ陶キ二廻ス、杖一本贈ル、山本、岩倉へよる、川はた殿来ル、三条公目利頼置物以テ見へ申候、宅へ状出ス

・二十六日　小河へ参り、平安社出金仕り、高ミ子ニあひ、マースへ多ハコ入贈り方頼ミ、懸物一求

メ、濱田金子以テ来ル

・(54表)二十七日　濱田来ル、山本ゟ状来ル、和田、平尾来ル、酒出ス、和田、漆画一見ス、イタリア公使
へ参り、本ノ談仕ル、陶キ画付持帰ル、和田カク《(ママ)》尋ル、フリグへ状出ス、高峯来ル、懸物金持来ル

・二十八日　山本弟来ル、岩嵜へ参ル、西郷、田中外七、八人来ル、刀身五十本計り出ル、名刀多シ、
酒飯出ル、朝十字参り、夜七時帰ル

　助平刀　　則宗　一文字刀

　吉光　短刀　　行平

別シテ宜シク也

・(54裏)二十九日　八時半東京出立、(板橋、蕨、大宮、井尻、桶川、)○浦和迄車ちん三十《六り》銭、天神前○ニ而中食ス、十一銭五厘、高ノす迄
六り、三十五銭車ちん、氷川ノ森も茂りテ宜シク見へ、熊谷迄車ちん三十三銭、小松ヤ新三郎宿ス、
とまりちん三十一銭、茶代九銭、~~高嵜迄十一り、車ちん七十銭、新丁ニテ中食~~

・三十日　(深谷、本庄、)○新丁ニテ中食ス、十九銭、(倉ケ野、板鼻、安中、)○高嵜迄十一り、車ちん七十銭、松井田迄五丁□車ちん三十
五銭、北ノ上州赤木山《(赤城山)》モ雪見へ候、松井田東岩鼻ニ舟はし有り、西(名キ《(妙義)》)○山裾ノ刃ノ如クシテ、奇ナリ、
松井田すやニテ泊ス、賃二十八銭、茶代十銭

（55表）・十二月一日　坂本迄二り半、車ちん十六銭、上り道也、次ニ馬ニテ碓氷峠へ上ル、一昨年ノ御巡幸ニ新道出来、車通ルト云共、高直ニ付、馬ニテ通ル、上り二り半、トウケ酒ノ代廿二銭ニテ、○下り半道参ル、軽井田《（軽井沢）》迄馬ちん六十八銭、此宿ノつるやニテ酒そは食ス、十一銭、之ゟ追分迄二り半、十六銭車ちん、山道、北ニあさまヲ見ル、雪ニテ白シ、烟立り、次、小諸迄三り半、車ちん二十六銭、山ノ下り道ナリ、ウスヒノ峠ニハ道ハタ三寸ノ雪アリ、道スシ何レモ雪アリ、（つるやニテ宿ス、賃二十五銭、茶代十銭
小諸ノ

・二日（田中、梅野《（海野）》、上田、坂木、上下戸倉、矢代、シノ、井、丹波シマ
○長野迄馬車一円一銭、七り十五り《（ママ）》也、雪少々散ル、（55裏）一り塚ニテ中食ス、十一銭五厘、川中嶋ノ地ヲ一見シ、四字ニ長野着シ、扇や金四郎ニテ泊ス、夕方、善光寺ノ堂へ行き見ル、泊代二十六

三日　銭、茶代十銭、早朝一見ニ参ル、此地道ノ左右、小間物店、宿ヤニテ並フ、寺ノ二王門《（仁王門）》、次、三門《（山門）》、次、本堂迄道シキ石、堂高十丈、二階、巾十五間、奥行二十九間、三門高六丈七尺、桁十一間、二王門高三丈九尺、桁六間四尺、如来ハ欽明帝十三年十月建立ス、山内図二銭ニテ求ム、長野全図求ム、五銭五厘

（56表）

長野町全図

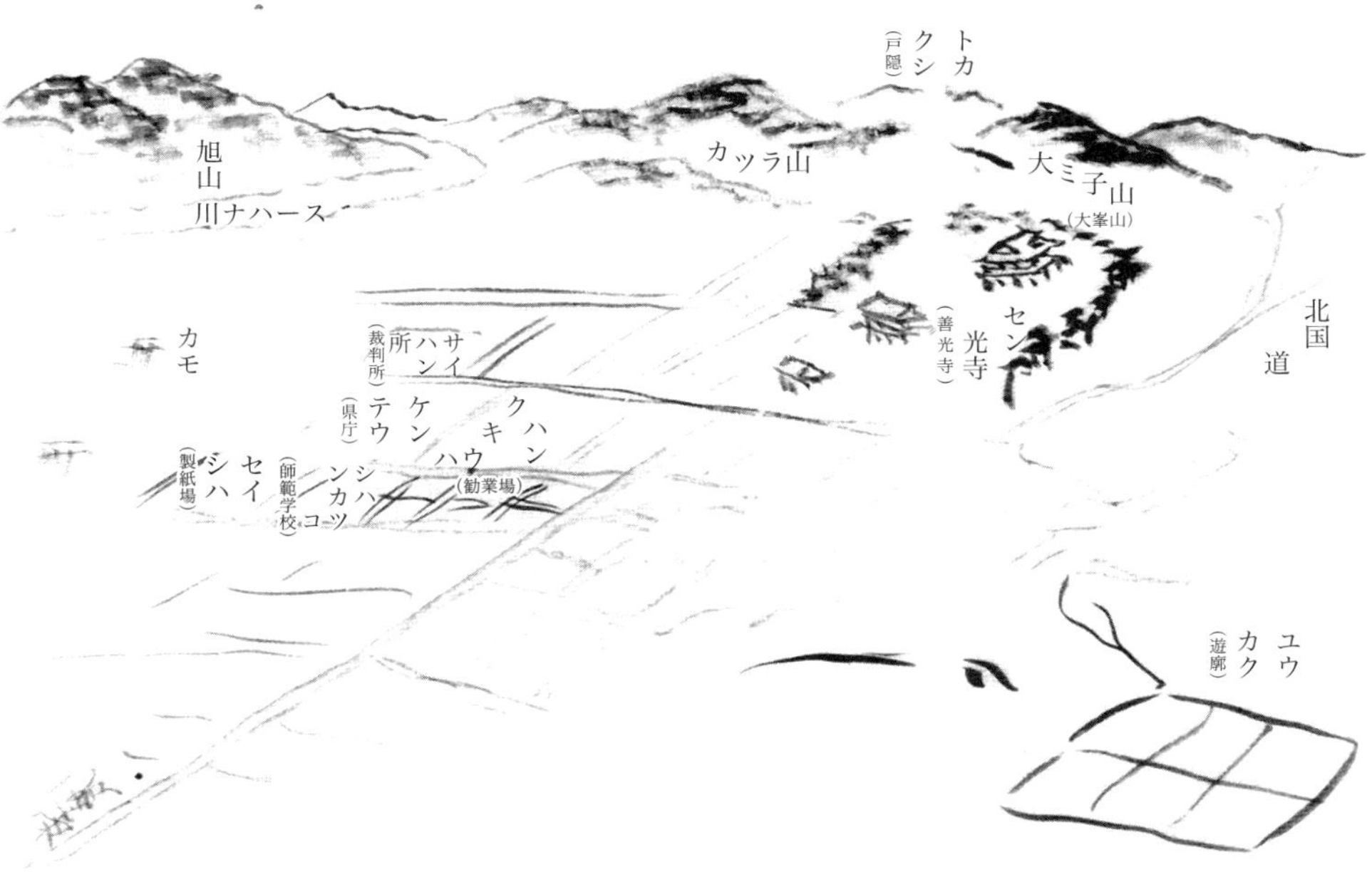
トカクシ（戸隠）
カッラ山
大ミ子山（大峯山）
旭山
川ナハース
センコウ光寺（善光寺）
北国道
カモ
サイハン所（裁判所）
ケンテウ（県庁）
クハンキハウ（勧業場）
セイシハ（製紙場）
シハンカツコ（師範学校）
ユウカク（遊廓）

（56裏）

川中嶌合戦図

（57表）

（57丁裏から58丁表は空白）

（58裏）長野ゟ丹波嶌、しのゝ井追合（追分）、稲荷山ヲヘテ桑原迄五り、車ちん三十五銭、川中島ノ図、同所ニテ求、五銭五厘、桑原ゟ馬ニテ猿馬場、上り峠ニテ餅ヲ食ス、二銭二厘、道筋山ニハ雪有り、北ノ山ノ向ニ戸隠山真白ニ見ユ、麻績迄二り半、馬ちん四十銭、此処ゟ青柳ヲヘテ、本条（西条カ）迄二り、車ちん十五銭、藤井小平ニテ宿ス、賃二十九銭、茶代十銭

・四日　朝、薄雪ふり、山景甚宜シ、乱はし迄一り、車ちん十五銭、立峠馬ニテ越ス、一り五、二十五銭、会田ゟ苅原（刈谷原）迄一り十丁、十二銭車ちん、山道也、仇坂峠二人引車ニテ越ス、五十銭、伊深ゟ浅間迄三十丁、車ちん十銭、苅原角や（59表）ニテ中食ス、七銭五厘、上浅間ノ温泉場、瀧沢宗太郎ニテ泊ス、此内三階也、家数も相応ニ有り、又、下浅間同シ、湯ハ冷也、泊賃六十銭、~~之レゟ車ニテ~~

・五日　浅間ゟ車ニテ松本ヲ通ル、（二十町）○町モ相応ニ繁栄也、城ハ麁少也、天守残ル、城堀もセハシ、次ニ村井迄一り廿四町、次、郷原迄一り十二丁、次、せは（洗馬）迄一り半、之迄車ちん四十五銭、次ニ本山

迄山道一り、さくら沢迄二り、山道、次ニにへ川（贄川）通り、奈良井迄山道一り三十丁、此五りノ間薄雪り（マヽ）、山川景宜シ、車ちん五十二銭五厘也、にへ川ニテ中食、四銭五厘、ナラヒニテウトン食ス、五銭二厘、之レゟ鳥居峠駕籠ニテ一り半越ス、賃四十二銭五厘、やふ原ノ米やニテ泊ス、峠ニテ雪ふる、（59裏）泊賃二十二銭、茶代四銭、此地当国ノ高見、アサマ下追分ト同シ

・六日　藪原ゟ宮ノ越迄一里三十丁、山道、駕籠賃三十五銭、宮ノ越ゟ福嶌迄一り二十八丁、人車二十六銭、山道也、之レゟ木曾ノ懸橋ヲ通り、上ケ松迄一り半（二り半）、次須原迄三十五丁車ちん上ケ松ヲ通り、子ザメ（寝覚）迄合シテ凡四り、車駄四十銭、之れゟ須原迄三り、車ちん五十銭、之れゟ野尻迄一り、三十銭車ちん三十（衍字）銭也、何レモ山道　○宮ノ越迄ノ道ノ東川向ニ木曾義仲ノ旧城ト云地ハ、凡二丁余りノ広サニテ中段也、川ニ対スル処、土ヲ用心ノ為メニ切落シタル様ニ見ユ、東シノ山ニ矢倉有りト云説、八幡ノ小社中段ノ南ヨリニ有り、義仲ノ中邸ト土人云、少シ南ノ西かわ（60表）ニ、義仲ノ寺有り　○福嶌ニハ旧関所ノアト有り

○木曾ノ懸橋ニ近来出来ノ橋有り、ツクはしニテ、日吉村ノ大工曾ヤ作良懸ル由、当時六十才計りノ由、形甚宜シ、仲仙道（中山道）第一ノ景ト云、川水深ク、岩大きシテ、多シ、此はし御山林山へ参ル為ノ橋ナル由、右ノ山真白ニ高ク、西ニ見エ、東シ

ニハ駒ヶ嶽真白ニ見エ、何レモ高山也、
又、此川上一り半ノ処ニ、同人ノ懸シ橋
ノ写真九銭ニテ求ム、姿同シ、美ナリ
(60裏)○ねさめニハ浦嶌ノツリヲせしと云旧地有り、此処ニねさめそはや有り、酒そは食ス、十三銭、之
れゟ少シ南ニ小野ノ瀧有り、大岩ノ上ゟ落ル凡高十間なり、野尻三文字や伝右衛門ニテ泊ス、泊賃
二十九銭、茶代十銭、須原ゟ少シ南ニ今井兼平ノ旧城ト云地有り、之レモ小山也

・七日　野尻ゟみとの《（三留野）》迄山道、之れゟつまご《（妻籠）》迄一里半山道、車ちん五十銭、中食ス、十三銭、之れゟ
十石峠《（十曲峠）》、上り二里、下りまごめ《（馬籠）》ヲ通り、おち合《（落合）》迄一里半、之レゟ中津川迄一り四丁、山ノ下り道也、
ナハヤ武右衛門ニテ泊ス、峠ゟ少々暖気ニ相成ル、道スシ茶代六銭、此宿ニテ髪ヲ結フ、二銭、泊
ちん(61表)二十六銭、茶代十銭

・八日　中津川ゟ釜戸マテ車ちん三里六十銭、之れゟ高山迄車ちん三十八銭五厘也、之れゟ多治見迄
二り山道、車ちん二十四銭、中津川ノ次、茄子川及大井ノ陶キ窯ヲ一見シ、又、高山ノ窯モ一見ス、
之れゟ一り半下、土岐川ニテウトン食ス、十二銭、此橋ノ処、川深ク、岩大キク、甚宜シ、大井ゟ
新道ニテ甚宜し、西ノ方ニイジノクラ《（市之倉）》村ノ窯ノ烟見ユ、又、東ノ方ニモ二、三ケ所見ユ、多治見村
ノ大窯二ケ所見ル、十二段、元巾二間、末巾三尺、土工モ多分見エ、之《（ママ）》村迄見ユル、陶キハ何レモ
石焼、麁也、多治見ノ硝子ヤ市兵衛ニ泊ス、賃二(61裏)十五銭

・九日　多知見（多治見）ゟ笠原へ出テ、一倉（市之倉）迄山ノ不毛地、何レモ皆陶土ノハケ山ニテ二り、車ちん四十銭、一倉ゟ中品野村へ出テ、次ニ瀬戸へ出ル、何レモ不毛地ノ陶土出ルハケ山也、此間三り、馬ニテ賃四十銭　○笠原ハ小皿、湯ノミ、焼物皿等ノ麁、石ヤキヲ作ル、窯十五計り有り、陶工加藤姓多シ　○一倉ハ小皿、茶ワン、小皿、盃ヲ作ル、尤盃多シ、ミノ国ニテ第一等ノ美ナリ、五助ハ第一ノ陶工也、フリングゟ五介ニ言付仕ル、窯ゟ品ヲ出ス処へ参ル也、窯二十四段有り、小ナルハ七、八タン、又、十二、三段也、工人ハ十四、五名（62表）有り、石ヤキノ始メハ凡六十年也、元ハ土ヤキノ由、一倉ゟ南へ参り、ミノ尾張峠ゟ下ニ一村有り、此地ハ少々樹木も有り、不毛ノ地ニテ無シ、直ク品ノへ出ル道、前ノ通りハケ山也　○上中下品ノ村有り、中下二村陶キヲ作ル、植木鉢、大耳トヒン等ノ麁物也、下品ノハ茶ワン、カン徳利等仕ル、相応ニ作レリ、近比石焼ヲ作ル　○瀬戸村ノ宿屋ヲ問合セ候処、何レモ客多シテ断ニ付、追分迄下り、宿取り、荷物預ケ、車ニテ瀬戸北シンガイ（新谷）加藤唐左衛門へ参り、鈴木ゟノ状出シテ咄シ仕り、宿仕り呉れ候様申ニ付、車ちん十八銭払ヒ、宿へ預ケ置候荷物取ニ遣シ申候　○此唐左衛門ノ家ニ伝ル古書類一見シ、先代唐左衛門ノ骨折ニテ石ヤキ始り、尾張、美濃数百ニ及へり、中食ウトン十二銭

（62裏）

瀬戸村図

（63表）

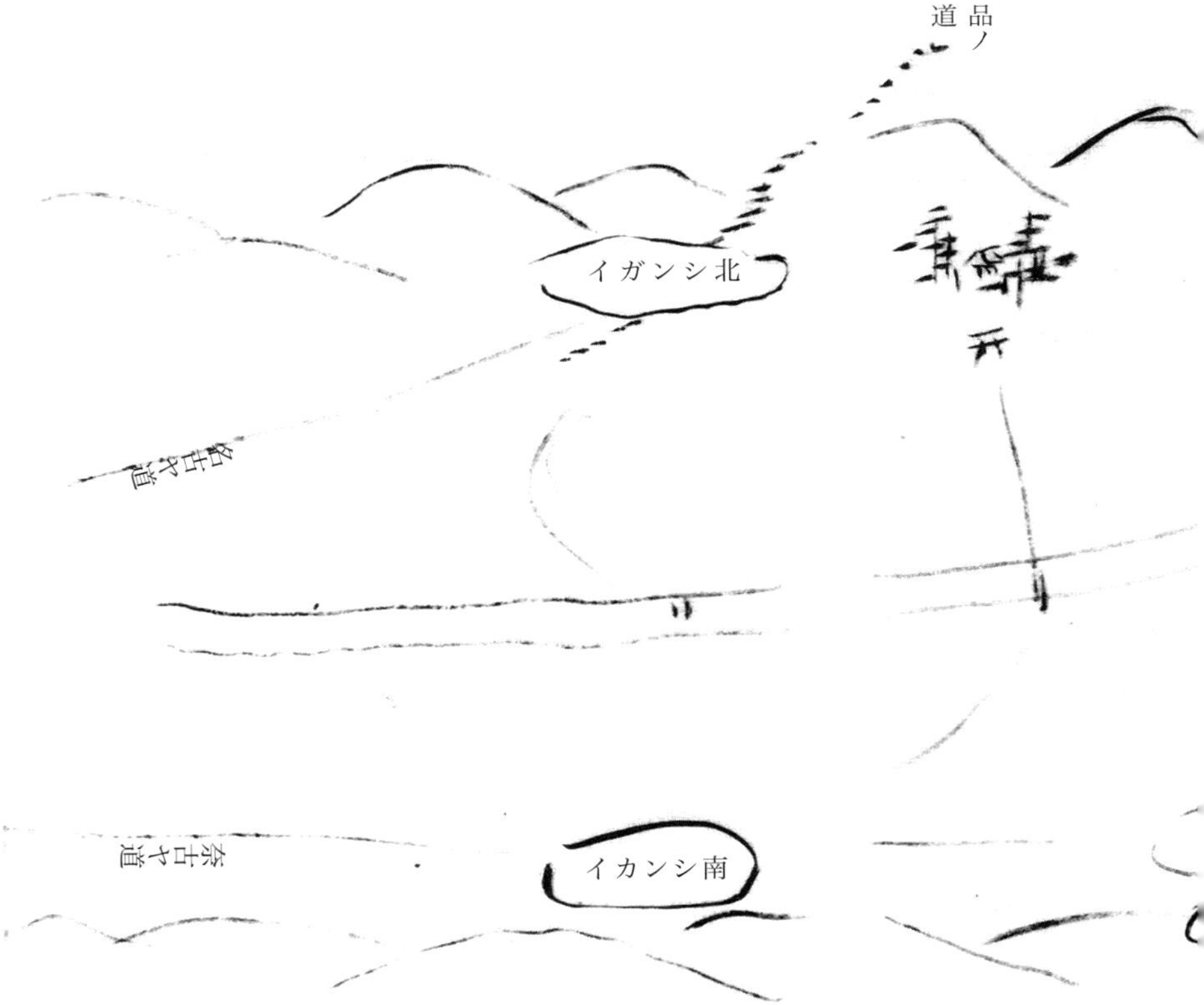

・十日（63裏）　藤左衛門（唐左衛門）ノ方ゟ案内ニテ、〇（北シンガイ）木左衛門（李左衛門）ノ細工場一見シ、当時ノ盛大ノ物ニテ、一間ノセキ生鉢、四尺ノ水壺、四尺ノ花生有り、少々大ナル故ニ麁也、丸窯一見ス、五段ニテ巾四間位　〇次ニ外吉へ参ル、之レハ前ノ内ニ次ク、次、千家社神職二宮ノ内ニテ、初代藤四郎作ノ獅子二尺計りニテ、土薄土器色ノ中荒井ニテ、少シ火色有り、栗色懸ル、薬りハ鼠色懸ル黄薬ニテ、獅子顔色高シテ古風也、東大寺ノ獅子ニ少シ似ル　〇次ニ藤四郎社、千家ノ社へ参り、次ニ藤四郎碑ヲ一見シ、五輪ノ墓ヲ一見シ　〇次ニ南シンカイノ五助へ参り、山茂ノ手紙ヲ出シ、本人ニ面会仕り、色々細工物、古キ等ヲ一見シ　〇次ニ延年へ参り、同人面会仕り、同人細工及古キ等一見シ、酒出ル、（64表）同人案内ニテ祖母懐ノ字地所一見ス、次、□（羽カ）兵衛へ参り、同人細工及古キ一見シ、次ニ素仙堂ノ内へ参り、同人作青シ（青磁）及染付一見ス　〇次、車ニテ赤津村へ参ル、道ゟ雪フり、東三郎（唐三郎）方ニテ細工物一見シ、次ニ竹折へ参り、東業ノ細工物一見シ、雪次第ニふり、四寸モつモる、上下車ニテ三十五銭、上下二り也、車少シ通り固シ、次、唐左衛門へ帰り、宿ス

・十一日　外吉一見ニ参り、次、清助へ参り、当時ノ各工人ノ細工物一見シ、唐左衛門蔵品　〇元禄手作出知利（ママ）風、閑禄（閑陸カ）作ニ疋獅子置物、琴々堂鹿置物、唐左衛門作茶埦、（64裏）筆洗、湯ノミ、民吉ノ酒入一見ス、酒出さる、金二円肴料トシテ贈ル、唐左衛門茶埦、民吉酒入贈ラル、今日ハ雪七寸ツモル、近山ノ景宜シ、名古や（名古屋）本町七丁目桑名平左衛門迄車賃七十銭、此内ニテ泊ル

・十二日　同国知多郡常滑へ一見ニ参ル、横須賀ニテ中食ス、十三銭五厘、道筋ノ大野も村ナリニ船

付ニテ、何レモ富有ノ様ニ見ユ、瀬木村ノ陶工陶然方へ参り、一見シ、鉄炮窯ト云制ノ古窯一見ス、中ニ仕切無クシテ、央ハ土中ニ埋モレ、別ニ屋根無シ、同所紙ヤ箋ニテ泊ス、賃二十四銭、茶代六銭

（65表）・十三日　同所二光へ参り、由来ヲ尋子、細工物一見シ、此先代朱子ヲ始メシ由、同所寿門堂へ参り、由来ヲ尋子、細工物ヲ求メ、近山ノ掘出品一贈ラル、次ニ鯉江へ参り、由来ヲ尋子、細工物一見ス、此先年真窯ヲ作り始ル由、次ニ北条村へ参り、窯ヲ一見シ、細工物一見ス、次ニ横須賀村ニテ中食ス、二十一銭、次ニ大高村ノ今村へ参り、大高焼ノ由来ヲ尋、細工物一見シ、同人二ツ贈ラル、茶人ニテ、茶出シ、蔵品色々一見ス、古文書、画巻写し、茶器見セラル、此内ニテ一宿シ

（65裏）・十四日　朝、茶席ニテ一服出サル、次ニ熱田ノ近藤へ参り、古器色々一見シ、寒知（寒雉）釜、石州好獨遊形釜一見ス、次ニ道筋道具や一見シ、道ニテ中食ス、二十七銭、次、関戸川嵜へ参ル、面会セス、博物館ニテ三輪、吉田ニあひ、古キ一見ス、次、茶席一見ス、織部ノ庵ト云、次ニ御深井ヲ一見シ、晩香堂へより、石ノ香合様ノ物一見ス、桑名ニテ宿ス、十二、三、四、三日ノ車ちん二円也

・十五日　三輪可墨へ参り、古器色々一見ス、双魚玉落シ、交趾香合、土ノ炮玉等宜シク候、次ニ（66表）近藤来り、同道ニテ諸所ノ道具ヤ一見シ、瀬戸十作ノ内ノ茶入一求ム、五十五銭、川嵜へ参ル、留守、小田切春江へ参り、同人作名所図画六冊一見ス、中食魚ヤ丁ニテ食ス、家ト云、食物美ナリ、二人

ニテ五十銭、近藤出ス、車ちん十六銭、私出ス、此間ゟ三夜ノ泊ちん九十一銭、茶代九銭

・十六日　名古屋ゟ岩須賀（岩塚）へ三り、之レゟ万場へ十八丁、之レゟかも里（神守）へ二十七丁、之ゟ佐屋へ一り二十七丁也、車ちん六十銭、此道ニテ向風強ク、雪少々ふり申候、中食十四銭、之ゟ桑名迄一り、渡シ賃五銭、風甚強シ、之れゟ四日市迄車ちん四十銭、安永村ノ万古久米蔵へより、持伝（66裏）へノ印三ツ押シ呉候様頼ム、次、小向万古へ一寸ヨル、帯ヤ七郎右衛門ニ泊ス、食物加減宜シ、泊賃廿五銭、茶代十銭

・十七日　四日市ゟ石薬師ヲヘテ庄野迄車ちん廿六日（ママ）、之れゟ亀山迄十五銭、之れゟ関迄十三銭、会津ヤニテ中食ス、七銭七銭（衍字）、之れゟ坂下ヲヘテ土山迄車賃四十五銭、之れゟ水口迄二十銭、茶代五銭、四日市ノ西ニハ江州イブキ山、真白ニ見ユ、水口ノ外郎ニ泊ル、賃二十五銭、茶代十銭

・十八日　水口ゟ石部ヲヘテ草津迄車ちん五十五銭、ウ（67表）ハガ餅（姥が餅）二ツ食ス、四銭、之れゟ石場迄車ちん二十銭、勢田（瀬田）ノ門平へより、陶キ一ツ贈ラル、此前後ノ松原ノ景、甚宜シ、柴田、堀江へ一寸よる、石場ニテ中食ス、十三銭走井餅食ス、卅銭、之れゟ気車ニ乗ル、西京迄十五銭、馬場、大谷、勧修寺、伏見ヲヘテ七条ニ至ル、之れゟ宅迄車ちん三銭、夜、中村来ル、ブリンク及松本ゟ状来ル

・十九日　樫木原迄車ちん十銭、之れゟ丹波亀山○手前王子迄駕籠六十五銭、之れゟ亀山迄車ちん八銭　○安

井へ朝参り、亀山ノ万ヤニテ泊ス、賃廿五銭、茶代五銭、外ニ道スシ茶代五銭、酒三銭、宅トフリンクへ状出ス

(67裏)
・廿日　亀山ノ城モ建物不残取払ヒ、石垣央残れり、薄雪雪フル、之れゟ園部へ四り、車ちん三十五銭、之れゟ高屋村迄一里半、駕籠ちん二十六銭、同村蟠根寺ニ泊ス、元来此寺ハ祖先蜷川親朝ノ開基ニテ、位牌モ同様ニ有り、北ノ方ニ馬谷ト云テ、元寺地有り、又、親朝及子親俊ノ墓石ノ五輪二基有り、西方ハ城山ト所ニハ申伝へ、凡高八町丁、廻り一里余り有り、此村ニ高屋長太夫ト云人ニ面会シ、此悴ニ案内ヲ頼テ、城山ニ登り、一見ス、外ノ山ゟ山脈伝フト云へ共、ヒクシ、城ノ建物有りシ処ハ高シテ、離レ山ノ如シ、上ニ平面ノ処五、六ケ所有り

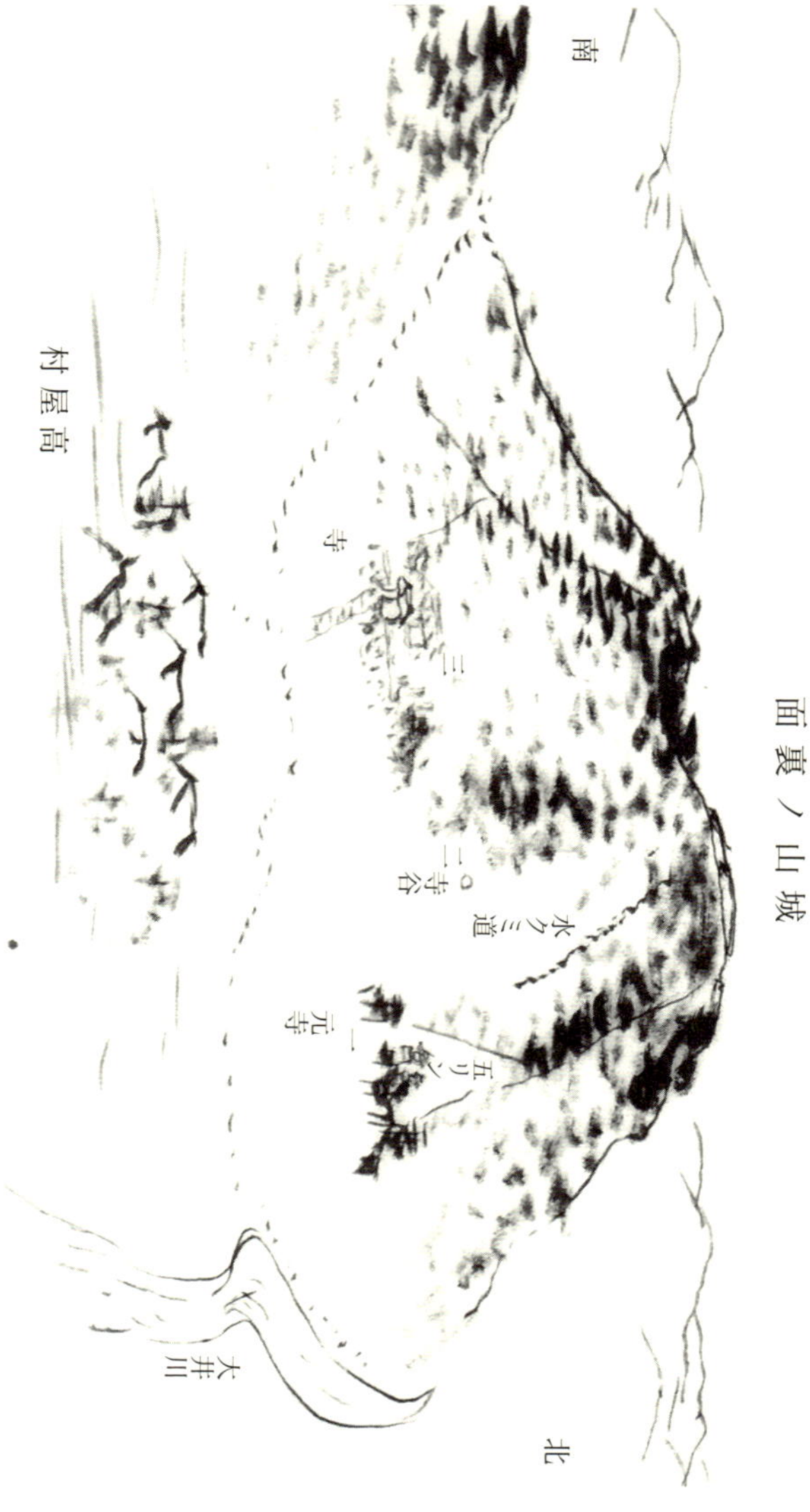
南
面裏ノ山城
村屋高
寺
三
二寺谷
水クミ道
元寺
五リン
大井川
北

（68裏）

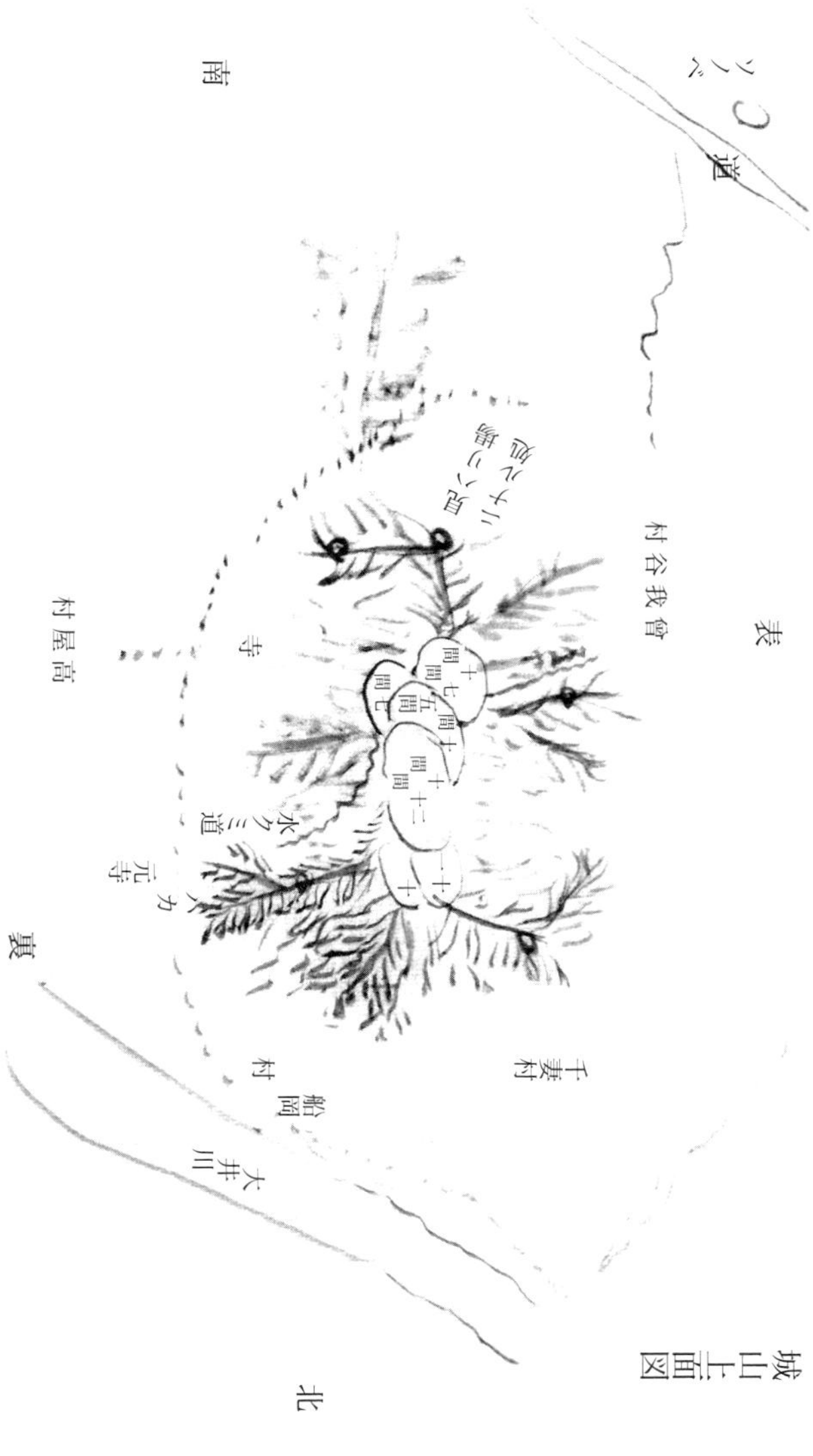

(69表)

○蜷川親朝カ住にし城山ノ月を明治十三年十二月廿日夜なかめしけル

古へを　しのふ余りニ　とめくれハ

いとゝさひしき　冬九夜の月

・廿一日　蟠根寺へ金二円贈ル、之ゟ駕籠ニテ園部ニ出ル、此地ノ城ハ小山ニテ、上ニ天守有り、下ニ二丸等有り、之れゟ南へ入り、原山を越し、福住ニ出ル、三里半《車三十五銭》、山道、合シテ賃九十銭、之れゟ笹山(篠山)ニ出ル、三里、高砂ヤニ泊ス、賃廿三銭、茶代五銭、肉十銭、道ノ茶代五銭、中食七銭

(69裏)

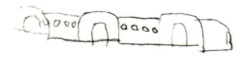

・二十二日　笹山城建物不残取払、石垣相応ニ宜敷申候、笹山焼ノ伝問合シ、茶碗一、十銭ニテ求ム、之れゟ古市迄四里《フクスミ迄カコチン九十銭》、車ちん三十五銭、之ゟ三十丁先、小野原ノ古丹波焼ノ地ヲ一見シ、次、立杭焼ノ窯ヲ一見シ、廣野迄四里、山道、車ちん四十六銭、此処ニテ中食ス、五銭、之れゟ三田迄二里、之ゟ有馬迄三里、車ちん七十銭、上立杭窯三筋中ニ三筋、窯ヤニ三筋、何レモ同製ニテ、帯窯ト云、中ニ仕切り無シ、巾凡一間、高三寸位、此地ノ少南、峠ヲ下ルト摂津国ニテ、山ヒク、、道少シ平ナリ、三輪土焼窯ヲ一見シ、亀物也、次ニ青磁窯ヲ一見シ、何レモ京窯ノ制ナリ、三田田中利右衛門方ニ参り、青シ出来ノ物ヲ一見シ、有馬御所坊ニテ(70表)一泊ス、賃三十三銭、茶代十銭、湯ヌルクシテ、鉄気多シ、手拭黄ニ染ル也

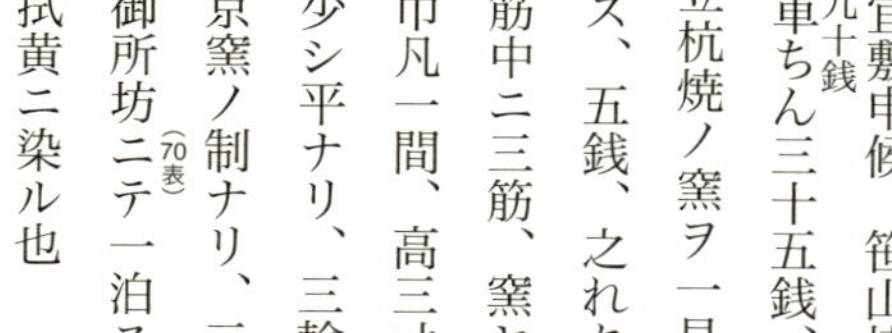

・二十三日　有馬ゟ中山ニ至ル、山道ニテ景宜シ、四り、車ちん七十銭、中山寺清《カナ》り也、之ゟ多田へ参り、池田、伊丹ヲヘシ神嵜ステーシン《（ステーション）》ニ至ル、車ちん中山ゟ多へ行き池田迄《三り》六十銭、池田ゟ二十四銭也、多田モ可也ノ社也、社人留守ニテ、宝物一見出来ス、道筋ツ、ミノ瀧ト云処、川中ニ大岩多分有りテ奇也、池田モ可也、伊丹相替ス酒置り、此処ニテ酒ウトン食ス、十一銭、夕方ゟ大坂ニ至ル、気車ちん八銭、大坂ステーシヨンゟ川口ニ至ル、車ちん六銭、岡部ニ宿ス、（70裏）宅ノ一条、私妾貞ノ事、母ノ気ニ入ラサル由咄シ有り、何了承ニ参ル由被申、貞ゟノ贈り出ス、半助ヘモ、中山中食十三銭

・二十四日　岡部へ片岡ニ至ル、車ちん五銭、明夜二字ゟ嶌ノ内出火ニテ、三千軒計り焼失ス、片岡ニテ中食ス、貞ゟ贈り物出ス、同シク宅ノ一条ト貞ノ咄シ有り、四字ニステーシヨンへ出テ、気車ニ乗り、京ステーシヨン前ニテソバ酒食ス、七銭五厘、宅迄車ちん四銭、ブリンクゟ状来ル、又、シーボルトゟ状来ル、博覧場車ちん八銭

・二十五日　北野天神へ参ル、車ちん五銭、社へ古考説畧一巻納ル、次、高三子、橋本へ参り、風呂敷、豆贈、（71表）吉岡ハ宅売テ、親類藤木同居シ、之へより、福田へよる、当夏死死（衍字）由、車ちん五銭、高三子陶工ニテ陶キ一求ム、一銭

・二十六日　中村へ参ル、留守、三宮寺死去ニ付、一寸より、留守、狐塚へ墓（参脱カ）りス、花代八銭、大通

寺へよる、ルス、かし求ム、十銭、長福寺へ参り、茶ワン一贈ル、安井ニテ餅ヨハル、車ちん十八銭

・二十七日　安井へ参り、のり二折贈ル、平松殿へコトツカリノ紙包廻シ、ミカン贈り、西カモ神光院へ尋、豆贈ル、山本へ又一ゟ届物廻、茶ワン一贈ル、又、秦へも一ツ贈ル、車ちん二十八銭、宅ゟ状来ル

・(71裏)二十八日　豆、小風呂敷松浦へ贈り、石原、駒井、お龍へのり一折ツ、贈ル、夕方、安井へ午肉以テ行ク、宅餅ツク、草野来ル、鎊虎へのり三贈ル、疋田、近藤へのり一ツ、贈ル、車ちん十四銭、すし十銭五厘

・二十九日　安井来ル、又、中村来ル、同道ニテ雨森、天江、板倉悴、畑、香谷へヨル、畑ニテ薩や(ママ)伝ル道風像一見ス、信実筆ト云、香谷支那へ行レ一件承ル、車ちん十銭、大佐へもよる

・三十日　山本、又一郎ゟ電報ニテ、宅へ盗来り、物品及金子多分取り候ニ付、早々帰東仕ル様申来ル、餅ツク、秦、《茶》疋田、《ノリ》近藤《同》へ参ル、贈ル、車ちん三十銭、(72表)岡本へのり一贈ル、虎吉へ杖、ブリ《ナハ》キ九円七十銭ト竹タハコ入二五十銭ト払フ

・三十一日　山本へ盗一条書面ニテ中来ル様電報出ス、ちん四十八銭五厘、車ちん二十五銭、昼前、吉田来り、宅ノ写真取ス、昼、餅出ス、中村へ参ル、酒出ル、車ちん四十銭、魚四色求、一円八十

五銭　三十日

・十四年一月一日　西三条、執行風呂敷、竹内条之助ノリ一、安井、松浦、石原、疋田、玄八、岡本、但馬等へ礼ニ行ク、品物右ノ内へ贈ル、昼後、安井両人、疋田、駒井、但馬、酒ニテよブ

・（72裏）二日　伊藤へヨウカン、ノリ一贈ル、近来（ママ）へ菓子一贈ル、冨□（破損）多、水茎へヨル、車ちん十五銭、松野へヨル、夜、鳥いヤ、伏見ヤ、植木ヤ酒ニ而よふ

・三日　蔵六、道八へよる、人形古清水七円五十銭、サツマ香合一円、獅シ一円八十銭ニテ求ム、車ちん六十銭、夜、久子、おちま来ル、伏見ヤへヨハレニ行ク、夜、内ノキマリ談仕ル、但馬へ参ル、酒出ル

・四日　道八、六兵衛及包丁（ママ）へ参ル、藪内へよる、車ちん三十五銭

・五日　西八条へ参ル、中村及近藤来ル、酒出ス、（73表）永楽へ参ル、車ちん四十銭、魚三品求、三十八銭

・六日　湯浅、中島来ル、松浦、条之助酒ニテヨブ、此間ゟ宅ゟ度々状来ル、一書出ス

・七日　中村トサカへ参ル、山中ニテ酒出ル、車ちん三十二銭

・八日　□（破損）京へ参ル、夜、中勘来ル、道具少々払フ、六十四円七十銭也

・（73裏）九日　幹山へ参ル、ノリ、菓子贈ル、シカ置物、大原女置物求ム、二円三十銭、又、獅一円五十銭也、車ちん四十銭、山中及博物場へよる

・十日　幹山来ル、くわシ、とうき二贈ラル、精華堂へヨル、西陣ニテシス帯二本求、五円五十銭、車ちん三十五銭、去ル七日、盗下男召取ニ相成ル由申来ル、竹内へ参ル

・十一日　府へ参、国重及地所懸りニあひ、屋敷地ノ義合せ、五郎三へ茶埦一贈り、色々一見シ、学古へよル、車ちん二十五銭

（74表）

蜷川式胤西京八条通大宮西入私宅、昨冬写シ置ク、八条通り南側也、元康治比、藤宰相正当祥尼淳和院畑等ノ地ヲ合スル也

表門図

天正十年此地ニ蜷川住シ、五段田ノ地ナル故ニ、字ヲ五タン田ト云フ、此ニ門明和比ノ建チク

中門図

イブ木

座シキノ裏

（74裏）写真
師吉
田ノ悴
ナリ

上
座敷、
明和比、
蜷川淡
路建ル

上　土蔵、天明
比、淡路家
内貞信院
建ル

ヘン所

居
間

天正
ノ建
物也

(75表)・十二日　府へ参り、義事面会申入レ候処、多用ニ付、地券懸課長吉住面会ニテ、私邸地処土居地処ノ義、急ニ地券渡ル様申入ル、次ニ新町二条茶キヤ《岡本市兵衛》ニテ、茶碗一、一円五十銭ニテ求ム、次、兼テ吟味仕りシ宇治焼茶入、寺丁ニテ求ム、一円、又、笹山ヤキ茶入一円ニテ求ム、車ちん二十銭、夜、松浦へ参ル

・十三日　早朝、気車ニテ勧修寺へ参ル、ちん八銭、ステーションゟ車ちん四銭、醍醐ゟ六地蔵迄荷持ちん十銭、之れゟ宇治迄車ちん十五銭、中食十六(75裏)銭、之れゟ宇治俵《(田原)》郷ノ口迄二《(里)》分、車ちん三十銭、宇治焼ノ地問へとモ知れス、宇治ゟ郷口迄ノ山川ノ景甚宜シ、郷ノ口ゟ玉水迄二り、車ちん四十銭、玉水ゟ木津迄車ちん十八銭、道スシフシン出来シ宜シ、木津ゟ奈良ノ大黒や迄車ちん十五銭、此宿ニテ宿ス、吐園呼んテ酒出ス

・十四日　橋本へより、冨田ト植村トニ面会ス、次ニ平松へより、次、二月堂、三月堂、開山堂、八幡宮へ参り、次、大仏ノ博覧会一見シ、次、会社へより、好古説畧一冊、社へ贈り、先年出品果器受取、吐園ノ細工物一見シ、戒壇堂ノ仏(76表)ヲ一見シ、車ちん三十銭、中食十一銭、次、四聖坊へより、次、春日社へ参り、次、道具ヤ一見シ、子ゴロ《(根来)》椿皿十、一円、壺台五ツ五十銭ニテ求、車ちん二十三銭、夕方、森川へ参ル

・十五日　橋本へ瓦求ル談ニ参ル、次、惣持院へ参り、次ニ八幡宮へ上司ニ面会ニ参ル、次先、龍松

院ニ面会ニ大かね前へ行キ、次、博覧会社へより、次ニ吐園へより、次、宅ニテ中食ス、車ちん二十銭、宿払一円四十六銭八厘、茶代二十銭、桜井村迄ノ車ちん三十五銭、肥後ノ松本へ状出ス、同村玉ヤニテ泊ス、岡本へより、次ニ塩利へよる、泊賃五十三銭、茶代十銭、奈良ニテ面二ツ一円、土風呂（76裏）一円ニテ求メ、廻シ方頼置ク

・十六日　塩利ニテ鎌足画像二円、瓦器二ツ四十銭、石キ一円、鏡欠四十銭、土塔二十二ヲ求ム、品物アツケ、廻シ方頼置、当府迄四り、車ちん二十五銭、之レゟ法隆寺迄車ちん四り四十銭、此地南カワニテ泊ス、法隆寺へより、安井へより、陶キ一贈り、人形一所望ス、賃レとまり三十銭、茶代十銭

・十七日　国分迄三り、車ちん二十一銭、之れゟ車ニテ土師村一見シ、次ニ泉陶キ庄一見シ、六ケ村有り、土キ欠ヒロウ、次、土師半田八田寺（矢田寺）一見シ、大鳥村冨岡並堺縣令へ参ル、（77表）面会セス、湊村陶キ師へより、車ちん六十（十一り）銭、次、大坂片岡迄車ちん十五銭、片岡ニ泊ス、片岡へ黒シス帯贈ル

・十八日　住吉神官岩嵜へより、酒出ル、盃一贈ル、片岡親子及住吉社へよるテ帰ル、車ちん十五銭、次、博物場へより、三角ニ面会シ、物品一見シ、之迄出シ置候桶、壷、弓、此外二、三品献品ニスル、次、足袋二ツ三十銭ニテ求メ、安井へ贈ル、次、片岡へより、次、岡部へ参ル、車ちん十六銭、運上所へ益田ニアヒニ行ク、一宿シ、お文ニ黒シス帯贈ル、松浦へ府ゟ地所義ニよひニ来ル来ル（衍字）義申来ル

・(77裏)十九日　赤路へより、親子ニアヒ、次、ステーションへ参ル、車ちん雪ニテ十五銭也、気車代四十銭、宅迄車ちん五銭、学校へより申候、ナラ橋本ゟ状来ル

・廿日　府へ地所ノ書付出スニ付、奥印学校ヘモラヒニ参り、次ニ府へ出ル処、懸り不参ニ付、書付不出、次、喜村及清住院及中勘へよる、午二十銭求ム、松浦、安井、条ノ助へ参ル、お民ニあひ申候、七郎ゟ状来ル

・二十一日　清住院、傘ヤ、小西来ル、東寺へ参り、□る(78表)五十本求メ、道八、玉田後家来ル、栂尾来ル、又、宅ゟ内国博覧会出品々一月中ニ出ス様申来ル、松浦ニ府へ書付出シ方頼ミ申候、大工来ル

・二十二日　山西へ行き、光琳ノ印ヲ模ス、佐々木へより、のり一贈ル、錺ヤより酒出ル、車ちん廿銭、神田へより、道ニテ陶キ六品求ム、七円五十銭也、七郎ゟ板三枚来ル

・二十三日　赤松へ尋ル、のり一贈ル、藪内へより、ミカン八十贈、十三銭也、一条小川ニテ黒シス帯求、二円七十五銭、次ニ又、外ノ内へより、ハカタ帯尋ル、無シ、車ちん四十銭、片岡へ玉田ゐんたん出来サル由申遣、(78裏)東京宅へ博覧会出品延引由申遣シ、局ヘモ出ス、大和塩利、吐園外道具ヤへ細束(催促)状出ス、ユヒン(郵便)十銭

・二十四日　府へ参り、邸古券(沽券)吉住ニ見候処、写シ出ス様申聞ニ付、夕方、松浦ニ頼ム、小川一条ニテハカタ帯求ム、七円七十銭、次、山中へより、菓子贈ル、次、宝山へより、陶談仕ル、丹山へよ

り、著述本二巻カス、次ニ菓子二十銭求ム、車ちん四十銭、大和安井ゟ状来ル

・二十五日　品物箱一蒸気問ヤへ出ス、松浦ニ古券写シ、府へ以テ行キクレラル、安養寺へより、次ニ丹波ノ高屋へ馬かケノ額贈ル、飛脚ちん十銭、次、神山へより、次、岡本尋ル処、帰村なり、(79表)香セン十箱求ム、六十五銭、スキクシ十枚求ム、四十銭、女襪二求ム、九十八銭、車ちん三十銭、鳩居へよる、片岡ゟ状来ル、又、上京ヲトメニ状出ス

・二十六日　伊藤へより、◫永楽へより、次、哥へより、六兵衛、蔵六へよる、大仏山田、同三谷へより、中勘へよる、車ちん三十銭、東京へ物品廻ス、二円三十二銭五厘

・二十七日　山本へより、博物館へ参り、物品三十八品贈り、次ニ大佐ニテ写真受取、紅板五枚三十銭也、車ちん二十五銭、善長寺、宗仙寺ノ墓参りスル、夜、中勘来り、古(衍字)(79裏)古具払フ、九円、先日ノ品ト合テ五十点七十三円二十銭也、尾張下村へ古瓦二枚廻ス、ちん二十八銭

・二十八日　岡村、伊藤来ル、酒出ス、物品東京へ廻ス、ちん三円〇五銭又、大坂博物場へ品物贈ル目録廻ス、五十八点也、大和塩利ゟ陶三品、懸物来ル、ちん二十八銭五厘

・二十九日　中村へ参り、同道ニテ岩倉中殿上京ニ付尋子、次、道八へ書付返ス、日光ノ木ハイ贈ル、

中勘へよる、車ちん五十五銭

・三十日（80表）　大工外箱代四円五十銭、奈良ゟ物品ノちん十九銭五厘、厚原、田辺ヘヨル、林へ尋子、紅板十求、三十五銭、午二十銭、鎊ヤへ贈ル、酒出ル、車ちん十五銭、伊藤へ参り、のり贈ル

・三十一日　中勘へ参り、永楽ノ盃代五円、玉碗二円ニテ求ム、鎊ヤへよる、又、中嶌へより、三味せん糸求ム、五十銭、車ちん三十銭、近藤来ル、酒出ス、安井、松浦へより、学校へ出立ノ届申ス

・二月一日（80裏）　ステーシヨンへ参ル、車ちん四銭、之レゟ神戸へ気車ちん七十銭、赤松へ参り、交趾ヤキ一見シ、次、細工場へ参ル、車ちん十二銭、丸かニテ中食、弁当代四十銭、船ちん六円五十銭、丸嘉ニテ払フ、ステーシ（ヨン脱）ゟゟ（衍字）問屋迄車ちん五銭、二字ニ廣シマ丸へ乗ル

・二日　天気よく、無波ニテ、寒天ニ目珍敷ヲタヤカナリ、夜十二字ニ横ハマヘツキ、直ク上り、（海岸通五丁目）蓬莱ヤ○与兵衛ニテ泊ス、賃三十銭、ハシケ代十銭

・三日　レヒーへより、城ノ本三冊持帰ル、車ちん十銭、気車代三十銭、（81表）新はしゟ人力ちん十銭三厘、昼前ニ返り、ブリ（ン脱）グ、谷森、平尾ノ帰宅ノ状出ス、昨夜、中勘ゟ電報ニテ木香盆ノ代廻シ呉れ候様中来ル、柴田亘（理脱）ゟ状来レリ、下女春ニ三十銭ノへらと紅板ト遣ス、同シク伯父ニ竹杖西京製ヲ一本

贈ル

・四日　小河来ル、平尾来ル、陶キ咄シ仕り、酒出ス、次ニ山本へ玉子以テ盗一条ノ世話ニナル礼ニ行キ、釜藤へヨり、和田へより、松田へよる、小野原へ六十八銭ノ襪土産ニ以テ行ク、酒出ル、宅トヘンケー氏へ帰着ノ状出ス

○宅ノ品盗シ者ハ下男ニテ、去ル廿一日、時計、カイトウハ(81裏)上等裁判所ゟ返り、金三円ト印ハ不返候由也

○留守中、払高五十六円~~□~~十銭七厘、内去ル十一月分出

二十五円五十三銭　雑用品二百五十円〇〇一九八ノ外也

内四円四十五銭　□分　　お貞費　十一銭一厘

十二月分　十一円八十五銭九厘　同上　三円六十一銭五厘

同　四十銭五厘

十四年一月分　十九円五十銭〇三　同上　七円九十五銭九厘

同　二月分　三十六銭六厘　　同　一円〇三銭

○同上入り分　十一月分　二十四円十六銭六厘　十二月分〇一月分ト二十三円七十五銭　出立ノ時小

遣渡シ置分　二十円二十銭

合テ　七十一円~~五~~〇七二五

△残り金　十二円四十銭二厘

・五日　中勘へ永楽耳ト経文、香合代五十円、遊便ニテ廻ス、切り賃二十九銭、安井ノ金子入状、観世へ廻、(82表)岡本十郎へのり三折、紅板贈り尋ル、赤塚へ尋、紅板一贈ル、是真へ出石ノ梅枝付ノ花入贈ル、酒出ル、右耳通運へ出シ候由申来ル

十三年十一月分　　日用品　二十三円六十九銭
　雑用品　二百五十円〇〇一九
　お貞費　一円十七銭一厘
　　合　二百七十四円八十八銭
家税　五円
陶キ本代　二百五十一円九十四銭
石ハンキソン料　三円　　　勧工場　一円十五六厘五毛
　合　二百六十一円〇九六
同　十二月分　十四円六十一銭二厘　日用品
雑用品　三円十一銭五厘　又　八円九十八銭
(82裏)
お貞費　四十銭〇五
　合　二十七円十一銭二厘
家税　十九円
石ハン損料　三円

合　二十二円

十四年一月分　日用品　十二円五十銭〇三

雑用品　八十六円

お貞費　一円〇三銭

合　九十九円五十三銭三厘

家税　十円七十五銭

荘司、竹真、北越ゟ状来ル、松山ノ寅吉ゟ火事見舞返書出ス、安井へ寺内ノ地所ノ税来ラヌ懸合ノ状出ス、奈良ノ中垣へ土風ロ廻シ方悪シキ懸合(83表)書出ス、太田、白山へ火事見舞トヒン大小二ツツ、贈ル

○旧冬旅行ニ付、百二十二円二十銭持参候処、残ノ入用懸り、京ノ宅ニテ三十五円五十七銭五厘ヲツカウ、東帰ノ上、残り十一円二十八銭ナリ

・六日　赤ツカ来ル、小川へクシ一贈ル、山本へ電報料廻ス、シーボルへよル、留守、田中へよる、ブリングゟ使来ル、赤ツカへヨル、

初代藤四郎茶入求、
形甚宜シ、片倉春
慶ト云テ、有名ノ物
物(衍字)也、形ノ聞へ有り

・(83裏)七日　和田、龍吟堂、平尾来り、陶談仕ル、昼後、内国博覧懸へより、次ニ竹内条之助ノ届物ヲ届ケ、次、和田へよる、安井ゟ紙包、中村親子、水原、山田等へ届ル、昨日、観世へも廻ス、夕方、フリングへ夕食ニ参り、十一字ニ帰ル

・八日　勧工場へ参り、和田ト白茲(白磁)見ニ行ク、金子十円渡ス、川上へより、紅板贈ル、次、カクヤへより、次シト申付ル、山本次男来ル、お貞、松田へ行せ出石ノ茶入贈ル

・(84表)九日　和田来ル、丹山来ル、諏訪へ短冊懸贈ル、平松へより、酒出ス、赤塚来ル

・十日　平尾、龍吟堂来り、陶タン仕ル、濱田、岡本来ル、松田へより、買物ニ行

・十一日　平尾来ル、岩倉、菊丁、近衛へ礼ニ行ク、藤波へ参り、酒飯出ル、夕方ゟ弁慶はし辺ゟ出火ニ付、青木へ見舞ニ行キ、次、川上、高はし参り、道具運ひ下男させ、先無所(84裏)レ別ニ付、十二字ニ帰ル、西京ゟ出シ候荷物着ス

・十二日　獨乙人ト福田来ル、古キ見せ、次ニ丹山来ル、次、赤ツカへ参ル、留守、香煎ト紅板、くし浅田へ贈ル、廣セへくし、香せん贈ル、紅板、くし村上へ贈ル、小野原へ香せん贈ル、肥後松本ゟ状来ル、明後、博覧会出品物出ス様申来ル

・十三日　平尾、西沢、遠藤来り、陶談仕り、酒出ス、榊原来り、刀剱書付被廻候、酒出ス、青木ゟ
火事見舞礼状来ル、川上ゟ火事ノ礼トシテ酒(85表)一ヒン下男二十銭来ル、赤塚ゟ状来ル、西京ゟ状来ル、
巴里ノ平山ゟ状来ル、小堀へ火事見舞行、次、四条へ香せん、紅板贈ル、次ニ和田へより、次、鈴
木へ香せん贈ル、酒出ル

・十四日　岡本来ル、油画六枚、彫物一枚、繍一枚、本五冊内国博覧
会ニ出ス、松浦へより、次ニ赤塚へよる、そば出ル
　昨日シトウ出来ス、ハカ子板ニテ
　造ル、小判形　長凡
　巾　高サ

金六丁
釘定
作

・(85裏)十五日　ブリンク来ル、古キ見せル、東京府へ煉化ノ月賦納ル、次、おたきへトヒン、香セン、紅
板贈ル、吉益へよル、留守、平尾へよる、酒出ル、次ニ堀江へよる、飯酒出ル、香せん贈ル

・十六日　下男出ル、平尾、和田出ル、岡本来ル、上野博覧会へ陶キ出品ノ書付出ス

・十七日　宅へ金、状、くし出ス、赤塚来ル、酒出ス、川嵜へ参り、紅板、緒贈ル、酒出ル、高はし
(86表)ゟ火事ノ礼ニ来ル

・十八日　岡本来ル、菊丁殿へ参り、ゑんたんノ義咄仕ル、次、高田へより、菓子贈ル、次、山井へよる、留守、次、吹原へより、香せん、くし贈ル、次、小河へより、硝子ツク薬贈ル、高嶺ゟ私帰東ヲ尋ニ来ル、返事出ス、お貞、波多へ紅板、とひん贈ル

・十九日　上野博覧会へ参ル、次ニ松原へよる、黒かきはし贈ル、松田へよる、酒出ル、家内ふゑん断、榊原へ岡部家ノ娘、菊丁殿へ望ニ候状遣ス、西京ゟ箱二ツ着ス

・（86裏）二十日　今村、田中来ル、古キ見せる、酒飯出ス
赤塚へ参り、藤四郎作ノ彫銘ノ茶入求ム、甚珍ナリ

・二十一日　鳩居堂ト清雅堂へ陶キ求ル状出ス、松本へ状出ス、中勘より永楽末（マヽ）ト小字蒔画ノ小香盆キ着ス、永楽ハ近来ノ美作也、惣赤地金画コス紋ヲ貫ク

・（87表）二十二日　和田、木村へ参ル、糸求ム、和田へ紅板贈ル、岡本来ル、包吉へ参ル、黒タン箸贈ル、書面本求ル、中勘へ右本着状出ス、榊原ゟ菊丁ノゑたん断り状来ル

・二十三日　平尾来ル、画史ヘンケーへ廻ス、菊丁へゐんたん断状及刀剱書付廻ス、和田へより、桜井へ香せん、くし、とひん贈ル、川上へ参り、次、小堀へ参ル、はん竹、はし贈ル

(87裏)
・二十四日　森川へ状出ス、片岡へも出ス、赤―へ金子廻ス、濱田来ル、人形渡ス、買物金受取、菊丁ゟ使来ル、榊原へ刀剱ノ書付料受取ル、岡本来ル、精雅堂へ陶キ止メノ状出ス、岸本へより、古筆へ参り、支那ノ盃一贈ル、昨日、ヘンケーへ廻シ候画史受取候由申来ル、多野ゟ被頼丹山之柱懸暦廻ス、小南ゟ被頼候印、額書三枚、半切二枚廻ス

・二十五日　高橋来ル、酒飯出ス、岡本来ル、榊原へ菊丁ゟ来ル菓子料廻ス、次ニ和田へより、次、松田へ参り、油画カル、(88表)和田かくふち以テ来レり

・二十六日　岡本来ル、谷名城(名古屋カ)繍出来ニ付、同人ニ上野へ為持遣シ申候、ブリンク来ル、古陶見せル、小川来ル、平尾来ル、和田へ出石花入六本以テ平尾ト参ル、上野へ平等院ノ繍額出ス、宅ゟ状来ル

・二十七日　平尾、和田、西沢来ル、陶談ス、和田へ金廻ス、岡本来ル、内国博覧会ノ印カン渡ス、
(88裏)
一日開館ニ参ル様申来ル、鶉雨荘鏡会参ル、三面出ス

松浦カン鏡　同　鉄鏡　同　六鈴鏡　キシノ
カン鏡　小松　黒鏡

・二十八日　上野へ出品残り延引ノ由書付出ス、赤塚へ参ル
日用品　十九円五銭五厘
雑用品　百五十九円九十三銭一厘
お貞費　一円二十五銭三厘
合　百八十円二十三銭九厘　又三十六銭六厘
家税　八円二十五銭
石ハン損料　三円
勧工ハ　　合

（89丁表は空白）

（89裏）十三年十一月分屋ヤ税　五円入　石ハンチン　三円
勧工場　一円十五銭六厘五毛　二円車ウル代
同　十二月分　同　五円入　石ハンキ　三円
十四年一月分　同　六円七十五銭　梅辻　一円
同　二月分　三円　中嶌入
十四年二月分　家税

（90表）

浅田　三円入　　　　原田　一円七十五銭
村上　一円五十銭　　五十銭　廣セ
〆六円三分

南

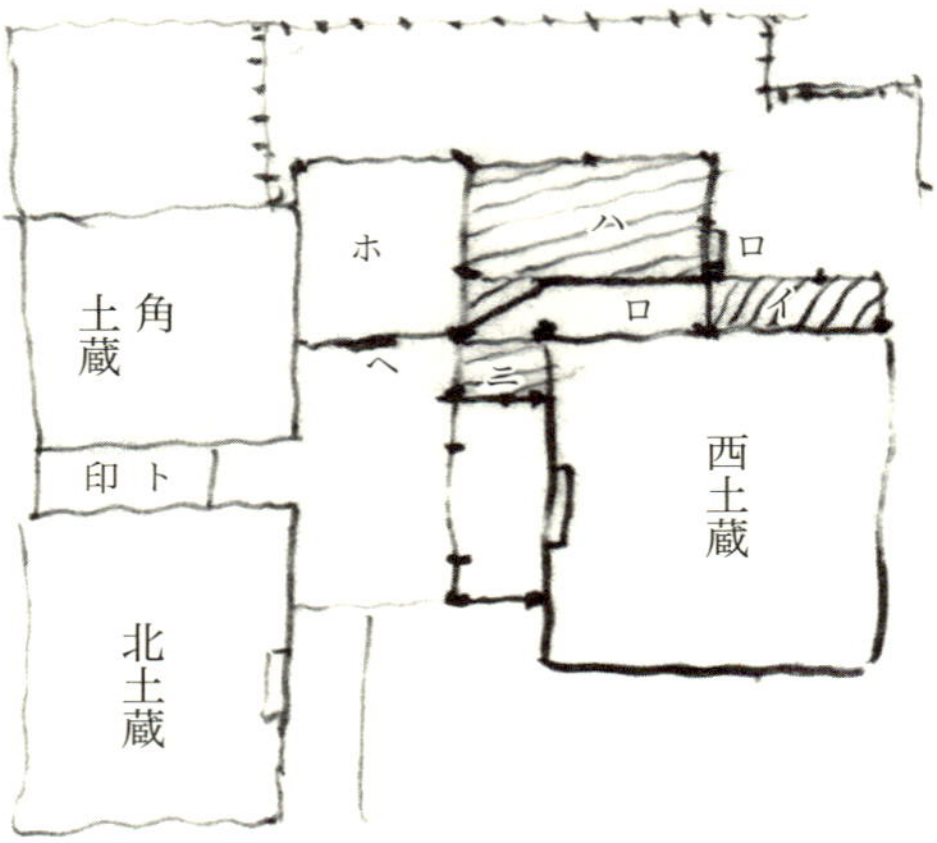

十三年六月二日ゟハロ印ノ建物仕り、八畳也、ハ印ハ板ノ薄間、ロ印ハ畳入り、イ印ハ縁、ニ印板間、ホ印土間、何モ瓦フキ、ヘ印板ノ上鉄張、漸ク八月十四日大工出来ル九十一円六十九銭二厘、ト印二月土間瓦屋也造ル、西土蔵北ノタイワ（ママ）薄ルニ付、手入ル、三十円十八銭三厘

（90裏）
十三年七月分

八月六日

村上　一円五十銭入

江夏　一円入　九月　二円入

廣瀬　五十銭

浅田　三円入　八月三十日

〆　五円

浅田　三円　八月三十日入

廣瀬　五十銭　同

村上　一円五十銭　九月一日入

〆（衍字）〆五円

江夏入　五円七十五銭　九月十八日

江夏入　一円二十銭　九月分　二十三日

廣セ　五十銭

村上　一円五十銭

浅田　三円

〆　十一円九十五銭

（91表）

十三年十月分

村上　一円五十銭

廣セ　五十銭　十一月一日入

浅田　三円　同

〆　五円

十一月分　村上　一円五十銭　浅田　三円

廣瀬　五十銭

〆　五円

(91裏)

十三年七月三十一日　四円六十一銭　大工

八月十五日　六円十九銭一厘　大工

同　十円　戸ヤ

廿一日　二円　同

九月八日　六円二十銭

九月分

十月廿八日　二円七銭　板

三十一日　二円五十六銭　同

十一月廿日　五円九十一銭　瓦師

同　七円九十九〔七〕銭　左官

〆　四十七円五十一銭一厘

十三年分　フシン入高百四十八銭（円）五十八銭六厘

（92丁表は空白）

（92裏）十三年竹川丁二階津田仙ニ貸ス敷金　九円

四月分三円入　五月分三円

六月分三円入　四口　六月十五日受取也

七月分三円入　八月二日

八月分三円入　九月十五日入

九月分三円入　十月二十九日

十月分三円入　十二月九日入

十一月分三円入　同

十二月分三円入　十二月三十一日入

十四年一月分三円入　十四年二月九日入

（93表）一奈良団扇　波多　一　小野原　一　赤塚　二

川上　三　松田　二　春　四　ブリンク　三　濱田　二　田中　三

岩キ　一　亀井　一

一竹杖　濱田　一本　　ヒング　一　　ハーレンス君へ杖二

一ブリキ多ハコ入　ビンク　一　　諏訪　一　　米人へ三本

高田　一　松田　一　サトウ　一　小川　一　榊原　一　是真　一

獨乙公使＝一　コキン《タバコ入》一　ブリング　一　タハコ入　マース　一

(93裏)十三年三月二十二日廻　陶キヲ払フ仏文新聞ニ出ス正書

我国ノ諸国ニ産スル陶キ、今ヲ去ルコト凡一千三百年前ヨリ今日ニ至迄ノ新古ヲ凡百ケ払度候ニ付、望ノ方ハ正午十二字迄ニ一見ニ御来車有之度候、右ハ陶キノ沿革ヲ見ルニタル博物学者ノ尤有用ノ品ニテ、中ニモ藤四郎並仁清、乾山、永楽等ハ有名ノ工人也

同三十　画図ヲ払フ仏ノ新聞ニ出ス控

我国ニ諸流ニ分ル画図、今ヲ去ルコト一千　百年前ヨリ今日ニ至ル迄ノ新古ノ画ヲ模写セシ物数品払度候ニ付、望ノ方ハ正午十二字迄ニ一見ニ御来車有之候、右ハ(94表)画図ノ沿革ヲ知ルニタル歴史ノ考証トナル品ニ付、博学者ノ尤有用候也、中ニモ有名ノ筆者ハ、金岡、鳥羽僧正、信実、長光(ママ)、光信、応挙等ニテ、当時ノ有様、朝家ノ儀式並神事、仏事、且山水等ノ写生ナレハ、歴史ノ欠ヲ補フニタル

（94裏）十三年二月分　家税　三円　浅田
同　五十銭　廣瀬
同　壱円三分　植木や
〆五円二十五銭
三月分　三円　浅田
一円五十銭　波多
五十銭　廣瀬
〆五円
四月分　三円　浅田
五十銭　廣瀬
一円五十銭　波多
二円五十銭　村上
〆七円五十銭
（95表）
同　二円五十銭　中嶌石ハン料
五月一日　五十銭　波多入
五月一日　三円　浅田
同　五十銭　廣瀬

同　一円五十銭　村上
六月分　三円　浅田入
〆五円　一円五十銭　村上
五十銭　廣セ
〆五円

竹川丁家税記

（95裏）
十二年二月十三日　四円入　十二年十二月分
三月六日　三円入　同
十三日　一円入　同
同　四円入　十三年一月分
〆八円
五月一日　四円　十三年一月分入
五月廿五日　四円　同　四月分入ル
同二月三月分ハ津田ゟ来ル九円ヲアテ申候
六月廿九日　一円　三月分入
七月十九日　三円　六月分入

八月十二日　二円　六月分入
八月二十七日　二円　七月分
九月十六日　三円　七月分
（96表）十月十六日　二円　八月分入
二十五日　三円　八月分入
十一月十二日　一円　九月分入
二十日　四円　同　入
十二月十二日　三円　十月分入
十二月廿五日　二円　同　入
十四年一月四日　三円　十一月分入
廿五日　二円　同　入
二月二十二日　二円　十二月分入

（96裏）十三年二月十四日　一円四十七銭五厘　石兼
同　十五日　二円五十一銭六厘　瓦や
同　同　十二円九十八銭六厘　大工
同　十六日　一円十五銭　ヤ子ヤ
同　三月二日　一円四十銭六厘　大工

同　四日　四十五銭　左クハン　釘代
同　十日　一円五十銭　同
同　廿五日　六銭　釘
同　四月三十日　六円十二銭　左官
同　同　九十一銭　瓦ヤ
同　五月一日　三十銭　左官
同　五月十八日　九十銭　門金物代
同　五月廿六日　十六円四十三銭　木代
（97表）同　六月十日　三円十九銭　同
同　十四日　四円五十八銭三厘　大工
同　十八日　三円五十八銭四厘　木代
同　廿日　七円三十四銭　左官
同　二十六日　六円七十銭　伐木代
同　七月一日　三円七十一銭二厘　同
同　同　三円十三銭　ヤ子屋
同　十二日　三十八銭　土ちん
同　十四日　三円　瓦師
同　六月三十一日　六円六十五銭三厘　大工

同　七月十五日　五円七十銭三厘　同

五七〇円一〇百〆

同　一円　トヒ

同　二十三日　四円八十銭五厘　伐木代

同　二十五日　〆　一円六十八銭二厘　石工

（97裏）十三年二月一日　二円五十銭　長嵜博覧会社ゟ□□□クキ□ヒ

四日　一円　菊丁殿ゟ土産ニ

十一日　一円　奥へ古経切れ代

二十六日　二十二円　陶キ　代　ブリングへ

〆二十六円五十銭

三月六日　五円十六銭八厘　勧工場

十日　一円五十銭　陶キ六　神田

十一日　同　同　サトウ

廿日　十二円　同　二　米人

三十日　二十七円三十四銭　陶キ、城仏文三揃シ本

〆四十二円三十四銭

勧コバ
外三円三十四銭五厘

四月二日　八円四十銭　とうき三四五六城印刷

四日　五十円　とうき五十代　マース

十日　二十九円　同　三代　ブリング

（98表）

〆八十七円四十銭

勧工場　一円七銭三厘

五月六日　　石油機分配　　三十四円五十五銭入

廿日　　十年博覧会分支金　百三十五円六七八

二十四日　甲州一分金　曲木へ　三円二分

二十九日　観古――　代　レヒー　十円

〆百八十三円五十二銭八厘

六月二日　石ハンかし料　三円

同　　勧古場　　二十一銭八厘

十九日　陶キ本　　六円六十銭二三四五六巻

〆九円八十一銭八厘

（98裏）

七月四日　　三円　　石ハン損料

七月十六日　九円六十銭　田中　陶キ二三四五六城一

廿九日　　六十六円　フリンク　陶キ三ツ代

〆七十五円六十銭

三十一日　六十八銭八厘　勧工場

石版損料　三円入

（99表）

〆百五十七円八十八銭八

九月一日　石版損料　三円入　八月分

六日　フリキ多波古入　七十銭　松田

七日　五十円　陶キ代入　マース

十三日　インキ代七円入　松田

十七日　ビンク　陶漆キ二十代　六十九円七十銭

九月二十三日　陶本二冊、仏文三冊三冊（衍字）、仏文二冊ツ、

仏文二冊、五一冊、仏文二冊　代八円三十七銭入

勧工場　六月分　一円七十六銭六厘入　九月廿八日　平尾へ廻ス

〆百四十円五十三銭六厘

十月一日　マーレンス（ハーレンス）　三十八円　人形代

二日　フリンク　六円　陶キ二代

一日　石ハン損リウ　三円　中シマ

五日　二十二円四十銭　陶キ代　ブリンク

十五日　ハーレンス社　本代二百八十六円九十銭入

同　エコセシヤホンゟ本代十円入

二十九日　勧工場　九十三銭

〆三百六十七円二十三銭

十一月六日　フリンク　七十九円五十銭　陶キ代

二十日　ヘンケー　二百八十円四十四銭　本陶漆キ代

二十六日　フリンク　五十円　陶キ代

二十七日　マース　高ミ子　三十七円　懸物代

二十五日　ミノヤ　二円　花入二

十二日　中シマ　三円　石ハン機損料

〆二《（四）》百五十一円九十四銭

（99裏）

十三年了分七十四四

入分　十三年分合テ千□《四》百五《六》十四《六》円□《六》十三銭

出分　千百三十六円二十四銭四五

十四年二月八日　三円　壱月ケ《（ママ）》　石ハン損料入

一月分　勧工場

二月分　同

差引残

三百三十円〇三八二

椎之落葉　六

（表紙）

明治十四年三月一日ヨリ

（朱方印）「蜷川蔵印」

（朱方印）「宮道式胤」

椎之落葉　六

（貼紙）

冠老懸（綾）黒同劔銀　太刀鞘黒金物銀　柄銀
平緒太刀ウ手巻　モヘギ右手巻ノツエ　銀平緒
紋金　糸沓（糸鞋）銀　袴銀下ノヘリ　赤金袍銀

（貼紙）

下書

（1表）・明治十四年三月一日　博覧会ノ開業式ニ付参ル処、天子及諸官員、外国公使参ル、天子スガタ見せス、一書ヲ読人有ヲ見ル、十字比ニ帰ル、一字ゟ吉田へより、次ニ米人へ二軒尋ル

・二日　松田へよル、平尾来ル、上ノ博覧会一覧ニ一寸参ル、小河へより、ウトン出ル、学校へ参り、高峯ニアフ、清雅、鳩居ゟ状来ル

・三日　平尾来、勧工場ノ上り物分ル、神戸焼残渡ス

（1裏）・四日　鳩居堂へ花入代廻ス、竹川丁へよる

・五日　大工及へーア、スーホンへヨル、次ニ獨乙人へヨル、古事ノコト尋ラル、次ニシーボルトへ参ル、次ニ菊丁殿へヨル、次ニ岩下へ尋ル

・六日　赤つかへ参ル、山井参ル、ルス、西沢ゟ状来ル、平野ゟ丹山書受取候由申来ル、清雅ゟ花入出シ候由申来ル

・七日　和田へ参ル、金廻ス

・（2表）八日　平尾、西沢へ参ル、留守

・九日　中村へ書出ス、小南ゟかく字ノ礼来ル、森川ゟ中比ニ出来ノ由申来ル、平尾来ル、陶談仕ル、溝部来ル、茶飯出ス、松本ゟ状来ル、宅へ状出ス

・十日　上野へ参ル、清雅堂ゟ花生来ル、ヘンケゟ状来ル

・十一日　芝へ行キ、西沢へ参り、和田へよる

・（2裏）十二日　ヘンケゟ人来り、此間廻ス画史ノ咄シニ来ル、平尾、西沢来ル、陶タンス、酒出ス、支那人へ参り、次ニ　　　へより、竹村へ石キ五廻ス

・十三日　神田、赤塚来ル、古キ見セ、博覧会一見シ、次、和田へ参ル

・十四日　堀江、吉益へより、次、区役所へ参ル、又、大蔵ノ画図所へヨリ、赤つかへ参り、茶入代廻ス、写物高ハシへ頼ム

・（3表）十五日　平尾陶キ二廻金渡ス、大工へより、次、釜藤へより、次、陶キ三求メ、次、成瀬へより、次、

サラセンへよル、十三日、魯帝殺サル由、加茂へよる、高嶺来ル
・十六日　清雅堂、赤松、ヘンケーへ状出ス、小河来ル、博覧会一見ニ行ク、書籍館へ度量考三廻ス
・十七日　平尾、松岡来ル、和田へよる、片岡ゟ状来ル、赤松へ陶キ薬廻ス、宅ゟ箱三来
・（3裏）十八日　画図懸へより、大学校へよる、東京府博覧懸りへよる、丹下来ル、画見セ、酒飯出ス
・十九日　岩下来ル、良太郎へ参ル、留守、横山へよる、茶ワン一求ム
・廿日　良太郎来ル、次、三学部（ママ）ゟ二人来、陶キ伝聞ニ見へ候、コキン来ル、何レモ古キ見セル、和田へより、次ニ赤塚へ参ル、酒出ル、高嶺へ状出ス
・（4表）二十一日　学校へ高嶺ニアヒニ行ク、次、浅草、和田へ参ル、金二円廻ス、蟠根寺へ哥出ス、岡部へ状出ス
・二十二日　勧工場へ参ル、川嵜へ本かりニ行ク、岸田へ参ル、留守、宅、岡本、竹内へ状出ス、平尾来ル

・二十三日　松岡へ状出ス、岸本へより、和田へ行き、松田へ参ル

(4裏)
・二十四日　上野へ参ル、お藤来ル、酒出ス、平尾へ状出ス、赤松ゟ状来ル

・二十五日　平尾、西沢来ル、和田へ遣金渡ス、村上、和田へより、次、国文社へよる

・二十六日　上野及宗民(宗珉)へ参り、ヘンカ(弁柄)ら求ム、次ニ赤ツカへ参ル、和田ゟ状来ル

・二十七日　高ハし来ル、博覧会へ参り、松浦へよる、(5表)ヘンカラ赤松へ廻ス

・二十八日　平尾来ル、岡本来ル、竹村ヨリ石器代来ル、高橋写シ物代渡ス、漆史ヘンケーへ廻ス、
片岡状平松へ廻ス、赤松へ陶薬代書廻ス、知恩院へ状出ス、宅ヨリ状来ル

・二十九日　和田へ参ル、漆画博覧会ニ出ス

・三十日　か茂来ル、山本へより、とうき一求む、松田へよる

(5裏)
・三十一日　平尾、西沢来ル、平尾へ和田へ廻金渡ス、赤塚来ル、酒飯出ス、サトウへ参ル、榊原ゟ
人来ル、十時比出火、岡本、伊丹へ見舞行

日用品　十九円七十四銭一厘
雑用品　六十四円九十四銭
お貞費　二円三銭八厘
　合八十六円七十一銭九厘
家税　六円七十五銭　又三円
石キインキ代　二十二円
石版損料　三円
　合三十四円七十五銭

・四月一日　和田へ参り、花入一対持帰ル、井上へよル、留守、（6表）和田又陶談ニ来ル

・二日　苗代川ノ沈来ル、酒出シ、陶見セル、村山へよる、片岡弥吉家内出来ル祝一円贈ル

・三日　平尾来ル、田中へ参り、獨乙人へ参ル、中川へよル、か茂来ル、酒出ス、宅ト下村状出ス

・四日　中川来ル、東京府博覧懸へ参り、加茂ト平松へ参り、酒飯出ス、山本来ル

（6裏）・五日　春ヒマ出ス、小下女来ル、中川へ出版物頼ニ行、和田へよる、岡本来ル、鳩居堂ト森川へ状

出ス、高嶺来ル

・六日　吉田ノ香会ニ参ル、酒飯出ル、とひん二贈、米人来ル

・七日　和田へよる、ヘンケーノ人来ル、濱田来ル、中勘ゟ状来ル

・八日　白十来ル、和田来ル、西沢へ参り、次、赤塚へ行（7表）

・九日　粟や貫一ヘンケーゟ来ル、同人へ鋳史廻ス、上野博覧懸へ参ル、次ニ西沢及蒔画シ西川へ参り、トウキノ咄シ承りニ行キ、白十へ神楽笛一贈ル、平尾来ル

十日

・和田来ル、松本来ル、渡辺来ル、古キ見セル、博覧会へ花入二ツ、漆画カク出ス、下女か子帰ル、吉益来ル、古キ見せル、柴田ゟ状来ル

（7裏）

・十一日　鳩居へ花キ廻シ候様申来ル、西沢ゟ花キ受取義申来ル、榊原ゟ下女ノツヤ来ル、円二ゟ弁柄ノ同シ家聞ニ来ル、返事出ス、西沢へも返シ出ス、和田来ル、小河、吉田、岸、川嵜へよる、谷来ル

・十二日　平尾来り、同道ニテ上野へ行ク、漆画、花入出品ス、五条次男来ル、鳩居ゟ花入来ル

・十三日　賀茂来ル、濱田来り、花入ブリンクへ廻ス、五条ゟ状来ル、菊丁表人来ル、川嵜へアヒニ大蔵省へ参ル、北代来ル

（8表）
・十四日　五条殿妻君、女子、二男秀丸養子ニ外へ遣ス義ニ付来ル、酒すし出シ、古キ見せる、古沼、赤つかへ参ル、植本（木カ）二本求ム

・十五日　浅草文庫へ参り、左脇へより、上野ノ花一見ス、白十来り、宅へハナヲ廻シ方頼ム、平松来ル

・十六日　遠モ（ママ）へより、吉田ノ香会ニ行ク、酒出ル、ハーレンスト平松へ状出ス、清雅ゟ状来ル、柴田ゟ状来

（8裏）
・十七日　平松ゟ十九日参り呉候様申来ル、柴田へ返事出ス

・十八日　上野へ参ル、皇后御ケイ（行啓）、高橋へより、次、川上へよる

・十九日

・廿日　溝部へ参ル、銅板工来ル、高嶺ゟ状来ル、（9表）岩田来ル、陶キ一贈ラル

・二十一日　勧工場へ参ル、吉田香会ニ行、銅板工へより、高嶺へ状出ス、東外一人来ル、古キ見せル

・二十二日　九谷飛井来ル、古キ見せル、向嶌へ参ル、森川へ此月中細工物廻ル様申来ル、小林ゟ状来ル

・二十三日　狩野来ル、玉置来ル、フリンク築地明石丁へ参ル、留守、西沢へ一寸より、平尾へよる、留守、和田焼失ノ由、松田へ油画返シ、急ス一贈ル

・（9裏）二十四日　桂川へ参り、次、山本へよる

・二十五日　清雅堂へ金廻ス、中川へ金渡ス

・二十六日　上野寺務局へ参ル、次、博らん会一見ス

・二十七日　幸右衛門人形、次、湖東焼求メ、獨乙イ□へより、獨乙人分折（ママ）家へよる

(10表)・二十八日　吉益、本平来ル、酒飯出ス、赤塚へ参ル、ソハ出ル

・二十九日　松田へよル、とうき一求ム

・三十日　本平来ル、浅草へ参ル、陶キ求ム、赤沢ゟ状来ル、吐園（杜園）ゟ仏出来ノ由申来ル

日用品　二十一円九十八銭六厘

雑用品　七十六円十六銭

お貞費　四十九銭五厘

〆九十八円六十四銭一厘

(10裏)

家税　十四円三分　石ハン損料　三円

陶キニ付　九十五銭

合十五円八十銭

・五月一日　上野茶丁ニ堀江ノ茶立ルニ参り、次、吉田へ参ル、中川へよる、石津来ル

・二日　横はまコキニテ古キ一見シ、ヘンケーニテ金受取、織史廻ス、中村へより、同道ニテ縣令外六、七人つれニテ後藤七宝一見ニ参、実ニ見事、酒出ル

・（11表）三日　陶キ三求ム、五郎三来ル、上野へ参ル、次、川上へよる、清雅ゟ金受取候由申来ル、シーホ《（シーボ》ルト《ルト）》ゟ状来ル、赤松陶キ出来候由申来ル

・四日　吉田来ル、酒飯出ス、とうき五、茶ウス一求ム

・五日　坂、三輪来ル、古キ見せル、次、下蓮城《（下岡蓮杖）》来ル、午後、三輪へ参り、酒出ル、萩ヤキ一贈ラル

・六日　赤塚へ参り、次、吉田へよル、酒出ル、ヘンケー氏ゟ松沢来り、織史ノ事ニ付問ニ来ル

・（11裏）七日　青木新右衛門来ル、松田へ参ル、下女信帰ル

・八日　手塚来ル、美術会一見ニ参ル、お藤来ル、酒飯出ス

・九日　桂川来ル、松田へ参り、次、松原へ参り、次、戸ヤへより、次、池田ニテ陶キ二求ム、ヘンケー氏ノ人ゟ状来ル

・十日　山本来ル、小河来ル、酒飯出ス、赤沢へ参り、長芋見舞ニ贈ル、次、赤塚へよる、松沢へ返書出ス

(12表)
・十一日　平尾来ル、勧工場、博覧会行キ、吉田へ参ル

・十二日　大工、金物ヤへより、村山へ参ル

・十三日　上野へ参り、小堀、松田へよる

・十四日　ブリク《（ブリンク）》氏へより、次、ジウトン氏へ参り、古器一見シ、次、吉益、川はたへよる

(12裏)
・十五日　弥吉家内ト来ル、親子トモ免役ノ由承ル、赤つか来ル、飯出ス、お藤、小野原家内来ル

・十六日　商務省へ問合セニ参り、次、赤塚、吉田へよる、松田来ル、酒出ス、玉キへ状出ス

・十七日　ヘンケー状出ス、和田へ出ス、手塚来ル、釜藤へよる

・十八日　大野来ル、横山来ル、菊地へ参ル

(13表)
・十九日　松原、松田へ参ル

・二十日　開拓使へ参り、ブトウスモ一求ム、次、神谷へより、大野ニテ本代持帰ル

・二十一日　遊ひん（郵便）へ出ル、宅へ金廻ス、亀井へより、次、岡本へより、次、松本へよる、植木鈴（鉢カ）二
贈ル

・二十二日　赤つかへ参り、書画会へ参ル

（13裏）
・二十三日　山本、和田、平尾、中嶌、松田へ参ル、ことを求ル、宅ゟ状来ル、谷へよル

・二十四日　上野、中川、岸、大路へよる

・二十五日　平尾来ル、多及岩下、田中へよる、岩嵜ゟ状来ル

・二十六日　吉田香会ニ参ル、酒出ル、三治来ル、酒飯出ス

（14表）
・二十七日　昨日、吐園作仏来ルニ付、上野へ出シ、平尾ト博覧会一見シ、松田来ル

・二十八日　平尾来ル、赤塚へ参ル、次、間嶌へよる、岡本新造ゟ状来ル　○十九日、西京地けん下

り候よし

・二十九日　勧工場へ参り、上野へ行ク、五条、山本ゟ状来ル、山本、五条へ状出ス、宅へモ出ス、メンテンホール《（メンデンホール）》、高嶺来ル、古キ見セル、シーホルト、赤松へ状出ス

（14裏）

・三十日　駒井老人死去ニ付状出ス、執行家内死去ニ付状出ス、森川へ人形着状出ス、谷来ル

・三十一日　博覧会懸りへ参り、出品本証書取返ル

日用品　二十四円〇三十六銭厘

雑用　六十二銭五厘

お貞費　八十六円四十三銭三厘

合テ　百十一円〇九四

家税　十七円五十五銭

石ハン損料　三円

陶キ本代　二百四十二銭（円）六十銭

合　二百六十三円十五銭

（15表）

・六月一日　吉田香会ニ参ル、小河へよる、岩嵜へ状出ス、疋田来ル、石ハン談ニ来ル

・二日　岩倉殿ゟ使来り、参ル処、大臣古キ見セラル、次ニ赤塚へより、疋田来ル、ヘンケーへ画史ノ末《(本カ)》廻ス

・三日　疋田ト同道ニテ開拓員河村へ参り、次、同人疋田□石依頼書ノ証印仕ル、松田へ参ル、望、榊、五辻ゟ状来ル、(15裏)松田来ル、村山来ル、酒飯出ス

・四日　疋田、鈴木来ル、赤つかへ参ル

・五日　岡倉へ参ル、薄茶飯酒出ル

・六日　シーホルトへ参り、酒飯出ル、司馬ゟ状ル《(ママ)》、役人依頼義、吹原来ル、陶キノ本談有り

・七日　平尾来ル

(16表)
・八日　シーホルト来ル、楽ノ談ス、外二人漆史ノ談ニ来ル、赤ツカへ参ル、ワク子ル《(ワグネル)》画ノ談アリ、私出品二玉ハ博物局出品獅子ト一番博覧会中ニヨキ由、画入新聞ニ出ル

・九日　宅ゟ状来ル、雅楽局へ参り、東義《(東儀)》面会仕り候テ、シーホルトへ給人十人来り呉れ候様ニ頼ミ、

承知ナリ、次、赤沢ヘクヤミニ行ク、右給人ノ義、シーホルトヘ状出ス

・十日　吉益来ル、酒飯出ス、岩倉ヘ春慶茶入贈ル、松田ヘよル

(16裏)・十一日　弥吉、おなほト博覧会ニ参ル、次ニ和□田ノ香会ニ参ル、答ヲ取ル、七ツ当酒出ル、ワク子ル画ノシツ問ニ来ル

・十二日　シーホルト楽ノ談ニ来ル、又、漆史ノシツ問ニ来ル、又、高鼻家内来ル、カミ手拭ヲクラル次ニ弥吉タン通（緞通）織始ル、東義ヘ楽談ニ参り、次ニ村山ヘ参ル、松沢ゟ画史ノシツ問ノ状来ル、返事出ス、シーホルトヘ明日参ル時間ノ状出ス、村上虎次郎来ル、紙タハコ、茶合ニ贈ラル

(17表)・十三日　吐園ノ上作ナル由新聞ニ出ルニ付、之レヲ同人ニ廻ス、二字ゟシーホルトヘ参ル、楽人十一人同道ス、獨乙公使、書記官、墺国公使来ル、催馬良楽、次ニ伽羅ヒン（迦陵頻）及陵王、青海波等ヲ外ニ二ツ奏ス、酒出ル、九字ニ帰ル、芸妓三人来レリ

・十四日　上野博覧懸ゟよひニ来ル、夕、竹二郎油画、書面ノ鳳文賞状来ル、留守中ヘ東京府鈴木、(17裏)邸前ノ道ヘ樹木植ル見分ニ来レリ、右大臣ゟ茶見テ呉れ候様被申、依テ一見し、酒飯出ル、谷森ヘ十九平安会ヘ出ル状出ス

・十五日

・十六日　村上来ル、酒出ス、松田へ参ル、吉田ノ香会ニ参ル、不残当ル、系図香也、六字半ヨリ獨乙公使へ楽聞ニ私外給人十一人参ル、ピアノ書記官ヒキ申候、上手也、十字ニ帰ル

・(18表)十七日　美術会一見ニ行キ、次、亀井へ竹二郎油画ホウ賞見セニより、次、村上へヨル、留守

・十八日　岩倉へ古器目利ニ参ル、昨日、松田へ参ル

・十九日　平安社会ニ付、芝紅葉館へ参ル、能狂言三番ツ、申候、くれ過帰ル

・廿日　村上、上野へ参ル、吹原へよる

・(18裏)廿一日　吹原へより、小河へ城図廻ス、吉田へ香会ニ参ル、香主仕ル

・二十二日　弥吉ニおなほ、伊達参ル様申付ル

・二十三日　岩倉へ古キ目利ニ参ル、酒飯出ル、おほ(な脱カ)、伊達へ行ク、疋田漆《外ニ》キシツ門(問)来ル

・二十四日　平松来ル、次、川嵜同シ、警視局ゟ道へ植木ウヘル見分ニ来ル、蔵六古（ママ）来ル、酒出ス、
平尾来ル、（19表）松田へ参ル
・二十五日　武者小路、小林来ル、古キ見セ、酒出ス、堀江来ル、蔵六来ル、酒飯出ス、陶薬承ル、
小河来ル、飯出ス、ナラノ松井来ル、山本へ参ル
・二十六日　疋田、大山来ル、延年外一人来ル、小河来ル、外へ古キ見ニ行キ、次、吉田香会ニ行
（19裏）・二十七日　井上延年外一人来ル、古キ見セ、酒飯出ス、松田へ同道ニテ行ク、シーボルトゟ使来ル
・二十八日　奈良ノ人来ル
・二十九日　肥藤来ル、古陶贈ラル、平尾来ル、勧工場ノ金渡ス
・三十日　村上帰京ノ状来ル、吐園外二人来ル、古キ見セ、酒出ス、上ノ博覧（会）開終りニ付、一寸参ル、
花火上ル
（20表）
日用品　二十一円〇二六
雑用品　二十五円三十三銭五厘

お貞費　一円五十七銭六厘
合　四十七円九十三銭七厘
家税　十一円三分
石ハン損料　三円
合　十四円三分

・七月一日　吉田香会ニ参り、十種全ク当ル、鈴木来ル、夕飯出ス

・二日　山本、有馬へ参ル由申来ル、平尾へ参ル、赤沢所持茶器払候由ニ付参り、三分求ム、次、西四辻へより、酒出ル

宗四郎作

・（20裏）三日　湯浅へより、次、五条殿へより、次、東儀へ参り、此間シーホルトへ参ル人足賃渡ス、崎シマ来ル

・四日　十郎来ル、疋田、大山来ル、兼証印仕ル開拓使ノ石版物聞済ニ相成申候、武四郎来ル、古キ見セル、松岡へキウス（急須）贈ル、四条へよる

・五日　博覧会出品取りニ来ル様申来レリ、依テ受取ニ参り申候、シーボルトへ参り、留守、山本へ

よル、明日、右大臣ト有馬へ参ル由也

・（21表）六日　中嶌ゟ人来ル、石版器返却少々延引ヲ頼ニ来ル、十郎、疋田来ル、吉田ノ香会ニ参ル、私邸門前へ樹木植ル願書聞済ノ書来ル

・七日　大山、疋田来ル、又、湯浅、山田来ル、製造咄シ仕ル、松浦、安井、宅ゟ状来ル

・八日　山本二男来ル、鈴木へ参ル、留守、赤塚へ参ル

・（21裏）九日　山本老人二男同道紅葉館へ参り、明清楽聞、次、狂言五ハン見物ス

・十日　山田へ赤沢ノ追福ノ茶事ニ参ル、酒飯茶出ル、次、宍戸へ参ル、夕飯酒出ル

・十一日　吉田香会ニ参ル

・十二日　菊丁殿参り、ブリキ多ハコ入贈ル、田中へ参り、酒飯出ル、中嶌ゟ来ル

・（22表）十三日　小堀へ参ル

・十四日　山本ヘヨリ、村上ニテ茶入求メ、吉益へより、ソバ出ル

白石也

・十五日　岩倉家へ道具ノ目利ニ参ル

・十六日　横はまへ行、中村へ面会シ、片岡ノ事問合ス、ヘンケーへとうきニ廻ス、次、勧工場へ出(22裏)品問合ス、セームスへより、蔵品一見ス、エコセシヤホンへより、本十三冊取返ス、吉田ノ香会ニ参り、酒出ル

・十七日　古筆へ参り、次、松浦へよる

・十八日　川上へ参ル、松田へよる

・十九日　貞へ山本へ遣シ、岩キへもシーホルトゟ給人へ贈酒来ル、山本次男来

・(23表)廿日　右酒雅楽局へ以テ参り、芝へ渡ス　○赤つかへ菓子贈ル、山本へより、疋田私邸へ移ル

・廿一日　香会ニ参ル、本平来ル

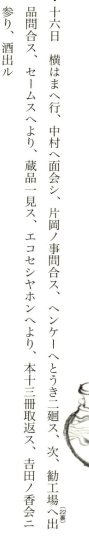

・二十二日　東京府へ煉化月賦納ル、次、地質課へ参り、コルセルト（ママ）公安内ニテ分樹一見ス、桜井家内来ル、又、横山松三郎、疋田ノ石版ノ事ニ見へ、大山、小西来り、同シク談仕ル、酒出ス、平尾来ル、東儀ゟ酒受取ノ一書来ル

（23裏）・二十三日　平松へ参ル、留守、お藤来ル、酒出ス、原田へ（ママ）外へ移ル

・二十四日　是真親子、舟木来ル、酒出ス、書画会一見ニ参ル、松田へよル

・二十五日　平松来ル、酒飯出ス、吉田へ参ル、小河親子来ル、近松来ル、古キ見せル

・二十六日　名古ヤ博物館へ平八琴贈ル、近松ゟ（24表）受取ニ来ル、神田へ参ル、亀井へよる、シーホルトへ返書出ス、平尾同シ

・二十七日　渡辺ゟ人来ル、平松へ香具返ス、繍画カス、岩下へヨル

・二十八日　松田、平尾、松岡へ参り、吉益ニテソバ出ル

・二十九日　神田ノ人来ル古キ見せル○松原へ参ル、おなほ外へ参ル

・(24裏)三十日　平尾へ参ル、疋田石ハン社ノ談ニ来ル
・三十一日　赤塚来ル、飛鳥井古九谷焼見セニ来ル、酒飯出ス、住吉、吹原へ参ル
　日用品　十八円九十四銭八厘
　雑用品　三十六円八十五銭
　お貞費　一円五十七銭六厘
　　合　五十七円三十七銭四厘
　家税　十円
　石ハン損料　一円五十銭
　　合　十一円五十銭
・(25表)八月一日　前川来ル、古キ見せル、住吉へ参ル、酒出ル、古画目利頼ム、吉田へ参ル、酒出ル、四条来ル
・二日　村山へ参り、小河へ岡城図廻ス
・三日　大神宮ニテ香会ス、朝ゟ参ル、二十人計来ル、夕方帰ル

・四日（25裏）　赤つかへ参り、松原参ル
・五日　岩倉へより、三条へ鎌足巾見せニ行、次、遠藤へより、山本、前川へよる
・六日　小川来、酒飯出ス、朝日、吉田へ参ル、飯出ル、前川来ル
・七日　谷森来ル、四条、由井へ参ル
・八日（26表）　平松へ参ル、酒出ル
・九日　前川来ル、赤つか来ル、酒出ス、赤つか来ル、酒そうめん出ス
・十日　山本来ル、岡倉来ル、酒そうめん出ス、宅、安井、岡部状出ス
・十一日　前川へ参り、松田へよる
・十二日　今村来ル、松浦、谷森へ参ル

・（26裏）十三日　片岡ゟ状来ル、今村へ参ル、古刀五十本計り一見ス、中ニモ上物

兼光刀　　行平刀

一文字刀　　則重小刀

行光　　□

・十四日　玉置ゟ状来ル、釜藤へ参ル、柴田来ル、酒出ス

・十五日　紅葉館古物会ニ参ル、シブスケ《（ジブスケ）》へ参ル、病中ノ由也

（27表）松浦　八角鈴　　柏木　火ハシ

曲玉丸　　鉄ハツ

佐々野　古銅　　中沢　古銭

内田　古銅　　藤堂　玉

森山　鏡　　石ハマ　経筒

小林　古銅　　樋口　古印

池田　古銅玉

・十六日　高田、藤波、多へ参ル、蟠根寺へ状出ス、山本へよる

・十七日　前川へ参り、田中へよル、ルス（27裏）
・十八日　赤塚へ参ル、片岡へ状出ス、岡部ゟ来ル
・十九日　赤塚来ル、古キ見せル、榊原へ参ル、名古屋博物館ゟ納品二十八ノ受取来ル
・廿日　柴田来ル、前川、吉田来ル、酒出ス、林へ参ル、酒出ル、大山退役同社頼来り（ママ）、承知ス、松田へ石ハン機取返スコト申ス
・二十一日　市川古キ写ニ来ル、信楽へ参ル（28表）
・二十二日　岩倉中殿へ参り、前川へよる
・二十三日　亀井来ル、吉田参ル、香会談仕ル、林ゟ状来ル、宅ゟ状来ル
・二十四日　前川へ参り
・二十五日　ローレツ来ル、橋本、中川へ参ル、名古屋博物館へ返書出ス、谷森へ状出ス

(28裏)
・二十六日　フリンクへ参ル、濱へコシ申候ニ付状来《出》ス、谷森返書来ル、写真シへよる、高嶺へ状出ス

・二十七日　樹下へ参ル、金物へよル、写真師、高嶺状出

・二十八日　赤つかへ参ル、今村へより、刀剱見ル、朝、岩倉へ参ル、剱刀一見ス

有国刀　雲次刀

長光刀　来刀

貞宗短刀　中反

(29表)
・二十九日　箪笥、写真取ニ堀来ル、小河へ参り、谷森へよる、山本来ル、高嶺へタンス、伝記廻ス

・三十日　吉益来ル、酒出ス、堀へ参ル、谷森、小河

・三十一日　写真師来ル、赤つか来ル、高嶺来ル

日用品　十六円七十四銭九厘

雑用品　十七円四十三銭七厘

お貞費　四十一銭五厘

合　三十四円六十銭一厘

（29裏）家税　十一円

・九月一日　吉田香会ニ参ル、ヘンケーへ陶　各集廻ス、私ち（宅カ）状来ル、地所地券下ル由

・二日　赤塚へ参り、小河へよる

・三日　岡倉へ参ル、香ヲかく

（30表）・四日　平尾へ参ル

・五日　和田来ル

・六日　吉田香会ニ参ル

・七日　平尾、遠藤来ル、酒出ス、古キ見セル

・八日　小河へ参り、スシ出ル、川上へ参ル、酒出ル

・(30裏)九日　遠藤へ参ル、酒出ル、堀来ル

・十日　岡部へ状出ス

・十一日　神田へ参ル、次、吉田へ行

・十二日　小河、吉益来ル、村上へ参ル、うとん出、浅田外へ移ル

・(31表)十三日　間嶌へ参ル、可丁(可亭)へ状出ス、四字ゟ大風、岡部、宅ゟ状来ル

・十四日　岩公へ風見舞行

・十五日　平尾来ル、三条ゟ巾取返ス、岡倉へ参ル、留守、片岡へ状来(ママ)出ス、垂井来ル

・十六日　吉田へ参ル

・十七日　平尾百円、神田百円、間嶌ニ百円、石版ニ用ル金廻(31裏)ル、神田、間嶌へ受取ニ疋田ト参ル

・十八日　松田来ル、酒出ス、青山扇流閣一見ス、元稲波（稲葉）邸、西京ニ元有ル由

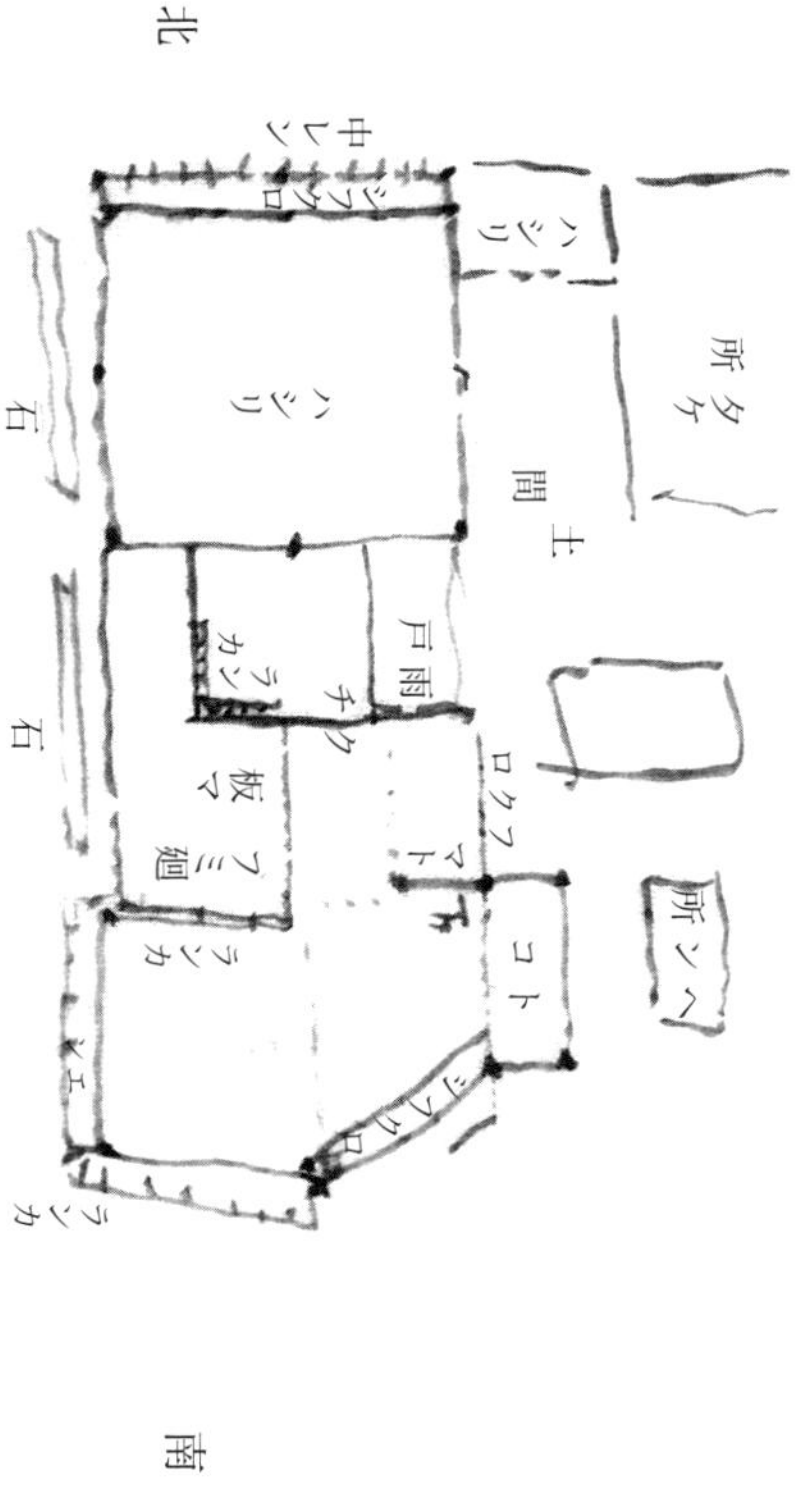

（32表）

シーホルト、片野へ参ル、
片岡へ状出ス、サトウ、
フリンクへ道ニテアウ

二カイ

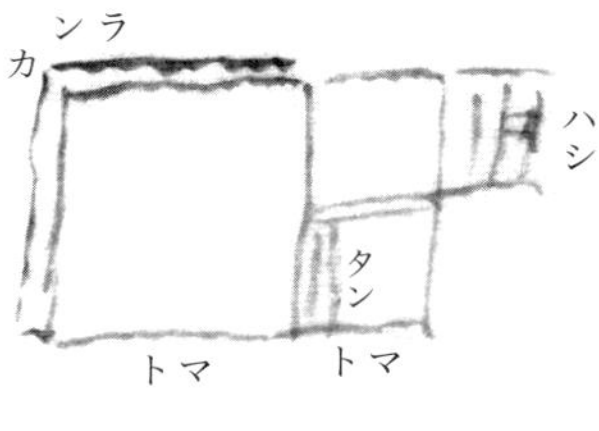

・十九日　曲木、大養寺へよル

・廿日　宅へ状出ス、赤つかへ行

・廿一日　吉田へ参ル

（32裏）・二十二日　津田ゟ人来ル

・二十三日　松田へ参ル、酒出ル

・二十四日　赤塚へ参ル

・二十五日　岡倉へより、平尾へよる

・二十六日　水産社へより、吉田へより、平松へ参り、酒出ル、宅ゟ状来ル、内藤来ル、飯ス（ママ）

（33表）・二十七日　平松へ参ル、上京由、石キ、陶キ求

・二十八日　中川へ参ル

・二十九日　内藤へ参ル、ヘンケート宅状出ス

・三十日　曲木へ参ル
日用品　十八円三十九銭八厘
雑用品　三十八円三十四銭三厘
（33裏）お貞費　七十銭
合　五十七円四十四銭一（厘）
家ちん　十二円八十四銭三厘
石ハン損料　十円九十銭
合　二十三円七十四銭三厘
・十月一日　太田、吉田へ参ル、内藤、肥藤、佐藤来ル
此間頼置候楽工社印、可丁ゟ廻ル、同字カク字も来ル
・二日　松浦へ参り、村山へ参ル、とうき二求ム
（34表）・三日　谷、神田来ル
・四日　下谷へ参ル
・五日　竹川丁へ参ル

（朱印）

古瀬戸茶入毛ホリ雲
目スラシク
申候

・六日　吉田へ参ル

・七日　神田、つくはへ参ル、高はしよる

・(34裏)八日　水戸ヤへ参ル

・九日　元禄会一見シ、医者《トヒソ》、ヘーアヘヨル

・十日　とうき一求ム、柴田来ル

・十一日　天子御遷幸、吉田へ参ル

・十二日　柴田ト越後人来ル、古キ見セ、酒出ス

・(35表)十三日　吉益へよル、菊丁尋ル

・十四日　赤つかへ参ル

・十五日　片倉へ参ル

・十六日　藤波へより、吉田へ参ル

（35裏）・十七日　内藤、是真へ参ル、片岡へ状出ス

・十八日

・十九日　シーホルト、玉子ヤ、間蔦来ル

・廿日　山本二男来ル、酒飯出ス

・廿一日　仏国セーブルゟ陶キ四贈ル由、状、目録内務省ゟ廻ル、曲木へ参り、吉田行ク

・二十二日　青木へ参ル、エンモへより、可丁ゟ状来

（36表）・二十三日　野口来り、玉置来ル、酒飯出ス、左官及ひ野上へ状出ス

・二十四日　水戸ヤ、桂川へ参ル、赤ハタ（赤膚）ゟ状来ル、弥吉、大蔵省筆生ニ参ル由申来ル

・二十五日　ワク子ルへ参ル、とうき一求ム、神田来ル

・二十六日　吉田参ル、ヘンケー本出ス

(36裏)
・二十七日　横山、西四辻へ参ル

・二十八日　赤塚、小河へ参ル

・二十九日　古田へ参ル、酒出ル

・三十日　古田へより、同人、赤つか、岡倉ト東海寺参り、次ニ平安大会へ参ル、狂言六有

(37表)
・三十一日　小河来ル、酒飯出ス、朝日来ル

　日用品　二十七円三十五銭三厘
　雑用品　三十九円六十銭五厘
　お貞費　十四銭三厘
　　合　六十八円四十銭二厘
家税　拾四円二十五銭

石ハン機　六円

合　二十円二十五銭

・十一月一日　谷、赤塚来ル、唐左衛門状以テ加藤珠太郎来ル、古キ見セル

・（37裏）二日　金物やへより、次、高ミ子、村上、赤塚へよる、下女ひま出ス

橋本蔵品ノ茶入、赤つかニテ一見ス、

土唐つ、シボリ有、

薬黄鼠ノ水薬

ニ白アサキノ流レ薬、

小クワンニウ有り、

作藤四郎ノ古セ戸也、

十分ノ形

・（38表）三日　芝へ行、前川へよる、フングゟ状来ル、返書出ス

・四日　伊達へ参り、正宗刀、青江、千手院短刀一見ス、神田へ参ル

・五日　小河、赤塚同道ニテ雅楽局へ一見ニ行

・六日　雅楽局へ参ル、山本二男来ル、西四辻へ状出ス

（38裏）・七日　岩付ゟ安井状来ル、フリンクゟ約束ノ陶取ニ来ル、松浦へより、今村へより、飯出ル、刀色々
一見ス、可丁へ状出ス

・八日　宅へ金廻シ、安井へ状出ス、赤塚へ参り、神田へ参ル、飯出ル

・九日　松田老母来ル

・十日　抱各（ママ）、小河来ル、十良家内来ル、平尾へ参ル

（39表）・十一日　赤塚来ル、飯出ス、山岸へ返却物ス

・十二日　内藤来ル、疋田、大山酒出ス

・十三日　赤つかへ参ル

・十四日　多へより、西四辻へより、酒出ル、水野へよる、壺写ス

文字有り

(39裏)
・十五日

・十六日　内藤来ル、中川来ル、小河、雅楽局へより、安部へ参り、楽キ色々一見ス

七百年前ヒチリキ　同箱

治貞ト見ユ琴

・十七日　吉益へよる、るす、宅ゟ状来ル

(40表)
・十八日　扱所及シーホル、役所へ参ル

・十九日　上目黒元不二へ参ル、シホルトノ抱地ニテ景よク、夕食出ル

・廿日　忠賀来ル、酒出ス

・二十一日　岩下、丸山へ参ル、留守、吉田香会一寸見合ノ由ニ付受状出ス、西四辻、ヘンケーへ状出ス

・(40裏)二十二日　東京府へ樹木植付着手届出、津田へ参ル、岩下へよる

・二十三日　玉置、小河来ル、朝山外一人来り、古器見せ、酒出ス、疋田西京へ参ル、高峯来ル、米人ゟノタンスノ金廻ル也

・二十四日　内藤、山本来ル、中川来ル、酒飯出ス、赤つかへ参ル、警察ト区役所へ邸前樹木植付書出ス、土人来ル、(41表)松浦ゟ状来ル、高嶺へ状出ス、山本来ル

・二十五日　山本へ古キ少々かす、村上来ル、酒飯出ス、高田へ参ル

・二十六日　赤つかへ参ル、岡倉二人同道ニテ古田へ参ル、酒飯出ス、間嶌へ参ル

・二十七日　吉田来ル、古キ見セル、赤つか、吉益来ル、三人へ飯酒出ス、浅草へ参ル

・(41裏)廿八日　多、忠賀へ参ル、酒出ル、玉置来ル、羽倉ゟ状来ル

・廿九日　秋月来ル、五カンノ書カヽル、酒飯出ス、中山殿ち玉見せニ来ル、小川、玉置ち状来ル

・三十日　サトウ、シーボルト来ル、濱田来ル、西京前後陶工へよる由付文書て相送ル、内藤外一人

（42表）来ル、石ハン場見セル、明日ち青木箱たてへ参ル由来ル、紀州画人来ル

日用品　三十五円十四銭九厘

雑用品　二十二円二十銭五厘

お貞費　七十二銭五厘

合　五十八円〇七九

家税　十四円二十五銭

石ハン損料　六円

塗物陶キ　千二十六円五十銭

合　千四十六円七十五銭

石ハン社金円ニ付三十五円六十銭入

・十二月一日　植木や来ル、往来へ樹木植ル、赤つか来ル、飯出ス

・二日　村上へ一寸参ル、中川へよる

（42裏）

・三日　小河来ル、平尾来ル、門前へ樹木植付ノ見分ニ府ち都築氏来ル

・四日　赤つかへ参ル、サトウ昼食ニ行

・五日　古田来ル、酒飯出ス、返物求ム、宅へ金廻ス、松浦へ状出ス、岩下参ル

（43表）・六日　小河、山本二男来ル、門前へ植木植上り申候、吉益、田中、菊丁へ参ル

・七日　かひ物ニ出ル、玉置ゟ状来ル、平尾、玉子ヤ、そハやへ石ハン摺見本廻シ申候

・八日　邸前へ樹木植付落成ノ由府府（衍字）へ出ス、玉置来ル、開通社、疋田、可亭ゟ状来ル、安井へ状出ス

・九日　津田、村上へ参ル、内務省へセーブルノ送物ノ義（43裏）ニ付問合ニ参ル、中川へよる

・十日　忠簾《レン》（ママ）、赤つかへ参ル

・十一日　浅草辺へ参ル、吉田ゟ状来ル

・十二日　手塚、平尾来ル、村山へ参ル、飯酒出ル、米人ゟ状来ル

・十三日　忠賀ト次男安部来ル、古キ見セ、酒出、(44表)奏楽ス、古筆ゟ茶事ノ使来ル

・十四日　大湖来ル、古キ見セ、酒出ス、古筆へ茶事ニ参ル

・十五日　永田来ル、古キ見セル、疋田帰、可丁印彫直シ出来ス

（朱印）

・十六日　平尾へ参ル

・(44裏)十七日　雪ふる

・十八日　吉田香会ニ参ル、酒飯出ル、平尾へ行

・十九日　松原茶納会ニ参ル、酒飯出ル、サトウへ状出ス

・廿日　山下来ル、古巻目利仕ル、村山ゟ茶事状来ル

・二十一日　はまコキンへ参り、飯出ル、開通社ニテ(45表)仏国セーブルゟ来ル箱ノ受取談仕ル、高はし状来ル、可丁ゟ状来ル

・二十二日　畳ヤへ参ル、牧、片岡来ル

・二十三日　村山茶事ニ参ル、元蔵、古田同道ニテ来ル、飯酒出ス

・二十四日　古筆、村山、赤つか、間嶌へより、小河ニテウトン出ル、忠賀へ状出ス

（45裏）・二十五日　四条、秋月へ参ル、留守

・二十六日　平尾、古田へ参ル、又、小河ト忠賀へ行、酒出ル、岩倉ゟ袴贈ラル

・二十七日　平尾へ金廻ス、岩倉へ参ル、古釜一求ム

・二十八日　とうき一求ム、赤つかへよる、出走（ママ）ル

（46表）・二十九日　村田、平松へより、次、唐棚、水指、コボレ（ママ）求ム、開通社ゟ状来ル

・三十日　金杉村、浅草へ買物ニ行、尾州城ノ釘かくし求ル

コセト

・三十一日　可丁ゟ額出来ル来ル、通りへ行ク
日用品　三十一円七十二銭七厘
雑用品　百二十円〇四十五銭
（46裏）
お貞費　八十二銭　外二十円〇九十三五
合　百七十三円十一銭二厘
家税　二十六円二十五銭
石ハン損料　六円　~~同件ニ付三十五円六十銭~~
金ユウニ付五円入　又十円コウサイ料
合　四十七円八十五銭
又　石ハン入金利子　十二円
十四年分
一ケ年仕払　合　千〇七十三円二十銭七三
入金　合　千五百五十八円九十四銭三厘
引残　四百八十五円七十四銭
□膳費　百三十四円八十銭
（47表）
○十五年一月一日　浅田、疋田、大山、吉益等礼ニ来ル
二日
・石阪所始メニ付、工人不残来ル、細工場へ参ル、次ニ酒出ル、岩倉、菊丁、近衛、吉益へ（○礼ニ行、小平尾、小川、山本

河礼ニ来ル

・三日　内藤、田中、古田来ル、（高田、山科）田中、高田、山本、平松、五条、小河、高はし、松田へ礼ニ行

・四日　シホルト、片野、諏訪、□□へ参ル

（47裏）
・五日　谷森、村山外五人、四条、桜井へ参ル、片野来ル、玉置来ル

・六日　釜藤来ル、酒餅出ス、内藤、多田、山科へ参り、古田へより、酒飯出ル

・七日　今村来ル、酒飯出ス、小川へ参り、古キ一見ス

　光悦茶ワン　青は茶ワン

　古天明釜　画セト――

（48表）

　画高麗水カメ

・八日　山井、赤つかへ行

・九日　出板ノコトニ付府へ参ル、次、羽倉と開通社へ金廻ス、和田来ル、藤波、多、西四辻、今村

へ参ル

・十日　東京府出板書出ス、堀江、柴田、小林、宅、安井、松浦状出ス、ホール、タムソンへ参ル

・(48裏)十一日　赤つか来ル、柴田状来ル

・十二日　大学校、農商省、師範学校へ参り、浅野、谷口へよる、大坂ニ先へ状出ス、川上来ル

・十三日　シーホルト、前川、岡倉来ル、大嵜へ参ル

・十四日　川上、玉川堂、前川へ参ル、平尾来ル

・(49表)十五日　岩下、曲木、五十川へ参ル、小川、おふち、サラセン来ル

・十六日　亀嘉へ参ル、酒出ル、吉田へ参ル、片岡ゟ状来ル

・十七日　古田、麦田来ル、古キ見セ、酒飯出ス、サラセン、大養寺へ参ル

・十八日　河野来ル、赤つかへ参ル

（49裏）・十九日　赤つか来ル、酒飯出ス、今村、村田へ参ル、留守

・二十日　平尾へより、松田へ石ハン機ユツル

・二十一日　赤つか来ル、小川、古田、谷へ参ル

・二十二日　吉田香会ニ参り、巻、多、勧工場行

（50表）・二十三日　村田へ行、鉄炮咄シニ行

・二十四日　文部学コ（学校）、赤つかへ参ル、松田、亀井へよる

・二十五日　芝へ参ル

・二十六日　小河、古田、辺レ渡来ル、古田、新聞社へ参ル

・(50裏)二十七日　古田、小川来ル、古キ見セ、酒飯出ス、根岸へ参ル
・二十八日　山本、金物ヤへよる、唐左衛門、コキンへ状出ス
・二十九日　犬塚来ル、古キ見セ、酒飯出ス、サトウ、今村へ参ル、ルス
・三十日　浅草、元蔵へ参ル、谷来ル、赤つかへよる、源蔵来ル
・(51表)三十一日　犬塚来ル、大学校へ参り、次ニ武庫司へ参り、鉱作ル処一見ス、小河来ル、はし本へよる

日用品　十九円六十四銭四厘
雑用品　十七円五十六銭八厘
お貞費　一円七十八銭
合　三十八円九十九銭二厘
家税　七円
キカイ代

・(51裏)二月一日　谷へ参り、古田へよる

・二日　村山へ参ル、宅へ状出ス、羽倉ゟ状来ル

・三日　西沢、平尾、京はしく、川上へ参ル

・四日　橋本へ参ル

・五日　桜井へより、法隆寺僧へより、安井作人形受取ル、鈴木へよる、牧、片岡来ル

(52表)

・六日　伊達来ル

・七日　村山来ル、酒飯出ス、本郷へ行

・八日　大養寺へ参ル

・九日　岩倉へ参り、夕方、山本へ参り、廣蔦人ノ禄ノ事申入ル

(52裏)

・十日　華族開館(会館)へ参り、四条殿面会ス、次、遊ひ人へ参り、次、雅楽局へより、次、法隆寺、赤つかへ参ル、夕方、牧、片岡来ル

・十一日　西沢、平尾、楠山、古田、松田へよる

・十二日　山本来ル、門跡へ西洋管録聞ニ行

・十三日　四条ゟ琴返ル、松田、小堀へ参ル、平尾来ル、片岡子供出来

・十四日（53表）　大養寺来ル、古キ見セ、酒飯出ス、釜藤、ハタへ参ル

・十五日　貞、岩キへ参ル

・十六日　赤か（つ脱カ）の茶事ニ行、はし本来

・十七日　小河、梅辻来ル

・十八日（53裏）　伊達、渡辺、今村へ参ル

・十九日　法隆寺、桜井、四辻へより、多へ参ル、酒出ル

・廿日　古田、小河来ル、社寺局、小河、赤つかへ参ル
・二十一日　安田来ル、大養寺へ参ル
・二十二日　小河来ル、飯出ス
・(54表)二十三日
・二十四日　大学校、園部、古筆、松浦へ参ル、安田来ル
・二十五日　法隆寺、鈴木へ参ル、藤波外二人来ル、古キ見セ、飯酒出ス
・二十六日　古田へ参ル、小河来ル
・(54裏)二十七日　古田来ル、酒飯出ス、神田へ参ル、仏領事ゟ状来ル、鉄炮求ム、頼済ス
・二十八日　平松、藤波、川北へ参ル
日用品　十七円三十銭二厘

雑用品　二十三円三十四銭八厘
お貞費　三十九銭
〆　四十円七十六銭九厘
本代　六円
家税

・(55表)三月一日　小川、山本来ル、古田へ参り、次ニ堀江へよる
・二日　牧、小河来ル、村山へ参ル
・三日　古田来ル、酒飯出ス、小野原来ル、酒出ス
・四日　吉益へ参ル
・(55裏)五日　岡倉へ参ル、酒飯出ル
・六日　古田へ参ル、そは出ル、安田来ル

・七日　古田、赤つか、小川来ル、酒飯出ス、古キ見セル、英人来ル、古キ見せル、大山ゟ状来ル

・八日　社寺局へ参、神田外出火々子来ル、桜井、左官、片岡、波多来ル、桜井へ貞礼ニ遣ス

・九日　可亭ゟ印出来シ来ル、今井来ル

（朱印）

（56表）

・十日　波多、片岡へ貞礼ニ遣ス、田中へ一寸参ル、桜井家内、平尾来ル

・十一日　赤つか来ル、飯出ス、岡倉来ル、古田へ参ル、そハ出ル、赤つか来ル

・十二日　松田来ル、酒出ス、松原、古筆来ル、酒飯出シ、古キ見セル、山本来ル

・十三日　池田へ参ル、赤つか来ル、酒飯出ス、（56裏）宅ゟ状来ル

・十四日　中村、冨永、小河、松村来ル、古器見セ、茶出ス、前川へよる、橋本来ル、酒飯出ス、西三条ゟ使来ル

・十五日　東京府、勧工場へ行

・十六日　小堀へ参ル、宅へ状金出ス、岡部へ状出ス

・十七日（57表）　岡倉、堀井来り、茶酒飯出ス、古田来ル、飯酒出ス

・十八日　鈴本、小川、名越へ参ル、五徳求ル

・十九日　小河来ル、松原へ参ル、平尾来ル、安井老人死

・廿日　名越、はし本へ参ル、安井、羽倉状出

・二十一日（57裏）　古田へ参ル、酒出ル

・二十二日　社寺局へ参り、赤つかへよる

・二十三日　マクラトへ本廻ス、ヘンケー、ブリンク、セーム、エコセヘヨル、エコセニテ預置トウキ持返ル

・二十四日　ヘンケーゟ状来ル、平松転居申来ル、中村へ参ル、夕飯出ル

（58表）
・二十五日　疋田外へ移ル、鈴木へ参り、法隆寺へよる、市川へよる

・二十六日　古田へ参ル

・二十七日　社寺局へ参り、西三条へ参ル、ソハ出ル

・二十八日　車四作ル、松田へよる

（58裏）
・二十九日　通りへ参ル、岡本家内来ル

・三十日　本平来ル、貞ノ印可丁ら刻出来シ来ル、法隆寺へ参

（朱印）

・三十一日　貞印一ツ、刻懸□□サラヘル

日用品　十三円九十四銭八厘

雑用品　四十三円六十一銭

お貞費　五十六銭

合　五十八円十一銭八厘　又本代

家税　二円又五円

（59表）

本陶キ利子　三十六円十八銭

合　四十三円十八銭

・四月一日　古田へ参ル

・二日　古田来ル、飯酒出ス、岡部ゟ状来ル

・三日　上野行き、――へ参ル、花開、山本来ル

・四日　吉益へ、小川へよる、又一来ル

（59裏）

・五日　野村来ル、又、新庄来ル、赤つかゟ上野へ参ル、宅ゟ状来ル

・六日　宅へ状出シ、可丁へ刻料出ス、古田へ参ル、そハ出ル

・七日　向嶌へ花一見ニ参ル

・八日　高橋、玉章、金七へ参ル

（60表）
・九日

・十日　小西へより、稲垣へよル、とうき一求

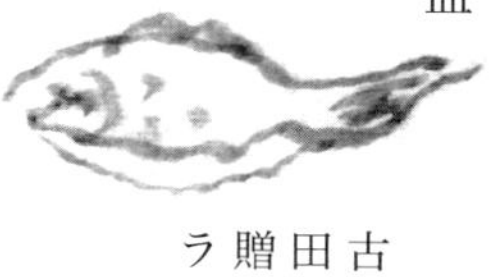

・十一日　古田来ル、飯酒出ス、
片倉、山本来ル、
やワラカ手《（柔らか手）》高麗
茶碗求ム

（60裏）
・十二日　町田来ル、古キ見セル、池田風月来り、古キ見セ、酒出ス、山本へ参り、藤波へより、菊
丁へよる、明後北海道へ出立ノ由也

・十三日　観古会一見ニ参ル、鈴木へよる
浅キ吹玉　曲玉

小鉦　黒色　畠山蔵
正意　山□《里》茶入　水野忠敬
黄天目　尾張徳川
猿面硯　東胤城

（61表）
刷目（刷毛目）茶ワン　　大聖寺
土佐光信　釜下画
豊浦村字古宮掘出銅壺　御物
栞（ママ）窯花入　　石濱

・十四日　下女きくひま出ス

・十五日　羽倉ゟ印刻代受取由状来ル

・十六日　伊藤佳介（圭介）八十才博物会ニ参り、酒飯出ス、金子遣ス

（61裏）・十七日　山本二男来ル、酒飯出ス、岡部ゟ状来

・十八日　山本《九タン》来ル、酒飯出ス、宅ゟ状来、益田来り、古キ見セル

・十九日　藤波、鈴木、山本来ル、古キ見せ、酒飯出シ、深尾へ参り、郵便局へ宅へ廻シ候金今日着セス、依テ懸合ヒ也、大山来ル、夜

・（62表）廿日　ゆひん局へ右ノ書付出ス、扱所へ参り、シホルトへ参り、神田へ行

・二十一日　古田へ参ル、すし酒出ル

・二十二日　雅楽局へ舞楽一見ニ朝参ル、昼後、貞行

・二十三日　雅楽局へ舞楽一見ニ参、（62裏）昼後、平安社大会ニ中村やへ参

・二十四日　小河、赤塚、小川へ参ル、吹原へより、著述物ノ談仕ル

・二十五日　小川来ル、古キ見セ、飯酒出ス、鈴木へよる

・二十六日　小河来ル、伏見宮へ琴一見ニ行

・（63表）二十七日　橋本へ参り、古キ色々一見シ、飯酒茶出ル

唐津茶　　　　藤四郎茶入

ヤハラカ手茶ハン

・二十八日

・二十九日　古田ト小河来ル、茶飯酒出ス、とうき三求ム、芝へ参ル、平尾、高嶺状来ル

(63裏)・三十日　高嶺来り、マースへ廻スタンスノ談ニ来ル、渡辺、深尾へ参ル、留守

日用品　二十円八十五銭

雑用品　二十五円八十六銭四厘

お貞費　一円五銭五厘

合　四十七円七十六銭九厘

家税　九円

(64表)・五月一日　箱ヤ、佐渡陶工来り、古キ見セル、郵便局へ先日懸合候西京廻シノ金受取申候、東京府へ薬ハミカキノコト問合ニ行、古田へ参り、茶酒飯出ル、温泉場一見ス

・二日　右陶工ト水戸金来り、古キ見セ、茶酒飯出ス、神田へ参ル、今村へより、古剱一見シ、飯出ス

・三日　宅へ金廻シ、藤波へ参ル、平松へよる

・四日

(64裏)
・五日　夕方、古田、小川来ル、茶酒《夕方》飯出ス

・六日　古田へ参ル、小河濃茶出ス、飯酒出

・七日　法隆寺へより、赤つかへよる、松田へヨル、シーホルトへ参ル、留守

・八日　箱二ツ廻ル、神田来ル、古キ見セル

・九日　高嶺、箱ヤ来ル、タンスツメニ来ル、村上、岡本、萩原ニ酒出ス

(65表)
・十日　高嶺来り、タンス箱分以テ鉄道へ持参参《(衍字)》シ、東《(米カ)》国へ廻サル、シーホル、松田へ参ル

・十一日　平尾、渡辺来ル、大橋、サトウ、北畠へ参ル

・十二日　赤塚来ル、大河内、疋田へよル、大学校へ瓦ヲ出ス

・十三日　片岡、マクラトへ状出ス、可丁ゟ状来ル、藤波へ参ル

(65裏)・十四日　お藤来ル、酒飯出ス、□□(藤波カ)へ参ル、マクラト及片岡へ状出ス

・十五日　鈴木、赤つかへ参ル、古田、其枝来り、酒飯出ス、シーホルト来ル

・十六日　東京府、宅へ状出ス、大学校へ参り、次、師範学校へより、横山へヨリ、西四辻へ参り、
酒出ス

・十七日　大学校へ参り、古田へ参ル

(66表)・十八日　元蔵へ参り、茶酒飯出ル、四ツ目勺薬(芍薬)花一見ニ参ル

・十九日　大学校へ参り、吉田へよる

・廿日　溝部へ参り、高嶺へよる、
○中板後前ニ板納、中央指□波付、
□ヌクスヤ天井無シ、甚面白シ、
溝部カンシ也

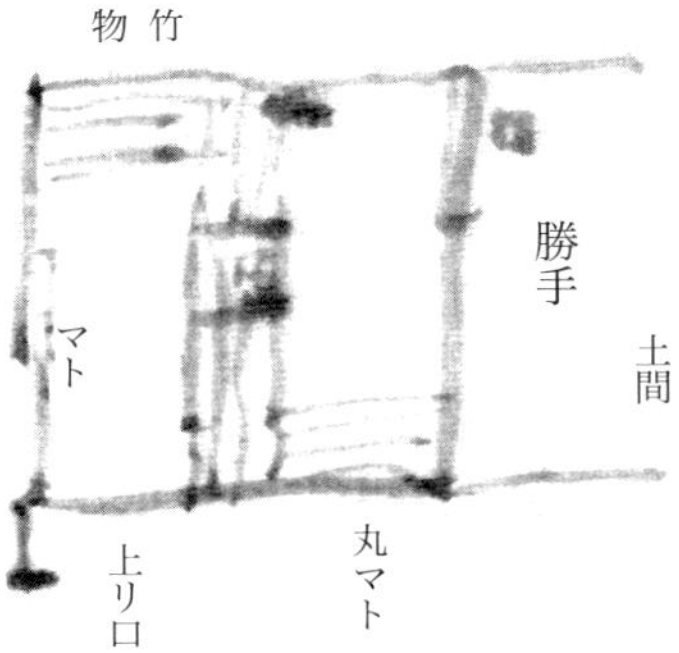

・(66裏)廿一日　勧工場へ参ル

・廿二日　村山へ参ル、山本へ参ル、カラシ贈ル、瓦ラヤ来

・二十三日　小河、西四辻、今村来ル、茶出ス、博物館へ瓦調へニ参ル、古田来ル

・二十四日　サラセン、シーホルトへ参ル、留ス、瀬戸水指、
(67表)地シコ薬ニ薬飛懸ル、甚奇ナリ

・二十五日　今村へ本廻ス、赤塚へよる、酒出ス、山田及岩倉ノ使来ル

・二十六日　加藤ゟ状来ル、古田参ル

・二十七日　山川来ル、古キ見セル、大山来ル、安五ト云人来、諏訪へ参ル、飯出ス

・(67裏)二十八日　日置外二人来り、古キ見セ、酒飯出ス、松田来ル、玉川堂へ参り、次、平松、五条殿へ
よる、留守也

・二十九日　小河ト美術会一見ニ行、河合来ル

木津ヤ茶入　松田道之蔵　狂言袴茶ハン　同

佐伯　茶入　同右　黄天目　徳川蔵

応挙　鯉屏風　伊達　玉堂茶入　徳川

漱芳　茶入　投壺　榛原

・三十日　サラセンへ参り、次ニ大養寺へより、前田、松田へよる

（68表）・三十一日　疋田、大山来ル、浮田来り、一恵（一蕙）ノ伝ヲ承ル、酒飯出ス、神田へ参ル

日用品　十六円七十銭

雑用品　二円六十六銭一厘

お貞費　六十八銭

合　二十円〇〇四一

本代　六十円九十銭

家税　四円

合　六十四円九十銭

・六月一日　小河来ル、古田へ参ル

・二日　神谷、桜井来ル、古キ見セ、酒飯出ス、安田、（68裏）今村来ル、宅ゟ状来ル

・三日　境妙寺へ参ル、茶セキ飯出ル、大山来、白山来ル

・四日　買物ニ出ル

・五日　道クヤ《（道具屋）》来ル、勧工場へ参ル、宅へ状出ス

・六日　小川へ参り、赤つかへよる

（69表）・七日　シーホルトへより、獨乙書記官へより、高嵜、水原、田中、平松へよる、吉井へよる

・八日　宇喜多へ参ル

・九日　松原へよる、シホルトゟ状来り、佐渡ノ三浦良、平《相川一丁目常山ノ》ゟ状来ル

・十日　金七来ル、内田ノ七年ニ付、向嶌ニテ茶会十席有り、一見ニ参ル、内田蔵品端図《（瑞図）》山水、（69裏）見事、青石香芦《（香炉）》、之又宜シ、疋田へより、石ハン咄シ仕ル

・十一日　古田へ参ル、そハ酒出ル、され哥よと申さるゝニつきよめる

松風を　きかまほしさニ　とめくれハ

いとゝしすけき　五月雨れそき

・十二日　赤塚来ル、酒飯出ス、岩村へ参ル、留守、村山へ参ル

・十三日　川上へ参ル

・（70表）十四日　マース《（モース）》来り、陶キ望ニ付、数多廻ス、種田付テ来ル

・十五日　平尾来ル、小川へより、酒出ル、竹川丁屋ノ税一条ノ取立方ノ談ス

・十六日　マース、種田終日来ル

・十七日　村田へ参ル、鉄炮咄シ承ル、今村来ル

・（70裏）十八日　小川来ル、酒飯出ス、日置へ参ル、酒飯出ル

・十九日　小金井来ル、陶器六品求ム、大山来ル

・廿日　小ノ原家内帰京ニテ来ル、平松ゟ繍画返ル、茶贈ラル、モース、種田来ル、古キ見セル、小川、小野原一寸参ル

・（71表）二十一日　古田へ参ル、そは出ル

・二十二日　田中へ参り、茶出ル、次、喜多へ参り、飯酒出ル、古田、福田外一人来ル

・二十三日　モース友人種田来ル、古キ見セル、諏訪来ル、瓦説持参ス、吉田、西沢来ル、茶出ス、藤波へ参ル、陶キ一求ム

・二十四日　西沢、古田、山本来ル、田中来ル、酒飯出ス、佐竹の道具（71裏）払物一見ニ参ル

・二十五日　松浦へ参ル、西国ゟ得物一見ス

頼朝文　敦盛文

定長文　長源（重源）文

文覚文　　明恵文

宗義（宗祇）文　　道実（道真）画

雪舟画　　青車輪石

□（曲カ）玉シノキ物　　可翁銅印

外ニ大ニ有ル也

・二十六日　間辺へ参、茶、雑煮、酒出ル

・（72表）二十七日　一日不快也、朝、赤塚来ル

・二十八日　マース来ル、山本二男来り、次、田中来り、茶出ス、とうき一求ム

・二十九日　平尾外二人来り、次ニ金七来り、茶出ス、山本二男来ル、謡ヲウタウ、神田へ参り、麦酒出ス

・（72裏）三十日　明治堂ニテモースノエン話（説）ヲ承ル

日用品　二十三円六十四銭

雑用品　三十二円十三銭九厘

お貞払　八十銭〇五厘
　合　五十六円五十八銭四厘
家税　五円
本陶器等ノ料　二百四十四円四十銭
　合　二百四十九円四十銭

・七月一日　西四辻来ル、モースへ陶キ廻シ、一寸参ル、次、桂川来ル、小川よル、次、古田へ参ル、飯出ル

・二日　菊丁へ参ル、留守、平松へ参ル

・三日（73表）　モース来ル、山本へ参ル、簗波来ル

・四日　諏訪へ参り、シーホルトへ参ル、古陶見利仕ル

・五日　原来ル、古キ見せ、小河来ル、飯出ス、鈴木、菊丁、河村へよる、とうき一求ム

・六日　小河来ル、古筆、赤塚へ参ル、宅ゟ状来ル、深尾ゟ山本ノ茶合返ル

・（73裏）七日　小河来ル、古田来ル、酒飯出ス、田中へ参ル、光敬来ル

・八日　西四辻へ参ル、留守、モース来ル

・九日　伊達来ル、朝、モースへ参ル、本陶キ代受取ル、小川へよル

・十日　古田、小河、伊達来ル、次、山口縣人来ル、古キ見セル、原へ参ル

・（74表）十一日　菊丁へ参り、次、赤つかへ参ル、飯出ル、大嵜来ル

・十二日　勝蔵来ル、岸、大路へ村山へ参る、新七出ル、下男替来ル

・十三日　今村来ル

・十四日　清水、井出、今村来ル、古キ見せ、酒飯出ス、（74裏）信楽へ参ル

・十五日　井出来ル、橋本へ参ル

・十六日　鈴井（ママ）、佐藤来ル、古キ見せ、
小河来ル、古田へ参ル

・十七日　小河、ハマ田来ル、陶キ求ル
如下

（75表）・十八日　井手来ル、吉田、四辻へ参ル、留守

・十九日　小川来ル、タムソン、獨乙人及牧へ参ル、宅状出ス

・廿日　小川へ参ル、牧へ参り、借家ノ談ニ行、大嵜、小林来ル、中村来ル、古キ見セル

・廿一日　鈴川へ参ル、茶飯出ル、赤つかへ参ル

・二十二日　小川へ参り、法隆寺へ参ル、菓子贈ル

（75裏）・二十三日　勧工場へ参ル、清水、山本来ル

・二十四日　大熊来ル、古キ見セル、朝日、深尾来ル
・二十五日
・廿六日
(76表)
・廿七日
・廿八日　平尾来ル
・廿九日　山本来ル
・三十日　通りへ行
・三十一日　前川参ル、朝鮮ニ去ル廿三日事件生ル
日用品　十四円五十一銭三厘
雑用品　十二円〇八八
お貞費　七十九銭
(76裏)

合　二十六円六十銭一厘
本陶キ料　百四十二円十五銭
家税　五円二分
合　百四七円三十五銭
外石ハン社ゟ二十四円返ル

・八月一日　鈴川へ参ル

・二日　小河来ル、通りへ一寸参ル

・三日　牧、片岡へ参ル

（77表）・四日　忍（不忍）スノ蓮見ニ行、五三郎来ル、古キ見セ、吉田来ル、古キ見セ、酒飯出ス

・五日　大雨、是真へ行、酒出ル

・六日　堀井へ参り、松田へ行、ます管ニ贈ル、大嵜来ル、宅、片岡ルすへ状出ス

・七日　伊丹へ参ル

（77裏）・八日　古田来ル、茶器色々カシ申候、夕方、岩下へ参ル、大嵜、河内来ル

・九日　間嶌へより、谷森へ参ル、大嵜来ル

・十日

・十一日　古田へ参ル、藤波来ル

・十二日　小川来ル、古田来ル、酒飯出、小野原へ参ル、山本ゟ状来ル

（78表）・十三日　牧、平尾へ参ル

・十四日　宅へ状出ス

・十五日　遠藤金子以而来ル

・十六日　古田へ参ル

・十七日

（78丁裏から79丁表は空白）

（79裏）十五年五月　二日　サト人　陶器七　二円三十□（銭カ）

十九日　大学校　瓦　二十五　代　五十四円

同　陶キ　切　七　二円三十銭

三十一日　神田　二円三十銭

〆　六十円九十銭

六月十四日　マースへ陶キ　廻ス代　二百三十円入

十七日　今村　七巻二　欠本二　十四円十銭入

〆　二百四十四円四十銭

七月八日　マース陶キ代　九十円入

九日　同　陶キ本　同　塗物代　四十八三五

十日　原　陶キ本　七六　三円八十銭入

〆　百四十二円十五銭

（80表）
八月十五日　遠藤　ミシン　金五円入

（80裏）
十五年一月分　木村　家税　二円　四月十八日受
同　二円　二十五日入
同　三円　五月十四日入
同　二円　二十六日入
同　一円　六月　入
同　二円　六月十三日入

（81丁表は空白）

（81裏）
十四年十月ゟ
九日　七円七十二銭　大工
八円六十四銭　瓦シ
十一月一日　三円十銭　畳代
十二銭　金釘
十四日　二円三十七銭　畳や
十二月一日　五円九銭　太丸（丸太）代

六日　五円三十二銭　植木
三十日　四円　いなわら
十一日　二円九十八銭五厘　木代
二十日　六十銭　とひ
二十一日　三円三十銭　大工
二十六日　十一円六十二銭　左官
三十日　三十九銭　畳や
（82表）
三十一日　二円　金物や
同　一円　戸や
〆　五十八円十五銭五厘
十五年一月三十一日　二円　戸や
三月十四日　十二円三十四銭　金物や
三月廿九日　二円九十六銭二厘　木代
五十銭　金物代
三十一日　五円六十銭　左官
四月五日　三円八十五銭　大工
九日　二円九十銭　□□□左官
二十六日　六十五銭　金物

二十八日　一円六十五銭　大工

〆

（82裏）十四年五月廿日　二円八十遣《ママ》　とひ

二十一日　四十銭　釘

同　一円四十銭　畳四枚

廿八日　七十銭　竹二わ

同　六十五銭　シロナハ

三十日　五円七十七銭五厘　大工

同　二円八十銭　トヒ

同　十五円八十三銭六厘　金物や

六月七日　三円二十一銭　板代

九日　三十二銭　釘代

十二日　六円　大工

十七日　板

（83表）同　四十七銭　釘

同　五銭　瓦

七月四日　六円九銭　大工

八月廿六日　八円十銭　戸ヤ

三十日　一円八十四銭　金物
九月十四日　九十銭　とひ
十月四日　六十銭　釘
三日　五円八十七銭五厘　戸や
五日　四円廿銭　ヤ子板
一円七十三銭　硝子板
〆七十六円六十四銭六
六日　二円二十銭　とひ
四円七十銭　ヤ子や

（83裏）
赤ハタ　横長二　松本
神部キウス（神戸急須）　松岡　一　神田　一　平松　一
フリキタハコ入　シーホルト　一　英人　一
角中高植木鉢　大　疋田　一
フリキキウス　亀井　一　岩キ　一　波多　一　春　一
キイラホ茶合（黄伊羅保）　英人　一
相馬トヒン（土瓶）　松原　一　かみゆい　一　濱宅　一
（84表）
十三年八月分　残　四十七銭五厘　勧工場

十五年二月廿六日　本　六円　横山入

〆　七日　同一　三円　英人
同　サツマ香合　五円　一
三月十日　平尾　利子　七円　入
十三日　はし本　茶入　三円　入
二十九日　鈴木　とうき　一　五円入
仏人　とうき　三　四円五十銭
三十日　八円六十八銭　石ハン社ゟ入
〆　三十六円十八銭

(84裏)
十四年三月分　家税
村上　一円五十銭　浅田　三円
原川　一円七十五銭　廣瀬　五十銭
〆　六円七十五銭
四月分
村　一円五十銭　浅田　三円
原川　一円三分　廣セ　五十銭
〆　六円七十五銭
五月分

村上　一円五十銭　浅田　三円
廣瀬　五十銭　原川　一円三分
〆　六円七十五銭

六月分
浅野　三円入　村上　一円五十銭入
（85表）
廣セ　五十銭入　原川　一円三分
〆　六円七十五銭

七月分　一円三十銭　原川　浅田　三円
村上　一円五十銭　廣セ　五十銭
〆　六円三十銭

八月分　浅田　三円　村上　一円五十銭
廣セ　五十銭
〆　五円

九月分　廣瀬　五十銭　村上　一円五十銭
乏田　七月分　一円二十五銭　三十四銭八厘
入　キカイ　一円五十銭　キ　三円ト四十銭
八月分　二円五十銭　一円七十五銭
（85裏）
九月分　二円五十銭　一円七十銭　二円三十六銭

キカヒ　六円
村上　一円五十銭　廣セ　五十銭
〆　二十三円七十四銭三厘
十月分　村上　一円五十銭　廣セ
疋田　七円二十五銭　石ハンソン料　六円
〆　九円二十五銭
十一月分　村上　壱円五十銭　廣セ　五十銭
疋田　七円二十五銭　石ハン　六円
〆　九円二十五銭
十二月分　村上　一円五十銭　廣セ　五十銭
疋田　同　同
〆　同
（86表）十五年一月分　廣セ　五十銭　村上　一円五十銭
〆　二円
二月分　同　同
〆　二円
三月分　同　同
〆　二円

七月七日

四月分　――

五月分　――　入

六月分　――　入

大山五円返ル

七月　十日　　三円三分　萩原　六月分入

村上　一円五十銭入　　　廣セ　五十銭入

合　五円二分

（86裏）

十四年三月廿五日　　ハエシ一　管　　十五円　国文社入

廿八日　　石キ　五ツ代　　七円　　竹村入

〆　二十二円

四月七日　　九十五銭　　運ちん　フリンク

〆

五月二日　　二百円　　著述物　陶キ代

七日　　五十銭　　青木　ヘンケー　菓子料

十九日　三十四円五十銭　　マース　陶キ代入

二十日　七円六十銭　　大野　本代　入

〆　二百四十二円六十銭

九月一日

（87表）

九月五日　百金十四替　三十五円二三二

十一月七日　二十六円五十銭　陶キ代　ブリンク

　廿三日　マキエタンス代　千円　マース

十二月三日　石ハン社金□件ニ付

　三□五円六十銭

　二十六日　金ユウニ付五円入

十二月三十一日　石ハンコウサイヒ十四□（円カ）

　石ハン入金　利子十二円

合　六十二円二十六銭

十五年一月十六日　十四円　鈴木□□

　三日　百八十五円　石ハンキ松田

　三十日　玉子キカイ二円　小河

（87丁裏は空白）

（88表）

　陶キ漆画出シ分

二月八日　和田へ　二十円

二月廿七日　平尾、和田へ　五円

三月七日　　和田へ　　六円

三月十五日　　平尾へ　　十円

三月廿一日　　和田へ　　二円

同　二十五日　平尾へ　　七円五十銭

同　三十一日　同　　　　十円

（88裏）
十四年二月分石ハン損料　　三円　　六月十五日入　中嶌

三月~~三日~~　　三円　　四月三日入

四月分　　三円　　五月十七日入

五月分　　三円　　六月六日入

六月分　　三円　　七月六日入

七月三日分　　一円五十銭　七月十五日入

〆

（89表）
十四年二月分　　三円　　津田　十四年三月十五日入

三月分　　三円　　四月十六日入

四月分　　三円　　六月一日入

五月分　　三円　　同

六月分　三円
七月八分　六　八月十七日入
九月、十、十一、十二月分　十二円　十二月二十九日入
（89裏）十三年十二月分　三円　木村　十四年三月十二日入
十四年一月分　二円　同　四月二日　入
同　二円　同　八日　入
同　一円　同　十三日入
二月分　二円五十銭　五月二日　入
同　一円　十二日入
同　一円五十銭　十九日入
三月分　二円　六月十四日入
同　一円五十銭　六月二十四日入
同　一円五十銭　七月一日　入
四月分　二円
同　三円　同　廿日　入
五月分　二円　八月五日　入
同　三円　同　十四日入

（90表）

六月分　二円
同　二円
同　一円
七月　三円
二円
八月分　二円
三円
九月分　二円
三円
十月分　二円
三円
十一月分　一円
同　二円
同　二円
十二月分　一円
千七七一　□一才　同　二円
同　二円

九月四日　入
九月十四日入
十九日入
十月八日　入
二□（破損）
十一月三日□（破損）
十日□（破損）
十二月□（破損）
□（破損）
十五年□（破損）
二十□（破損）
二月十七日入
二十一日入
□日入
十五日入
二十六日いり
四月四日　□（破損）

解題

はじめに

本書は、蜷川式胤が筆録した日記「椎之落葉」を翻刻したものである。

蜷川式胤は好古家として知られる。蜷川は、天保六年五月二十三日（一八三五年六月十八日）、京都東寺の公人蜷川家に生まれ、幼い頃より土器や瓦などを愛で、成長すると和漢の書籍を読み、各地の名士を訪ね宝物を調査するなど、寝食を忘れて学問に励んだという。明治二年（一八六九）、岩倉具視の招聘により上京し、明治政府に出仕すると、制度取調御用掛（後に制度局取調御用掛）で諸制度の考証に携わった。その後、外務省編輯課、文部省博物局、内務省博物局などで業務にあたり、古器旧物の調査や保護、博覧会の開催を中心になって取り組んだ。一方、明治四年（一八七一）には旧江戸城を写真撮影し、明治十年（一八七七）一月に内務省を辞職して以降は、主に日本各地の陶器を研究し、その著述の刊行に取り組んだ。代表的な著作として『観古図説』『好古図説』『徴古図説』などがあり、『観古図説―城郭之部』一冊と『観古図説―陶器之部』七冊が刊行された。『観古図説―陶器之部』は第一巻から第五巻まで仏文の別冊が作成され、アーレンス商会から主にヨーロッパに向けて輸出された。また、式胤は、好古家、美術家、そして当時来日していた外国人などと古器旧物や学問を通じて親交を深めた(1)。

江戸から明治という急速に西洋化が進む時代の転換期にあって、式胤は古器旧物の保護と普及活用を図る活動をしていたのである。明治十五年（一八八二）八月二十一日、式胤は亡くなった。享年四十八。東京の谷中霊園に墓碑が建っている。

蜷川式胤肖像写真
(蜷川親正編『[新訂]観古図説　城郭之部』中央公論美術出版、平成2年（1990）より転載)

蜷川式胤に関する研究は少なくない[2]。しかし、式胤自身の資料となると、『観古図説―城郭之部』[3]『観古図説―陶器之部』、式胤没後に式胤の姉辰子により刊行された『観古図説―瓦之部』『観古図説―陶瓦器』[4]、その他部分的に明らかにされたものしかなかった[5]。近年、明治五年（一八七二）年の主に近畿地方における社寺の宝物調査（壬申検査）の模様が記された日記「奈良之筋道」や、明治八年（一八七五）に再度実施された正倉院の調査の模様が記された日記「八重之残花」が翻刻され、自らの記述による式胤の活動が次第に明らかにされている[6]。

蜷川第一編『蜷川式胤追慕録』（五段田園、昭和八年（一九三三））には、式胤の日記として「奈良の筋道三冊、八重の残花二冊、椎の落葉六冊、不二の下草一冊、洋装の日記三冊、東京下向の記三冊、明治五年社寺宝物調査記一冊」が紹介されている。このうち主要な日記が「奈良の筋道三冊、八重の残花二冊、椎の落葉六冊」と見られる[7]。「奈良之筋道」と「八重之残花」は翻刻され、「椎之落葉」を翻刻することが残された課題だった。今回の「椎之落葉」の翻刻により、式胤自らが記した活動の全貌が明らかになるのである。

以下では「椎之落葉」の書誌情報と、記事の中から特徴的ないくつかを紹介しよう。

「椎之落葉」について

本書で翻刻した「椎之落葉」は全六冊からなる。各冊の寸法は次の通りである（いずれも縦×横）。

壱：一八〇×一二六㎜　弐：一八二×一二八㎜　三：一八一×一二四㎜

四：一八二×一二五㎜　五：一八一×一二五㎜　六：一八一×一二五㎜

各日記の表紙には下記のように記載期間が記される。

壱　明治八年十一月廿一日ヨリ明治九年年十一月三十日迄ニ至ル
弐　明治九年十二月一日ヨリ　同　十一年一月三十一日迄
三　明治十一年二月一日ヨリ　同　十一月三十日迄
九月六日東京出立、五畿内及紀州、淡路、阿波、讃岐、備前、播州へ参り、十一月廿三日帰東ス
四　明治十一年十二月一日ヨリ　同　十三年一月三十一日迄
五　明治十三年二月一日ヨリ　同　十一月二十九西京へ向出立、同　十四年二月三日帰東ス、
同　二月二十八日迄
六　明治十四年三月一日ヨリ

「壱」では明治八年（一八七五）十一月二十一日の記事が最初で、「六」では明治十五年（一八八二）八月十六日までの記載がある（八月十六日は「古田へ参ル」、八月十七日は日付のみで、内容は記されていない）。式胤は、明治十五年八月二十一日に当時流行していたコレラに罹患して亡くなったとされており、亡くなる五日前まで知人を訪問していた。

「椎之落葉」も「奈良之筋道」「八重之残花」と同様に、式胤独特の難解な文字で、日次に筆録されてい

る。式胤が東京在住中だったら毎日「椎之落葉」を書き綴ることは可能だろう。しかし、日付と内容が前後する箇所があること、写真の貼付や挿画があること、写真の貼付や挿図を予定していたと見られる場所が空いていること、旅行中に式胤が本書を持ち歩いたとは考えづらいこと、「奈良之筋道」は野帳と見られる「社寺宝物検査巡回記」を再編集して、執筆されたものであると考えられることから(8)、「椎之落葉」についても、式胤は毎日書いたのではなく、後日まとめて(あるいは数日分まとめて)書き綴ったのではないかと見られる。ほとんどが墨書きだが、「三」には油性のペンで記されたと見られる箇所もある。また「六」の冒頭には別紙に描かれた二枚の画が貼付されている。六冊を通じて内容には精粗があり、後半期になると情報が少なくなる傾向にある。特に「六」は、他家への訪問や知人の来訪に関する簡単な記述が多く、日付のみの記載もある。さらに、後半期になると式胤の文字は乱れ、誤字や脱字が多くなるように思える。「四」以降、月末にはその月の収支が記されるようになるが、個別の項目と合計が合わない場合もある。

「椎之落葉」には「奈良之筋道」「八重之残花」と同様に式胤による図画が描かれ、写真が貼付されている。写真は巻末近くに貼付され、写真数は、「壱」四点、「弐」四点、「三」九点、「四」六点、「五」四点、合計二十七点である。写真は、旅行先の風景が多いが、横山松三郎の肖像、内国勧業博覧会の表門、教育博物館の外観、モースとその家族の写真など貴重なものも含まれる。式胤が羽倉可亭に篆刻を依頼して製作された印章がそのまま押印されている箇所もある。

各巻末には知人の住所、陶器の購入や売り出し、家普請に関する収支、『観古図説』の出版届、旅行先での土産品の購入など、さまざまな内容が記される。しかし、内容が不明なものも少なくない。

「椎之落葉」の記事――旅行記

「椎之落葉」には近畿地方などへの旅行記が含まれる。

明治九年の旅行

「壱」には明治九年（一八七六）七月から九月までの旅行の記事がある。式胤は七月二十八日に横浜を出帆し、三十日に神戸に着船、八月一日に奈良に着いた。「明日ゟ賜暇中帰省三十日ノ届出シ、実ハ金剛珠建物引移シ方不出来候ハヽ、私及町田等も不都合により、右一見も仕り」（明治九年七月二十六日）とあるように、休暇による帰省とされるが、合わせて古建築の保護に関する仕事も務めるつもりだった。次のような記述が見える。「次ニ小西よひニやり、色々当地ニ有ル古き建物買取方相談致し、直ニ東大寺ニ有ル校倉三ケ所、唐門、開山屋の建等、寺へ問合セニ参り呉れられ申候」（明治九年八月一日）、「明十二日ニハ奈良へ参り、正倉院の木柵並此度の局ノ倉ノ引移シ方見分ノ上、差図仕り候様ニ被申」（明治九年八月十一日）、「実地見分ニテ、尊勝院校倉ハ四方木さく仕りテ、床下の草ヲ貫き、東京へ引移シ方止候様被申候事、正倉院ノ木柵ハ、二十間四方ニ相成り申候事ニテ定り申候」（明治九年八月十二日）と、古建築の買取について相談したことや、正倉院の木柵整備、東大寺尊勝院の倉の移動など、古器旧物の保存に関する局の業務に取り組んだことがわかる。

一方、「先日私出板の中ノ神武陵ゟ出ル土器（中略）ゆつり受け申候」（明治九年八月六日）、「橋本藤一所持古瓦多分有ルニ付、譲り呉れ候様ニ頼ミ置候処、承知也」（明治九年八月七日）、「法華寺へ私参ル、旧域小筥石一見シテ、五ツ譲受ル」（明治九年八月十五日）と、明治九年三月に刊行した『観古図説―陶器之部一』で取り上げた神武陵から出土した土器など、陶器研究のための蒐集にも取り組んだ。また、「六兵衛、小畑、道八、蔵六へ参ル」（明治九年八月二十四日）、「蔵六方へ参り、古陶器求メ」（明治九年八月二十八日）と、京焼の窯元を訪ね、古い陶器の蒐集にあたった。そして、大坂などに出向いた後に、東海道を東に向かい、土山、石薬師を経由して四日市から船に乗り、師崎経由で九月十一日に横浜に着船した。

明治十一年の旅行

「三」には明治十一年（一八七八）九月六日に東京を出立して、畿内及び紀州、淡路、阿波、讃岐、備前、播磨を回り、十一月二十三日に帰東した記事がある。

九月六日六時半に自宅を出立した式胤は、新橋駅で曲木と待ち合わせ、七時に出発、東海道を西に向かった。人力車や馬車、船（宮から四日市までと、草の元濱から大津までの琵琶湖は蒸気船）を使い、途中、志戸呂窯に立ち寄り、九月十三日に京に到着した。

京到着後、「桂宮へより、御茶屋ノ由来問合セ置キ、次ニ粟田ノ帯山へ参り、同人ノ家ノ由来尋置ク、次ニ宝山へ参り、新古窯ヲ一見シ、家ノ伝ヲ聞ク、次ニ岩倉山丹山へ参り、家伝問合シ置ク、丹山、宝山、帯山へハ陶キノ画二枚ツ、贈ル、丹山へハ又タカヤサン箸一ツ贈ル」（明治十一年九月十八日）、「道八へ参り、ハシ、ハナヲ贈ル、陶器ノ由来ヲ聞ク」（明治十一年九月二十三日）と、桂宮や粟田帯山、宝山、丹山や道八といった京焼の窯元を訪ね、その由来を尋ねたことが記されている。

また、「天龍寺へより、釈迦堂、大覚寺、廣隆寺へ参り、建物ノ年暦問合ス、サガノ八軒へ参り、土器ノ沿革問フ」（明治十一年十月四日）、「雀谷陶窯ヲ一見シ、次ニ石山へ参り、寺ノ縁起ヲ書抜ク」（明治十一年十月七日）、「高雄山へ参り、堂ノ年暦問合シ、次ニ槇尾寺へ参り、同シク問合シ、次ニ栂尾寺へ参り、同シク問合、古陶少々一見」（明治十一年十月十一日）、「志貴山ノ宝寿院へ参り、一山ノ由来年暦問合シ（中略）次、法隆寺本坊へ参り、次ニ先年写取写真ト真ノ堂塔ト引合シ、次ニ車ニテ三井ノ法林寺《法輪寺》へ参ル、留守、次ニ歩行ニテ法起寺へ参り、両寺ノ年暦由来問合シ」（明治十一年十月十七日）と、窯元とならんで各地の寺院を訪ね、その由来年暦を尋ね、法隆寺では以前撮影した堂塔の写真と実際の堂塔との照合を行ったことが記されている。さらに、奈良では、安閑帝、舒明帝、懿徳帝、応神帝、神功皇后、雄略帝、欽明帝などの宮跡や、「廃薬師寺跡」や大官大寺跡、三輪社を訪ねている（明治十一年十月二十二日、二十三日）。

その後、高野山から和歌山を通り、十月二十八日には淡路、さらに阿波から讃岐に入り、十一月一日に金比羅宮を訪れた。その途次においても、例えば「伊賀野ノ淡州焼ノ賀集三平及眠平《珉平》方へ参り、窯及細工場一見シ、三平方ニテ高盃五十計注文ス」（明治十一年十月二十九日）、「八嶌《屋島》ヲ見テ高松ニ至ル、檀浦ノ前、志度ニ廻テ志度焼ノ由来聞合ス」（明治十一年十月三十日）、「矢嶌《屋島》ノ陶器ヲ作ル内へ参り（中略）蔵谷《象谷》ノ内へ参り、漆器ヲ一見シ」（明治十一年十月三十一日）、「志度焼ノ岡田へ参りテ由来ヲ承ル」（明治十一年十一月一日）と、引き続き各地の窯元や漆工職人を訪ね、窯元の由来を尋ね、陶器を蒐集した。十一月二日には備前に渡り、「尹部村森方へ参り、新古窯及品物ヲ一見シ、又由来ヲ承ル」（明治十一年十一月四日）と伊部窯、その後、大坂の吉向窯を訪れ（明治十一年十一月六日）、十二日には京の自宅に戻った。東京への帰路についた途中においても「醍醐ノ於多福庵へ参り、石入りの急須求ム（中略）宇治ノ朝日焼ノ由来聞合シ、次ニ平等院ノ由来も同寺ノ天台宗ノ院ニテ聞合ス」（明治十一年十一月十五日）と、醍醐の於多福庵や宇治の朝日焼の窯元、平等院へ行き、それらの由来を尋ね、陶器を集めている。大坂を経由して、十一月二十一日に神戸から出船し、二十三日に横浜に着船した。

明治十三年の旅行

「五」には明治十三年（一八八〇）十一月二十九日に東京を出立して、京に向かい、明治十四年（一八八一）二月三日に帰東した記事がある。十一月二十九日八時半に東京を出立し、中山道を経て長野へ向かい、善光寺に参詣した。木曾を通り、多治見、瀬戸、常滑などの窯元を訪ねた後、熱田、名古屋から東海道を西へ向かい、十二月十八日に京に入った。この時は京の自宅に一泊して亀山に行き、蜷川家ゆかりの蟠根寺を訪れている。そこから篠山、有馬、大坂を経由して十二月二十四日に京の自宅に戻っている。その間、篠山焼、古丹波焼、立杭焼の窯元などを訪れている。年末には知人などの来訪を受け、年始には蔵六、道八などを訪れている。一月十三日には醍醐、宇治を通り奈良に入り、東大寺や博覧会などに立ち寄った後、十六日には法隆寺、その翌日には堺、大坂に行き、十九日には再び京の自宅に戻った。そして宝山、丹山、六兵衛、蔵六や博物館を訪れた後、二月一日に鉄道で神戸まで行き乗船、翌日の夜に横浜に着いた。

以上のように、「椎之落葉」に記された旅行記からは、式胤が寺院や史跡とともに、熱心に各地の陶窯を訪れ、調査したことがうかがえる。記事の間には、蒐集した土器や石器などの挿画も掲げられている。式胤の関心が陶器研究や『観古図説―陶器之部』の著述、刊行にあったことがわかる。

「椎之落葉」の記事——蜷川式胤をめぐる人々

「椎之落葉」には伊藤圭介、柏木貨一郎、亀井至一と竹二郎兄弟、古筆了仲、柴田是真、下岡蓮杖、高橋由一、田中芳男、町田久成、松浦武四郎、松田敦朝、三浦乾也、羽倉可亭、平山成信、府川一則、森川杜園、横山松三郎（五十音順）、そして当時来日していたアーネスト・サトウ、ゴットフリード・ワグネル、王惕斎、ハインリッヒ・フォン・シーボルト、エドアルド・キヨッソーネ、エドワード・シルベスター・モース、アーネスト・フェノロサ（来日順）などの名前、各国の公使や書記官という肩書が記され、式胤の交友関係がうかがえる。ここでは「椎之落葉」に登場する機会が多く、具体的な記事内容のある数人を取り上げて紹介しよう。

亀井至一と竹二郎兄弟

至一とその弟竹二郎は横山松三郎に学び、玄々堂に入社した。至一は石版画師として『観古図説―陶器之部』製作にも関わった。竹二郎は「懐古東海道五十三驛眞景」を残している。(9) 「椎之落葉」には至一や竹二郎の作品製作に関する次のような記事がある。

・亀井竹次郎来、彌明日上京の由ニ付二十円渡シ申候、十円ハ其内其宅へ廻シ可申談ニ仕ル、右油画認方差支無之様、江州石山寺へ書状出ス也

（明治九年十一月四日）

・亀井竹次郎一昨日帰京ニテ見ヘ、昼飯出ス、五十三ツキ油画八寸位ヒノ物認テ持帰り、見セラル

（明治十年七月一日）

・至一ヘ参ル、此度被写候不二ノ景色五十計り一見ス、中ニモ原ノ不二ノ西ヘ尾ノ長ク引ク処一ハン見事也、次ニ甲州ノ猿ハシ也

（明治十一年八月五日）

式胤は竹二郎の作品制作に支障のないように金銭の提供や仲介をしていたことがわかる。そして、至一や竹二郎は帰京後に式胤に出来上がった作品を見せていた。式胤が、竹二郎が描いた式胤の母や「大和国龍田川景」の作品の寄贈を受けた記事もある（明治十年九月二十三日、明治十年十一月十二日）。

竹二郎は、明治十二年（一八七九）五月十六日、二十三歳で亡くなったが、式胤は「竹二郎へ見舞ニ参り、菓子ヲ贈ル」（明治十二年四月二十八日）と、竹二郎を見舞い、亡くなった一周忌の「油会」には式胤は二点の作品を出品したことが記されている（明治十三年五月十五日）。式胤は特に亀井兄弟と懇意にしていた。

柴田是真

漆工師で、明治六年（一八七三）のウイーン万国博覧会をはじめとして国内外の博覧会に作品を出品し、多くの賞を受けた。「椎之落葉」には是真が子や門人を連れて式胤のもとを訪れ、式胤もまた是真を訪ねている記事は多い。

松田敦朝

父の跡を継ぎ玄々堂を名乗り、呉服橋で工房を構え、銅版や石版印刷業を行った。『観古図説―城郭之

部』『観古図説─陶器之部』の奥付には玄々堂の印が押印されている。一方、玄々堂は多くの美術家が集う場所でもあり、高橋由一や亀井至一と竹二郎兄弟、石井鼎湖などが絵画研究を行った。「椎之落葉」には頻繁に松田の名前が登場する。具体的な記事としては『観古図説─陶器之部』製作や出版に関する内容が多い。明治八年（一八七五）末から明治九年（一八七六）前半期だけを取り上げても次のような記事がある。

・松田へより、石板凡一枚三日トシテ二月始メニ無クハ出来致し兼候由被申（明治八年十二月十八日）
・昼後、松田へ参り、石版機取り帰ス（明治九年一月七日）
・松田へより、石版六百枚ツヽノ様ニ頼ミ置く（明治九年一月十七日）
・松田へ参ル処、陶器ノ出版皆出来ス、残り遣シ可申様申置（明治九年二月十五日）
・松田へ参り、兼而頼置陶器ノ本二冊出来ル（明治九年三月七日）

アーネスト・サトウ

イギリス出身の外交官で、通訳官などとして幕末期政治の重要な局面において活躍した。「椎之落葉」に記されたサトウは三度目の来日の時期にあたる。式胤と行き来し、古器旧物をはじめとするさまざまな物品の授受などが記される。例えば明治十年（一八七七）の記事を抜き出してみると、「英ノ博物館古物課取締フラクス氏、諸国ノ陶器ヲ好ミ取集メり、目録二冊サトウ氏日本へ出張ヲ幸ヒトシテ、本人我ニ贈ラントテ、サトウ氏ニ被頼シカ、今日、私ニ廻サレ申候」（明治十年三月十八日）、「英国博物館へ贈ル遠山盆、鏡燈台、並ニ考添サトウ氏へ渡ス」（明治十年五月十四日）、「サトウ氏へ観古── 二巻二冊廻ス、祥瑞花生十二円ニテ譲ル」（明治十年六月三日）、「サトウへ参り、西京作金銅懸贈ル、陶四巻二冊ユツル」（明治十年十一月八日)、「サトウ、フランクス氏ゟ兼而私古陶ユツル義申入置候処、中来ルニ付、サトウ一見ニテ相談叶ヒ申候」(明治十年十二月十八日)と、サトウはイギリスの博物館と式胤を媒介する役割を果たしていたことがうかがえる。

ゴットフリード・ワグネル

ドイツ出身で、陶磁器などの技術改善の指導、大学南校や東校でドイツ語や化学教育に携わり、多くの人材を育成した。「椎之落葉」では「ワグ子ル」と記される。式胤はワグネルに図書類や資料などの寄贈、ワグネルと「度量学問」の話をしたこと、ワグネルを通じてドイツの博物館に図書や古器物を寄贈した記事が見える(明治九年十月二十三日、明治九年十一月十三日、明治九年十一月二十九日、明治十年一月十日、明治十年二月三日、明治十年八月十七日など)。

王惕斎

中国寧波出身の商人で、来日当初は敦賀県士族などに雇われ、文具を扱っていた。明治十年(一八七七)には独立して、文具や書籍をはじめとする中国の品物を手広く扱った(10)。式胤は惕斎から金石索といった中国の書籍を取寄せ、購入している(明治九年九月十八日、明治十一年一月二十三日)。

ハインリッヒ・フォン・シーボルト

江戸時代後期にオランダ商館医として来日したフィリップ・フランツ・フォン・シーボルトの次男。オーストリア=ハンガリー帝国の外交官で、ウイーン万国博覧会では兄アレクサンダーとともに日本の参加に尽力した。「椎之落葉」ではシーボルトと記されることが多い。「椎之落葉」における式胤とシーボルトとの交流については、古物会の記事が興味深い。明治八年（一八七五）十二月六日の上大崎村松平邸におけるシーボルト主催の古物会について、「目黒ノ手前行人坂主殿邸跡ニシーホルト方へ参ル、在宿ニテ、同人十二月一日古物会致し候ニ付、色々相談有ル也」（明治八年十一月二十一日）と、事前に式胤はシーボルトの相談にのっていた。この古物会の広告も「椎之落葉」には記され、会では式胤は補助を務めた（明治八年十二月六日）。そして、式胤は明治九年四月三十日、明治十一年四月二十一日にもシーボルトの古物会に行っている。一方、後述するように、『観古図説―陶器之部』刊行にあたり式胤はシーボルトの力を借りた。また、式胤は『観古図説』や古器旧物をドイツの博物館などに寄贈する際の仲介をシーボルトに頼んだことが記されている。

エドアルド・キヨッソーネ

イタリア出身の銅版画家。大蔵省紙幣寮（後の印刷局）で紙幣や切手などの原版製作や印刷技術を指導した。「椎之落葉」では「キヨソ子ー」などと記される。シーボルトやモースの記事ほど多くはないが、具体的内容としては式胤が「古画目利」をしたことが記されている（明治十年五月二日、明治十年五月五日）。

エドワード・シルベスター・モース

アメリカの動物学者で標本採集のため来日し、東京大学の教授として日本の考古学の基礎を作った。大森貝塚の発見者としても知られる。「椎之落葉」ではマースと記されることが多い。「神田来ル、古物見セる、米人ニ古物一見致し度、且日本国博物館ニ頼まれ候由ニテゆつり受度由、近日同道ニテ参ル様ニ被申候事」（明治十二年一月四日）、「明三字ニ米人モース、訳者一人古キ見ニ参ル、神田ゟ状来ル」（明治十二年一月六日）、「神田、モース外一人来ル、古物見せ、著述物ユツル也、米国博覧《(物カ)》館へ廻ス為メ、少々陶キヲ頼まれ申候」（明治十二年一月七日）と、式胤とアメリカの博物館の陶器蒐集の依頼を受けたモースとの交流は、神田孝平を通じて始まった。その後、モースはたびたび式胤を訪れ、「マース氏来ル、同人へ廻ス陶キ三十三品持帰ラル（中略）陶キノ弁解申候処、コト〳〵ク書取ル」（明治十二年二月十日）、「マースゟ陶キ取りニ来ル（中略）マース氏へ参ル、色々陶キ目利仕ル」（明治十二年二月十一日）、「モース、種田来ル、又、古陶目利致シ遣し申候」（明治十二年二月十九日）と、式胤とモースは頻繁に行き来し、モースは式胤から陶器の知識を習得し、陶器を蒐集した。モースが式胤を通じて蒐集した陶器類はアメリカのボストン美術館に収蔵されている。[11]

「四」には本郷旧加賀邸内モース官邸のモースとその家族の写真が貼付されている。また、「高峯ニマース氏へ贈ル画廻シ方頼置、同人日本陶キ数品本国へ持帰り、夫婦二人、子供ヲシテ箱ゟ出ス処ヲ日本ゟ目鏡ニテ私望見ルノ図」（明治十三年五月三日）と、ピーボディ・エセックス博物館に収蔵されている川端玉章の作品[12]に関する記述もある。

アーネスト・フェノロサ

アメリカ出身の東洋美術史家で、モースの仲介で来日した。岡倉天心とともに東京美術学校の設立、奈良などの寺社の宝物調査に携わり、日本美術を紹介したことで知られる。式胤が古画の目利きをした記事（明治十二年十二月四日）や「古画ノ伝」を話した記事など（明治十三年七月七日、明治十三年八月五日）がある。

「椎之落葉」には実に多くの人物が登場する。もちろん何者なのか分からない人物も少なくない。しかし、当時来日していた外国人を含めて「文化」「芸術」「産業」に関わる多くの人が式胤と交流したことは確かである。

「椎之落葉」の記事――『観古図説―陶器之部』の制作と陶器研究

明治九年三月八日には『観古図説―陶器之部一』の出版届が記されている。

出版御届
一観古図説　陶器之部　壱冊大画図入り
明治九年三月　出版
右ハ私著、歴史ニ見ユル上代ノ陶器ノコトヲ述へ、此説ヲ獨乙文ニ墺国人ヘンレー・シーボルト氏ノ翻訳ヲ添へ、一切条例ニ背キ候義無之候間、今度出版致し度、此段御届申上候也
明治九年三月八日　京都府下平民　蜷川式胤　印
内務卿大久保利通殿　東京辰ノ口道三丁二番地寄留

出版届には、式胤は当初、『観古図説―陶器之部』の独訳を添付して刊行する予定だったことが記され

ている。式胤は先に述べたシーボルト主催の古物会の相談の際に「古焼物ノ説此間廻し置候付而ハ内品ノ図様ニ致し方談シ置也、両人仲間ニテ出板候而、外国へ廻し方見込」(明治八年十一月二十一日)、「シーボルト氏来ル、陶器ノ本相談仕ル也、凡百部ハ同人望ミ、此代物ハ同人払フ由被申候事」(明治八年十二月十七日)と、『観古図説—陶器之部』の刊行や外国に向けた販売について事前にシーボルトと話し合っていた。

式胤がドイツ語圏を念頭において『観古図説—陶器之部』を刊行するつもりだったのか、最も懇意にしていたシーボルトに翻訳の協力を求めたのか、さらに検討しなければならない。しかし、その後、独訳に関する記事は見られなくなり、仏訳に関する記事となる。また、シーボルトやドイツ公使を通じて、ドイツの博物館などに仏文のものを贈っていることから、式胤は実際の刊行にあたり、何らかの理由により独訳から仏訳に切り替えたのではないかと推測される。

・平山ち観古——翻訳廻され候ニ付、ヘンケイ方へ一見ニ持参ス　(明治九年六月十四日)
・石はしへ陶説ノ横文出版頼申候、凡五百部六十円位ノ見込　(明治九年七月十四日)
・観古図説横文出版ノ義ニ付外務省へより、平山ニ面会仕り、次ニ績文社へより、出版不出来ニより断り、原書持帰り　(明治九年七月二十六日)

右の記述からは、仏訳には平山成信が関わったことや、仏文別冊の出版には紆余曲折があったことがうかがえる。

『観古図説—陶器之部』はアーレンス商会を通じてヨーロッパに向けて販売されており、それに関連する記事もある。式胤が交わした販売をめぐる取り決めも記されている。そこからは、式胤がヘンケーを通

じて販売していたことや、販売が難航していた様子がうかがえる。(13)

・ヘンケー方へ陶器巻二百部廻シ申候
(明治十年三月三日)

・ヘンケー参り、陶器二巻本代二百五十円受取、百円松田へ渡シ申候
(明治十年三月八日)

・ヘンケーへ参ル、観古図説ハ仏国ニ於テ買手無き由被申候
(明治十一年十一月三十日)

・ヘンケーへ参り、出雲焼多分注文ノ次第咄シ仕り、次ニ観古図説及古陶ハ仏国ニ而不残捌ケ候へ共、損分由申来り、何レ廿日後ニハ細カニ知レ、夫迄私ノ同シ本捌き候事見合シ呉れ候様ニ被申
(明治十二年一月十六日)

・ヘンケーら観古――仏国ニテ売候処、損料千五百フラク(ン脱カ)ニ付、何程カ償却カシ候様申来ル
(明治十二年二月六日)

・ハーレンスへ本ノ仏方ニテ売弘メ、且一ヨリ五迄ノ算用ノ義、ヘンケー氏へ相談済ノ由返書出ス
(明治十二年十二月二十四日)

・来ルヘンケー、之レ迄ノ本ノ出入ハ流シテ、今之ニ新タニ条約仕り度由ニテ、仏人観古図説ヲ求メシ人一、二ケ月ノ中ニ来ル由、其時ニハ本条約仕り度候間、夫迄仮約条如左

二ケ月先本条約取結義ニ付、仮約条書

一　私方ニテ観古図説売弘メサルコト

一　同本ヲ再板セサルコト

一　横濱ニ於テ売捌キニ出シ置候本ヲ取返スコト

明治十三年五月　　　蜷――

ヘンケー様

（明治十三年五月一日）

『観古図説―陶器之部』だけでなく、式胤は日本在住の外国人向けに陶器や画の販売にも取り組んでいたようだ。「椎之落葉」には次のような新聞広告の記事とその写がある。

・陶キ払フ新聞ヲ出ス方、はまノエコセジヤホンへ正書廻ス

（明治十三年三月二十二日）

・十三年三月二十二日廻　陶キヲ払フ仏文新聞ニ出ス正書

我国ノ諸国ニ産スル陶キ、今ヲ去ルコト凡一千三百年前ヨリ今日ニ至迄ノ新古ヲ凡百ケ払度候ニ付、望ノ方ハ正午十二字迄ニ一見ニ御来車有之度候、右ハ陶キノ沿革ヲ見ルニタル博物学者ノ尤有用ノ品ニテ、中ニモ藤四郎並仁清、乾山、永楽等ハ有名ノ工人也

同三十　画図ヲ払フ仏ノ新聞ニ出ス控

我国ニ諸流ニ分ル画図、今ヲ去ルコト一千　百年前ヨリ今日ニ至ル迄ノ新古ノ画ヲ模写セシ物数品払度候ニ付、望ノ方ハ正午十二字迄ニ一見ニ御来車有之候、右ハ画図ノ沿革ヲ知ルニタル歴史ノ考証トナル品ニ付、博学者ノ尤有用候也、中ニモ有名ノ筆者ハ、金岡、鳥羽僧正、信実、長光（ママ）、光信、応挙等ニテ、当時ノ有様、朝家ノ儀式並神事、仏事、且山水等ノ写生ナレハ、歴史ノ欠ヲ補フニタル

（「五」巻末）

さらに、式胤の関心は、『観古図説―陶器之部』にまとめられた各地の陶窯やそこで作られた陶器などの考証だけでなく、当時の陶器の開発にも向けられていた。

・納富へ参り、新製ノ西洋窯一見シ、出来上りノ品ヲ色々一見シ、河原ニもあひ、陶器ノ咄シ仕り、又承ル、所ハ小日向江戸川そへ通り、出来上りハ新工風ノ物も有れ共中等也　（明治十一年八月二十日）

式胤が塩田真と納富介次郎が設立した江戸川製陶所を訪れ、新製の窯を見学し、河原徳立と陶器の話をしたことが記されている。そこで製造された陶器について、式胤は、新たに工夫をしたものもあるが、製品としては中等であるという感想を記している。「新製ノ西洋窯」の画も描かれている。式胤が、産業育成や製品の海外輸出にいかなる視点を持っていたのか、考察する素材となろう。

さらに、結果として事業は軌道に乗らなかったようだが、式胤が石油精製や燃水社という会社に関わった記事が明治九年（一八七六）から明治十一年（一八七八）にかけて見られる。石油精製をする蘭引のような器械の画も描かれている。石油に対して式胤がどのような考えを持っていたかなど、詳細は今後の研究となると見られるが、いままで知られていなかった式胤の活動だろう。先述したように、古器旧物の記録保存においても写真や石版印刷という当時としては新しい技術を取り入れ、またワグネルなどとの交流により新しい学問を吸収していた式胤は、将来を見越した事業を展開しようと考えていたのではあるまいか。

「椎之落葉」の記事――博物館への資料寄贈

式胤が国内外の博物館などへの資料を寄贈していた記事もある。

・教育博物館へ参り、観古図説城郭部一冊、陶器図二枚、田善ノ銅板二枚献品ス、先比献品ノ介魚鏡石ノ証書来ル
（明治十一年六月十四日）

・

京都府平民

蜷川式胤

天産、工芸、々術、史伝ニ属スル新古之物品、総計二百十九品ヲ博物館へ献納候段、奇特之儀ニ付、為其賞銀盃一ケ下賜候事

明治十一年八月

東京府廰　印

（明治十一年八月五日）

・尾州博覧会へ十九点廻ス、十三点ハ常備へ納ル也
（明治十一年八月二十日）

博覧会へ出品し、その中から「常備」にするために、資料を寄贈したケースもあったことがわかる。式胤は『観古図説―陶器之部』を出版するごとに、ヨーロッパの博物館などに送っていた。また、古器旧物をイタリア、オーストリア、オランダ、ドイツ、フランスの博物館などに寄贈した記事もある。

・ワク子ル方へ参り、紀効新書獨乙人社中博物所へ贈り方頼ム、革究図考、観古図説一冊ゆつる
（明治九年十月二十三日）

・外務省へ観古図説十二部、近藤ニ渡ス、伊太利亜公使へ同覆文（横文）一冊本国へ廻シ方頼ム、次ニ亜米利賀公使へ参り、同様廻ス
（明治九年十一月二日）

・ワク子ル方へ参ル、私集ル今古（古今）沿革図集一冊、獨乙国社中持博物館へ贈ル
（明治九年十一月十三日）

・獨乙国ノ公使館へ参ル、同国博物館ノ為メニ観古図説一部贈ル（明治九年十一月十九日）
・和蘭公使へより、同国へ観古図説一部ツヽ贈ル（明治十年一月四日）
・陶器之二巻、獨乙国博物館へ贈り方同国公使へ頼ム、同書記官桐ノ古漆器七品ゆつる、代十五円二分、同書伊太利亜公使へ同国博物館ノ為メニ贈り方頼む、次ニ仏国へも贈り方ジブスケ氏へ頼む（明治十年二月二十四日）
・英ノ公使館へ参り、公使ハークス、アストントあひ申候、色々玉器陶器一見シ、同国博物館へ陶器ノ二巻贈り方頼む（明治十年二月二十五日）
・和蘭ノ外務卿ゟ同国公使へ向け書状ニ曰、観古図説ハ王室ノ文庫へ納メ候間、私へ礼ヲ謝ス様ニ申来ル状ヲ訳文添テ公使ゟ被廻申候事（明治十年六月十九日）
・ワク子ル方へ参ル、留守ニ付、獨乙人社中持博覧所へ私肩衣、矢根束等贈り方頼ミ置（明治十年八月十七日）
・シーホルトへ参り、貝類、肩衣、空海像ノ形有る細工籠、善吉銅板画二、陶器図、平燭台等ヲサキソンノ博物館へ贈り方頼ミ置ク（明治十年十月二十一日）
・獨乙公使館へ参り、ケンフルマンニ城郭図説同国書籍館へ廻シ方ヲ頼ミ置ク（明治十一年六月二十日）
・伊太利亜国ニ於テ当九月、東洋ノ博覧会有ルニ付、集古十種ノ人物ノ部五冊、浪花帖五冊、山城旧図八枚、本一冊、観古——城部一冊廻シ申候（明治十一年六月二十九日）
・獨乙国博物館へ陶キ四巻、同仏文贈ル（明治十二年五月十八日）
・獨乙公使へ参ル、陶キ五巻同国博物館へ贈り方頼ム（明治十二年十一月八日）
・墺国サキソン国ノ博物館ノ為メニ陶キ四巻、仏文ト贈ル、シーボルトへ渡ス（明治十三年四月二十八日）

式胤は日本の「文化」を海外に発信する窓口としての役割を担っていたともいえよう。近年の調査研究により、アメリカやヨーロッパ各地の博物館に収蔵されている日本資料コレクションに式胤から渡った資料がさらにあることが明らかにされつつある。(14)

おわりに

「椎之落葉」からは享年四十八で世を去った蜷川式胤の晩年の活動を知ることができる。式胤は古器旧物を愛で、それらの保護、陶器の研究や著述に取り組んだ。一方、新たな陶器製造にも関心があり、将来を見越した事業にも関わっていたようだ。また、式胤は日本文化に関心をもった外国人に惜しみなく知識を披露し、日本の古器旧物を海外に紹介した。式胤を通じて多くの人と「文化」が行き交った。江戸から明治という急速に西洋の文化が流入する中、式胤は古器旧物が失われていくことを憂い、抗い、古器旧物に価値を見出し、それらを通じて外国人と交流し、その魅力を発信した。「古い物をとりまく世界が変貌する」(15)転換期において、確実に式胤はキイパーソンだった。

「椎之落葉」の記事には内容が具体的にどのようなものか、どのような人物なのか明らかではないものも多い。式胤の事績を検証するために、残された課題は多い。もちろんそれらを明らかにしていく作業は、明治時代前期の古器旧物の保護と活用、さらにはそれらを通じた国際交流を明らかにすることでもある。

「椎之落葉」を翻刻することにより、式胤に関する研究の基礎的な作業を終えることができたといって良いだろう。本書が多くの研究に寄与することができれば幸いである。

註

1 以上の紹介の記述は、註2の研究史の成果をふまえている。

2 主な研究を整理すると次のようになる。

蜷川式胤の嗣子にあたる蜷川第一が、式胤を顕彰するために関連資料目録とともに、猪熊信男「蜷川式胤事蹟」を収めた蜷川第一編『蜷川式胤追慕録』（五段田園、昭和八年（一九三三））がある。

博物館史、文化財史として式胤を取り上げたものとしては、由水常雄「明治五年の正倉院開封目録――蜷川式胤日記『奈良の筋道』より――」（『美術史』第八〇号、昭和四十六年（一九七一））、東京国立博物館編『東京国立博物館百年史』本編・資料編（東京国立博物館、昭和四十八年（一九七三））、米田雄介「蜷川式胤の事績――正倉院宝物の調査に関連して――」（『古代文化』第五一巻第八号、平成十一年（一九九九））、内川隆志「博物館の目利きたち――明治初期の文化財保護とそれを支えた人々――」（『國學院大學博物館學紀要』第三〇輯、平成十八年（二〇〇六））がある。

旧江戸城を撮影した初期写真史としては、原田実「東京国立博物館保管『旧江戸城写真帖』」（『MUSEUM』第三三四号、昭和五十四年（一九七九））、金井杜男「蜷川式胤と古美術写真家横山松三郎の業績」（『学叢』第一一号、平成元年（一九八九））がある。

日本美術における印刷史の観点から増野恵子「日本に於ける石版術受容の諸問題――蜷川式胤『観古図説陶器之部三』「附言」をめぐって――」（青木茂監修、町田市立国際版画美術館編輯『近代日本版画の諸相』中央公論美術出版、平成十年（一九九八））がある。

近代国家形成期における政府内での役割としては、手塚豊「制度局民法会議と蜷川式胤日記」（『法學研究』第四二巻第八号、昭和四十四年（一九六九））、米崎清実「蜷川式胤と明治五年の社寺宝物調査」（明治維新史学会編『明治維新と歴史意識』吉川弘文館、平成十七年（二〇〇五））がある。

モースの陶器コレクションや『観覧図説―陶器之部』がヨーロッパのジャポニスムに影響を与えたとする文化交流史としては、蜷川親正「モースの日本陶器コレクションと蜷川式胤」（『人類学雑誌』第八七巻第三号、昭和五十四年（一九七九））、蜷川親正「モースの陶器収集と蜷川式胤」（守屋毅編『共同研究モースと日本』（小学館、昭和六十三年（一九八八））、今井祐子『陶芸のジャポニスム』（名古屋大学出版会、平成二十八年（二〇一六））、脇田美央「ハインリッヒ・フォン・シーボルト寄贈の茶入が語るもの――シーボルト、蜷川式胤と1870年代半ばのウィーンにおける日本の茶陶――」（日高薫／ベッティーナ・ツォルン責任編集、人間文化研究機構国立歴史民俗博物館編『異文化を伝えた人々Ⅱ――ハインリッヒ・フォン・シーボルトの蒐集資料――』臨川書店、令和三年（二〇二一））、日高薫「シーボルト兄弟による日本コレクションの形成と拡散――蜷川式胤との関係を中心に――」（前掲『異文化を伝えた人々Ⅱ』）がある。近世近代移行期の「知」の変化をめぐる観点からは、鈴木廣之『好古家たちの19世紀――幕末明治における《物》のアルケオロジー――』（吉川弘文館、平成十五年（二〇〇三））がある。

3　蜷川親正編『［新訂］観古図説　城郭之部』（中央公論美術出版、平成二年（一九九〇））として復刻版が刊行されている。復刻版には、青木茂、樋口秀雄、東野進などによる蜷川式胤の事績を紹介する論稿が掲載されている。

4　蜷川辰子『観古図説―瓦之部』（明治三十五年（一九〇二））、同『観古図説―陶瓦器』（明治三十五年（一九〇二））。

5　東京国立博物館編『東京国立博物館百年史』資料編（東京国立博物館、昭和四十八年（一九七三））には「奈良之筋道」が抄録されている。

6　米崎清実『蜷川式胤「奈良の筋道」』（中央公論美術出版、平成十七年（二〇〇五））、米田雄介『蜷川式胤「八重の残花」』（中央公論美術出版、平成三十年（二〇一八））。

7　「不二の下草」は所在不明である。現存している「社寺宝物検査巡回記」という革製の日記三冊が、洋装の日記三冊にあたるもので、「奈良之筋道」の野帳ではないかと見られる。東京下向の記と見られる日記は一冊現存している。

8　米崎清実『蜷川式胤「奈良の筋道」』（中央公論美術出版、平成十七年（二〇〇五））解題。

9　亀井至一と竹二郎兄弟の作品を収蔵する郡山市立美術館にて、二人の業績をふりかえり、二人と関わった人物を紹介した展覧会が令和四年（二〇二二）十一月三日から令和五年（二〇二三）一月九日まで開催された（角田拓朗、増野恵子、郡山市立美術館（中山恵理・塚本敬介・永山多貴子・鈴木えみこ）編『郡山市立美術館開館30周年記念展1　記録する眼　豊穣の時代―明治の画家　亀井至一、竹二郎兄弟をめぐる人々』（郡山市立美術館、令和四年（二〇二二））。そこでは亀井至一、竹二郎兄弟と蜷川式胤との関りについても紹介されている。

10　王宝平「明治前期に渡日した浙江商人王惕斎の研究」（山田奨治、郭南燕編『江南文化と日本＝江南文化与日本＝Jiangnan culture and Japan：資料・人的交流の再発掘』国際日本文化センター、平成二十四年（二〇一二））。

11　蜷川親正「モースの日本陶器コレクションと蜷川式胤」（『人類学雑誌』第八七巻第三号、昭和五十四年（一九七九））、同「モースの陶器収集と蜷川式胤」（守屋毅編『共同研究モースと日本』（小学館、昭和六十三年（一九八八））。

12　蜷川親正「モースの陶器収集と蜷川式胤」（守屋毅編『共同研究　モースと日本』（小学館、昭和六十三年（一九八八））には作品が紹介されている。

13　今井祐子『陶芸のジャポニスム』（名古屋大学出版会、平成二十八年（二〇一六））では、『観古図説―陶器之部』の仏文翻訳やアーレンス商会を通じた輸出についても考察されている。その中で高村光雲の懐古談をふまえて、ヘンケーはアーレンス商会に雇われたヴィンクラーとしている。

14　日高薫「シーボルト兄弟による日本コレクションの形成と拡散―蜷川式胤との関係を中心に―」（日高薫／ベッティーナ・ツォルン責任編集、人間文化研究機構国立歴史民俗博物館編『異文化を伝えた人々Ⅱ―ハインリッヒ・フォン・シーボルトの蒐集資料―』臨川書店、令和三年（二〇二一））など。

15　鈴木廣之『好古家たちの19世紀―幕末明治における《物》のアルケオロジー―』（吉川弘文館、平成十五年（二〇〇三））。

あとがき

『奈良の筋道』を翻刻して以来、『椎の落葉』を翻刻するまで二〇年近い時間がかかってしまった。平成三年（一九九一）に故蜷川親正氏とお会いして、蜷川式胤の資料を保存し、その事績を学術的に明らかにして欲しいというお気持ちをうかがい、私が勤めていた東京都江戸東京博物館開設準備室に資料をお預かりした。そして私の蜷川式胤に関する資料の調査研究が始まった。江戸時代から明治時代へと移り変わるいわば激動の時代に、蜷川式胤は公私にわたり古器旧物を保護、記録し、博覧会の開催などに尽力した。また、当時来日した多くの外国人と古器旧物を通じて親交を結んだ。元祖学芸員とも言われる蜷川式胤への興味関心は膨らんでいった。歴史学を学び、学芸員を生業にしてきた私にとって、資料を公刊することが使命と思い、多くの研究者から待たれていた蜷川式胤の日記を翻刻することに取り組んだ。『奈良の筋道』に続いて『椎の落葉』を翻刻することができ、蜷川親正氏との約束を少しでも果たすことができたのではないかと思う。

今回の翻刻作業も蜷川式胤独特の難解な文字との格闘だった。固有名詞も多く、知らない文言や事項を一つ一つ調べなければならない。しかし、翻刻作業は苦悩ばかりではなかった。今回の翻刻では、特に陶器や茶道具を勉強する機会となり、私にとって楽しみの世界がもう一つ広がった。蜷川式胤の世界は遥かに広く、深い。蜷川式胤という人物を知るほど、さらに新たな興味関心が湧いてくる。今回の翻刻により、蜷川式胤に関する研究の基礎的な作業に一区切りをつけることが出来たと考えている。私の能力や知識の不足から解読できていない箇所、または解読を間違えている箇所もあろうかと思う。しかし、最善を尽くしたつもりである。本書が多くの学術研究に資することができれば幸いである。私も蜷川式胤に関する研究を続けて、多くの方に蜷川式胤という魅力的な人物を紹介したい。

本書の刊行についてご理解をいただいた蜷川親靖氏に心よりお礼を申し上げる。職場内での異動や慌ただしい日々の業務の中で解読作業はなかなか進まず何度も挫折しそうになった。その間、東京学芸大学名誉教授鈴木廣之先生からはたびたび励ましのお言葉をいただき、原稿の校閲も賜った。鈴木廣之先生をはじめとして私の研究を応援していただいた友人、資料閲覧にご協力いただいた東京都江戸東京博物館の方々、そして日々支えてくれた家族に感謝したい。

出版にあたり今回も中央公論美術出版のお世話になった。中央公論美術出版編集長鈴木拓士氏にはご助言とご協力をいただいた。お礼を申し上げる。

本書は独立行政法人日本学術振興会令和六（二〇二四）年度科学研究費助成事業（科学研究費補助金）（研究成果公開促進費）「学術図書」の交付を受けた。関係者の方々のご理解とご高配にお礼を申し上げる。

米崎 清実

二〇二四年六月吉日

編著者紹介

米崎 清実（よねざき・きよみ）

1959年　東京都生まれ

1991年　法政大学大学院人文科学研究科日本史学専攻博士課程単位取得満期退学

東京都江戸東京博物館、東京都現代美術館、東京都写真美術館、武蔵野市立武蔵野ふるさと歴史館などで学芸員として勤務、現在は法政大学兼任講師

［主要著書］

『蜷川式胤「奈良の筋道」』（編著、中央公論美術出版、2005年）、明治維新史学会編『明治維新と歴史意識』（共著、吉川弘文館、2005年）

蜷川式胤「椎の落葉」

令和六年九月　十　日印刷
令和六年九月二十五日発行

編著者　米崎　清実
発行者　松室　徹
印刷　藤原印刷株式会社
製本　松岳社

中央公論美術出版
東京都千代田区神田神保町一－一〇－一
IVYビル6階
電話〇三－五五七七－四七九七

製函　有限会社八光製函

ISBN978-4-8055-0986-9